2022年版

どこでも宅建士 とらの巻

はしがき

＜本書の目的＞

　本書は、宅建士試験を短期間で集中的に勉強して合格しようとする方のためのテキストです。

　近年の宅建士試験の合格率は約15％で安定しているものの、難易度は毎年大きな変化が見られます。これは、短期的な流行りを追う刹那的な対策ではなく、不動産取引のプロフェッショナルである宅地建物取引士に求められる本質的な理解を問う試験に変化しつつあると言えるでしょう。

　ただ、出題傾向が変化しているといっても、問題を深く分析すると、頻繁に出題される箇所、知識は一定の範囲に限られています。頻出知識と末梢知識を織り交ぜて、「**手を変え、品を変え**」出題されるので惑わされるのです。そこで本書は、問題からは見えにくい一定の出題される箇所、知識を簡潔に説明しました。ここが「**とらの巻**」と称するゆえんです。

＜本書の特長＞

本書はさらに、下記のような特長を持っています。

☆　本書は宅建士試験に出題される改正点が判明する４月以降に制作していますので、**宅建士試験の出題範囲となる2022年４月１日現在施行されている法律に完全対応している**ことです。改正の有無を気にしながら学習する必要はありません。

☆　また、知識を正確に理解して暗記するため、別冊付録として暗記項目だけを簡潔にまとめた、持ち運びに便利な"**どこでも宅建士とらの子**"がついています。知識の暗記に役立てください。

☆　なお、本書は、短期間で勉強する方のために「簡潔」にまとめています。したがって、読者の皆様にとっては、わかりにくい箇所も出てきます。このような場合は、本書の姉妹書である『出る順宅建士合格テキスト（１，２，３）』を参照してください。このテキストは、科目ごとに３分冊となっており、誰でもわかるように詳しく記述してあります（全国有名書店、LECオンラインショップでお求めになれます）。

＜本書の利用法＞

☆　まずは本文を読んでください。そして単元ごとにある"**とらの巻**"を暗記してください。

☆　"**とらの巻**"を暗記したら（全部は暗記できなくても）、"**とらの巻**"の最後に記載してあるLEC発刊の『出る順宅建士　ウォーク問過去問題集』の該当番号の問題を解いてください。これにより、知識の確認ができると共に、問題がどのように出題されるかを知ることができます。『出る順宅建士　ウォーク問過去問題集』は全国有名書店またはLECオンラインショップでお求めになれます。

☆　「ウォーク問」で誤ったところは、必ず"**とらの巻**"で復習してください。必要に応じて本文も読み直していただくことをお勧めします。

☆　上記を繰り返して、知識を確実に覚えていきましょう。"**とらの巻**"にはAランクからCランクまであります。まずはAランクから覚え、次にBランク・Cランクへと進みましょう。

2022年５月吉日

株式会社　東京リーガルマインド
LEC総合研究所　宅建士試験部

本書の効果的利用法

専門用語も大丈夫！
読みづらい法律用語にはふりがなをふり, 読みやすくしました。

3段階に重要度を表示！

絶対トラねば！	出題頻度が高く, 多くの受験者が正解できる項目。合格に不可欠な知識です。
トラねば！	出題頻度がそこそこ高く, 合格者であれば正解できる項目。合否を分ける知識です。
トラずとも…	出題頻度が低い項目, または合格者であっても正解できない項目。合否にあまり影響しない知識です。

はじめに読もう！
合理的に勉強ができるように, 「ここがポイント」で, この項目で勉強すべきポイントを提示しています。

5-3 代理（無けん代理）

 代理権がないのに代理行為をすると, どうなるのだろうか？

1 代理権がないのに, 代理人として契約すると

Aのドラ息子BがAの代理人を装い, Aの土地を勝手にCに売却した。これを, 代理権のない代理, すなわち無権代理といい, Bを無権代理人という。

本人・相手方・無権代理人の3人のうち, 一番かわいそうなのは, 勝手に土地を売られた本人だ。したがって, 本人は保護され, 土地を引き渡す義務は発生しない。

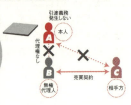

では, こんな場合はどうだろう。ドラ息子B（無権代理人）に勝手に土地を売り飛ばされたが, 案外高値で売れたようなので, 本人Aは, むしろ契約を有効にしたくなったとする。この場合, 本人は追認すればよい。追認すると, 原則として契約の時から有効な代理だったことになる。

追認は, 無権代理人に対してしても, 相手方に対してしてもよい。ただし, 無権代理人に対して追認した場合, 相手方がその事実を知るまでは, 本人は「追認済み」ということを相手方に対抗できない。つまり, 無権代理につき善意の相手方は, 追認があったことを知るまでは, まだ契約を取り消すことができるのだ（詳しくは後述）。

本人は, 無権代理を放置していたとしても引渡義務を負うことはないが, もっと積極的に「追認拒絶」をすることもできる。これにより契約は無効に確定し, もはや追認することはできなくなる。

わかりやすい解説！
初めて法律を学ぶ人にも理解しやすいように, 具体例を用いて解説をしています。

覚えるポイントはここだ！
文中の重要なキーワードは赤字で強調しています。

図で理解！
具体的なイメージをもって勉強を進められるよう，問題点を図解しました。

秘伝教えます！
過去問を徹底的に検討し尽くしたLEC講師陣が，宅建士試験合格のエッセンスを「とらの巻」にまとめました。A・B・Cの3段階で重要度も表示しています。合格に必要な知識が凝縮されていますので，「とらの巻」を徹底的に理解し，覚えてください。

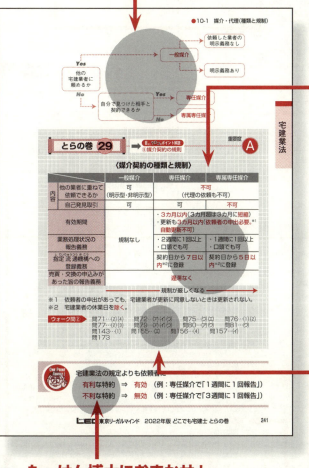

すかさず過去問演習！
「出る順宅建士 ウォーク問 過去問題集」の問題番号・肢を入れています。
「とらの巻」で知識を押さえたら，すかさずその知識を過去問に当てはめて，理解度・定着度を確認してください。

たっけん博士におまかせ！
法律用語や試験に役立つ情報等をアドバイスしています。参考にしてください。

② 信託の受益権の売買契約の締結前1年以内に売買の相手方に対し当該契約と同一の内容の契約について書面を交付して説明をしている場合（書面を交付して説明した日から1年以内に当該説明に係る売買契約と同一の内容の売買契約の締結を行った場合には、当該締結の日において書面を交付して説明をしたのとみなす）
③ 売買の相手方に対し目論見書（書面を交付して説明すべき事項のすべてが記載されているものに限る）を交付している場合
※6 調査の実施を宅建業者に義務付けるものではない。

とらの巻 36　重要事項の説明　重要度 A

〈重要事項説明の説明事項（抜粋）〉

	事項	売買・交換	貸借	前ページの表の該当番号
1	敷金の額・目的・精算	×	○	7、22④
2	契約期間・更新	×	○	22①
3	台所・浴室・便所	×	宅地× 建物○	22⑧
4	私道負担	○	宅地○ 建物×	21
5	建蔽率・容積率・用途規制	○	宅地○ 建物×	8
6	登記された権利の種類・内容・登記名義人又は表題部所有者	○	○	1
7	住宅性能評価を受けた新築住宅であるときは、その旨	△	×	19
8	工事完了時の形状・構造	未完成物件のみ○	未完成物件のみ○	23

○：定めの有無を問わず説明必要　△：定めがあれば（該当すれば）説明必要
×：説明不要

抵当権 第三取得者

不動産の第三取得者の保護について勉強しよう

第三取得者

を設定して登記 …したとしよう。抵 …となったCを、**抵当不動産の第三取得者**という。もし抵当権が実行されると、Cは買ったばかりの土地の所有権を失ってしまう。第三取得者Cは、これを防ぐために何ができるのだろうか。

Bが土地を譲渡

2　第三取得者が所有権を守るためにできること

1　第三者の弁済
　Cが、債務者Bの借金全額を弁済してやれば、付従性により抵当権は消滅する。第三取得者は弁済をするについて正当な利益を有する者なので、債務者の意思に反しても弁済できる（「8　弁済」参照）。しかし、被担保債権が1,000万円であれば、1,000万円全額を払わなければ、抵当権は消滅しない。

改正
2　代価弁済
　Cが、抵当権者Aの請求に応じて抵当権者Aにその代価を弁済すると、抵当権は消滅する。代価弁済は、抵当不動産の所有権又は地上権を買い受けた第三者がすることができる。

3　抵当権消滅請求
　抵当権消滅請求とは、「800万円払うから抵当権を消してくれないか」というように、**第三取得者Cが抵当不動産の代価を評価して、その金額で抵当権を**

〈固定資産税の特例〉

固定資産,
無　　残に　　2分の1
宅地6分の1　3分の1　新築住宅額2分の1

新築住宅:
税額2分の1

宅地:
200m²以下の部分　課税標準6分の1
200m²超の部分　課税標準3分の1

深入り注意！

都市計画税について

　都市計画税は，都市整備を目的とする都市計画事業又は土地区画整理事業に要する費用にあてるため，原則として，これらの事業によって利益を受ける市街化区域内（法令上の制限の都市計画法を参照のこと）の土地又は家屋の所有に対して課せられる地方税（市町村税）である。
　都市計画税の課税客体などは，固定資産税と同様なため，原則として固定資産税とあわせて納付（徴収）することになっている。

〈都市計画税の⋯

課税客体	賦課期日（1月1日）現在⋯市街化区域内に所在する⋯
課税主体	都市計画事業又は土地区⋯
課税標準	固定資産税課税台帳登録価⋯
制限税率	0.3％を上限として，市⋯
納税義務者	土地及び家屋の所有者
住宅用地に係る課税標準の特例	小規模住宅用地（200m²⋯ 一般住宅用地　（200m²⋯

442　LEC東京リーガルマインド　2022年版

後回しOK！

他の受験生が正答する問題を確実に得点すれば，十分に合格点を取ることができます。「**深入り注意！**」は，合格者も得点できていない細かい知識や理解しづらい知識。とりあえず後回しにして先に進んでください。

重要項目総合索引

ア行

悪意	5
アドオン利率	475
案内所等についての届出	204
遺言	56
意思表示	4
一団（国土利用計画法）	399
一部他人物売買	48
一括競売	86
一般住宅用地（固定資産税）	436
一般承継（都市計画法）	355
一般媒介	238
委任	154
委任者	154
威迫行為等の禁止	261
違約金	36,275
遺留分	57
遺留分侵害額請求	58
印紙税	448
請負	152
請負人	152
請負人の契約不適合責任	153
受取証書	46
売主の担保責任	47

営業保証金	221
営業保証金の額	221
営業保証金の還付	226
営業保証金の供託	221
営業保証金の供託の届出	222
営業保証金の取戻し	228
営業保証金の保管換え等	224
乙区	66
おとり広告	246,475

カ行

買換資産（譲渡所得）	443
海岸法	421
解除	37
崖錐	481
開発許可	348
開発許可を受けた開発区域以外の区域内における建築規制	357
開発許可を受けた開発区域内における建築規制	356
開発行為（都市計画法）	348
開発行為に関する工事が完了した旨の公告	353
開発行為に関する工事が完了した旨の届出	353

492

困ったときにはここへ！

重要事項については巻末に索引を設けました。「この項目の意味は何だっただろう？」という場面にぶつかったら迷わずここへ！

CONTENTS

- はしがき
- 本書の効果的利用法
- 宅建士試験ガイダンス
- インターネット情報提供サービス

権利関係

[権利関係]とは ・・・・・・・・・・ 2

●意思表示
- 1-1 意思表示(詐欺・強迫)・・・ 4
- 1-2 意思表示(虚偽表示)・・・・・ 7
- 1-3 意思表示(錯誤)・・・・・・・ 9
- 1-4 意思表示(心裡留保)・・・・ 11
- 1-5 意思表示のまとめ ・・・・・ 12

●制限行為能力者
- 2 制限行為能力者・・・・・・・ 13

●条件・期限
- 3 条件・期限 ・・・・・・・・・ 17

●時効
- 4 時効 ・・・・・・・・・・・・ 19

●代理
- 5-1 代理(基本事項)・・・・・・ 24
- 5-2 代理(禁止事項)・・・・・・ 27
- 5-3 代理(無権代理)・・・・・・ 30

●債務不履行・解除・手付
- 6-1 債務不履行 ・・・・・・・・ 34
- 6-2 解除 ・・・・・・・・・・・ 37
- 6-3 手付 ・・・・・・・・・・・ 40

●危険負担
- 7 危険負担 ・・・・・・・・・ 42

●弁済
- 8 弁済 ・・・・・・・・・・・ 44

●契約不適合責任
- 9 契約不適合責任 ・・・・・・ 47

●相続
- 10 相続 ・・・・・・・・・・・ 52

●物権変動
- 11 物権変動 ・・・・・・・・・ 61

●不動産登記法
- 12-1 不動産登記法(基本事項)・ 68
- 12-2 不動産登記法(仮登記)・・ 75

●抵当権
- 13-1 抵当権(抵当権の性質)・・ 79
- 13-2 抵当権(物上代位)・・・・・ 81
- 13-3 抵当権(第三取得者の保護)・ 83
- 13-4 抵当権(抵当不動産の賃借人)・ 85
- 13-5 抵当権(法定地上権・一括競売)・・・・・・・・・・・・・ 86

●根抵当権
- 14　根抵当権 ・・・・・・・・・ 89

●留置権・先取特権・質権
- 15　留置権・先取特権・質権 ・・ 92

●保証・連帯保証・連帯債務
- 16-1　保証 ・・・・・・・・・・ 95
- 16-2　連帯保証 ・・・・・・・・ 99
- 16-3　連帯債務 ・・・・・・・・ 101

●共有
- 17　共有 ・・・・・・・・・・・ 105

●建物区分所有法
- 18-1　建物区分所有法(用語の意味) 108
- 18-2　建物区分所有法(区分所有建物の管理等) ・・・・・ 113
- 18-3　建物区分所有法(復旧・建替え) 120

●賃貸借
- 19-1　賃貸借(権利と義務) ・・・ 122
- 19-2　賃貸借(存続期間等) ・・・ 124
- 19-3　賃貸借(転貸・賃借権の譲渡) 126
- 19-4　賃貸借(敷金) ・・・・・・ 128

●借地借家法(借家)
- 20-1　借地借家法(借家)～存続期間等 130
- 20-2　借地借家法(借家)～対抗要件 133
- 20-3　借地借家法(借家)～転貸等 134
- 20-4　借地借家法(借家)～特殊な借家権 138

●借地借家法(借地)
- 21-1　借地借家法(借地)～存続期間 140
- 21-2　借地借家法(借地)～更新 ・ 141
- 21-3　借地借家法(借地)～建物買取請求権 143
- 21-4　借地借家法(借地)～対抗要件 144
- 21-5　借地借家法(借地)～転貸・借地権の譲渡 146
- 21-6　借地借家法(借地)～特殊な借地権 148

●不法行為
- 22　不法行為 ・・・・・・・・・ 151

●請負
- 23　請負 ・・・・・・・・・・・ 154

●委任
- 24　委任 ・・・・・・・・・・・ 156

●債権譲渡
- 25　債権譲渡 ・・・・・・・・・ 158

●相殺
- 26　相殺 ・・・・・・・・・・・ 160

●相隣関係
- 27　相隣関係 ・・・・・・・・・ 163

目からウロコのポイント解説　①～⑧ ・・・・ 166

宅建業法

[宅建業法]とは・・・・・・・・・・・・・ 176

●宅建業の意味
- 1-1 宅地建物取引業の意味(定義)・ 178
- 1-2 宅地建物取引業の意味(例外)・ 182

●事務所の設置
- 2-1 事務所の設置(事務所とは)・ 184
- 2-2 事務所の設置(5点セット)・ 185

●免許の基準
- 3 免許の基準 ・・・・・・・・・・ 189

●免許の効力
- 4-1 免許の効力(免許の申請)・ 196
- 4-2 免許の効力(変更の届出)・ 199
- 4-3 免許の効力(免許換え)・ 201
- 4-4 免許の効力(廃業等の届出)・ 203

●事務所以外の場所
- 5 事務所以外の場所 ・・・・・ 205

●宅地建物取引士
- 6-1 宅地建物取引士(宅地建物取引士の事務)・・・・・・・・ 209
- 6-2 宅地建物取引士(登録の基準)・ 211
- 6-3 宅地建物取引士(宅地建物取引士資格登録)・・・・・ 214
- 6-4 宅地建物取引士(登録の移転)・ 215
- 6-5 宅地建物取引士(変更の登録)・ 217
- 6-6 宅地建物取引士(死亡等の届出)・ 218

●宅地建物取引士証
- 7 宅地建物取引士証 ・・・・・ 220

●営業保証金
- 8-1 営業保証金(供託)・・・・・ 223
- 8-2 営業保証金(保管替え等)・ 226
- 8-3 営業保証金(還付)・・・・・ 228
- 8-4 営業保証金(取戻し)・・・ 230

●弁済業務保証金
- 9-1 弁済業務保証金(供託等)・ 231
- 9-2 弁済業務保証金(還付)・ 234
- 9-3 弁済業務保証金(取戻し等)・ 236

●媒介・代理
- 10-1 媒介・代理(種類と規制)・ 240
- 10-2 媒介・代理(媒介契約書面)・ 242
- 10-3 媒介・代理(指定流通機構)・ 245

●広告
- 11-1 広告(取引態様の明示)・ 247
- 11-2 広告(誇大広告等の禁止)・ 248
- 11-3 広告(広告開始時期・契約締結時期の制限)・ 249

●重要事項の説明
- 12 重要事項の説明 ・・・・・・ 251

●37条書面
- 13 37条書面 ・・・・・・・・・・ 257

●供託所等に関する説明
- 14 供託所等に関する説明・ 259

●その他の業務上の規制
15　その他の業務上の規制・261

●自ら売主制限総論
16　自ら売主制限総論・・・・266

●自ら売主制限
17　自ら売主制限①（クーリング・オフ）・・・・・・・267
18　自ら売主制限②（手付金等の保全措置）・・・・・・271
19　自ら売主制限③（手付の額・性質の制限）・・・・・273
20　自ら売主制限④（自己所有でない物件の契約制限）・275
21　自ら売主制限⑤（損害賠償額の予定等の制限）・・277
22　自ら売主制限⑥（割賦販売契約の解除等の制限）・278
23　自ら売主制限⑦（所有権留保等の禁止）・・・・・・279
24　自ら売主制限⑧（契約不適合責任の特約制限）・・・・・280

●住宅瑕疵担保履行法
25-1　住宅瑕疵担保履行法（全体構造）・・・・・・・285
25-2　住宅瑕疵担保履行法（供託）・・・・・・・・・・287
25-3　住宅瑕疵担保履行法（保険）・・・・・・・・・・291
25-4　住宅瑕疵担保履行法（情報提供）・・・・・・・・294
25-5　住宅瑕疵担保履行法（紛争処理）・・・・・・・・297

●報酬額の制限
26-1　報酬額の制限（総論）・・・298
26-2　報酬額の制限（売買・交換）・299
26-3　報酬額の制限（売買・交換の特例）・・・・・・・302
26-4　報酬額の制限（貸借）・・・303
26-5　報酬額の制限（複数業者）・305
26-6　報酬額の制限（消費税）・307

●監督処分
27-1　監督処分（宅建業者）・・・309
27-2　監督処分（宅地建物取引士）・314

●罰則
28　罰則・・・・・・・・・・316

目からウロコのポイント解説　①〜⑧・・・・318

法令上の制限

[法令上の制限]とは ……… 328

●都市計画法

- 1-1 都市計画法（全体構造）・330
- 1-2 都市計画法（都市計画区域）・332
- 1-3 都市計画法（準都市計画区域）・334
- 1-4 都市計画法（区域区分）・336
- 1-5 都市計画法（地域地区）・338
- 1-6 都市計画法（都市施設）・345
- 1-7 都市計画法（地区計画）・346
- 1-8 都市計画法（都市計画の決定手続）……… 348
- 1-9 都市計画法（開発許可の要否）・351
- 1-10 都市計画法（開発許可の手続き）355
- 1-11 都市計画法（開発許可に関連する建築規制）…・359
- 1-12 都市計画法（都市計画事業制限）……… 362

●建築基準法

- 2-1 建築基準法（総論）…… 364
- 2-2 建築基準法（用途規制）・366
- 2-3 建築基準法（建蔽率）… 369
- 2-4 建築基準法（容積率）… 373
- 2-5 建築基準法（高さ制限）・378
- 2-6 建築基準法（低層住居専用地域等内に特有の規制）・381
- 2-7 建築基準法（道路規制）・382
- 2-8 建築基準法（防火・準防火地域内の建築規制）… 386
- 2-9 建築基準法（単体規定）・389
- 2-10 建築基準法（建築確認）・394
- 2-11 建築基準法（建築協定）・398

●国土利用計画法

- 3-1 国土利用計画法（総論）・399
- 3-2 国土利用計画法（事後届出制）・401
- 3-3 国土利用計画法（事前届出制）・404

●農地法

- 4 農地法 …………… 406

●土地区画整理法

- 5-1 土地区画整理法（総論）・409
- 5-2 土地区画整理法（建築行為等の規制）……… 412
- 5-3 土地区画整理法（仮換地）・413
- 5-4 土地区画整理法（換地処分）・415

●宅地造成等規制法

- 6 宅地造成等規制法 …・418

●その他の法令による制限

- 7 その他の法令による制限・423

目からウロコのポイント解説 ①〜④ ……・426

税・価格の評定

[税・価格の評定]とは ……… *432*
1 不動産取得税 ……… *434*
2 固定資産税 ……… *439*
3 所得税（譲渡所得）…… *443*
4 印紙税 ……… *452*
5 登録免許税 ……… *455*
6 贈与税 ……… *458*
7 地価公示法 ……… *459*
8 不動産鑑定評価基準 …… *461*
目からウロコのポイント解説 ①〜④ …… *466*

5問免除対象科目
※所定の要件を満たした人は受験しなくてよい科目です。

[5問免除対象科目]とは …… *472*
1 住宅金融支援機構法 …… *473*
2 不動産の需給・統計 …… *477*
3 不当景品類及び不当表示防止法・*478*
4 土地 ……… *485*
5 建物 ……… *487*

● 重要項目総合索引 ……… *492*

【別冊付録】どこでも宅建士 とらの子

宅建士試験ガイダンス

1 宅地建物取引士って何をする人なの？

　宅地建物取引士は，不動産取引に関する**法律問題のアドバイザー**です。一般の人にとって，不動産の購入は一生に1度か2度であることが多いもの。しかも，一生をかけて支払うような大金が動きます。したがって，慎重にも慎重を重ねて取引しなくてはなりません。しかし，いかんせん，一般の人には，不動産の取引についての知識も経験もないのが通常です。このような人に法律的なアドバイスをすることが宅地建物取引士の仕事です。宅地建物取引士がいい加減なアドバイスをしてしまうと，一生気に入らない家に住むことにもなりかねません。大げさに言えば，人の一生を預かる仕事といえます。このように，宅地建物取引士の役割はとても重要なのです。

2 宅建士試験って難しいの？

　過去10年間の宅建士試験の合格率は以下のとおりです。

年度	申込者数(人)	受験者数(人)	合格者数(人)	合格点	合格率(％)
2012	236,350	191,169	32,000	33点	16.7
2013	234,586	186,304	28,470	33点	15.3
2014	238,343	192,029	33,670	32点	17.5
2015	243,199	194,926	30,028	31点	15.4
2016	245,742	198,463	30,589	35点	15.4
2017	258,511	209,354	32,644	35点	15.6
2018	265,444	213,993	33,360	37点	15.6
2019	276,019	220,797	37,481	35点	17.0
2020(10月)	204,163	168,989	29,728	38点	17.6
2020(12月)	55,121	35,261	4,610	36点	13.1
2021(10月)	256,704	209,749	37,579	34点	17.9
2021(12月)	39,814	24,965	3,892	34点	15.6

　100人受験して15～17人程度しか合格できない，なかなか難しい試験といえます。

3 受験手続はどうしたらいいの？

宅建士試験の概要は下記のとおりです。

【受験資格】	年齢，性別，学歴等に関係なく，誰でも受験することができる
【願書配布】	7月上旬（予定）
【願書受付】	郵送による申込み：配布日から7月下旬まで（予定） インターネットによる申込み：配布日から7月中旬まで
【受験手数料】	8,200円（予定）
【試験日】	10月第3日曜日　午後1時～3時（予定）
【合格発表】	11月下旬～12月上旬（予定）
【問い合わせ先】	（一財）不動産適正取引推進機構　試験部 〒105-0001　東京都港区虎ノ門3-8-21　第33森ビル3階 https://www.retio.or.jp/

※　受験手続は受験者各自が行ってください。ＬＥＣでは，受験手続の代行は行いません。

4　出題科目にはどんなものがあるの？

　権利関係，宅建業法，法令上の制限，税・価格の評定，5問免除対象科目の5科目から，4肢択一形式で50問出題されます。各科目の出題数は下記のとおりです。

	出題内訳	出題数
権利関係	民法・借地借家法・建物区分所有法・不動産登記法	14問
宅建業法	宅建業法・住宅瑕疵担保履行法	20問
法令上の制限	都市計画法・建築基準法・国土利用計画法・農地法・土地区画整理法・宅地造成等規制法・その他の法令	8問
税・価格の評定	地方税・所得税・その他の国税：2問 不動産鑑定評価基準・地価公示法：1問	3問
5問免除対象科目	独立行政法人住宅金融支援機構法：1問 不当景品類及び不当表示防止法：1問 統計・不動産の需給：1問 土地：1問 建物：1問	5問

5　夏から始めて宅建士試験に合格するにはどうしたらいいの？

(1) 合格するための勉強法

① 満点をねらわない

　満点をねらう勉強をすると，合格は遠のきます。試験範囲を10とすると，よく出題されている「必須知識」はおおよそ2から3です。「必須知識」が確固たるものになっていれば，合格点を取ることができます。満点をねらって10の勉強をすると「必須知識」があいまいになってしまいます。夏から始めて宅建士試験に合格するためには，**「必須知識」を絞り込み，演習を繰り返すことで骨身にしみこませる**ことが必要です。

　本書は，項目ごとに重要度に応じて「絶対トラねば！」「トラねば！」「トラずとも…」の3段階にランク分けをし，また，「とらの巻」部分もA・B・Cの3段階にランク分けをしていますので，「必須知識」が一目瞭然です。

② 過去問を攻略する

　過去問は最高の演習教材です。宅建士試験50問中，7割程度は過去問の焼き直しです。「必須知識」が"どのように"出題されているかも，過去問を見ればわかります。

　一項目インプットするごとに，関連する過去問を解いてください。誤りの選択肢については，どこが誤っていて，どうすれば正しい選択肢になるのか

を指摘しながら解いていってください。

　過去問演習には，ぜひLECの『**出る順宅建士 ウォーク問過去問題集①・②・③**』をご利用ください。「必須知識」を扱った過去問を中心に，最新の2021年のものから1990年のものまで，550問を収録しています。問題ごとに特A・A・B・Cの4つにランク分けし，重要な選択肢の解説には☆印をつけましたので，重要度が一目でわかります。特に，特A・Aの問題については，間違えなくなるまで繰り返し解いてください。

③ 情報を本書に集約する

　試験直前期に効率的な総復習をするため，本書だけを読めばよいという状態にあらかじめ情報を集約しておきましょう。つまり，本書の余白に記入する，あるいはメモ用紙に記載して本書の該当ページに貼り付けるという方法により，**本書に情報を集約する**のです。本書による合格に必要な情報とともに講師が話したことや模試の解説部分などメモをしておきたい事項が本書に盛り込まれ，この1冊で済むという情報の集約ができます。

　そして，試験日当日に持参して試験開始前に知識を確認するのも，情報を集約した本書です。

(2) おすすめの講座・問題集

　本書は，合格に必要な知識を項目ごとに「とらの巻」としてまとめ，また，イラストや表を多く用いることで理解しやすいように工夫しました。しかし，独学で一通りの勉強をするのは大変です。

　そこで，LECでは，本書を教材として，合格に必要な知識を35時間（2.5時間×14回）で習得できる「**ウルトラ速習35時間完成講座**」（6月以降順次開講）を用意しました。合格のノウハウを持っている講師の講義を聴き，効率的に合格を勝ち取ってください。

　講義の進度に合わせて，『**出る順宅建士 ウォーク問 過去問題集①・②・③**』で，繰り返し問題演習をすることをお勧めします。

　さらに，本試験同様，2時間で50問の問題を解いて実戦感覚を身に付けることも重要です。LECでは，8月から9月にかけて「**全日本宅建公開模試**」（全5回）・「**ファイナル模試**」（全1回）を実施します。毎年数多くの的中問題が出るこの模試を受験し，合格を不動のものとしてください。

インターネット情報提供サービス
登録無料

お届けするフォロー内容
- 法改正情報
- 宅建NEWS

アクセスして試験に役立つ最新情報を手にしてください。

登録方法
情報閲覧にはLECのMyページ登録が必要です。

LEC東京リーガルマインドのサイトにアクセス
https://www.lec-jp.com/

⬇

 Myページ ログイン をクリック

⬇

MyページID・会員番号をお持ちの方	Myページお持ちでない方 LECで初めてお申込頂く方
Myページログイン	**Myページ登録**

⬇

必須

Myページ内希望資格として **宅地建物取引士** を選択して, をクリックしてください。

ご選択頂けない場合は、情報提供が受けられません。
また、ご登録情報反映に半日程度時間を要します。しばらく経ってから再度ログインをお願いします（時間は通信環境により異なる可能性がございます）

※サービス提供方法は変更となる場合がございます。その場合もMyページ上でご案内いたします。
※インターネット環境をお持ちでない方はご利用いただけません。ご了承ください。
※上記の図は、登録の手順を示すものです。Webの実際の画面と異なります。

注目 本書ご購入者のための特典
① 2022年法改正情報（2022年8月末公開予定）
② 2022年「宅建NEWS」（2022年8月までに2回公開予定）

〈注意〉上記情報提供サービスは、2022年宅建士本試験前日までとさせていただきます。予めご了承ください。

権利関係

1	意思表示
2	制限行為能力者
3	条件・期限
4	時効
5	代理
6	債務不履行・解除・手付
7	危険負担
8	弁済
9	契約不適合責任
10	相続
11	物権変動
12	不動産登記法
13	抵当権
14	根抵当権
15	留置権・先取特権・質権
16	保証・連帯保証・連帯債務
17	共有
18	建物区分所有法
19	賃貸借
20	借地借家法(借家)
21	借地借家法(借地)
22	不法行為
23	請負
24	委任
25	債権譲渡
26	相殺
27	相隣関係

[権利関係]とは

[権利関係]はこんな科目

「人」と「人」との一般的な権利関係を規定する「民法」をはじめ，建物や建物用地の「貸主」と「借主」の権利関係を規定する「借地借家法」，分譲マンションの区分所有者間の権利関係を規定する「建物区分所有法」，不動産の権利を保全する不動産登記の手続を定めた「不動産登記法」を総称して「権利関係」という。

【民法】

民法は，人と人（個人と個人，個人と法人，法人と法人）との一般的な関係を規定する法律である（民法上，人と人は対等である）。

売買契約は意思表示の合致により成立し，書面の作成は不要である（対等な人同士，自由に契約できる）。

売買契約が成立すると債権・債務が発生し，所有権が買主に移転する。

【借地借家法】

「建物の賃貸借」，「建物所有目的の土地賃貸借」の場合，貸主・借主は対等ではない。土地や建物を持っている貸主が有利な立場，それらを持たず借りるしかない借主が不利な立場である。そこで，借地借家法が借主の保護を図っている。

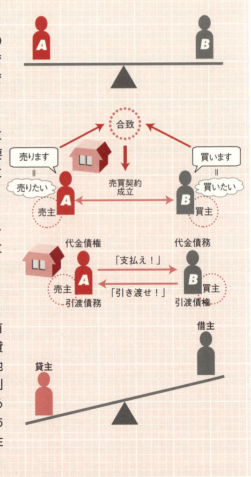

［権利関係］の学び方

14問出題される権利関係は，条文が1,000条以上もある民法をはじめ，借地借家法，建物区分所有法，不動産登記法と出題範囲が幅広く，対策の講じにくい科目である。合格者も，宅建業法は満点近く得点するものの，権利関係の得点は8点前後にとどまっている。権利関係については，よく出題され，かつ点数のとりやすい項目を優先的に押さえ，あまり深入りしすぎないほうが無難である。単なる暗記ではなく理解が必要であるという点も権利関係の特徴である。

過去10年間の出題傾向

			12	13	14	15	16	17	18	19	20(10月)	20(12月)	21(10月)	21(12月)
民法	1	意思表示	★	1		★	2	★	★	★	★		1	
	2	制限行為能力者		2	2		★		1				★	★
	3	条件・期限							★					
	4	時効			★	★		1	★	★	★	★	★	
	5	代理	★	1	★			★	★			★		★
	6	債務不履行・解除・手付	★		★	★		2	1		★	★	★	1
	7	危険負担												
	8	弁済		★					★					
	9	契約不適合責任		1	1		★	★		★		1	★	
	10	相続	★	★	★	★	★	★		★	★	★	★	★
	11	物権変動	★			★	★	2	1	★				★
12		不動産登記法	★	★	★	★	★	★	★	★	★	★		★
民法	13	抵当権		★			★		★	★	★	★	★	★
	14	根抵当権				★								
	15	留置権・先取特権・質権		★				★						
	16	保証・連帯保証・連帯債務	1	★		1					★		★	
	17	共有							★	★		★		
18		建物区分所有法	★	★	★	★	★	★	★	★	★	★	★	★
民法	19	賃貸借				★	★	★	★	★	★	★	★	★
20		借地借家法（借家）	★	★	★	★	★	★	★	★	★	★	★	★
21		借地借家法（借地）	★	★	★	★	★	★	★	★	★	★	★	★
民法	22	不法行為	★				★		★	★				
	23	請負	★		1			★		★				
	24	委任									★		★	
	25	債権譲渡		★				★		★				
	26	相殺						1		★				
	27	相隣関係			2				★		★			★

★：正解肢として出題　　1：正解肢以外で1肢出題　　2：正解肢以外で2肢出題
3：正解肢以外で3肢出題　　4：正解肢以外で4肢出題

1-1 意思表示（詐欺・強迫）

 ここがポイント 詐欺・強迫をされて結んだ契約はどうなるの？ 善意・無過失の第三者との関係は？

1 土地をだまし取られたら（詐欺）

AがBにだまされて，土地を売る契約をしたとする。Aは，「売りたい」気持ちを持って「売ります」と言ったわけだから，契約は有効だ。しかし，Aが「売りたい」気持ちになったのはBの詐欺のせいなので，Aに引渡義務を負わせる

のはかわいそうだ。したがって，Aはこの契約を取り消すことができ，取り消すと契約は初めからなかったことになる。

2 土地をおどし取られたら（強迫）

AがBにおどされて，土地を売る契約をしたとする。Aは，「売ろう」と思って「売ります」と言ったわけだから，契約は有効だ。しかし，Aが「売ろう」という気持ちになったのは，強迫されたせいなので，Aに引渡義務を負わせるのはかわいそうだ。したがって，Aはこの契約を取り消すことができ，取り消すと契約は初めからなかったことになる。詐欺と強迫はここまでは同じ。ここからが違う。

3 取消し前に善意・無過失の第三者が出てきたら

BがAからだまし取った土地を事情を知らず（＝善意）かつ不注意もなかった（＝無過失）Cに転売した後，Aが契約を取り消した場合，土地はCのものだろうか。それともAのもとに戻ってくるのだろうか。この場合，土地はCのものだ。うっかりだまされた落ち度のあるAより，善意・無過失のCが保護されるのだ。 改正

では，BがAからおどし取った土地を善意・無過失のCに転売した後，Aが

契約を取り消した場合はどうだろう。この場合、土地はAのもとに戻ってくる。強迫されたAに落ち度はないため、善意・無過失のCよりもAを保護するのだ。

つまり、**詐欺による取消しは善意・無過失の第三者に対抗できない**のに対し、**強迫による取消しは善意・無過失の第三者に対抗できる**ということだ。なお、事情を知っている（＝悪意の）第三者に対しては、どちらの取消しも対抗できる。

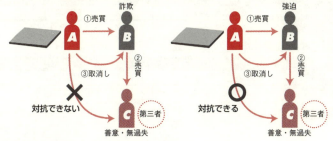

4 第三者に詐欺・強迫されたら

第三者にだまされて契約した場合、相手方が悪意又は有過失なら取り消せるが、**相手方が善意・無過失なら取り消せない**。だまされた人よりも、善意・無過失の相手方のほうを保護するのだ。 改正

これに対し、**第三者に強迫されて契約**した場合、**相手方の善意・悪意、過失の有無に関係なく取り消すことができる**。

とらの巻 ① 重要度

1 詐欺・強迫 改正

	当事者間での効力	善意・無過失の第三者に対抗できるか
詐欺	取消し	できない
強迫	取消し	できる

2 第三者による詐欺・強迫 改正

	相手方が善意・無過失	相手方が悪意又は有過失
第三者詐欺	取消しできない	取消しできる
第三者強迫	取消しできる	取消しできる

ウォーク問① 問1…(2)(4)　問3…(1)　問5…(3)　問6…(1)(4)　問7…(4)
　　　　　　　問64…(2)　問66…(4)

1-2 意思表示（虚偽表示）

ここがポイント
相手方と示し合わせて虚偽（ウソ）の契約をした場合は？　善意の第三者との関係は？

1 示し合わせて仮装譲渡したら

「借金取りに追われていて，土地を隠したい。売ったことにしておいてくれ」，「よし，買ったことにしておこう」。

このように，相手方と示し合わせて仮装譲渡することを「（通謀）**虚偽表示**」といい，お互いに売る意思も買う意思もないため**無効**である。

2 善意の第三者が出てきたら

ＡＢ間の虚偽表示によりＢ名義にした土地を，Ｂが事情を知らない（＝善意の）Ｃに売った場合，この土地はＡＣどちらのものになるのだろうか。

この場合，土地はＣのものだ。虚偽表示をしたＡより，知らずに巻き込まれたＣを保護すべきだからだ。**虚偽表示の無効**は，**善意の第三者**に**対抗できない**のだ。

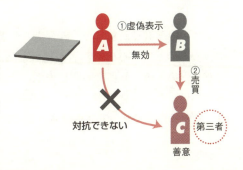

なお，Ｃは，善意でありさえすれば有過失（注意が足りなかったために虚偽表示に気づかなかった）であっても保護される。Ｃが善意だったかどうかは，契約の時点で判断される。

3 転得者が出てきたら

ＡＢ間の虚偽表示によりＢ名義にした土地が，悪意のＣに売り渡され，さらに**善意**のＤ（**転得者**という）に売り渡された場合，どうなるだろうか。

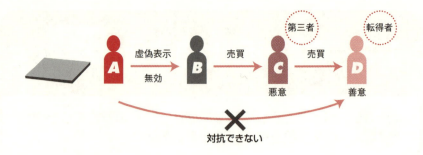

　この場合、土地はDのものだ。虚偽表示をしたAよりも、事情を知らずに買ったDを保護すべきだからだ。虚偽表示の無効は、**善意の転得者に対抗できない**のだ。

とらの巻 ❷　　　　　　　　　　　　　　　　　　重要度 A

	当事者間での効力	善意の第三者(転得者)に対抗できるか
虚偽表示	無効	できない
ウォーク問❶	問4…(1)　問5…(2)	問7…(3)　問64…(4)　問66…(2)

　では、**第三者**Cが**善意**で、**転得者**Dが**悪意**ならどうだろう。この場合も土地はDのものだ。善意の第三者が現れた時点で、所有権は第三者のものになる。そして、第三者と転得者の意思表示の合致のみで、所有権は転得者に移る。つまり、いったん**善意の第三者**(又は**転得者**)が現れると、**それ以後に登場する者は、たとえ悪意であっても保護される**ということだ。

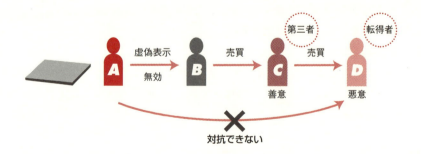

1-3 意思表示(錯誤)

ここがポイント
カン違いで契約してしまったらどうなるの？ 善意・無過失の第三者との関係は？

1 カン違いで契約したら

隣り合った甲地と乙地を所有するAが，甲地を売りたいにもかかわらず，カン違いで，Bに「乙地を売ります」と言ってしまったとしよう。このように，カン違いで，本心とは異なる意思表示をすることを，錯誤という。

この場合，Aの意思に反し，乙地の売買契約が成立してしまうのだろうか。

売り物の土地がまるっきり違うというのは，契約の重要な部分の錯誤といえる。この錯誤さえなかったら，Aは乙地の売買契約なんてしなかったはずだ。この場合，錯誤による意思表示をしたA（表意者）は，その意思表示を取り消すことができる。では，甲地は東京，乙地は大阪にあったとしたらどうだろう。それを間違えるなんて，Aは重大な過失があったといわれてもしかたがない。重大な過失があるAよりも，乙地を買う気満々の相手方Bを保護すべきなので，重大な過失があるAは原則として取り消すことができないこととされている。ただし，相手方が表意者に錯誤があることを知っていたり，又は重大な過失によって知らなかったときや，表意者と同じ錯誤に陥っていたときは，表意者は，重大な過失があっても取り消すことができるとしている。 改正

なお，錯誤を理由に取り消すことができるのは，原則として表意者本人だ。相手方や第三者は取り消すことはできないのだが，例外的に，表意者に対する債権を保全する必要がある者は取り消すことができる。

2 善意・無過失の第三者が出てきたら

Aが，契約の重要な部分の錯誤によりBに売却した土地を，Bが善意・無過失のCに転売したとしよう。この場合は，Aは錯誤を理由に取り消して，Cから土地を取り返すことはできない。錯誤による取消しは，善意・無過失の第三者に対抗することはできないのだ。善意・無過失の第三者を泣かせてまで表意者を保護すべきではなく，そのような第三者を保護しようという趣旨だ。改正

3 法律行為の基礎とした事情（動機）の錯誤

「近々駅が新設されるので，付近の地価が上がるらしい」という噂を信じたため（法律行為の基礎とした事情＝動機），新設予定駅近くの丙地が欲しくなり，「丙地をください」という表示をしたが，駅は新設されなかったとしよう。

表意者は，丙地が欲しくて「丙地をください」と言っているのであり，意思と表示の間に食い違いはない。しかし，意思表示するに至った事情（動機）と真実の間に食い違いがある。これを法律行為の基礎とした事情（動機）の錯誤という。表意者は，原則として動機の錯誤による取消しの主張はできない。

ただし，表意者が「駅ができるから丙地を買います」と言った場合のように，その事情が表示されていれば，取り消すことができるとした。なお，この動機の表示は，セリフとして言うなどの明示的なものでも，しぐさのような黙示的なものでもかまわない。

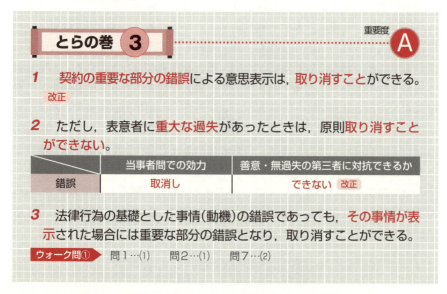

1-4 意思表示(心裡留保)

ここがポイント 冗談で「売る」と言ってしまった場合はどうなるの?

1 真意ではないことを知りながら契約すれば

冗談で「土地を売る」と言った場合のように、**真意ではないことを自分自身で知りながら意思表示をすること**を**心裡留保**という。冗談にせよ、表意者は「土地を売る」と言ったわけだから、相手方が真に受ける可能性がある。したがって、心裡留保によって結ばれた契約は**原則として有効**である。まさに「ウソから出たマコト」である。ただし、**相手方**が表意者の真意ではないことを知っていた場合(**悪意**)、又は表意者の真意ではないことを知らなかったことにつき落ち度があった場合(**善意有過失**)には、冗談は冗談で済み、契約は**無効**となる。 改正

2 善意の第三者が出てきたら

相手方が悪意、又は善意有過失であり、契約が無効である場合でも、善意の第三者には対抗することができない。 改正

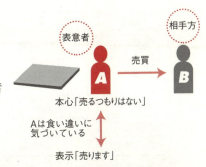

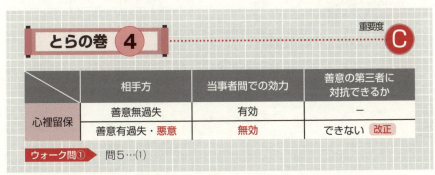

とらの巻 4　重要度 C

	相手方	当事者間での効力	善意の第三者に対抗できるか
心裡留保	善意無過失	有効	ー
	善意有過失・悪意	無効	できない 改正

ウォーク問① 問5…(1)

1-5 意思表示のまとめ

> **ここがポイント**　無効か取消しか，善意の第三者に主張できるかについて押さえよう。

　詐欺・強迫・虚偽表示・錯誤・心裡留保が，それぞれ無効なのか，取消しなのかを押さえよう。そして，その無効や取消しを，善意の第三者に対抗できるかどうかを押さえよう。

　なお，これから学習する「制限行為能力者」と「債務不履行」についても同じ表にまとめた。その項目の学習が終わったら，もう一度ここに戻って確認してほしい。

〈当事者間の効力と第三者に対する関係〉

	当事者間での効力	第三者に主張できるか（できる…○　できない…×）
詐欺	取消し	×（善意・無過失の第三者）改正
強迫	取消し	○
虚偽表示	無効	×（善意の第三者）
錯誤	取消し 改正	×（善意・無過失の第三者）改正
心裡留保	有効（相手方が善意有過失又は悪意なら無効）	×（善意の第三者）改正
公序良俗違反※	無効	○
制限行為能力者	取消し	○
債務不履行	解除	善意・悪意を問わず，第三者に登記が移転していれば第三者が勝つ

※　公序良俗（＝公の秩序又は善良の風俗）違反の契約とは，たとえば人身売買のように反社会性を帯びた契約をいう。

2 制限行為能力者

ここがポイント 制限行為能力者が契約したらどうなるの？ 保護者の権限は？

1 まずは意思能力を有しない者について

意思能力を有しない者とは、幼児・泥酔者・重い精神障害者など、「『買います』と言うとお金を払わなければならなくなること」がわからないぐらい判断力を欠く人のことだ。

意思能力を有しない者のした契約は無効だ。しかし、無効を主張するためには、「契約の時に意思能力を有しない者だったこと」を証明しなければならず、これはなかなか難しい。また、契約の相手方にとっても、意思能力を有しない者かどうかの判別が難しく、思いがけず無効を主張されて不利益を被る危険がある。 改正

2 制限行為能力者とは

そこで、精神上の障害により判断力の低い人たちを、家庭裁判所の審判により、能力別に「成年被後見人」「被保佐人」「被補助人」に分け、それに「未成年者」を加えた4タイプを「制限行為能力者」とし、それぞれに保護者をつけ、また、単独でした契約は取り消せることとしている。

取り消す際にいちいち判断力の有無を証明する必要はないので、判断力の低い人たちを手厚く保護することができる。また、未成年者かどうかは戸籍全部事項証明書・戸籍個人事項証明書を見ればわかるし、それ以外の3タイプは登記されているため、公的な証明書によってそうであるかないかが判別できる。したがって、相手方にとっても安心して契約できるようになるのだ。

なお、家庭裁判所は、本人、配偶者、4親等内の親族、検察官等の請求により、後見開始、保佐開始、補助開始の審判をすることができる。ただし、本人以外の者の請求により補助開始の審判をするには、本人の同意がなければならない。

〈制限行為能力者とその保護者〉

制限行為能力者	保護者
未成年者（満18歳未満の者）改正	親権者・未成年後見人※
成年被後見人（精神上の障害により事理を弁識する能力を欠く常況にある者＋後見開始の審判）	成年後見人
被保佐人（精神上の障害により事理を弁識する能力が著しく不十分な者＋保佐開始の審判）	保佐人
被補助人（精神上の障害により事理を弁識する能力が不十分な者＋補助開始の審判）	補助人

※ 家庭裁判所は，法人を未成年後見人に選任することができる。未成年後見人は，複数でもよい。

3 保護者の権限

　未成年者が自己名義の土地を親に黙って売却したとしよう。この場合，保護者である親はこの契約を取り消すこともできるし（取消権），追認することもできる（追認権）。追認すると，もはや契約は取り消せなくなる。また，親は，土地を売却しようとしている未成年者に対してあらかじめ同意を与えて契約をさせることもできるし（同意権），未成年者に代わって土地を売却してやることもできる（代理権）。

　これに対し，成年被後見人の保護者である成年後見人には同意権がない。成年被後見人は精神上の障害により常に判断力がない状態の者であり，4タイプの制限行為能力者の中でも最も能力が低いと考えられる。同意をもらっても一人で契約をすることは難しく，トラブルに発展する危険が大きい。したがって，成年後見人が代理して契約してやることになっているのだ。しかし，後述するが，このような成年被後見人であっても単独で立派にできる契約が1つだけある。

〈保護者の権限〉

内容＼保護者	法定代理人 親権者・未成年後見人	法定代理人 成年後見人	保佐人	補助人
保護される人	未成年者	成年被後見人	被保佐人	被補助人
同意権	○	×	○	△
追認権	○	○	○	△
取消権	○	○	○	△
代理権	○	○	△	△

○＝あり　　×＝なし
△＝審判によって，特定の法律行為について付与された場合にのみ認められる

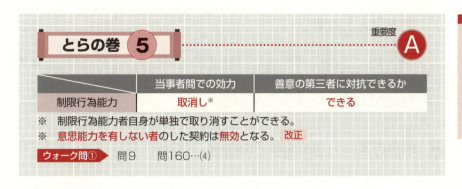

4 未成年者と取消し

未成年者が法定代理人の同意を得ずにした契約は，原則として取り消すことができる。例外的に取り消せないものは次の３つだ。
① 法定代理人から許可された営業に関する行為
② 処分を許された財産の処分をする行為（お小遣いで買い物をするなど）
③ 単に権利を得又は義務を免れる行為（プレゼントをもらう，借金をチャラにしてもらう，など）

5 成年被後見人と取消し

成年被後見人がした契約は，原則として取り消すことができる。たとえ成年後見人の同意を得てした契約でも，損をしない契約でも取り消せるのだ。ただし，日用品の購入その他日常生活に関する行為だけは取り消せない。スーパーでおかずを買ったり，下着を買ったりする契約ぐらいは１人でできないと不便だからだ。

6 被保佐人と取消し

被保佐人がした契約は，原則として取り消すことができないが，失敗したら大損害を被るような「重要な行為」を，保佐人の同意を得ないで行った場合は例外的に取り消せる。

「重要な行為」とは，たとえば，不動産・重要な財産の売買，土地について５年を超える賃貸借，建物について３年を超える賃貸借，建物の新築・改築・増築・大修繕を頼むこと等である。

7 被補助人と取消し

　被補助人がした契約は，原則として取り消すことができないが，前述の「重要な行為」のうち，補助開始の審判で決められた特定の行為を，補助人の同意を得ないですると例外的に取り消せる。

8 制限行為能力者の相手方の保護

　制限行為能力者と契約した相手方は，いつ取り消されるかわからない不安定な状態に置かれる。そんな相手方を保護する手段が用意されている。

1　相手方の催告権

　　制限行為能力者と取引をした相手方は，1ヵ月以上の期間を定めて追認をするか否かを催告することができる。原則として保護者に対して催告するが，被保佐人・被補助人と取引した相手方は，直接本人に催告することもできる。また，未成年者が18歳になった場合のように，制限行為能力者が行為能力者になった後は，本人に催告する。

　　催告に対し確答がない場合，追認とみなされるのが原則だが，被保佐人・被補助人が確答をしない場合には取消しとみなされる。彼らは能力が比較的高いとはいえ，やはり制限行為能力者である。期日までに返事をしないからといって追認になってしまっては，彼らの保護に欠けるからだ。

〈相手方の催告権〉

	誰に催告するか	催告に対し確答がない場合
未成年者・成年被後見人	法定代理人	追認とみなされる
被保佐人・被補助人	保佐人・補助人	追認とみなされる
	本人	取消しとみなされる
現在は行為能力者となった，かつての制限行為能力者	本人	追認とみなされる

2　制限行為能力者の詐術

　　たとえば，未成年者が法定代理人の同意書を偽造するなど，制限行為能力者が「自分は行為能力者である」と信じさせるために詐術を用いたときは，取り消すことができなくなる。

3 条件・期限

ここがポイント
独立の問題としては出題されにくい。宅建業法の自ら売主制限等，他分野の理解に必要。

1 条件とは

「海外転勤が決まったら自宅マンションを売却する」というように，**契約等の効力の発生・消滅を，将来の不確定な事実の成就にかからせることを条件**という。先の例のように，条件が成就すれば効力が発生するものを**停止条件**という。反対に，「マイホームを購入したら社宅を出て行ってもらう」というように，条件が成就すれば効力が消滅するものを**解除条件**という。試験対策上は停止条件のほうが重要である。

停止条件付きの契約は，条件の成否が未定のうちは効力は発生しない(つまり，所有権は移転していない)が，契約そのものは有効に成立している。したがって，条件の成否が未定の間といえども，当事者は理由なく契約を解除することはできないし，当事者が死亡したらその権利義務は相続の対象となる。また，売主は停止条件付きの代金請求権を第三者に譲渡することもできるし，買主は停止条件付きの引渡請求権を第三者に譲渡することもできる。

2 条件の成就を妨げた場合・条件を不正に成就させた場合

Aが，Bとの間でB所有の甲地を購入する契約を締結する際，「Aが自己所有の乙地を某月某日までに売却でき，その代金全額を受領すること」を停止条件としたとしよう。甲地を購入する気がなくなったAが，乙地の売買代金の受領を拒否し，故意に停止条件の成就を妨げたとしたらどうなるのだろうか。

このように，**条件が成就することによって不利益を受ける当事者が，故意に条件の成就を妨げた**ときは，相手方は条件が成就したものとみなすことができる。

これとは反対に，**条件が成就することによって利益を受ける当事者が不正にその条件を成就させた**ときは，相手方は，その条件が成就しなかったものとみなすことができる。改正

3 成就不可能な条件

　Aが，Bとの間で，A所有の山林の売却について，買主のあっせんを依頼し，その売買契約が締結され履行に至ったとき，売買代金の2％の報酬を支払う旨の停止条件付きの報酬契約を締結したとしよう。ところが，停止条件付きの報酬契約締結の時点で，すでにAが第三者Cとの間で，当該山林の売買契約を締結し，履行も完了していたらどうなるのだろうか。

　Bが買主のあっせんをする前にすでにAが自分で買主を決めているので，Bのあっせんにより売買契約が締結され履行に至る見込みはない。すなわち，条件の成就は不可能である。このような報酬契約は無意味であるため，**成就不可能な条件を停止条件とする契約は無効**とされている。

とらの巻 6　重要度 C

1　停止条件付き契約は，**停止条件が成就した時**から効力を生ずる。

2　**停止条件の成否が未定の間**であっても，当事者の権利義務を処分したり，相続したり，保存したり，そのために担保を供することはできる。

3　条件が成就することによって不利益を受ける当事者が**故意にその条件の成就を妨げたとき**は，相手方は，その**条件が成就したものとみなす**ことができる。また，条件が成就することによって利益を受ける当事者が**不正にその条件を成就させたとき**は，相手方は，その**条件が成就しなかったものとみなすことができる。** 改正

ウォーク問①　問151…(1)(3)

4 期限とは

　契約等の効力の発生・消滅を，将来到来することの確実な事実の発生にかからせることを期限という。「2022年10月16日にマンションを引き渡す」というように，到来することが確実でその時期も確定しているものを確定期限といい，「父が死亡したらマンションを引き渡す」というように，到来することは確実だがその時期がいつか不明であるものを**不確定期限**という。

4 時効

 取得時効・消滅時効とは？　時効の更新とは？

1 時効とは

「時効」とは，「時」間の経過によって法律関係の「効」力が変化し，これまで持っていなかった権利を取得したり，持っていた権利が消滅したりすることだ。前者を「取得時効」，後者を「消滅時効」という。

時効制度はなぜ存在するのだろうか。主な理由は3つある。

1つ目は，永続した事実状態を尊重するため。10年ないし20年という長期間，他人の土地に無権利者が建物を建てて居座っている場合，まわりからは権利者に見えてしまい，それを前提に売買や賃貸借などさまざまな法律関係が形成されてしまう可能性がある。このように永続した事実状態を法律上も尊重し，法律関係の安定を図ろうというものだ。

2つ目は，権利の上に眠る者は保護に値しないから。たとえ正当な権利者であったとしても，一定の期間，その権利を行使・維持するために必要な措置をとらなかった者を保護する必要はないというものだ。

3つ目は，立証の困難を救済するため。本来は正当な権利者であったとしても，長期間が経過した後にはそれを立証するのが困難になることがあるから，過去にさかのぼっての議論に一定の限界を設けるというものである。

2 取得時効

1 時効取得の要件

他人の土地に長年居座っていると，そのうち自分の土地だと主張できる。そのためには，「所有の意思（自分の物だ，という気持ち）」をもって，平穏かつ公然に「占有を継続」しなければならない。賃借権に基づいて何年占有を続けても，自分の土地にはならないのだ。

占有開始時に善意無過失（注意したけれど，他人の物だと気づかなかった）

の場合は**10年間**，**悪意**又は**善意有過失**（不注意で気づかなかった）の場合は**20年間**占有を継続すると，取得時効が完成する。時効取得できる権利は，所有権のほか，地上権・永小作権・地役権・賃借権などだ。

とらの巻 7　重要度 B

所有権の取得時効が完成するためには，**所有の意思**をもって平穏かつ公然に**占有を継続**することが必要である。

〈占有継続期間〉

占有開始時の占有者の主観	占有継続期間
善意無過失	10年
善意有過失	20年
悪意	

ウォーク問①　問12…(2)　問15…(1)

2　占有者が賃貸した場合

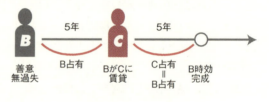

善意無過失でAの土地の占有を開始し，5年間占有を継続したBが，その土地をCに賃貸したとする。この場合，Cが5年間占有した時点で，Bの取得時効が完成する。Bは，最初の5年間は直接，後の5年間はCを通じて間接的に，占有を継続しているからだ。つまり，他人に**賃貸しても占有は失わない**のだ。

3　占有者が売却した場合

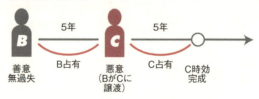

善意無過失でAの土地の占有を開始し，5年間占有を継続したBが，その土地を悪意のCに譲渡したとしよう。Cが自己の占有のみを主張するならば，取得時効完成まで20年かかる。しかし，Cは，自己の占有に**前占有者の占有を合わせて主張**してもよく，この場合，前占有者Bの善意無過失という立場をも承継する。Bが善意無過失で5年間占有しているため，Cはあと5年間占有すると土地を時効取得することができる。

3 消滅時効

1 消滅時効期間

売買契約の売主は代金請求権を持っているが，請求もせずに放置していると権利が消滅してしまう。これを消滅時効という。通常の債権は，**権利行使できることを知った時から5年間**，又は**権利行使できる時から10年間**行使しないと消滅する。債権以外の財産権（地上権・抵当権など）は20年間行使しないと消滅する。ただし，10年より短い時効期間にかかるもの（上記の権利行使することができることを知った時から5年等）であっても，判決で確定した場合や裁判上の和解・調停によって権利が確定した場合は10年に延長される。なお，所有権は，消滅時効によって消えることはない。改正

とらの巻 8 重要度 B

〈消滅時効期間〉

権利の種類	消滅時効
通常の債権	権利行使できることを知った時から5年／権利行使できる時※から10年　いずれか早いほう　改正
債権以外の財産権（地上権，抵当権等）	権利行使できる時から20年
確定判決，裁判上の和解・調停等で確定した権利	確定した時から10年
所有権	消滅時効にかからない

※権利行使できる時

確定期限のある債務（例：2022年10月16日に引き渡す）	期限到来時（2022年10月16日）
不確定期限のある債務（例：父が死亡したら引き渡す）	期限到来時（父死亡日）
期限の定めのない債務	債権が成立した時

4 時効の完成猶予と時効の更新

1 時効の完成猶予

時効の成立に必要な期間の進行を一定期間ストップさせることを時効の完成猶予という。どんなことをすれば時効の完成が猶予されるだろうか。

たとえば，貸したお金を返してもらう約束の日から9年6カ月後，債権者が債務者を相手取って「支払え」という**訴えを提起（裁判上の請求）**すると，その時点で時効の完成が猶予される。あるいは，**支払督促や和解**などがなされた場合も時効の完成が猶予される。また，債権者が債務者の財産について，**仮差押え，仮処分**の申立てをした場合も時効の完成が猶予される。 改正

なお，「支払え」という内容証明郵便を債務者に送る場合のように，裁判外での請求のことを「催告」という。**催告は，催告の時から6カ月の間だけ時効の完成を猶予**させる効力しかない。 改正

2 時効の更新

時効の成立に必要な期間の進行をストップさせ，それまでの期間の経過をゼロに戻し，新たに時効期間を進行させることを時効の更新という。

時効の更新は，裁判上の請求における**確定判決や支払督促，和解**などの確定判決と同一の効力を有するものによって**権利が確定したときは，これらの事由が終了した時に時効が更新**する。 改正

たとえば，上で述べた事案で，債権者の訴えが認められて勝訴判決が確定すれば，新たに時効期間がその進行を始める。

また，債務者のほうから「債務を負っています」と認めた場合**（承認）も時効が更新**する。 改正

とらの巻 ⑨　重要度 B

時効の完成猶予 （一定期間時効の完成が猶予） 改正	時効の更新 （改めてゼロから時効が進行） 改正
裁判上の請求，支払督促等	裁判・督促等により権利が確定したとき
強制執行，担保権実行等	その事由が終了した時
催告	ー
仮差押え・仮処分	ー
ー	承認

ウォーク問① 問11…(1)(3)

5 時効の援用・放棄・遡及効

1 時効の援用

友人から借金をしていたことを忘れてしまい、10年が過ぎた。突然、「あのときのお金を返してくれ」と言われた場合、どうしたらよいだろうか。

債権の消滅時効期間は10年なので、時効を主張すれば返済を免れることができる。時効を主張することを、**時効の援用**という。援用するかどうかはその人の自由だ。借りたお金はやっぱり返したいという人は、援用せずに返せばよい。

とらの巻 10　重要度 B

時効の援用権者は、時効により直接利益を受ける者であり、具体的には次のような者である。
① 債務者
② 保証人・連帯保証人（16章で学習する）
③ 物上保証人（13章で学習する）
④ **抵当不動産の第三取得者**（13章で学習する）
⑤ その他権利の消滅について正当な利益を有する者

2 時効の利益の放棄

「私は時効を援用しない」という意思の表明を「**時効の利益の放棄**」という。時効の利益は、時効の完成前には放棄できない。

3 時効の遡及効

時効が完成すると、**時効の効果は起算日**（時効期間を数え始める日）**にさかのぼって生じる**。これを時効の遡及効という。たとえば、取得時効であれば、占有を開始した時から所有権を持っていたことになる。

5-1 代理（基本事項）

 代理のしくみ，代理人の能力，代理行為のトラブルの対処について勉強しよう。

1 代理とは

　本人に代わって**契約**などを行うことを**代理**という。たとえば，Aから「私の土地を売ってきてくれ」と頼まれたBが，Cと売買契約を結ぶような場合だ。この場合のAを「**本人**」，Bを「**代理人**」，Cを「**相手方**」という。買主を探したり条件交渉をしたりして契約までこぎつけたのはBだが，土地の引渡義務を負うのはA，代金をもらえるのもAだ。

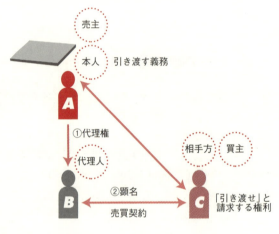

　このように，実際に契約をするのは代理人，契約上の権利や義務を引き受けるのは本人，という関係が成り立つためには，代理人に①**代理権**があることと，契約をする際に②**顕名**（「私は本人の代理人です」と相手方に示すこと）をすることが必要だ。代理権を与えてもいないのに勝手に土地を売り飛ばされたとしても，本人は土地を引き渡す必要はない。

　また，**代理人が顕名をせず**「売ります」とだけ言えば，代理人は相手方に売主自身だと思われてもしかたがない。この場合，**契約は代理人と相手方との間に成立**してしまう。つまり，代理人が売主として土地の引渡義務を負うということだ。ただし，顕名がなくても，相手方が「この人は売主の代理人だ」と知っていたり（**悪意**），不注意で気づかなかったり（**善意有過失**）した場合は，顕名があったのと同様に扱われ，契約は本人と相手方との間に成立する。

2 未成年者は代理人になれるのだろうか

　未成年者は、成年者に比べ判断能力が低いとされ、単独で行った契約は原則として取り消すことができる。では、このような未成年者でも代理人になれるのだろうか。

　未成年者である代理人が、3,000万円相当の本人の土地を1,000万円で売ってしまったとしても、土地を引き渡す義務は本人に生じるため、未成年者自身は損をしない。したがって、未成年者であっても代理人になることができる。同様に、成年被後見人・被保佐人・被補助人も代理人になることができる。

　また、**本人**は、代理人が未成年者であることを理由に、契約を**取り消すことはできない**。本人が未成年者を代理人に選んだ以上、損をしたとしても自業自得だからだ。 改正

とらの巻 ⑫　　重要度 B

1　代理人は行為能力者であることを要しない（**制限行為能力者**であっても、**代理人になることができる**）。

2　**本人**は、**代理人が制限行為能力者であることを理由**に、契約を**取り消すことはできない**。 改正

ウォーク問①　問16…(3)　問19…(2)　問23…(1)

3　代理人が相手方にだまされたら

　3,000万円相当の土地の売却を代理人に全面的に任せていたところ，**代理人が相手方にだまされて**，1,000万円で売ってしまったとしよう。だまされたのは代理人だが，実際に困るのは本人なので，この場合，**本人がその契約を取り消すことができる**。

　しかし，「この土地をあの人にいくらで売ってきてくれ」などと，特定の契約を代理人に委託し，本人がある程度代理人の行動をコントロールしていた場合は話が違ってくる。代理人がだまされていることを知りながら行動を起こさなかった本人に，取消しをさせる必要はない。したがって，この場合，本人は取り消すことができない。

　なお，だまされた場合に限らず，代理人が相手方から強迫されて契約を結んだ場合や錯誤により契約を結んでしまった場合も本人が取り消せるし，代理人が虚偽表示や心裡留保によって契約を結んだ場合は本人が無効の主張をすることができる。

とらの巻 13　重要度 C

〈代理人が詐欺をされた場合の取消し〉

	原則	例外
本人	取り消せる	**特定の契約**をすることを委託された代理人が，契約をしたときは，詐欺について**悪意又は善意有過失の本人は取り消せない**。
代理人	取り消せない	取消権が代理権の範囲に含まれている場合は，代理人が取り消せる。

4　代理人が相手方をだましたら

　代理人が相手方をだまして契約を結んだ場合，本人が善意であっても，相手方は取り消すことができる。詐欺をするような代理人を選んだのは本人なので，本人がそのリスクを負担すべきだからだ。

●5-2 代理(禁止事項)

5-2 代理(禁止事項)

ここがポイント 売主の代理人が買主になれるのだろうか。代理人がさらに代理人を選任することはできるのだろうか。

1 自己契約・双方代理の禁止

　売主の代理人が買主になることを<u>自己契約</u>という。売主の代理人が買主の代理人にもなることを<u>双方代理</u>という。どちらも，本人の利益が害される危険があるため，もし行ったとしても代理権を有しない者がした行為となり，本人に契約の効果は帰属しないのが原則だ。しかし，本人があらかじめ許諾した場合など，一定の場合には許されている。 改正

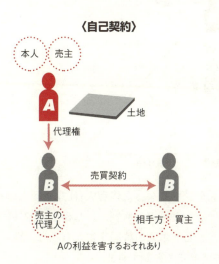

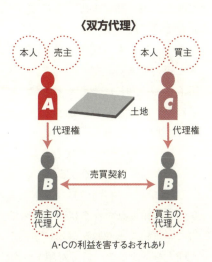

とらの巻 14　〈自己契約・双方代理〉　重要度 B

原則	例外的に許される場合
無権代理となる　改正	①債務の履行 ②登記の申請 ③本人（双方代理の場合は当事者双方）があらかじめ許諾した場合

ウォーク問①　問16…(4)　問19…(3)　問21…(1)(2)　問24…(1)

2　復代理の原則的禁止

　太郎くん（5歳）の親権者である花子さんは，太郎くんの法定代理人だが，別に太郎くんの委託を受けて代理人となったのではない。しかも，代理する仕事量も膨大である。したがって，花子さんは，おばあちゃんや隣家の奥さんなど，誰か適当な人（復代理人）を選任し，自分のやるべき仕事をいつでも代わりにやってもらうことができる。

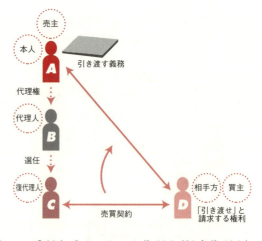

　これに対し，右図のBは，本人Aの委託を受けてなった代理人（任意代理人）なので，頼まれた仕事は自分でしなければならないのが原則だ。しかし，例外的に，急病などやむを得ない事由があるときと，本人の許諾を得たときは，復代理人を選任して，自分が頼まれた仕事をさせることができる。

　復代理人は代理人によって選任されるが，「代理人の代理人」ではなく，あくまで「本人の代理人」だ。したがって，復代理人が本人を代理してした契約により，直接本人が義務を負い，権利を取得する。

　代理人の代理権の範囲が「土地を貸すこと」であったならば，復代理人も「土地を貸すこと」までしかできず，土地を売ってしまうことはできない。復代理権は，代理人の代理権を越えることはできないのだ。なお，復代理人を選任しても，

代理人の代理権は消滅せず，相変わらず代理人のままである。つまり，復代理人とは，代理人と同じ内容の代理権を持つ「代理人の分身」なのだ。したがって，代理人が破産するなどして，代理人の代理権が消滅すると，分身である復代理人の代理権も消滅する。

〈任意代理権の消滅原因〉

	死亡	後見開始の審判	破産	解除
本人	○	×	○	○
代理人	○	○	○	○

○＝消滅する　×＝消滅しない

　復代理人が，本人から預かった売買代金1,000万円を失くしてしまったとしよう。このように，復代理人が本人に損害を与えた場合，代理人は債務不履行責任を負う。本人の承諾を得た場合や，やむを得ない事由により復代理人を選任した場合でも，一律に代理人の責任を軽減すべきではない。

とらの巻 15　重要度 B

〈任意代理人が復代理人を選任できるかどうか〉

原則	選任できない
例外（選任できる）	①本人の許諾を得たとき ②やむを得ない事由があるとき

〈任意代理人が復代理人を選任した場合〉

代理権と復代理権の関係	①復代理権は代理人の代理権を越えることはできない。 ②復代理人を選任しても，代理人の代理権は消滅しない。 ③代理人の代理権が消滅すると，復代理権も消滅する。 ④復代理人は，本人の代理人であり，復代理人がした契約の効果は，直接本人に帰属する。

ウォーク問①　問17…(2)　問25

5-3 代理(無権代理)

ここがポイント 代理権がないのに代理行為をすると，どうなるのだろうか？

1 代理権がないのに，代理人として契約すると

Aのドラ息子BがAの代理人を装い，Aの土地を勝手にCに売却した。これを，代理権のない代理，すなわち無権代理といい，Bを無権代理人という。

本人・相手方・無権代理人の3人のうち，一番かわいそうなのは，勝手に土地を売られた本人だ。したがって，本人は保護され，土地を引き渡す義務は発生しない。

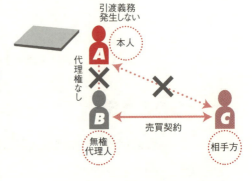

では，こんな場合はどうだろう。ドラ息子B(無権代理人)に勝手に土地を売り飛ばされたが，案外高値で売れたようなので，本人Aは，むしろ契約を有効にしたくなったとする。この場合，本人は追認すればよい。追認すると，原則として契約の時から有効な代理だったことになる。

追認は，無権代理人に対してしても，相手方に対してしてもよい。ただし，無権代理人に対して追認した場合，相手方がその事実を知るまでは，本人は「追認済み」ということを相手方に対抗できない。つまり，無権代理につき善意の相手方は，追認があったことを知るまでは，まだ契約を取り消すことができるのだ(詳しくは後述)。

本人は，無権代理を放置していたとしても引渡義務を負うことはないが，もっと積極的に「追認拒絶」をすることもできる。これにより契約は無効に確定し，もはや追認することはできなくなる。

とらの巻 16

重要度

1　無権代理人がした契約は，原則として本人に対して効力を生じない。

2　本人が無権代理行為を追認すると，原則として，契約の時から有効な代理行為があったことになる。

3　追認は，無権代理人に対して行っても，契約の相手方に対して行ってもよい。

ウォーク問①　　問16…(1)(2)　　問18…(ウ)　　問20…(1)　　問23…(3)

2 無権代理の相手方が主張できること

　先の例で，無権代理の相手方Cは，このままでは土地を手に入れることができないが，本人Aが追認すれば手に入れることができる。このように，どっちつかずの不安定な状態に置かれる相手方は，本人に次いで2番目に保護されており，次の4つの主張が認められる。

1　相手方は，無権代理についての善意・悪意を問わず，「追認するかしないか確答せよ」と本人に催告することができる。本人が確答しないときは追認拒絶とみなされる。

2　善意の相手方は契約を取り消すことができる。ただし，本人が追認した後は取り消せない。

3　善意無過失の相手方は，無権代理人に対し，履行又は損害賠償の請求をすることができる。ただし，過失があっても，無権代理人が自己に代理権がないことを知っていた場合には，履行又は損害賠償の請求をすることができる。
　なお，無権代理人が制限行為能力者である場合は請求できない。　改正

4　代理権があるかのような外観があり，その外観を作り出した責任が本人にある場合，善意無過失の相手方は，本人に契約の効果が生じていると主張できる。これを表見代理（ひょうけんだいり）という。

とらの巻 17

重要度

〈無権代理の相手方が主張できること〉

相手方の事情＼主張できること	催告※1	取消し※2	無権代理人に対する履行・損害賠償請求※3	表見代理※5
善意無過失	○	○	○※4	○
善意有過失	○	○	×	×
悪意	○	×	×	×

○＝主張できる　×＝主張できない

※1　本人が確答しなければ追認拒絶とみなされる。
※2　取消しは，本人が追認する前にしなければならない。
※3　無権代理人が制限行為能力者でないことが必要である。
※4　無権代理人が自己に代理権がないことを知っていたときは善意のみで足りる。　改正
※5　代理権があるかのような外観があり，それを本人が作り出したことが必要である。

ウォーク問①　問18…(イ)　問22　問23…(2)(4)　問24…(2)(4)

3　表見代理

　AがBに「この土地を賃貸してきてくれ」と頼んだにもかかわらず，Bがその土地をCに売却したとしよう。実際は売却の代理権はないのだが，本人が賃貸の代理権を与えているせいで，周囲からは「Bは，Aの土地についていろいろ頼まれている人だ。売却の代理権もあるのだろう。」というふうに見えてしまう。そして，この外観を作り出した責任は本人にある。このとき，「Bに売却の代理権がある」と過失なく信じたCは，Aに対し，「表見代理が成立している。土地を引き渡せ。」と主張できる。このように，「代理権があるかのような外観」＋「本人の責任」＋「相手方の善意無過失」の3つがそろった場合，無権代理行為の効果は本人に帰属する。外観を作った責任のある本人より，善意無過失の相手方のほうを保護するのだ。これを表見代理という。

　「本人の責任」で「代理権があるかのような外観」が作り出されたケースとは，次の3つだ。

	本人に責任ありとされるケース	例
①	実際は代理権を与えていないのに，与えたと本人が表示した場合	代理権を与えるつもりがないのに，委任状を渡していた。
②	本人の与えていた代理権の範囲を越えて，代理行為をした場合	賃貸借契約締結の代理権を与えたところ，代理人が売買契約を締結した。
③	本人が以前与えていた代理権が消滅した場合	代理人が破産後に代理行為をした。

〈表見代理〉

責任あり
引渡義務発生する
本人 A
代理権なし
代理権があるかのような外観
B 無権代理人
売買契約
C 善意無過失
相手方

4 無権代理と相続

1 本人が死亡し，無権代理人が本人を単独相続した場合

無権代理人には，無権代理行為をしたという責任がある。追認拒絶権を持っていた本人をたまたま相続したからといって，追認を拒絶するなどというずるいことは認めるべきではない。したがって，無権代理人は，相手方の請求を拒むことはできず，土地を引き渡さなければならない。

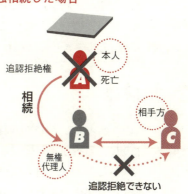

2 無権代理人が死亡し，本人が無権代理人を相続した場合

本人は，もともと追認を拒絶することができる立場にあったのだから，無権代理人の地位を受け継いだとしても，追認を拒絶することがずるいとはいえない。したがって，本人は，追認を拒絶することができる。

ただし，本人は無権代理人の地位を受け継いでいるため，相手方が善意無過失であれば，本人は，前述した無権代理人の責任(履行又は損害賠償義務)を免れることはできない。

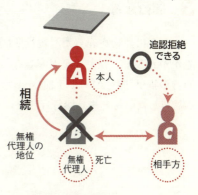

6-1 債務不履行

ここがポイント 債務者が，債務の本旨に従った履行をしない場合，どうなるのだろうか？

1 債務不履行とは

建物の売買契約において，代金支払債務の債務者は買主であり，債権者は売主である。一方，建物引渡債務の債務者は売主であり，債権者は買主である。

たとえば，売主が，約束の日に引渡しをしなかった場合のように，債務者が債務の本旨に従った履行をしないことを，**債務不履行**という。できないからしない「**履行不能**」と，できるのに遅れている「**履行遅滞**」の２種類がある。

2 履行不能

売主の火の不始末で，売り物の建物が全焼してしまい，引渡しができなくなった場合のように，**履行が不可能**になることを履行不能という。この場合，債権者は，催告することなく，**直ちに契約を解除**することができる。また，**債務者の責めに帰すべき事由**があれば，債権者は，解除と合わせて，債務者に**損害賠償の請求**をすることもできる。

3 履行遅滞

AがBに建物を売った。履行期に買主Bが売主Aのもとに代金を持参したにもかかわらず，売主Aが引渡しをしなかったとしよう。このように，債権者が履行の提供（履行の一歩手前）をしたにもかかわらず，**債務者が履行期を過ぎても履行しないこと**を，履行遅滞という。

6-1 債務不履行

〈履行期を過ぎる時期〉

履行期	履行期を過ぎる時期
確定期限（「2022年10月16日」に引き渡す）	期限が到来した時
不確定期限（「父が死亡したら」引き渡す）	債務者が期限到来を知った時
期限の定めなし	債務者が履行の請求を受けた時

売主の引渡債務と買主の代金支払債務は，原則として同時履行の関係に立つので，相手が履行の提供をしていない以上，こちらも履行を拒むことができる（同時履行の抗弁権）。したがって，売主Aは履行期を過ぎて引渡しをしていなくても，それだけでは履行遅滞ではない。BがAのもとに代金を持参するなど，履行の提供をしてはじめて，Aは履行遅滞になるのだ。

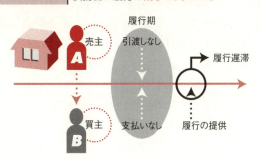

債務者が履行遅滞をした場合，債権者は相当の期間を定めて履行を催告し，その期間内に履行がない場合に契約を解除することができる。ただし，債務不履行が契約及び取引上の社会通念に照らして軽微なときは，解除できない。

改正

債務者の責めに帰すべき事由があれば，債権者は，解除と合わせて，債務者に損害賠償の請求をすることもできる。

とらの巻 18　重要度 B

1　同時履行の場合に，債務者が履行遅滞による債務不履行責任を負うのは，相手方が履行の提供をしたときである。

2　債務不履行による解除

履行不能	直ちに解除できる。
履行遅滞	相当の期間を定めて催告し，期間内に履行がなければ解除できる。

3　履行不能・履行遅滞について，債務者の責めに帰すべき事由があれば，債権者は，債務者に損害賠償請求をすることができる。

ウォーク問①　問30…(3)

法改正

4 損害賠償額の予定

　売主Ａが債務不履行をした場合，買主Ｂが損害賠償を請求するには，損害発生と損害額を証明する必要がある。しかし，この証明は難しく，面倒である。
　この面倒を避けるため，債務不履行の場合の損害賠償額を，ＡＢ間であらかじめ決めておくことができる。これを**損害賠償額の予定**という。たとえば「損害賠償額を500万円とする」と決めておけば，Ｂは，債務不履行の事実さえ証明すれば，損害の証明をすることなく予定額の500万円を請求することができる。実際の損害額が400万円であったとしても，Ａは「400万円しか払わないぞ」とは言えないし，実際の損害額が600万円であったとしても，Ｂは「600万円払え」とは言えない。
　なお，「違約金を500万円とする」と決める場合があるが，違約金には，「損害賠償額の予定としての違約金」と「違約罰としての違約金」の２種類がある。「損害賠償額の予定としての違約金」ならば，請求できる損害賠償は500万円ポッキリである。「違約罰としての違約金」ならば，債務不履行をした罰として500万円を没収したうえで，損害賠償は別途立証して請求することになる。どちらの違約金であるとも決めなかった場合には，**「損害賠償額の予定」と推定される**。

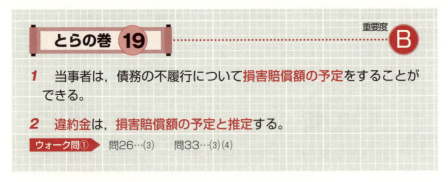

とらの巻 19　　　　　　　　　　　　　　重要度 **B**

1　当事者は，債務の不履行について**損害賠償額の予定**をすることができる。

2　**違約金**は，**損害賠償額の予定と推定**する。

ウォーク問①　問26…(3)　問33…(3)(4)

5 金銭債務の不履行

　約束の日にお金が支払われないと，当然損害が発生する。したがって，たとえ**不可抗力のため支払えない場合であっても，債務者は債務不履行責任を負い，債権者は損害を証明することなく損害賠償の請求ができる**。なお，物が滅失して渡せないのは「履行不能」だが，お金がなくて支払えないのは「履行不能」ではない。世間にはお金が流通しているわけだから，借りてきて払おうと思えば払えるからだ。したがって，**金銭債務の不履行は，常に「履行遅滞」**である。

6-2 解除

ここがポイント
契約を解除するとどうなるの？ 第三者との関係は？

1 解除とは

解除とは，契約の当事者の**一方からの意思表示**によって，**契約を初めからなかった状態に戻す**ことだ。一度解除すると撤回できない。話がややこしくなるからだ。

契約を解除すると，受け取った品物やお金を返し合い，相手を契約前の状態に戻さなければならない（**原状回復義務**）。お金を返す場合は，**受領の時**からの利息をつける必要がある。お金が手元にあった期間中ずっと，運用が可能だったことになるので，その間の利息を返さなければ，契約前の状態に戻したことにはならないからだ。他方，目的物を返す場合は，使用利益も返さなければならない。そして，売主・買主双方の**原状回復義務**は**同時履行**の関係に立ち，相手が返さない限り返さなくてもよい。

解除により債権・債務関係は初めからなかったことになるが，債務不履行に基づく**損害賠償の請求はできる**。

とらの巻 20　　　　　　　　　　　　　　　　　　　　重要度 **A**

〈当事者間での解除の効力〉

1　**原状回復義務**を負う（金銭は**受領の時**からの利息をつけて返還）。
2　**損害賠償の請求はできる**。

ウォーク問①　問28…(2)(4)　問30…(4)

2 解除すると，第三者との関係はどうなるのだろうか

AがBに建物を売却した場合を例に見ていこう。

1 解除前に第三者が登場した場合

Bが第三者Cに転売し，その後，Bの債務不履行を理由に，Aが契約を解除したとしよう。この場合，**第三者Cが登記を備えていれば，建物はCのものだ**。登記のある第三者の権利を害してまで，原状回復をすることはできないのだ。

これに対し，Cが登記を備えていない場合は原状回復が優先され，建物はAのもとに戻ってくる。

Cが登場したときにはまだ解除されていないのだから，**Cの善意・悪意は問題とならない**。

すでに学習したとおり，詐欺取消し前の第三者や虚偽表示における第三者が保護されるためには，「善意であること(詐欺取消しの場合，無過失も)」が必要だった。これに対し，解除前の第三者の善意・悪意が問題とされないのはなぜだろうか。

「無効・取消し」は，契約時にすでに詐欺や虚偽表示などの問題が発生している。したがって，第三者がそれを知って購入したのか，あるいは知らずに購入したのかという点が問題となる。

これに対し，「解除」は，契約時には何ら問題がなく，契約後に生じた債務不履行等を原因としてなされるものである。したがって，第三者が購入した時点では，解除原因となる債務不履行が必ずしも生じているとは限らない。よって，第三者が保護されるかどうかは，善意なのか悪意なのかではなく，「登記」を備えているかどうかで決めるのだ。

2 解除後に第三者が登場した場合

Bの債務不履行を理由に契約を解除したAが、登記を取り戻す前に、Bが第三者Cに転売したとしよう。この場合、建物は、AとCのうち先に登記をしたほうのものだ。AはCが登場する前に解除しているのだから、登記を回復しようと思えばできたはずだ。にもかかわらず、Cに先に登記されてしまったのであれば、Aは負けてもしかたがない。なお、Cの善意・悪意は問わない。

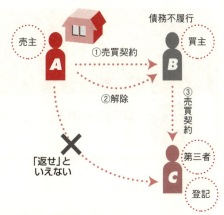

とらの巻 21　　重要度 A

〈解除前・解除後の第三者との関係〉

	第三者に登記あり	解除者に登記あり
解除前の第三者	第三者の勝ち	解除者の勝ち
解除後の第三者	第三者の勝ち	解除者の勝ち

※　第三者の善意・悪意は問わない。

ウォーク問① 　問3…(3)(4)　問28…(1)　問32…(1)(2)(4)　問60…(2)
　　　　　　　問63…(2)(3)　問66…(3)

6-3 手付

ここがポイント 解約手付を使った解除（手付解除）について押さえよう。

1 手付とは

　手付とは，売買契約締結の際，買主が売主に交付するお金のことだ。損害賠償額の予定としての手付，違約手付，解約手付などの種類があるが，どれと決めずに手付が交付された場合は，**解約手付と推定**される。

2 解約手付とは

　「万が一，契約がイヤになったら，お互いこの手付を使って解除しよう。」「そうしよう。」

　このように，お互い納得のうえで，買主が交付する手付を**解約手付**という。解約手付を使えば，相手が債務不履行をしていなくても，自己都合で解除できる。たとえば，解約手付100万円を交付している場合，**買主**はその100万円を放棄すれば解除でき（**手付放棄**），**売主**は倍額の200万円を返せば解除できるのだ（**倍額の現実の提供**）。解除された側が，別途**損害賠償の請求**をすることは**できない**。お互い納得ずくの話だからだ。

　では，買主が売主のもとに中間金を持参した後，売主から手付による解除（手付解除）をすることができるだろうか。

買主は，契約の履行に向け，すでに一歩を踏み出している。これを**履行の着手**

という。この段階で売主が手付解除をすると，買主の行為が無駄になってしまう。そのため，**相手方が履行に着手した後は，手付解除はできない**ことになっている。なお，**自分が履行に着手しているかどうかは問わない。** 改正

とらの巻 22

重要度 A

1 **自分が履行に着手していても，相手方が履行に着手していなければ，手付解除できる。** 改正

2 2種類の解除の比較

	手付の行方	損害賠償
手付による解除	買主が解除→**手付放棄** 売主が解除→**手付の倍額の現実の提供** 改正	**請求できない**
売主又は買主の債務不履行による解除	**原状回復義務により，買主に返還**	**手付額とは関係なく，実際の損害額を請求できる**

ウォーク問① 問26…(2)　問33…(2)(3)　問34…(2)(3)(4)　問39…(2)　問43…(3)

Tea Time

LEC専任講師からの学習アドバイス
＜「過去問」をいつ使うか？＞

　実際に試験で出題された問題のことを受験界では，「過去問」といいます。「過去問」の検討は，今や合格のための勉強として不可欠です。

　知識がないと問題が解けないということを理由に勉強の初期段階では，「過去問」をやらない人がいますが，これは合理的ではありません。

　確かに問題は解けませんが，本試験の出題範囲や難易度，近時の傾向などから，何を勉強すればよいか，効率的に学習するための情報が満載だからです。

7 危険負担(きけんふたん)

ここがポイント 契約後，地震や落雷で売り物の建物が全壊したらどうなるのだろう？

1 危険負担とは

　AがBに建物を売却する契約を締結した後，売り物の建物を**引き渡す前にその建物が落雷によって滅失**(全壊)してしまったとしよう。

　この場合，売主Aの「引渡し債務」は履行が不能となるため消滅する。また，建物が滅失したことに売主Aには責任がない以上，損害賠償債務も生じない。

　危険負担とは，建物の引渡し前に，放火・落雷等，双方の**責めに帰すべき事由によらずにAの建物引渡債務が消滅**した場合に，Bの代金支払債務がどうなるかの問題だ。すなわち，双方に責任のない天災等の不可抗力による滅失のリスク（**危険**）をどちらが**負担**するかの問題だ。

　この場合，**買主Bは代金の支払いを拒むことができる**。危険は売主Aが負うことになっているのだ。建物の所有権が買主Bに移転しているとしても，Bは，引渡しを受けておらず，利益を得ていないからだ。

とらの巻 23　　重要度 C

〈危険負担〉

1 不動産の売買契約の目的物が，目的物の引渡し前に，売主の責めに帰することができない事由により滅失した場合，**契約自体は有効**である。 改正

2 不動産の売買契約においては，原則として，目的物滅失の**危険を売主が負担**する。したがって**買主は代金の支払いを拒絶できる**。 改正

ウォーク問① 問35…(4)

2 履行遅滞中に不可抗力で滅失したら

建物の売主が、引渡日が過ぎても引渡しをしないでいるうちに、落雷によって建物が滅失してしまったとしよう。こ

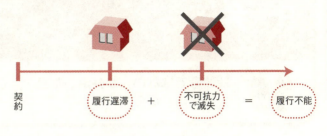

れは「債務不履行」だろうか。それとも「危険負担」の問題だろうか。

「履行遅滞中」に「不可抗力により滅失」した場合は、「売主の責めに帰すべき事由により滅失」したものと扱われる。すなわち売主の「債務不履行」であり、買主は契約を解除し、損害賠償の請求をすることができる。

8 弁済

ここがポイント 債務者ではない人が弁済したら？ 債権者ではない人に弁済したら？

1 弁済とは

　弁済とは、「債務者が約束を果たすことにより、債権が消滅すること」だ。お金を借りているなら「お金を返すこと」、物を売ったなら「その物を引き渡すこと」だ。

2 債務者でない人が弁済できるだろうか

　名演奏家が負う「コンサートで演奏する債務」を、一般人が代わりに弁済したら（つまり、代わりにコンサートで演奏したら）、観客は怒り出すだろう。このように、「その債務者」が弁済しないと意味がない債務については、第三者は弁済できない。また、当事者間で、「必ず、債務者であるあなたが弁済してください。」、「はい、債務者である私が弁済します。」という取り決め（第三者弁済禁止特約）がなされている場合も、第三者は弁済できない。
　しかし、上記のような特殊な事情がない限り、**原則として第三者も弁済可能**である。ただし、債務者が「俺の債務だから勝手に支払うな」などと、弁済されることを嫌がっている場合は話が別だ。この場合に弁済できるのは、**正当な利益を有する第三者**だけだ。意外なことに、債務者の親・兄弟や友人というだけでは正当な利益を有するとはいえず、弁済できない。これに対し、**物上保証人・抵当不動産の第三取得者**（13章で学習する）などは、債務が弁済されないと抵当権が実行されて財産を失う危険があるため正当な利益を有するといえ、**債務者の意思に反して弁済できる**。 改正

とらの巻 24

重要度 B

〈第三者の弁済〉

弁済をする者	債務者の意思に反する弁済
正当な利益を有する第三者 （物上保証人・抵当不動産の第三取得者など）	可
正当な利益を有しない第三者 （債務者の親・兄弟や友人など）	不可

ウォーク問① 問26…(1)　問36…(1)　問38…(1)

3 弁済による代位

　右の図で，保証人Ｃが弁済した場合，「立て替えた金を返せ」と債務者Ｂに請求できる。これを求償という。しかし，おとなしく求償に応じるＢであれば，とっくに債権者に弁済しているはずだ。Ｂが弁済しなかったからこそ，Ｃが弁済する羽目になったのである。このようなＢに求償するのは，並大抵の苦労ではないだろう。しかも，債権者

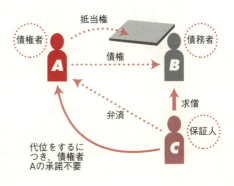

Ａは「抵当権」と「保証人Ｃ」という２つの武器を持っていたが（現に，Ｃの弁済によって満足を得ている），Ｃには何の武器もない。

　しかし，心配はいらない。Ｃは，債権者Ａが持っている武器を，Ａに代わって使うことができるのだ。たとえば，Ｂが求償に応じない場合，Ｃは，Ａが持っていた抵当権を実行して，弁済分を回収することができる。これを弁済による代位という。「代位」とは「位を代わること」，つまり，空席になった「債権者Ａのイス」に，Ｃが代わって座ることだ。

　債権者に代位するにあたり，債務者への通知又は債務者の承諾は必要だろうか。(連帯)保証人・連帯債務者・物上保証人など，弁済をするにつき正当な利益を有する者が弁済した場合は，通知又は承諾がなくても債権者に代位できる（法定代位）。債務者の親・兄弟や友人など，弁済をするにつき正当な利益を有しない者が弁済した場合は，通知又は承諾がないと債権者に代位を対抗できない（任意代位）。 改正

とらの巻 25　重要度 B

〈弁済による代位〉

	誰が弁済したか	代位を対抗するについての債務者への通知又は債務者の承諾
弁済をするにつき正当な利益を	有する者 (保証人・連帯保証人・連帯債務者・物上保証人など)	不要
	有しない者 (債務者の親・兄弟，友人など)	必要　改正

ウォーク問①　問36…(2)　問85…(4)

4　債権者ではない人に弁済した場合(第三者に対する弁済)

弁済を受領する権限のない人に弁済しても，原則として無効であり，債権は消滅しない。よって，本当の債権者に弁済しなおさなければならない。

では，領収証を持って集金に来た人を債権者だと信じ込んで，弁済してしまったらどうか。この場合，弁済は有効であり，債権は消滅する。

領収証の持参人等のように受領権者としての外観を有する者に善意かつ無過失で弁済した場合は有効になるのだ。改正

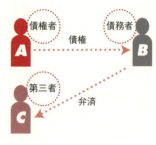

とらの巻 26　重要度 B

〈第三者に対する弁済〉

債権の受領権者以外の者に弁済しても，その弁済は原則として無効であるが，弁済者が「受領権者としての外観を有する者」に善意かつ無過失で弁済をした場合，その弁済は有効となる。改正

「受領権者としての外観を有する者」の具体例
① 受取証書の持参人
② 債権証書の持参人
③ 債権者の代理人と詐称する者

ウォーク問①　問36…(3)　問37…(2)(3)

9 契約不適合責任

買った物が契約の内容に適合しない場合，売主に何が言えるのだろうか。

1 契約不適合責任とは

　売買契約の売主が買主に引き渡したものが，契約内容に適合しないものであった場合，売主は，買主に対してさまざまな責任を負う。売主が負うこれらの責任を「契約不適合責任」あるいは「担保責任」という。
　契約不適合の種類には，目的物の「**種類**」「**品質**」「**数量**」に関する不適合，「**移転した権利の不適合**」，「**権利の一部を移転しない場合の不適合**」がある。責任追及の方法は，「**追完請求**」「**代金減額請求**」「契約の**解除**」「**損害賠償**」の4種類だ。買主の善意・悪意にかかわりなく，これらの責任追及をすることができる。ただし，契約不適合が**買主の責めに帰すべき事由**によるものであるときは，買主は，**売主に対して追完請求，代金減額請求，契約の解除をすることはできない。** 改正

2 契約不適合の種類

1　目的物の契約不適合
(1)　種類・品質
　　引き渡された目的物である建物の屋根に欠陥があり雨漏りが生じている場合などが典型的な例だ。
　　なお，種類・品質に関する契約不適合には，物質面での欠陥のみならず，環境での欠陥（日照・景観阻害など）や心理的欠陥（購入した居住用建物内で自殺があったような場合など）も含まれる。
(2)　数量
　　引き渡された目的物である土地の面積が，契約で予定されていた面積と異なっていることである。具体的には，契約上は100㎡の面積の土地を1,000万円で購入すると契約したが，購入後に計測したら90㎡しかなかった場合である。 改正

2 権利に関する契約不適合

(1) 移転した権利の不適合

売主が買主に引き渡した目的物自体は契約の内容に合っているものの，移転した権利が契約の内容に合っていない場合をいう。具体的には，売買の目的物である土地に地上権，地役権などが存在している場合，また，売買の目的物である建

物のために存在するものとされていた地上権，賃借権が実際には存在していない場合などである。この場合も，買主は不完全な所有権しか取得できないのであるから，売主に対して契約不適合責任を追及することができる。

(2) 権利の一部を移転しない場合の不適合（一部他人物売買）

権利の一部が他人に属する場合をいう。具体的には，不動産の売買において，所有権の一部が他人に属している場合などである。 改正

3 契約不適合責任の内容（買主の救済）

1 追完請求権

引き渡された目的物が種類，品質又は数量に関して契約内容に適合しないものであるときは，買主は，売主に対して，①目的物の修補，②代替物の引渡し，③不足分の引渡しによる履行の追完を請求することができる。この中から買主が選択して，請求することができる。ただし，買主に不相当な負担を課すものでない限り，売主は買主が請求した方法とは異なる方法による履行の追完をすることができる。 改正

2 代金減額請求権

買主が相当の期間を定めて履行の追完を催告し，その期間内に履行の追完がないときは，買主は，その不適合の程度に応じて代金の減額を請求することができる。さらに，①履行の追完が不能であるとき，②売主が履行の追完を拒絶する意思を明確に表示したとき，③定期行為における履行遅滞のとき，④追完を受ける見込みがないことが明らかであるときは，買主は追完の催告をすることなく，直ちに代金の減額を請求することができる。 改正

3 損害賠償請求権及び解除権

売主が買主に引き渡した目的物が契約内容に適合しない場合，買主は売主に対して，上記の請求をすることができるが，これらの請求は，損害賠償請求権

及び解除権の行使を妨げない。 改正

4 買主の期間制限

1 通知期間

　買主は，種類又は品質に関して契約内容に適合しない目的物を引き渡された後，その不適合を知った時から１年以内に，その旨を売主に通知しなければ，追完請求権，代金減額請求権，損害賠償請求権及び解除権を行使することができなくなる（失権効）。ただし，売主が引渡しの時にその不適合を知り，又は重大な過失によって知らなかったときは，買主は，売主に上記責任を追及することができる。

　なお，この期間制限は「種類又は品質」についてのみ適用され，「数量」不足の場合と，権利が契約内容に適合しない場合及び一部が他人の権利の場合には適用されない。 改正

2 消滅時効

　契約の内容に適合しないことを知った時から１年以内に売主にその旨を通知すれば，いつまでも契約不適合責任を追及することができるのだろうか。実は，そうではない。買主が契約の内容に適合しないことを知った時から１年以内にその旨を売主に通知した場合でも，買主が契約の内容に適合しないことを知った時から５年，また，買主が売買の目的物の引渡しを受けた時から10年以内に行使しなければ，時効消滅する。 改正

5 担保責任を負わない旨の特約

　担保責任の内容は特約で軽減しても加重してもよく，「売主は担保責任を負わない」旨の特約も有効である。しかし，担保責任を負わない旨の特約をしたとしても，売主が知りながら告げなかった事実及び自ら第三者のために設定し又は第三者に譲り渡した権利については，その責任を免れることができない。

6 全部他人物売買

　権利の全部が他人に属する場合で真の所有者が所有権の移転を確定的に拒絶している場合，抵当権が実行され所有権を失った場合など，権利の「全部」についてその権利を移転できないような場合には，売主は債務不履行責任を負う。

すなわち買主は**契約の解除**をすることができ，売主に**責めに帰すべき事由**があれば**損害賠償請求**もすることができる。改正

とらの巻 27 〈契約不適合責任〉 改正　重要度 A

	買主が追及することができる権利	期間の制限※2
種類又は品質の契約不適合	① 追完請求 ② 代金減額請求（履行の追完がないとき） ③ 契約の解除 ④ 損害賠償請求（売主に帰責事由あるとき）	不適合を知った時から1年内に通知
数量の契約不適合		ー
権利の契約不適合※1		ー
一部他人物売買		ー
全部他人物	売主が権利取得して買主に移転できない場合， ① 契約の解除 ② 損害賠償請求（売主に帰責事由あるとき）	ー

※1　権利の契約不適合（権利が契約の内容に適合しないものである場合）とは，売買契約の目的物の上に地上権，地役権，質権などの占有を妨げる権利が存在している場合などをいう。
※2　債権の消滅時効に関する一般原則を排除するものではなく，買主が目的物の引渡しを受けた時から10年で時効消滅する。

ウォーク問①　問39…(1)　問40　問41　問42　問43…(2)
　　　　　　　問44…(1)(3)　問45…(2)　問46…(1)(2)(3)　問162…(1)(2)

7　新築住宅の売主の担保責任の特例

　サラリーマンであるAが，同じくサラリーマンであるBから，Bが長年住んでいた中古住宅を買ったとしよう。Bが長年住んでいるのであるから，住むことができないような欠陥も考えにくい。買主であるAもなんらかの欠陥があると思えば，ある程度調査して購入するであろう。代理又は媒介する宅建業者に詳しく聞くことも可能だ。
　しかし，これが中古住宅ではなく，新築住宅ならどうだろう。まず，買主は「新築」ということから，欠陥を想定して購入することは考えにくい。かといって，誰も住んだことがないのだから，重大な欠陥があっても発見しにくいこともあるだろう。また，人の生活の基盤となる住宅であり，損害は大きく，命にもか

かわることだってある。そして，新築住宅の売主は，ハウスメーカーやデベロッパー等，住宅のプロであることが多い。

そこで，**新築住宅の売主**には，**住宅の品質確保の促進等に関する法律**（以下，「品確法」）で，重い責任が課せられている。

まず1点目は，**①構造耐力上主要な部分（基礎・土台・床・屋根・柱・壁等），②雨水の浸入を防止する部分（屋根・外壁・雨水排水管等）についての瑕疵担保責任期間を，引渡しから10年間**とすること。これらは，もし瑕疵があれば住宅を安全・快適に使用することができなくなるほどの重要な部分であり，買主にとっても瑕疵がないことを強く望む部分といえる。そこで，これらの部分の担保責任を強化しているのである。

2点目は，**品確法と異なる特約で買主に不利なものは無効となること**。瑕疵担保責任を負わない特約はもちろん，責任期間を10年よりも短縮する特約や，瑕疵修補をしないという特約に効力はない。

なお，新築住宅の売主であれば，宅建業者であろうとなかろうと品確法の適用を受けるので，注意が必要である。

10 相続

> **ここがポイント**　法定相続人，法定相続分，遺言そして遺留分について押さえよう。

1 相続人には誰がなるのだろうか

　死亡したAには妻B，子C・D，父E，母F，弟Gがいる。Aが誰に財産を譲りたいかを書き遺していれば，Aの希望どおり相続される。では，遺言がなかった場合，誰が相続人になるのだろうか。

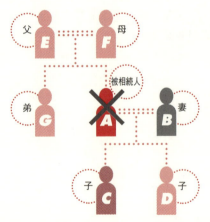

　まず，「**配偶者**」(法律上婚姻している夫・妻)は**常に相続人**だ。そして，「**子**」がいれば配偶者とともに相続人となり，いなければ「**直系尊属**」(父母・祖父母)が，直系尊属もいなければ「**兄弟姉妹**」が相続人になる。
　なお，「子」には嫡出子(**両親の婚姻中に生まれた子供**)，嫡出でない子(**婚姻していない両親から生まれた子供**)，**養子**，**胎児**が含まれる。
　よって，具体例の場合，妻Bと子C，子Dが相続人になる。

2 代襲相続

　Aが死亡したが，Aの子BはAの死亡以前に死亡していたとしよう。この

場合、Bが相続するはずの財産は、孫Eが代わって相続する。これを「**代襲相続**」という。

代襲相続は、①**相続開始以前の死亡**、②相続欠格（親を殺したなど）、③廃除（親を虐待したなど）の場合に認められる。**相続放棄をした場合は代襲しない**ので注意しよう。

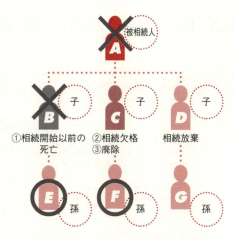

父Aと子Bが登山に行って2人とも死亡した場合のように、どちらが先に死亡したか証明できないときは、同時に死亡したものと推定される。この場合、AB間に相続は生じないが、Bに子がいれば代襲は起こる。

とらの巻 28　　　　　重要度 A

〈法定相続人〉

配偶者＝常に相続人となる	第一順位	被相続人の**子**（胎児を含む）	実子と養子の間に順位の差はない。
	第二順位	被相続人の**直系尊属**	親等の近い者が優先する（父母と祖父母がいる場合、父母が相続人となる）。
	第三順位	被相続人の**兄弟姉妹**	―

※　**相続放棄**の場合、**代襲相続**は認められない。

ウォーク問①　問48…(1)(3)　　問50…(4)　　問53…(1)　　問164

3 誰がどれだけの財産を相続するのだろうか

とらの巻 29　重要度 A

〈法定相続分〉

相続人	相続分	注意事項
配偶者と子が相続人の場合	配偶者　＝2分の1 子　　　＝2分の1	子(養子・胎児も含む)の相続分は平等
配偶者と直系尊属が相続人の場合	配偶者　＝3分の2 直系尊属＝3分の1	直系尊属の相続分は平等
配偶者と兄弟姉妹が相続人の場合	配偶者　＝4分の3 兄弟姉妹＝4分の1	(1)　兄弟姉妹の相続分は平等 (2)　片親の違う兄弟姉妹は他の者の2分の1

ウォーク問①　問48…(1)　問49　問53…(1)　問57…(1)　問164

　下の図でAが死亡した場合、誰が相続人となり、相続分はそれぞれいくらになるだろうか。

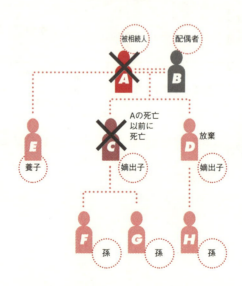

　まず、相続人となるのは、配偶者B、Cの子F・G（死亡した嫡出子Cを代襲）、養子Eの4人である（相続放棄をしたDは相続人とならず、代襲も起こらないためHも相続人とならない）。配偶者と子が相続人となる場合の相続分は、

配偶者が2分の1，子が2分の1である。そして，養子の相続分は実子と同じである。

配偶者Bが2分の1取った残りの2分の1を，E・F・Gで分けることになるが，嫡出子Cが生きていると仮定すると，養子Eと実子Cの分け前は1：1の割合になる。2分の1を2つに割ったうちの1つである4分の1がEの相続分，4分の1がCの相続分となる。実際にはCはすでに死亡しており，孫F・GがCを代襲して相続するため，F8分の1，G8分の1となる。

結論として，相続分はB2分の1，E4分の1，F8分の1，G8分の1となる。

4 相続の承認・放棄

被相続人が借金まみれで死亡した場合，このまま放っておくと相続人まで借金まみれになってしまう。それを回避するには，限定承認か相続放棄をすればよい。限定承認とは，相続で得た財産で返せるところまで借金を返すが，返しきれない部分については返さない，という承認方法だ。一方，相続放棄は，一切の財産を相続しないことだ。相続放棄をすると，初めから相続人とはならなかったことになる。

自分が相続人となったことを知った時から3カ月以内にどちらかをしなければ，単純承認になってしまう。単純承認は，財産も借金もすべて受け継ぐ承認方法だ。

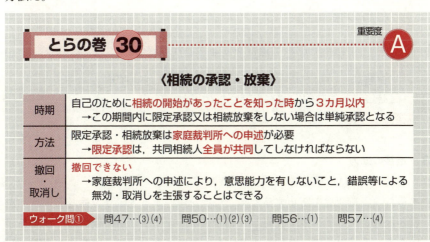

5 遺言

1 遺言とは

遺言とは，自分の死後，財産を誰にどれだけ相続させたいかを書き残しておくものだ。遺言がなければ法定相続人が法定相続分に基づき相続する。

遺言は，他人の意思が入り込まないようにするため，法律が定めた**一定の方式**（自筆証書，公正証書，秘密証書その他特別の方式）によることが必要だ。**自筆証書遺言**は，遺言者が全文，日付及び氏名を**自書して印**を押さなければならない。ただし，添付する**相続財産目録は，自書する必要はない**。自書による記載ミスを防止するため，不動産登記事項証明書や預金通帳などのコピーに遺言者の署名押印したものにしてもよい。

遺言は，**満15歳以上**であればすることができる。行為能力は不要なので，未成年者，被保佐人，被補助人は単独で遺言ができる。ただし，成年被後見人が単独で遺言をするには，事理を弁識する能力が一時的に回復していることと，2人以上の医師の立会いがあることが必要である。

2 遺言の撤回

遺言は，遺言者の最終的な意思を尊重するものだ。したがって，遺言は**いつでも撤回することができる**。必ずしも遺言の方式で撤回しなくてもよく，内容の異なる新たな遺言をしたり，故意に遺言書を破棄したりしても，撤回したことになる。

とらの巻 31　重要度 B

1 **満15歳以上**であれば遺言をすることができる。

2 遺言は，**いつでも撤回することができる**。内容の異なる新たな遺言をした場合も前の遺言を撤回したことになる。

ウォーク問① 問51…(3)　問52…(3)

---

3 遺言の効力

遺言の効力は，遺言者の死亡の時から生じる。

遺言の偽造変造を防止するため，現状を保存する手続きを**検認**という。遺言の保管者又は遺言書を発見した相続人が，家庭裁判所に提出して検認を請求する。遺言の有効・無効を判断するものではないので，検認をせず開封してしまったとしても，遺言は無効にはならない（息子が開封したせいでせっか

とらの巻 32　重要度 B

1　**遺言の効力**は遺言者の**死亡の時**から生じる。
2　**検認**の手続きは，遺言の内容を明確にするためのもので，遺言の有効・無効を判断するものではなく，**遺言の効力の発生とは無関係**である。

ウォーク問①　問52…(2)

遺言によって財産を他人に譲ることを「遺贈」といい，包括遺贈と特定遺贈がある。「全財産を遺贈する」「財産の3分の1を遺贈する」などという遺贈が包括遺贈，「A土地を遺贈する」「B建物を遺贈する」など，特定の財産の遺贈が特定遺贈だ。

6　遺留分

Aが，妻Bと子Cを残して死亡した（遺産1億円）。遺言には「6,000万円をY子に遺贈する」と書いてあった。Aの最終意思を尊重するのが遺言の目的なので，この遺贈は有効である。しかし，これでは残されたBとCの生活が成り立たない危険がある。そこで民法は，遺言によっても侵害できない一定額を定めている。これを「遺留分」という。ところが，被相続人の**兄弟姉妹には遺留分はない**。被相続人の兄弟姉妹というのは，配偶者や子や年老いた親とは異なり，一般的に被相続人の財産を当てにしていない場合が多いと考えられるからだ。

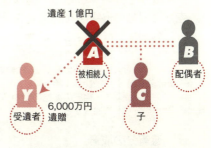

さて，前掲のケースでは，BとCの遺留分は合わせて相続財産の2分の1，すなわち5,000万円となる。これを法定相続分に従って分けるので，B・Cそれぞれの遺留分は4分の1，すなわち2,500万円ずつとなる。

遺贈により遺産は4,000万円に減り，配偶者Bは2,000万円，子Cも2,000万円しか相続できない。BもCも遺留分が500万円侵害されている状態である。それでもこの遺贈は有効なので，B・Cが「お父さんの希望ならばしかたない」と思うならば，財産はY子にあげたっきりとなる。B・Cが遺留分を取り戻したいと思うのならば，それぞれY子に対し，遺留分の侵害された額に相当する金銭の支払いを請求すればよい。これを「**遺留分侵害額請求**」という。 改正

妻Bが「Y子さんに侵害額の請求をしてまで財産を欲しいとは思わない」という気持ちなら，遺留分を放棄すればよい。遺留分を放棄しても相続は可能なので，2,000万円については相続できる。だが，妻Bが「私さえ遺留分を放棄すれば，息子Cの遺留分が増える」と期待しているとしたら，見当違いである。相続放棄とは異なり，遺留分を放棄しても他の共同相続人の遺留分は増加しないのだ。

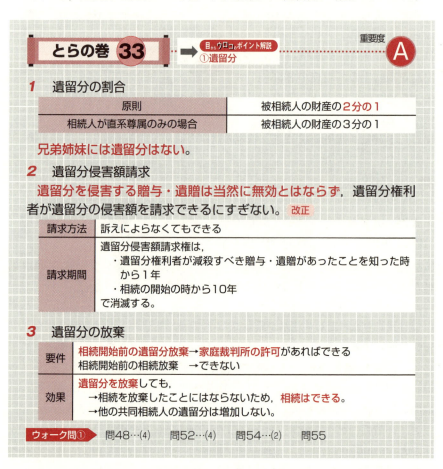

7 配偶者居住権

1 配偶者居住権

Aが死亡した場合に，同居していた配偶者Bが，居住していた家屋に住み続けるとすると，子Cが預金を相続して，Bが生活に窮してしまうことがある。従来から居住していた家屋に住みながら，預金も相続できる制度が配偶者居住権だ。

相続財産である建物の権利を所有権と居住権に分け，居住権は被相続人Aの配偶者B，所有権を他の相続人である子Cに帰属させる。預金は，BとCで分割されるので，Bの生活費も確保できるのだ。

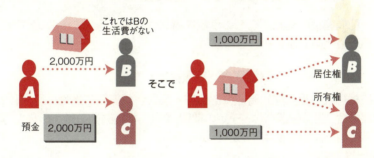

Bに配偶者居住権が認められるためには，Aの相続開始時点において，Bが建物に居住しており，①Aが遺言において，Bに配偶者居住権を与えているか，②配偶者居住権をCとの遺産分割で取得する必要がある。配偶者居住権を取得した場合の存続期間は，別段の定めがなければ終身となり，別段の定めがあればそれに従うこととなる。

一方，所有権を取得したCは，Bに配偶者居住権の登記を備えさせる義務を負う。そして，登記することで，不動産賃借権と同様に，対抗力が認められるということになる。

なお，配偶者居住権は，Bの死亡と共にその役目を終え終了する。その場合，C（又はCから所有権の移転を受けた者）の所有権は，居住権の負担のないものとなる。 改正

2 配偶者短期居住権

配偶者短期居住権は，遺言や遺産分割がなくとも，被相続人の配偶者が一定期間，居住していた家屋に引き続き居住できる制度だ。

配偶者が，被相続人の相続財産である建物に相続開始の時に無償で居住し

ていた場合，**一定期間（原則，相続開始の時から６カ月）**その居住していた建物の所有権を取得した者に対し，**無償で使用**することを主張できるのだ。

改正

とらの巻 34

重要度

〈配偶者居住権〉 改正

1 配偶者居住権が認められるためには，**被相続人の相続開始時点において，配偶者が建物に居住**している必要がある。

2 **存続期間は別段の定めがなければ終身**となる。

3 配偶者は，**建物所有者の承諾を得なければ，建物の増改築や第三者への使用収益をさせられない**。

〈配偶者短期居住権〉 改正

被相続人の相続開始時点において，**配偶者が無償で建物に居住**していた場合，当該配偶者は，一定の期間（原則，相続開始の時から６カ月）無償で当該建物を使用することができる。

ウォーク問① 問159…(2)(3)

11 物権変動

ここがポイント 登記をしなければ権利取得を第三者に対抗できない。では、登記がなくても対抗できる相手は誰だろうか。

1 当事者との関係

BがAから建物を買ったが、まだ登記がA名義のままだとしよう。「売主A」と「買主B」は売買契約の**当事者**同士であり、登記をめぐって争う関係にはない。したがって、Bは**登記がなくても**、Aに対し「私が所有者だ」と**主張できる**。AからB、BからCへ転売された場合のCも、登記がなくともAに所有権を主張できる。前主、後主の関係にあるからだ。

では、そうこうするうちに売主Aが死亡し、Aを相続したCが登記をした場合はどうだろう。相続人Cは売主Aの権利・義務をそっくり引き継いでいるため「CイコールA」と言っても過言ではない。とすると、「買主B」と「売主の相続人C」は**当事者**の関係に立つ。したがって、BはCに対し、**登記がなくても所有権を主張できる**。

2 第三者との関係

Aが、Bに売った建物を、事情を

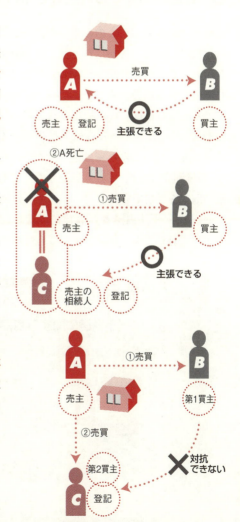

知るCにも重ねて売り，登記をCに移転したとしよう。

BにとってのC，CにとってのBは，当事者ではなく「**第三者**」だ。そして，BもCも，Aと売買契約を結んでおり，所有権を手に入れられる可能性のある者だ。この場合，勝負は「**登記**」でつける。Cの**善意・悪意は問わない**。よって，建物は登記を先に備えたCのものだ。

このように，当事者以外の**第三者**に対し所有権の取得を**対抗するためには，登記が必要**なのだ。

3 登記がなくても対抗できる相手は？

BがAから買ったもののまだ登記をしていない建物について，Aが，Cと示し合わせて仮装譲渡し，C名義に登記を移転したとしよう。AC間の契約は虚偽表示による契約であり，無効である。所有権はCに移転しておらず，Cは「**無権利者**」だ。れっきとした売買契約を結んでいるBにとって，こんな輩は敵ではない。こういう「**無権利者**」に対しては，**登記がなくても**所有権の取得を**対抗できる**のだ。よって，建物はBのものだ。

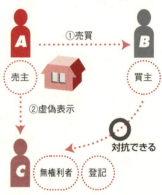

同様に，「**不法占拠者**」「**背信的悪意者**(不当なやり方で所有権を取得したワルモノ)」に対しても，**登記がなくても対抗できる**。

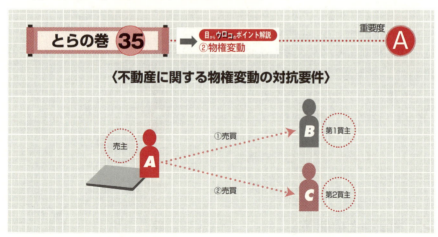

〈不動産に関する物権変動の対抗要件〉

原則	Bは，登記がなければ，第三者Cに所有権を対抗できない。（Cの善意・悪意は問わない）
例外	次のようなCに対しては，登記がなくても所有権を対抗できる。 1　無権利者 　例：①虚偽表示によって登記の移転を受けたC 　　　②無権利者から登記の移転を受けたC 2　不法占拠者 　例：不法に土地を占拠しているC 3　背信的悪意者 　例：①詐欺・強迫により，Bの登記申請を妨げたC 　　　②Bから，B名義の登記申請を頼まれていたC 　　　③Bを困らせるだけの目的で，Aから所有権を譲り受けたC

ウォーク問①　問58　　問59…(1)(2)(3)　　問61…(3)(4)　　問62…(2)(3)(4)
　　　　　　　問63…(1)　問64…(1)　　問65　　問66…(1)

4　取消しと登記

1　取消し前の第三者

　Aが詐欺を理由に契約を取り消す前に，すでに善意・無過失のCが登場していた場合，土地はCのものだ。「1-1　意思表示（詐欺・強迫）」で学習したとおり，詐欺による契約の取消しは善意・無過失の第三者に対抗できないからだ。Cに登記があるかないかは関係ない。

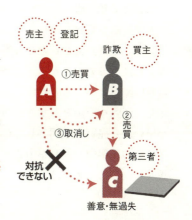

2　取消し後の第三者

　Aが契約を取り消した後にCが登場した場合，土地は，AとCのうち先に登記を備えたほうのものになる。Cが善意か悪意かは関係ない。B名義になっている登記を，取消しを原因としてAが回復するのが早いか，売買を原因としてCが移転を受けるのが早いか，Bを中心とした二重譲渡と同じと考えればよい。

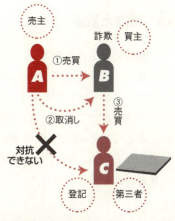

5 解除と登記

1 解除前の第三者

Aが契約を解除する前にCが登場した場合，登記がCにあれば土地はCのもの，登記がCになければ土地はAのものだ。「6−2 解除」で学習したとおり，登記のある第三者の権利を害してまで，解除による原状回復をすることはできないのだ。

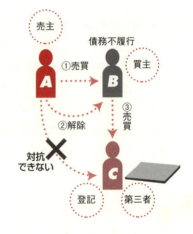

2 解除後の第三者

Aが契約を解除した後にCが登場した場合，土地は，AとCのうち先に登記を備えたほうのものになる。Cが善意か悪意かは関係ない。B名義になっている登記を，解除を原因としてAが回復するのが早いか，売買を原因としてCが移転を受けるのが早いか，Bを中心とした二重譲渡と同じと考えればよい。

6 時効と登記

1 時効完成時の当事者

Bが，Aの土地を20年間占有し続け，取得時効が完成したとしよう。この場合，Bは登記がなくても，Aに対して「時効が完成しているので，私が所有者だ。」と主張できる。Bにとって，時効完成時の所有者Aは当事者だからだ。

2 時効完成前の第三者

BがAの土地を占有しているとしよう。Bの占有開始から数年後、AはこのをCに売却し、登記を移転した。その後、Bは、さらに数年間占有を続け、ついにBの取得時効が完成した。このように、Bの時効完成**前**に登場したCに対しては、Bは**登記がなくても**「時効が完成しているので、私が所有者だ。」と**主張できる**。Bが占有を開始したときの所有者はAだったが、時効完成時にはCに変わっている。Bにとって、時効完成時の所有者Cは**当事者**にあたるからだ。

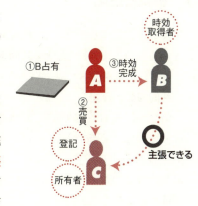

3 時効完成後の第三者

BがAの土地を占有し続け、取得時効が完成した後、Aが土地をCに売却したとしよう。このように、Bの時効が完成した**後**にCが登場した場合、土地を取得できるのは、BとCのうち**先に登記を備えたほう**だ。Cが**善意か悪意かは関係ない**。二重譲渡と同じである。

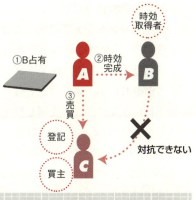

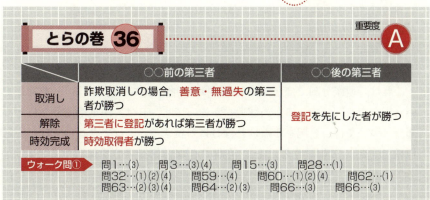

とらの巻 36 重要度 A

	○○前の第三者	○○後の第三者
取消し	詐欺取消しの場合、**善意・無過失**の第三者が勝つ	**登記**を先にした者が勝つ
解除	**第三者に登記があれば第三者が勝つ**	
時効完成	**時効取得者**が勝つ	

ウォーク問① 問1…(3) 問3…(3)(4) 問15…(3) 問28…(1)
問32…(1)(2)(4) 問59…(4) 問60…(1)(2)(4) 問62…(1)
問63…(2)(3)(4) 問64…(2)(3) 問66…(3) 問66…(3)

7 相続と登記

父Aが死亡し，息子B・C（相続分は各々2分の1ずつ）が土地を共同相続したという例を使って見ていこう。

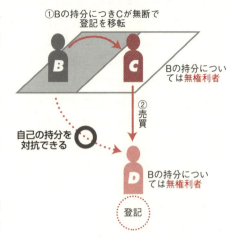

1 共同相続と登記

弟Cが，兄Bに無断で，土地を単独で相続した旨の登記をしたうえでDに売却し，登記を移転した場合，BはDに対し自己の持分を対抗できるだろうか。

Cは，Bの持分については**無権利者**である。無権利者からの譲受人Dもまた，**無権利者**である。したがって，Bは，**登記がなくても**，自己の持分を**無権利者**Dに対抗できる。

2 法定相続分を超えて取得した部分と登記

BC間で「土地はBの単独所有とする」旨の遺産分割協議が成立したにもかかわらず，Cが自己名義の登記をしたうえで，Dに売却し登記を移転したとしよう。この場合，Bは，自己の法定相続分の範囲を超える部分について登記がなければ第三者に対抗することができない。Bが法定相続分を超えて取得することを予期できない第三者Dを保護するためだ。

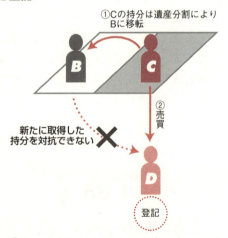

これは，遺産分割ではなく，父Aが「甲土地をBに相続させる」と遺言していた場合でも同じである。当該遺言があっても，Bは，法定相続分を超える部分については，登記をしなければDに対抗することはできない。Bが法定相続分を超えて相続することを予期できない第三者Dを保護するためだ。

改正

3　相続放棄と登記

相続放棄をしたCが，自己の持分があるかのような登記をしたうえで，Dに売却し登記を移転したとしよう。

相続放棄をしたCは，当初から相続人ではなかったことになるため，Bは相続開始時からこの土地を単独で所有していたことになる。Bは，このことを，**登記がなくてもDに対抗できる**。

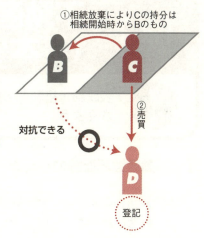

法律用語①　「推定する」と「みなす」

売買契約の際，買主が売主に手付を払うことがある。ところで，この手付，**民法では解約手付と「推定され」**，**宅建業法だと解約手付と「みなされる」**。

「**推定する**」とは，一応そのように取り扱うが，もし**反対の証明ができればひっくり返せる**という意味だ。これに対して「**みなす**」とは，事実はそうではないかもしれないが，その**法律関係についてはそのように取り扱ってしまおう！**　という意味である。

つまり，民法上は，「解約手付ではない」ということを証明すれば，相手からの手付解除をはねつけることもできるが，宅建業法（自ら売主の場合）では，そのような主張は認められないことになる。

12-1 不動産登記法（基本事項）

ここがポイント 表題部・権利部の役割と，登記の手続きについて押さえよう。

1 不動産登記記録のしくみ

人に戸籍があるように，不動産には登記記録があり，その不動産の歴史が刻まれる。登記記録とは，一筆の土地，一個の建物ごとに作成される電磁的記録（磁気ディスクの中に入っているデータ）である。表題部と権利部に分かれており，権利部はさらに甲区と乙区に分かれている。

「山中五郎」氏が建物を新築したとしよう。この場合，「山中五郎」氏は，新築から1カ月以内に「こういう建物をどこそこに建てましたので，登記をしてください。」と申請しなければならない。この登記を表題登記という。これにより表題部が作られ，建物の所在地・面積等の表示に関する登記がなされる。権利部がないうちは，所有者「山中五郎」氏の氏名・住所も表題部に記録される。表題部に記録された所有者のことを，表題部所有者という。

表示に関する登記には対抗力がないため，「山中五郎」氏はこのままでは所有権を第三者に対抗できない。次に，権利部の甲区に所有権保存登記をすると，第三者に対抗できるようになる。この所有権保存登記がなされると，表題部の所有者欄は抹消され，以後，所有権に関する登記は権利部の甲区になされていく。

抵当権や賃借権などの所有権以外の権利に関する登記は，権利部の乙区になされる。

■土地の表題部

表題部（土地の表示）	調製	余白	不動産番号	1234567890123
地図番号	A11－1	筆界特定		余白
所在	品川区品川一丁目			
①地番	②地目	③地積 m²		原因及びその日付〔登記の日付〕
1番2	宅地	132	43	1番から分筆〔平成22年2月20日〕
所有者	千代田区三崎町一丁目1番1号　山中五郎			

※　下線のあるものは抹消事項であることを示す。

■建物の表題部

表題部（主である建物の表示）	調製	余白	不動産番号	1234567890124
所在図番号	余白			
所在	品川区品川一丁目1番地2			
家屋番号	1番2			
①種類	②構造	③床面積 m²		原因及びその日付〔登記の日付〕
居宅	鉄筋コンクリート造陸屋根2階建	1階　70：00　2階　61：62		平成22年9月5日新築〔平成22年10月1日〕
所有者	千代田区三崎町一丁目1番1号　山中五郎			

※　下線のあるものは抹消事項であることを示す。

■建物の権利部（甲区）

順位番号	登記の目的	受付年月日・受付番号	権利者その他の事項	
1	所有権保存	平成22年10月1日 第1001号	所有者	千代田区三崎町一丁目1番1号 山中五郎
付記1号	1番登記名義人氏名変更	平成23年10月1日 第2001号	原因 氏名	平成23年9月15日氏名変更 山下五郎
2	所有権移転	令和3年10月1日 第1302号	原因 所有者	令和3年10月1日売買 品川区八潮一丁目1番1号 川上清

※　下線のあるものは抹消事項であることを示す。

■建物の権利部（乙区）

権利部(乙区) (所有権以外の権利に関する事項)				
順位番号	登記の目的	受付年月日・受付番号	権利者その他の事項	
<u>1</u>	抵当権設定	平成27年4月2日 第1301号	原因 債権額 利息 債務者 抵当権者	平成27年4月2日金銭消費貸借 同日設定 金3,000万 年4.5% 千代田区三崎町一丁目1番1号 山下五郎 千代田区丸の内三丁目3番3号 海山銀行株式会社
2	賃借権設定	平成30年5月28日 第1423号	原因 賃料 支払時期 存続期間 敷金 賃借権者	平成30年5月25日設定 1月20万円 毎月末日 10年 金100万円 品川区品川一丁目1番2号 岡村金次
3	一番抵当権抹消	令和3年4月10日 第1420号	原因	令和3年4月1日弁済

※ 下線のあるものは抹消事項であることを示す。

とらの巻 37　重要度 B

	表題部	権利部	
		権利に関する登記	
		甲区	乙区
記録事項	表示に関する登記 （不動産の物理的現況。所有権の登記がない不動産については所有者の氏名・住所も記録）	所有権に関する事項	所有権以外の権利（抵当権・地上権など）に関する事項
目的	不動産の物理的現況の公示	第三者への権利の公示	
対抗力	原則：なし	あり	
申請義務	新築・滅失の場合、1カ月以内に申請が必要（表題部に最初にされる登記を表題登記という）	なし	
登記官の職権による登記	可	原則：不可	

ウォーク問① 問68…(4)　問70…(3)(4)　問71…(1)(3)

2 登記手続

1 申請主義

登記は、当事者の申請※によってなされるのが原則だが、表示に関する登記や一定の権利に関する登記は、登記官の職権による登記が認められる。

※ 登記事項証明書等の交付手数料の納付は、原則として、収入印紙をもってしなければならない。

2 共同申請主義

売主Aから買主Bに所有権移転登記をする場合を考えてみよう。登記上、直接利益を受ける買主Bを登記権利者、不利益を受ける売主Aを登記義務者という。もし、登記権利者の単独申請を認めると、ニセの登記がなされてしまうおそれがあるため、原則として、登記権利者と登記義務者が共同して登記の申請をしなければならないことになっている。

しかし、例外的に単独申請が認められる登記もある。

まず、所有権保存登記は初めてする権利の登記なので、登記義務者はいない。したがって、所有者が単独で申請する。所有者になりすました者が登記することがないように、所有権保存登記ができる者は、以下のとおり限定されている。

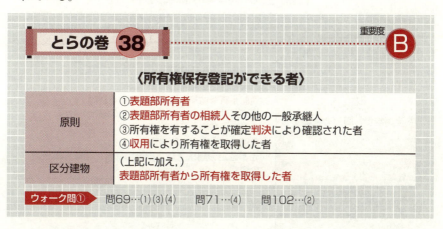

〈所有権保存登記ができる者〉

原則	①表題部所有者 ②表題部所有者の相続人その他の一般承継人 ③所有権を有することが確定判決により確認された者 ④収用により所有権を取得した者
区分建物	(上記に加え、) 表題部所有者から所有権を取得した者

ウォーク問① 問69…(1)(3)(4) 問71…(4) 問102…(2)

Aが新築した一戸建て（表題登記済み）をBが買った場合、原則として、B名義の所有権保存登記はできない。まず表題部所有者A名義での所有権保存登記をした後、Bに所有権移転登記をする。しかし、例外的に、区分建物（分譲マンション）であれば、表題部所有者から直接所有権を取得した者が所有権保存登記をすることができる。そもそも区分建物は売ることを前提に建てら

れており，しかも部屋数も多い。登記にかかる手間とお金(登録免許税)を省略するためだ。

また，登記義務者が登記に協力しない場合，**登記手続を命ずる確定判決**(「AはBに登記を移せ！」という確定判決)を得れば，登記権利者が単独で申請することができる。判決は判決でも，所有権を確認する確定判決(「Bが所有者であることを確認する！」という確定判決)では，単独で移転登記をすることはできない。

他に単独申請が認められる登記としては，**相続による登記**，仮登記義務者の承諾情報の提供による仮登記，登記名義人の氏名等の変更の登記，元本確定請求をした根抵当権者による元本確定の登記がある。

3 登記申請の方法(要式主義)

登記の申請は，①電子情報処理組織を使用する方法(**オンライン申請**)，又は②申請情報を記載した書面(申請情報の全部又は一部を記録した磁気ディスクを含む)を提出する方法(**書面申請**)のどちらかで行わなければならない。

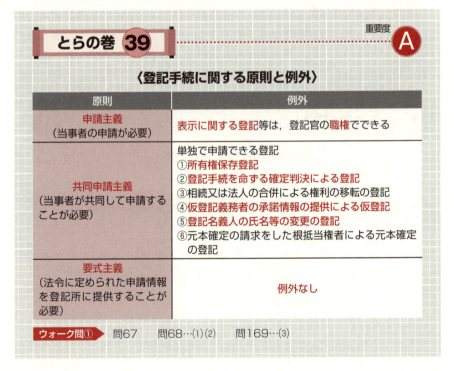

〈登記申請に必要な情報〉

申請情報		登記申請に必要な情報 →①不動産を識別するために必要な事項，②申請人の氏名又は名称，③登記の目的，④その他の登記申請に必要な事項
主な添付情報	登記識別情報	**登記義務者（登記名義人）の本人確認の手段** →AからBへの所有権移転登記において，ニセの登記を受け付けないために，登記所は登記名義人Aの本人確認をする必要がある。前所有者XからAへの所有権移転登記が完了した際，12桁の英数字をAに通知している。これが登記識別情報である。今回の登記申請にあたり，Aしか知りえない登記識別情報を提供させることで，登記義務者Aの本人確認をするのである。したがって，登記識別情報を紛失・亡失した場合でも，**再通知（再発行）されることはない**。登記識別情報が提供できない場合は，①**事前通知制度**※1，②**資格者代理人による本人確認制度**※2で本人確認をする。
	登記原因証明情報	登記の原因を証明する情報 →「売買」を原因とする所有権移転登記の場合，「売買契約書」「売渡証書」などがこれに該当する。
	住所証明情報	新たに登記名義人となる者の住所を証明する情報（住民票など） →架空名義の登記を防止する目的である。
	代理権限証明情報	代理人によって登記を申請する場合，その代理人の権限を証する情報 →委任による**登記申請のための代理権**は，本人に**死亡**等の事由が生じても**消滅しない**。

※1 事前通知制度
　登記官が登記義務者に対して，「①このような登記申請がありましたが間違いありませんか？　②間違いがなければ一定期間内に申し出てください。」と通知する制度である。期間内に申出がなければ登記申請は却下される。
　なお，所有権に関する登記申請の場合で，登記義務者の住所変更の登記がされているときは，前住所にも通知する。

※2 資格者代理人による本人確認制度
　登記申請を代理した資格者代理人（司法書士，土地家屋調査士，弁護士）が登記義務者の本人確認情報を提供し，登記官がその内容を相当と認めたときは，事前通知の手続きを省略することができる。

Tea Time

法律用語② 「超える」「未満」と「以上」「以下」

　「超える」「未満」や「以上」「以下」という言葉は，いろいろなところで出てくるので，しっかり意味を理解しておこう。
　まず，「超える」「未満」はピッタリを含まない。「18歳未満はお断り！」の店には，18歳なら入れる。
　これに対して，「以上」「以下」はピッタリを含む。「18歳以下はお断り！」の店に，18歳は入れないのだ。

12-2 不動産登記法（仮登記）

ここがポイント　訳あって本登記ができない場合は、どうしたらよいだろうか。

1 仮登記とは？

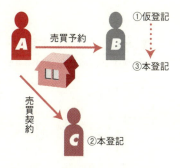

　Bが、Aの建物を購入する予約をしたとしよう。所有権はまだ移転していないので、所有権移転登記の本登記（対抗力のある登記）はできない。しかし、Bが何もしないでいるうちに、建物がCに売却され、C名義で所有権移転登記がなされてしまうと、Bは所有権を取得することができなくなる。

　これを防ぎたければ、Bは仮登記をしておけばよい。仮登記は対抗力のない、あくまで「仮」の登記であるため、共同申請主義の原則が緩和され、登記義務者Aの承諾を証する情報（又は仮登記を命ずる処分の決定書の正本）を登記所に提供すれば、仮登記権利者Bが単独で申請することができる。仮登記の下欄には、将来本登記をするための余白が設けられる。

　仮登記には対抗力はないが、後でなされる本登記の順位を保全する効力がある。Bが仮登記をした後、Cが本登記をすると、その時点では建物はCのものだ。しかし、Bが仮登記を本登記に改めると、Bの本登記は仮登記の順位でなされるため、建物はBのものになり、Cの本登記は登記官の職権で抹消される。Bが所有権に関する仮登記を本登記に改める際には、利害関係人Cの承諾を証する情報（又は、Cに対抗することができる裁判があったことを証する情報）を、登記所に提供する必要がある。

■仮登記

権利部(甲区)(所有権に関する事項)				
順位番号	登記の目的	受付年月日・受付番号		権利者その他の事項
1	所有権保存	令和2年5月20日 第210号	所有者	千代田区三崎町一丁目1番1号 山下五郎
2	所有権移転 請求権仮登記	令和2年6月21日 第321号	原因 権利者	令和2年6月21日売買予約 品川区八潮一丁目1番1号 川上清
	余白	余白		余白
3	所有権移転	令和2年8月21日 第432号	原因 所有者	令和2年8月21日売買 中野区中野四丁目11番10号 海野正一

■仮登記に基づく本登記

権利部(甲区)(所有権に関する事項)				
順位番号	登記の目的	受付年月日・受付番号		権利者その他の事項
1	所有権保存	令和2年5月20日 第210号	所有者	千代田区三崎町一丁目1番1号 山下五郎
2	所有権移転 請求権仮登記	令和2年6月21日 第321号	原因 権利者	令和2年6月21日売買予約 品川区八潮一丁目1番1号 川上清
	所有権移転	令和3年7月31日 第543号	原因 所有者	令和3年7月31日売買 品川区八潮一丁目1番1号 川上清
<u>3</u>	所有権移転	<u>令和2年8月21日</u> <u>第432号</u>	<u>原因</u> <u>所有者</u>	<u>令和2年8月21日売買</u> <u>中野区中野四丁目11番10号</u> <u>海野正一</u>
4	3番所有権抹消	余白		2番仮登録の本登記により 令和3年7月31日登記

※ 下線のあるものは抹消事項であることを示す。

とらの巻 40 重要度 A

仮登記の申請	仮登記は，仮登記義務者の承諾があるとき及び仮登記を命ずる処分があるときは，仮登記の登記権利者が単独で申請することができる。
仮登記に基づく本登記の申請	所有権に関する仮登記に基づく本登記は，登記上の利害関係を有する第三者がある場合には，当該第三者の承諾があるときに限り，申請することができる。

ウォーク問① 問72…(1)(2) 問73…(2)(3) 問74…(2)

2 仮登記ができる場合

仮登記ができるのは次の2つのケースだ。

売買予約をすると、予約完結権を行使するまでは所有権は移転しない。このような場合に、将来の所有権移転の**請求権を保全**するためになされる仮登記を「**所有権移転請求権保全の仮登記**」という。

これに対し、すでに売買契約が締結され所有権は移転しているが、**添付情報に不備がある**など手続上の要件が具備しない場合になされる仮登記を、「**所有権移転の仮登記**」という。

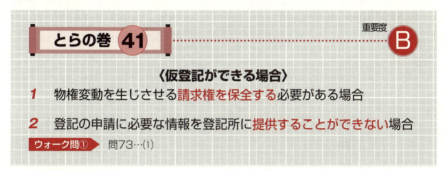

〈仮登記ができる場合〉
1. 物権変動を生じさせる**請求権を保全する**必要がある場合
2. 登記の申請に必要な情報を登記所に**提供することができない**場合

ウォーク問①　問73…(1)

3 仮登記の抹消

仮登記された権利が消滅した場合や、当初から存在していなかった場合は、仮登記を抹消することができる。1で述べた事例において、Cの本登記後AB間の売買予約が解除されたため、B名義の「所有権移転請求権仮登記」を抹消しようとしているとする。仮登記の抹消を申請できるのは誰だろうか。

仮登記の抹消については共同申請主義の原則が緩和され、**仮登記の登記名義人B**がその仮登記の登記識別情報を提供して**単独で申請できる**。また、**仮登記義務者A及び利害関係人C**（仮登記が抹消されると自己への所有権移転登記が確定）も**単独で仮登記を抹消できる**が、これらの者に勝手に抹消されては仮登記名義人Bが困るので、**仮登記名義人Bの承諾**を証する情報（又は、Bに対抗できる裁判があったことを証する情報）の提供が必要である。

とらの巻 42 重要度 B

〈仮登記の抹消登記の申請者と添付情報〉

1 **仮登記名義人**は，仮登記の登記識別情報を提供して**単独**で**仮登記の抹消**を申請することができる。

2 登記上の利害関係人（**仮登記義務者**を含む）は，**仮登記名義人の承諾を証する情報**を提供して，**単独**で**仮登記の抹消**を申請することができる。

ウォーク問① 問72…(3)(4)　問73…(4)

Tea Time

ＬＥＣ専任講師からの学習アドバイス
＜時間がかかる問題は後回し＞

　過去の問題を見ていると難問の出題も多いです。難問は理解するのに時間がかかります。

　その難問に時間を割かずに，まずは出題頻度の高い知識の重要テーマを最優先で完璧に覚えていきましょう。

　具体的なイメージをしてAの立場なら私はこう思う，でもBの立場に立てばこう思う，でも民法では，こういうルールにしたのねと，丁寧に考えて理解することが大事です。

　このような学習方法を身につけていくことで自然と難問にも対応できる，民法的な考え方が養われていきます。ちなみに難問はウォーク問ではCランク，重要テーマは特A・Aランクで表しています。

　まずは特A・Aランクの問題を繰り返しやることが大事です。この時に，丸暗記は禁物です。

13-1 抵当権（抵当権の性質）

 抵当権とはどういう権利だろうか？　抵当権の性質は？

1 抵当権とは

AがBに貸した1,000万円を，確実に回収できる方法がある。それは，AがBの土地に抵当権を設定しておく方法だ。Bがお金を返せなくなった場合，土地を競売にかけ，その競落代金から，XやYなどの他の債権者に優先して弁済を受けることができる。このように，**抵当権**とは，目的物を競売にかえてお金に換え，そのお金から**優先的に弁済を受けることができる権利**をいう。抵当権で担保されている債権を**被担保債権**といい，抵当権を持っているAを**抵当権者**，自己の不動産に抵当権を設定したBを**抵当権設定者**という。Bに対する債権を担保するために，Cが自分の不動産に抵当権を設定することもでき，この場合のCを**物上保証人**という。

抵当権は，**不動産（土地・建物）**のほか，**地上権，永小作権**にも設定できる。抵当権者と抵当権設定者の**合意**だけで成立し，書面の作成は不要である。ただし，登記がなければ第三者に対抗することはできない。

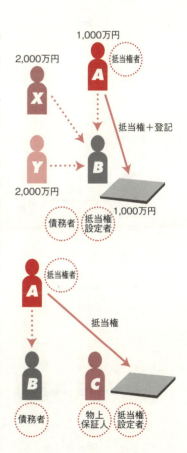

2 抵当権の性質

抵当権は被担保債権を担保するためのものなので，被担保債権が存在しなければ，抵当権も必要ない。したがって，金銭消費貸借契約が取り消された場合

のように，被担保債権が成立しなければ抵当権も成立せず，弁済や消滅時効の完成などによって被担保債権が消滅すると抵当権も消滅する(**付従性**)。

また，被担保債権が譲渡されて移転すると，抵当権もそれに伴って移転し，新しい債権者が抵当権者となる(**随伴性**)。

〈付従性〉

〈随伴性〉

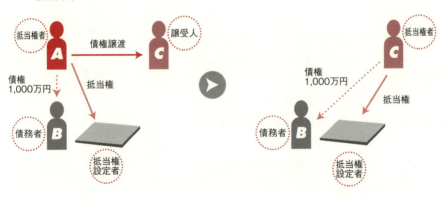

とらの巻 43　　重要度 C

〈抵当権の性質〉

付従性	被担保債権**不成立** → 抵当権**不成立** 被担保債権**消滅** → 抵当権**消滅**
随伴性	被担保債権**移転** → 抵当権**移転**

ウォーク問①　問77…(4)

13-2 抵当権（物上代位）

ここがポイント
抵当権設定者は目的物を貸したり売ったりできるのだろうか。抵当権者が物上代位をするための要件は何だろうか。

1 抵当権設定者ができること

　抵当権者のねらいはただ１つ、「いざというときに抵当不動産が競売で売れること」。抵当権者にとって、目的物を誰が使っているか、誰が所有しているかについては、あまり問題ではない。だから、実行までの間は抵当権設定者が自由に使えるし(使用)、他人に貸してもよい(収益)。また、勝手に売ってもよいのだ(処分)。

　自由に使えるといっても、好き勝手してよいわけではない。
　どうにもお金が払えなくなり開き直った抵当権設定者が、抵当建物をたたき壊しはじめた場合、抵当権者は抵当権に基づき妨害排除請求ができる。抵当権者にとって、価値が下がって「いざというとき競売で売れなくなる」のが一番困るからだ。

重要度 B

〈抵当権設定者ができること〉

　目的物を使用・収益・処分することができる(抵当権者の同意は不要)。
　ただし、通常の利用方法を逸脱して、滅失、損傷等の行為をした場合は、抵当権者は妨害排除請求をすることができる。

2 抵当権を設定した建物が滅失したら

　Ａが抵当権を設定していたＢ所有の建物が火事で燃えてしまった。「いざというとき競売で売れなく」なってしまったわけだ。しかし、建物の価値は完全に消

えてしまったわけではなく，実は「保険金請求権」に姿を変えている。Aは，この「保険金請求権」を差し押さえて，お金を回収することができるのだ。このことを物上代位という。ただし，抵当権者が物上代位をするには，金銭が抵当権設定者に支払われる前に，抵当権者が差押えをしなければならない。

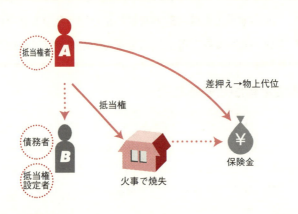

3 抵当権者はいくらまで優先弁済してもらえるのか

　元本は全額優先弁済を受けられるが，利息については最後の2年分に限定されている。あまりたくさん取ってしまうと，後順位抵当権者が弁済を受けられなくなって困るからだ。
　だから，後順位抵当権者その他の利害関係者がいない場合は，2年分を超える利息についても優先弁済を受けることができる。

13-3 抵当権（第三取得者の保護）

ここがポイント　抵当不動産の第三取得者の保護について勉強しよう。

1 抵当不動産の第三取得者

BがAのために抵当権を設定して登記をした土地を，Cが買ったとしよう。抵当権のついた不動産を買ったCを，**抵当不動産の第三取得者**という。もし抵当権が実行されると，Cは買ったばかりの土地の所有権を失ってしまう。第三取得者Cは，これを防ぐために何ができるのだろうか。

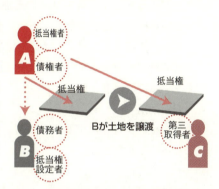

2 第三取得者が所有権を守るためにできること

1　第三者の弁済

　Cが，債務者Bの借金全額を弁済してやれば，付従性により抵当権は消滅する。第三取得者は弁済をするについて正当な利益を有する者なので，債務者の意思に反しても弁済できる（「8　弁済」参照）。しかし，被担保債権が1,000万円であれば，1,000万円全額を払わなければ，抵当権は消滅しない。

改正

2　代価弁済

　Cが，抵当権者Aの請求に応じて抵当権者Aにその代価を弁済すると，抵当権は消滅する。代価弁済は，抵当不動産の所有権又は地上権を買い受けた第三者がすることができる。

3　抵当権消滅請求

　抵当権消滅請求とは，「800万円払うから抵当権を消してくれないか」というように，**第三取得者Cが抵当不動産の代価を評価して，その金額で抵当権を**

消滅させるよう，抵当権者Ａに請求する方法だ。第三取得者は，抵当権消滅請求をするときは，登記をした各債権者に対し，申出額その他必要事項を記載した書面，抵当不動産の登記事項証明書，申出額を債権の順位に従って弁済又は供託する旨を記載した書面を送付する。そして，すべての債権者が申出を承諾し，第三取得者が申出額を弁済又は供託すれば，抵当権は消滅する。この抵当権消滅請求は，抵当権の実行としての競売による差押えの効力が発生する前にしなければならない。Ａは，承諾したくない場合は，書面の送付を受けた後２カ月以内に抵当権を実行し競売の申立てをすれば，抵当権消滅の効果は生じない（黙っていると承諾になる）。買い受けた不動産に抵当権の登記があるときは，買主は，抵当権消滅請求の手続きが終わるまで，代金の支払いを拒むことができる。

なお，債務者及び保証人は被担保債権全額について責任を負っているので，たとえ抵当不動産を買い受けて第三取得者になったとしても，抵当権消滅請求をすることはできない。

4　自ら競落

抵当権が実行されてしまっても，第三取得者Ｃは競売に参加して，買受人(かいうけにん)になることができる。

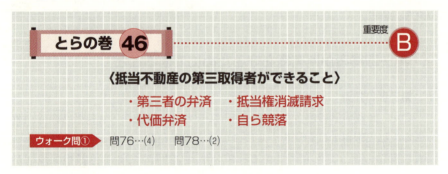

とらの巻 46　重要度 B
〈抵当不動産の第三取得者ができること〉
・第三者の弁済　・抵当権消滅請求
・代価弁済　　　・自ら競落
ウォーク問①　問76…(4)　問78…(2)

3　第三取得者が売主に対してできること

上記のいずれの方法をとったとしても，第三取得者が所有権を守るためにはお金がかかる。それというのも，売主が抵当権付きの不動産を売ったせいだ。よって，第三取得者の善意・悪意を問わず，かかった費用を売主に請求できる。

また，上記方法の甲斐もなく，抵当不動産の所有権を失ってしまった第三取得者は，善意・悪意を問わず，債務不履行責任を追及して，契約の解除及び損害賠償請求をすることができる。改正

13-4 抵当権（抵当不動産の賃借人）

ここがポイント　抵当権の登記後に借りた賃借人の地位について勉強しよう。

Cが、Aの抵当権の設定登記のある建物を借りたとしよう。**抵当権設定登記後に設定された賃借権（平成16年4月1日以後に締結）は原則として抵当権者（買受人）に対抗できない**。抵当権が実行されると、賃借人Cは出て行かなければならないのが原則であるが、直ちに出て行かなければならないとすると賃借人Cが気の毒だ。そこで、建物賃借権については明渡し猶予の制度が設けられている。

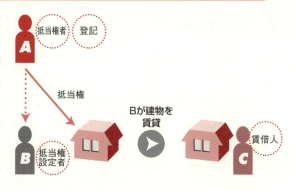

他方、賃貸用物件については、賃借人が入居していることが価値を高めることもある。このような場合には、賃借権の対抗力を認めることが抵当権者、抵当権設定者、賃借人の利益にかなうため、抵当権設定登記後に設定された賃借権であっても、賃借権の登記がなされており、すべての抵当権者の同意を得て、かつその同意が登記された場合には対抗力が与えられる。

とらの巻 47　重要度 B

〈抵当権設定登記後の賃貸借〉

	原則	例外
土地賃借権	対抗できない	以下の要件を満たせば対抗できる ①賃借権の登記 ②総抵当権者の同意 ③②の同意の登記
建物賃借権	対抗できない ただし、**6カ月の明渡猶予**あり	

法改正

13-5 抵当権（法定地上権・一括競売）

 ここがポイント 法定地上権の成立要件とは？　一括競売とは？

1 法定地上権とは

　BがAから借金をするにあたり，所有する土地付建物のうち，土地だけに抵当権を設定したとしよう。

　抵当権が実行されてCが土地を競落すると，Cの所有地上にBの建物が建っていることになってしまう。もともと土地・建物ともにB所有だったので，借地権等は設定されていない。この場合，Cの土地を利用する権利のないBは，建物を取り壊して出て行かなければならないのだろうか。もしそうだとするとBがかわいそうだし，建物を取り壊すのも社会経済上もったいない。

　そこで，このような場合，Bのための地上権が自動的に成立することになっている。これを**法定地上権**という。法定地上権は，次の要件をすべて満たした場合に成立する。

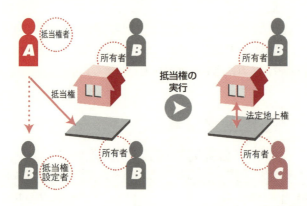

とらの巻 48

重要度 B

〈法定地上権の成立要件〉

①	抵当権設定時に，土地の上に建物が存在すること →建物について登記がなされている必要はない →設定後に，建物が滅失し，同様の建物が再築された場合でもよい
②	抵当権設定時に，土地と建物の所有者が同一人であること →設定後にどちらかが譲渡され，別人の所有に属した場合でもよい
③	土地と建物の一方又は両方に抵当権が設定されること
④	抵当権実行の結果，土地と建物の所有者が別々になること

ウォーク問① 問76…(1)　問79…(1)(2)(4)

①について，更地に抵当権が設定された後，その上に建物が建築され，抵当権が実行された場合は，法定地上権は成立しない。更地は利用価値が高く，競売で高く売れるために，抵当権者はそのつもりでたくさんお金を貸している。そこに法定地上権が成立したりすると，価値が下がり，競売で高く売れなくなって，抵当権者がかわいそうだからだ。

Bの所有する更地にAが一番抵当権を設定した後Bが建物を新築し，その後Bの土地にCが二番抵当権を設定したとしよう。このCの二番抵当権が実行された場合，法定地上権は成立するだろうか。Cの抵当権設定時にはBの土地上にBの建物が存在しているため，法定地上権の成立要件を満たしているようにも思える。ところが，この場合，法定地上権は成立しない。法定地上権の成立を認めてしまうと，土地を更地として評価していた一番抵当権者Aの利益が害されるからだ。つまり，**更地に抵当権が設定され，その後土地所有者が建物を建築した後で抵当権が実行されたときは，法定地上権は成立しない**のだ。

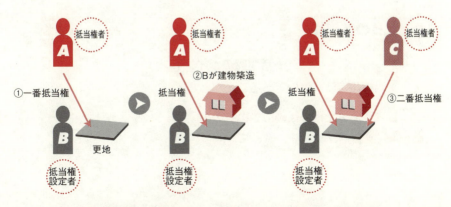

②について，抵当権設定時に土地と建物の所有者が別々なら，もともと賃借権などが設定されているはずであり，別に法定地上権に頼る必要はない。したがって，法定地上権は成立しない。

2 一括競売とは

Bが，更地にAの抵当権を設定した後，建物を建てたとしよう。この場合，抵当権が実行され，土地・建物の所有者が別々になっても法定地上権は成立しない。代わりに，建物を存続させる方法として，**土地と建物を一括して競売にかけることが認められている。**

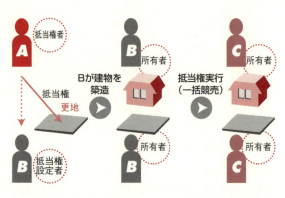

一括競売をすると，土地・建物の所有者が同一になるため，建物を取り壊さなくてすむ。ただし，抵当権は土地にしか設定していなかったのだから，**優先弁済を受けられるのは，土地の代価についてのみ**である。

なお，従来，一括競売は抵当権設定者が築造した建物に限って認められていたが，平成15年の改正により，第三者（土地の賃借人や地上権者など）が築造したものであっても，抵当権者は一括競売を申し立てることができるようになった。ただし，その建物の所有者が，土地を占有する権利を抵当権者に対抗できる場合には，抵当権者は一括競売できない。

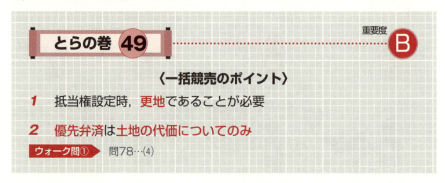

14 根抵当権(ねていとうけん)

ここがポイント 普通抵当権との違いに注意して勉強しよう。

1 根抵当権とは

銀行が取引先に繰り返し貸付けをする場合，それぞれの債権を抵当権で担保しようとすると手間がかかる。債権が消滅すると付従性により抵当権も消滅するため，その度に設定しなおさなければならないからだ。

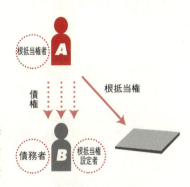

こんなときに活躍するのが**根抵当権**だ。根抵当権とは，**一定の範囲に属する不特定の債権を極度額まで担保する抵当権**だ。「**被担保債権の範囲**は『金銭消費貸借取引』により生じる債権。**極度額**は1億円。」と定めて根抵当権を設定しておくと，いくつもの貸金債権をひっくるめて1億円まで担保できる。

極度額とは，その根抵当権で担保される最高限度額，言い換えれば「被担保債権が入る箱の大きさ」のイメージだ。「1億円」の箱には，1億円分の被担保債権しか入らない。

被担保債権の範囲とは，その根抵当権で担保される債権の範囲である。被担保債権の範囲は，「手形貸付取引による債権」，「信用金庫取引による債権」，「消費貸借取引により生じる債権」などのように必ず定めなければならず，「どんな債権でもこの根抵当権で担保する！」という**包括根抵当権は禁止**されている。

2 根抵当権の特色

1 付従性なし

根抵当権は，将来発生する可能性のある債権のために設定することができる。元本の確定前に債権が弁済により消滅しても，**根抵当権は消滅しない**。

2 随伴性なし

普通抵当権は，被担保債権が譲渡されるとそれに伴って移転する。しかし，根抵当権の場合，元本の確定前に１つ１つの被担保債権が譲渡されても，債権を譲り受けた者は，根抵当権を取得できない。

3 根抵当権の効力

根抵当権は，確定した元本のほか，利息・遅延損害金のすべてを極度額まで担保する。普通抵当権のような「利息は最後の２年分」という制限はない。

極度額が１億円で，元本も１億円で確定した場合，利息については根抵当権に基づく優先弁済権を主張することができない。

とらの巻 50　　重要度 B

1 元本の確定前に，１つ１つの被担保債権が譲渡されても，その債権を譲り受けた者は，根抵当権を取得できない。

2 根抵当権は，確定した元本のほか，利息・遅延損害金のすべてを極度額まで担保する。

ウォーク問① 　問81…(1)(2)　　問82…(2)(3)

---

3 元本の確定

根抵当権は，担保される債権が不確定なので，最終的にどの債権を担保するのかを決める必要がある。これを元本の確定という。元本が確定した後に発生する債権は一切担保されない。元本確定期日を定めた場合は，期日の到来により元本が確定するが，元本確定期日を定めない場合は元本確定請求により確定する。

(1) 根抵当権設定者は，根抵当権設定時から３年経過すれば元本確定請求ができ，請求時から２週間経過で確定する。
(2) 根抵当権者は，いつでも元本確定請求ができ，請求時に確定する。

4 根抵当権の変更

　根抵当権者と根抵当権設定者は，元本確定前であれば，根抵当権の内容を変更することができる。ただし，極度額については，元本確定後も変更することができる。

　なお，極度額の変更には，利害関係人の承諾が必要である。たとえば，1億円の極度額を1億5,000万円に増額する場合，配当額が減少するおそれのある後順位抵当権者等が利害関係人となり，承諾が必要となる。また，根抵当権を担保にとっている者を転抵当権者というが，根抵当権の極度額が1億円から5,000万円に減額されると，転抵当権者は配当額が減少するおそれがある。したがって，転抵当権者は利害関係人にあたり，承諾が必要となる。

〈根抵当権の変更〉

		変更内容			
		極度額	被担保債権の範囲	債務者	元本確定期日
時期	元本確定前	○	○	○	○
	元本確定後	○	×	×	×
利害関係人の承諾		必要※	不要	不要	不要

○：変更可　　×：変更不可

※　増額変更の場合は後順位抵当権者など，減額変更の場合は転抵当権者などが利害関係人となる。

15 留置権・先取特権・質権

ここがポイント 出題は多くないので，同じ担保物権である抵当権との違いにだけ着目しよう。

1 留置権とは

　Bから借りている建物の雨漏りを借主Aが修繕したとしよう。たとえ賃貸借契約が終了したとしても，Aは，かかった修繕代を賃貸人Bが支払ってくれるまで，建物を留置して引渡しを拒むことができる。このように，**他人の物の占有者が，その物に関して生じた債権の弁済を受けるまで，その物を留置することができる権利**を**留置権**という。「人質」ならぬ「モノ質」のようなものであり，債務者に心理的圧力をかけて弁済を促すのである。ただし，**占有が不法行為によって始まった場合には留置権は成立しない**ので，賃貸借契約が解除された後，もはや占有する権限がないことを知りながら居座り続けている賃借人が雨漏りを修繕したとしても，留置権は成立しない。

　「モノ質」とはいっても，人様からの預かり物なのだから，留置権者Aは善良な管理者の注意をもって，留置物を占有しなければならない。

　留置権も抵当権と同じ担保物権の一種であるが，抵当権と違う点が4つある。1つ目は，**設定契約不要で，法律上当然に発生**すること。2つ目は，留置権者が目的物を留置できること。3つ目は，留置権者は目的物を競売にかけて優先弁済を受けることができないこと。4つ目は，目的物が滅失しても保険金等に物上代位ができないことである。

建物の賃借人が造作買取請求権を行使し，賃貸人に対して造作買取代金債権を有している場合，賃借人は造作の留置はできるけれども建物を留置することまではできない。造作買取代金債権は造作について生じた債権であって，建物について生じた債権ではないからである。

2 先取特権とは

　AがBに賃貸している建物の賃料を、Bが滞納しているとしよう。この場合、Aは建物内にあるB所有の家具類や時計・宝石類に対し、法律上当然に先取特権を有する。これらを差し押さえて競売にかけ、その競落代金から優先弁済を受けられるのだ。このように、**先取特権とは、法律の定める特殊の債権を有する者が、債務者の財産から優先的に弁済を受けることができる権利**である。先取特権も抵当権と同じ担保物権の一種であるが、抵当権と違い、**設定契約不要で法律上当然に発生する**。

　先取特権には大きく分けて、①一般先取特権（債務者の総財産を目的とする）、②動産先取特権（債務者の特定の動産を目的とする）、③不動産先取特権（債務者の特定の不動産を目的とする）の3種類がある。

　一般先取特権が成立する債権としては、給料債権等の雇用関係の債権がある。会社の財産が競売にかけられた場合、従業員は、売掛金債権や貸金債権を持つ債権者に優先して、未払給料を受け取れる。その他、共益費用（分譲マンションの管理費・修繕積立金など）、葬式費用及び日用品供給（ガス代・電気代など）の債権についても一般先取特権が成立する。

　動産先取特権は、上であげた不動産の賃貸借や、動産の売買等の債権について発生する。たとえば時計を売却したものの代金を受領していない売主は、その時計を競売にかけ、他の債権者に優先して弁済を受けられる。

　不動産先取特権には、不動産保存の先取特権、不動産工事の先取特権、不動産売買の先取特権の3つがある。

　先取特権は抵当権同様、**物上代位が可能である**（一般先取特権は債務者の総財産の上に成立するため除外）。つまり、目的物が売却された場合は売買代金から、賃貸された場合は賃料から、滅失・損傷した場合は保険金や損害賠償金等から弁済を受けられるということである。物上代位をするためには、**それらの金銭が債務者に支払われる前に、先取特権者が差押えをしなければならない**。

3 質権とは

　AがBに貸した1,000万円を担保する手段としては、Bの不動産に抵当権を設定するのが一般的である。しかし、Bの不動産に質権を設定するという方法もある。

　**質権とは、債権者がその債権の担保として債務者又は第三者（物上保証人）か

ら受け取った物を占有し，弁済を間接的に強制しつつ，もし弁済がないときはその物を競売にかけ，優先的に弁済を受けることのできる権利をいう。動産を目的とする動産質，不動産を目的とする不動産質，債権・株式等の財産権を目的とする権利質がある。

　合意のみで成立する抵当権と異なり，質権は合意に加え，目的物を債権者に引き渡してはじめて成立する(要物契約)。その他，不動産質権と抵当権との違いは，抵当権者が目的不動産の使用・収益ができないのに対し，不動産質権者は目的不動産の使用・収益ができることである。ただし，善良な管理者の注意をもって，質物を保管しなければならないのは，留置権と同じである。

Tea Time

LEC専任講師からの学習アドバイス
＜権利は常に残り時間を意識せよ＞

　宅建士試験は四肢択一問題50問を2時間で解く試験です。5問免除の対象の方は45問を1時間50分で解くことになります。この時間的制限は誰もが公平に従わなければならない制約です。解答に要する時間は，単純に平均すれば一問につき2分25秒程度となります。さて，宅建士試験は，問1～問14が権利関係の分野からの出題です。これらの問題の多くは解答に時間を要します。一生懸命取り組めば，一問の解答に5分程度は普通にかかってしまいます。5分×14問＝70分です。気がつけば残り時間は50分，残った問題は36問という悲惨な事態に陥ってしまいます。しかし，人間は集中しているときは時間の経過を忘れますし，集中しなければ問題を解くことはできません。対策は2つ。1つは「見たことも聞いたこともない問題(難問)は無駄に時間を浪費しないで思い切ってパスする。」という勇気です。もう1つは1問解くごとに時計を見るというくせをつけることです。1問ごとに残り時間を意識すれば，時間の使い方も自然と身についてきます。集中力も大事ですが，時間的制約のある試験であることも忘れずに。

16-1 保証

> **ここがポイント**
> 保証とはどういうものだろうか。保証債務はどういう性質を持つのだろうか。

1 保証とは

「迷惑はかけないから、保証人になってくれないか。名前だけのことだから……」などというセリフをドラマなどで耳にすることがある。実はこれは真っ赤なウソだ。主たる債務者がお金を返せなければ、代わりに保証人が返さなければならない。これが保証だ。迷惑を被る可能性は大アリなのだ。

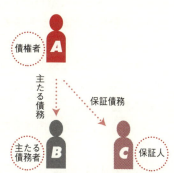

Cは、**債権者**Aとの**保証契約**によって保証人になる。保証契約は**書面**(又は**電磁的記録**)でしなければ効力はない。ちなみに、冒頭のセリフのような、主たる債務者と保証人との契約(保証委託契約)は、あってもなくてもよい。主たる債務者の意思に反して保証契約を結ぶことも可能なのだ。

2 保証人になれるのはどんな人？

原則として制限はなく、どんな人でもよい。しかし、「**主たる債務者が保証人を立てる義務を負う場合**」は、①**行為能力者**で、②**弁済の資力**を有する者を立てなければならない。制限行為能力者では保証契約を取り消されるおそれがあるし、破産者では保証人の意味がない。保証人が破産したりして弁済の資力をなくした場合は、債権者は主たる債務者に、「弁済の資力のある者に代えてくれ」と請求できる。

なお、債権者が保証人を指名した場合は、そもそも保証人の資格に制限はないし、もし途中で破産したとしても債権者は「代えてくれ」とは言えない。

3 保証債務の性質 ① 付従性

保証債務は、主たる債務を保証するためのものだ。「主」たる債務に対して、保証債務は「従」である。言い換えれば、保証債務は主たる債務の影なのだ。だから、主たる債務のまねばかりする。

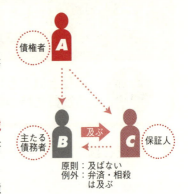

たとえば、**主たる債務が弁済**などにより**消滅すると保証債務も消滅**する。主たる債務の弁済期限が延びると保証債務の弁済期限も延びる。**主たる債務者が債権者から請求**されて主たる債務の消滅時効の完成が猶予されると、**保証債務の消滅時効の完成も猶予**される。主たる債務者が債権者に対して債権を持っていて相殺できる状態であれば、保証人はその債権の限度で履行(弁済)を拒むことができる。改正

このように、**主たる債務者に生じた事由の効力が保証人に及ぶ性質を付従性**という。しかしながら、「重くなる」方向へは付従しない。たとえば、主たる債務が1,000万円から1,500万円に値上げされても、保証債務は1,000万円のままだ。**主たる債務が加重**されても**保証人の負担は加重されない**のだ。

また、保証債務の内容が主たる債務よりも重いときは、保証債務は主たる債務の限度に減縮される。「主たる債務1,000万、保証債務1,500万」と定めても、保証債務は1,000万円となる。改正

主たる債務	保証債務
成立していなければ	→成立しない
消滅すると	→消滅する
軽くなれば	→軽くなる
重くなっても	→重くならない

反対に、影である**保証人に生じた事由**は相対的な効力しかなく、原則として**主たる債務者に及ばない**。たとえば、**保証人**が債権者から**請求**されても、**主たる債務の消滅時効の完成は猶予されない**。影を踏まれても、本体は痛くないのだ。ただし、**保証人**がした**弁済**や**相殺**など、債務を消滅させる行為は絶対的効力があるため、**主たる債務も消える**。

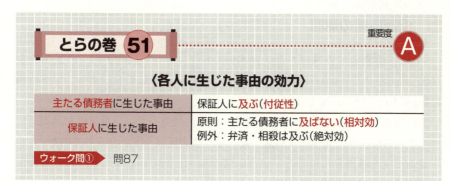

4 保証債務の性質 ② 随伴性

債権譲渡などにより主たる債務が移転すると、それに伴って保証債務も移転する。保証人は、新しい債権者に対し保証債務を負うことになる。

5 保証債務の性質 ③ 補充性

主たる債務者が正選手だとしたら、保証人は補欠だ。保証債務とは、主たる債務を補う債務であり、保証人は、主たる債務者が支払わないときにはじめて支払えばよいのだ。

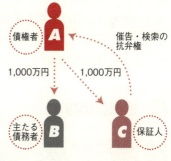

したがって、債権者が、主たる債務者に請求せずに、いきなり保証人に請求してきた場合、保証人は「まず主たる債務者に請求してくれ」と言って支払いを拒むことができる（催告の抗弁権）。また、主たる債務者に財産があるならば、「主たる債務者の財産に執行してくれ」と言って支払いを拒むこともできる（検索の抗弁権）。

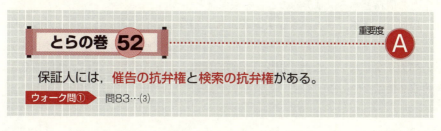

6 保証債務の範囲

「主たる債務者は夜逃げした。元本1,000万円に，利息200万円，遅延損害金100万円。しめて1,300万円を，保証人であるお前が支払え！」「えっ，保証債務は1,000万円だけのはずでは……？」

この場合，保証人は1,300万円を支払わなければならない。保証債務の範囲には，主たる債務から発生する利息・違約金・損害賠償なども含まれるのだ。

また，主たる債務に違約金・損害賠償の額を定めていなくても，保証債務にだけ違約金・損害賠償の額を定めることができる。履行すべきときに保証債務を履行しさえすれば，違約金や損害賠償は支払わなくてもよいのだから，別に保証債務の内容が主たる債務よりも重くなっているわけではないのだ。

7 分別の利益

主たる債務が1,000万円で，保証人が2人いる場合，それぞれの保証人の保証債務は500万円ずつだ。このように，保証人が数人いる場合に，それぞれの保証人は，主たる債務の額を保証人の人数で割った額についてのみ，保証債務を負う。これを分別の利益という。

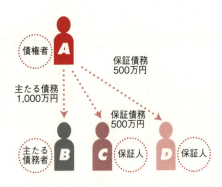

8 根保証契約

賃貸借契約に基づく賃借人の債務を保証する場合等，保証債務の額がいくらになるかわからないものもある。滞納家賃は溜まっていくし，賃貸物を損傷しているかもしれないからだ。このような，一定の範囲に属する不特定の債務を主たる債務とする保証契約のことを根保証という。

根保証のうち，個人が保証人となる個人根保証契約においては，その個人保証人が負担すべき極度額(保証限度額)を書面又は電磁的記録で定めなければその効力が生じない。なお，根保証契約の保証人が法人の場合には，極度額を定める必要はない。

16-2　連帯保証

ここがポイント 連帯保証は，普通の保証とどこが違うのだろうか。

1　連帯保証とは

すでに学習したように，普通の保証人は，催告・検索の抗弁権を使って債権者の請求を拒むことができる。これは，債権者にしてみれば債権の回収がしにくく不便である。そこで，現実には，催告・検索の抗弁権を持たない**連帯保証人**をつけることが多い。**連帯保証人**とは，**主たる債務者と連帯して債務を保証**する保証人のことだ。

2　連帯保証の性質

債権者との契約によって連帯保証債務が成立することや，付従性・随伴性があることは，普通の保証と同じだ。たとえば，主たる債務者が請求を受けると，連帯保証債務の消滅時効も完成が猶予される。

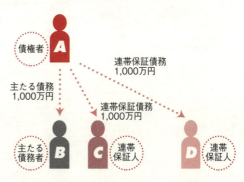

しかし，連帯保証人の負う責任は，普通の保証人の負う責任よりも重い。普通の保証との主な違いは3つだ。

まず，①**催告・検索の抗弁権がなく**，②**分別の利益もない**こと。上の図の場合，債権者Aは，B・C・Dの誰に対してでも，どういう順番ででも，1,000万円全額の請求ができる。といっても，債権者は3,000万円受領できるわけではなく，誰か1人から1,000万円受領すると，そこで打ち止めである。

3つ目の違いは，弁済・相殺のほか，③連帯保証人に生じた混同・更改も絶対的効力を持ち，主たる債務者に影響するということだ。連帯保証人が債権者の債権を取得し，混同により連帯保証債務が消滅すると，主たる債務も消滅するのだ。 改正

とらの巻 53　③保証・連帯保証　重要度 A

〈連帯保証の普通保証との相違点〉

1 連帯保証人には，催告・検索の抗弁権がない。

2 連帯保証人には，分別の利益がない。

3 連帯保証人に生じた事由は，弁済・相殺のほか，混同・更改についても，主たる債務者に効力が及ぶ。 改正

主たる債務者に生じた事由	連帯保証人に及ぶ（付従性）
連帯保証人に生じた事由	原則：主たる債務者に及ばない（相対効） 例外：弁済・相殺・混同・更改は及ぶ（絶対効）

ウォーク問① 問83…(4)　問85…(2)(3)　問86…(2)(3)
問87

16-3 連帯債務

ここがポイント
連帯債務とはどんなものだろうか。連帯債務者の1人がしたことは他の連帯債務者に影響を与えるのだろうか。

1 連帯債務とは

BとCの2人が、共同で事業をするにあたってAから1,000万円借りる場合、何も取り決めをしなければ、AがBに請求できるのは500万円まで、Cに請求できるのも500万円までだ。

しかし、債権者Aが債権の回収を確実にしたい場合に、「B・Cの連帯債務とする」と取り決める場合がある。こうしておくと、Aは、連帯債務者B・Cのどちらに対しても、1,000万円

全額の請求ができる（どちらかから1,000万円受領すれば打ち止めなのは、連帯保証と同じである）。連帯債務とは、債権者が、**連帯債務者の誰に対しても、同時に全額の請求をすることができる債務**なのだ。

Bは、他の連帯債務者Cとの間では、「最終的な**負担部分**は俺が500万円、お前も500万円」と決めておける。しかし、債権者Aから1,000万円請求されたら、1,000万円支払わなければならず、「俺の負担部分は500万円だから、500万円しか払わないよ」とは言えない。Aに1,000万円支払った後、Cに対し「お前の負担分を肩代わりしたんだから500万円よこせ」と**求償**できるにすぎないのだ。

2 連帯債務者の1人がしたことは、他の債務者に影響を与えるのだろうか？

保証人と連帯保証人は、本体である主たる債務者の影にすぎず、最終的な負担部分はない。しかし、連帯債務者は、最終的な負担部分のある、れっきとした「債務者」だ。各連帯債務者は別個独立の債務を負っているため、連帯債務者の1人に生じた事由は相対的効力しか持たず、他の連帯債務者に影響を与えな

い。

例外的に、連帯債務者の1人に生じた事由であっても絶対的効力を持ち、他の連帯債務者に影響を与えるものは、「弁済」「相殺」「混同」「更改」の4つだけだ。改正

たとえば、前述の1の例において、Bが1,000万円弁済すれば、Cの債務も消える。

BがAに対して1,000万円の反対債権を持っている場合、B自身が債権全額を使って相殺すると、Cの債務も消滅する。

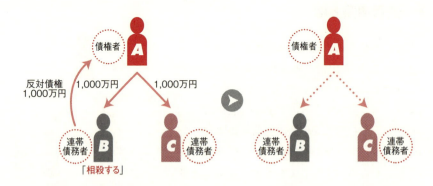

BがAに対する反対債権を有しながら相殺しない場合、CはAからの請求に対して、Bの負担部分（下図のケースでは500万円）の限度で弁済を拒むことができる。改正

Bの債務に混同が生じた場合（BがAを相続し，債権者の地位と債務者の地位が同一人になった場合等），Cの債務は消滅する。

また，Bが更改した場合（AとBで旧債務に代えて，給付の内容について重要な変更をする新債務を発生させる契約をした場合），Cの債務は消滅する。

とらの巻 54　　重要度 A

〈連帯債務者の１人に生じた事由の効力（前述１の例による）〉

		連帯債務者の１人に起こったこと	他の連帯債務者に起こること
絶対効	①	Bが**弁済**すれば，	Cの債務も消滅する。
	②	Bが**更改**※1すれば，	
	③	Bの債務が**混同**※2で消滅すれば，	
	④-1	BがBの有する反対債権で**相殺**すれば，	
	④-2	BがBの有する反対債権で相殺しない場合	Cは，Aからの請求に対して，Bの負担部分について，弁済を拒むことができる。 改正
相対効		上記４つ以外 ・免除・請求　改正 ・時効消滅 ・承認 ・期限の猶予　等	Cの債務には影響しない。

※1　更改：旧債務に代えて，新債務であって，給付の内容について重要な変更をするもの，債務者が第三者と交替するもの又は債権者が第三者と交替するものを発生させる契約

※2　混同：債務者が債権者を相続した場合のように，債権者の地位と債務者の地位が同一人に帰属すること

ウォーク問①　　問87　　問88…(4)　　問89　　問90…(1)(2)(3)　　問157

〈絶対効を持つもの〉

総　　**理**　が　**今度**　は　**後悔**
相殺　履行(弁済)　　混同　　　更改

Tea Time

ＬＥＣ専任講師からの学習アドバイス
＜権利関係で１０点取る秘策＞

　合格体験記等を読むと,「権利関係は10点以上得点した。」という記述を目にすることが多くあります。このため,「権利関係は10点以上得点できるような学習をしなければならない。」と考えてしまいがちですが,それは違います。合格者とお話をしたり,数字として現れたデータを細かく検討しますと,合格者が確実に得点しているのは「7点程度に過ぎない」ということがわかります。つまり,合格者はこの7点程度を土台としてその上に3～4点を上乗せしているのです。これが10点以上得点の正体です。特別な学習を意識することはありません。基本を確実に身につけるように心がけましょう。

17 共有

共有とはどういう状態を指すのだろうか。共有物を売る場合，共有物の持分を売る場合，それぞれどうしたらよいのだろうか。

1 共有とは・持分とは

「所有権は1個の物に1個だけ」というのが民法の原則だ。ある物が「Aさんの物」なら，同時に「Bさんの物」にはなり得ない。

では，ABC3人がお金を出し合って別荘を買った場合はどうだろう。この場合も所有権は1個なのだが，その1個の所有権の中に，ABC3人の所有権（ゴムボールのように柔らかい！）が「押しくらまんじゅう状態」でおさまっているとイメージしてほしい。これが**共有**だ。ABCの各共有者が持つ権利の割合を**持分**という。持分は合意で決まるが，取り決めがなければ**平等**と**推定**される。つまり，ABC3分の1ずつだ。

各共有者は，**共有物の全部**につき，**持分に応じて**使用できる。持分はもともとそれぞれが完全な所有権だから，3人とも別荘のすみずみまで使える。持分に応じた使用とは，たとえば1年のうち4カ月ずつ使用することなどをいう。もとは完全な所有権だが，ギュッと押しつぶされているので，使用のしかたが制限されるのだ。

なお，共有者の1人が**相続人なく死亡**したり，**持分を放棄**したりしたことによって，ある共有者の持分がなくなると，その分他の共有者の持分が増えることになる。押しつぶされていたゴムボールが，ふくらむ様子をイメージしてほしい。

とらの巻 55　重要度 B

〈持分の帰属〉

| ①相続人なく死亡し，特別縁故者に対する財産分与がなされないとき
②持分を放棄したとき | その者の持分は，他の共有者に帰属する |

ウォーク問①　問91…(4)　問92…(4)

2 共有物の管理等

共有物を修繕したり，売ったりするにはどうすればいいのだろうか。

とらの巻 56　重要度 B

〈共有物の管理等〉

		具体例	どのように行うか
共有物全体	保存行為	・共有物の修繕を頼むこと ・不法占拠者へ明渡しを請求すること	各共有者は1人でできる※1
	管理行為	・共有物の賃貸借契約を解除すること ・共有物の利用者を決めること	各共有者の持分価格の過半数の賛成で行う※2
	変更行為	・共有物を第三者に売り渡すこと ・共有建物の建替え・増改築	共有者の全員の同意が必要である
持分	処分	・持分の売却 ・持分に抵当権を設定	各共有者は1人でできる

※1　共有物に対する不法行為に基づく損害賠償請求権は，各共有者がその持分に応じて取得する。したがって，各共有者は自己の持分の割合を超えて損害賠償を請求することができない。
※2　管理の費用は，持分に応じて各共有者が負担する。ある共有者がこの負担義務を1年以内に履行しないときは，他の共有者は，相当の償金を支払ってその共有者の持分を取得することができる。

ウォーク問①　問91…(1)(2)　問92…(2)(3)　問93…(3)　問94…(3)

3 共有物の分割

1 分割の期間

民法は共有がキライである。「共有は紛争の母」という言葉もあるように、共有になっているとロクなことにならないからだ。民法の立場からいうと、サッサと分割してほしいのだ。だから、**各共有者から、いつでも自由に分割請求できる**のが原則だ。

共有物を分割しない特約を結ぶことはできるが、**5年が限定**だ。「未来永劫分割しない」などという特約はできない。

なお、共有物につき権利を有する者や各共有者の債権者が、分割への参加を請求したにもかかわらず、参加を待たずに分割してしまった場合、「このように分割しました」という分割の効力を、参加請求者に対抗することができない。

2 分割の方法

実際に現物を分けるのか（現物分割）、共有物を売って代金を分けるのか（代金分割）、誰か1人のものにして他の人にお金を払うのか（価格賠償）。現物分割をするにしてもどのラインでカットするのか。

こういうことは、まず共有者間で話し合うのが先決だ。そして、話し合いがまとまらなければ、公平な第三者である裁判所に話をつけてもらう。**裁判所による分割**の場合は現物分割が原則だが、**一定の場合には価格賠償**をしたり、共有物を競売して**代金分割**をしたりすることもある。

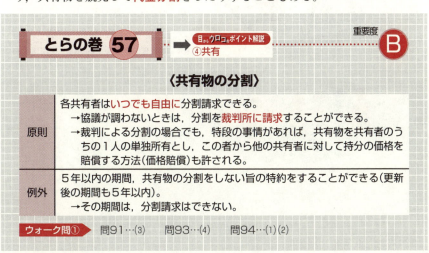

とらの巻 57 → 目からウロコのポイント解説 ④共有　　重要度 B

〈共有物の分割〉

原則	各共有者は**いつでも自由**に分割請求できる。 →協議が調わないときは、分割を**裁判所に請求**することができる。 →裁判による分割の場合でも、特段の事情があれば、共有物を共有者のうちの1人の単独所有とし、この者から他の共有者に対して持分の価格を賠償する方法（価格賠償）も許される。
例外	5年以内の期間、共有物の分割をしない旨の特約をすることができる（更新後の期間も5年以内）。 →その期間は、分割請求はできない。

ウォーク問① 問91…(3)　問93…(4)　問94…(1)(2)

18-1 建物区分所有法（用語の意味）

ここがポイント
専有部分・共用部分・敷地利用権の内容と，共用部分の利用について押さえよう。

1 建物区分所有法とは

　壁1枚隔てた向こうに他人が住んでいるのが分譲マンションだ。それだけなら昔ながらの長屋だってそうだが，マンションは天井の上にも床下にも他人が住んでいる。明治時代にその原型ができた「民法」では，そんな暮らし方は想定していない。そこで，分譲マンションでの共同生活のルールを定めた法律が作られた。これが建物区分所有法だ(以下，「区分所有法」という)。

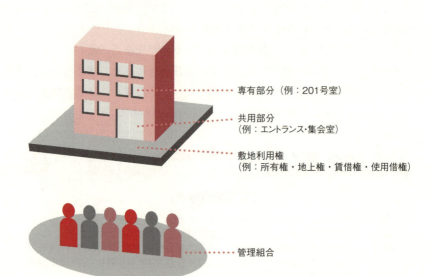

2 専有部分

「201号室」のような，マンションの1室のことだ。「201号室」の購入者は，このマンションのうち，「201号室」を「区分」して「所有」する（区分所有）。

「201号室」が専有部分となるためには，隣の202号室，上階の301号室，下階の101号室との境が，壁・床・天井などで仕切られていることが必要だ（構造上の独立性）。また，外部に直接通じる出入り口も必要だ（利用上の独立性）。

3 共用部分

1 共用部分とは

共用部分とは，エントランスやエレベーターや階段，集会室など，区分所有者が共同で使う部分だ。法定共用部分と規約共用部分の2つに分類される。

とらの巻 58　重要度 C

〈専有部分と共用部分〉

		内容	具体例	共用部分である旨の登記
専有部分		区分所有権の目的たる建物の部分	201号室など	
共用部分	法定共用部分	法律上当然に共用部分とされる部分	エントランス・エレベーター・階段など	できない
共用部分	規約共用部分	専有部分の適格性を備えた建物の部分や付属の建物で，規約により共用部分とされたもの	集会室・管理員室・共用の物置場など	できる（第三者に対する対抗要件）

ウォーク問①　問102…(3)

2 共用部分の所有形態

共用部分は原則として区分所有者全員で「共有」する。持分割合は，原則として各区分所有者が所有する専有部分の床面積の割合で決まることになっている。ただし，規約で別段の定めをすることもできる（「みんな均等！」など）。専有部分の床面積とは，壁その他の区画の内側線で囲まれた部分の水平投影面積のことだ。

とらの巻 59　重要度 B

〈共用部分の持分の割合〉

原則	所有する専有部分の床面積の割合による。 →専有部分の床面積は，壁その他の区画の内側線で囲まれた水平投影面積による。
例外	規約で別段の定めができる。

ウォーク問①　問168…(4)

3　共用部分の管理

あるマンション（全5戸，各100m²）において，3戸をAが所有し，BとCがそれぞれ1戸ずつ所有しているとしよう。あるとき，外階段に手すりを設置しようという話がもちあがった。このように，「形状又は効用の著しい変更を伴わない共用部分の変更行為」を共用部分の軽微変更といい，区分所有者及び議決権（専有部分の床面積の割合）の各過半数の決議で行う。

Aだけの賛成では議決権は過半数を満たしているものの，区分所有者数が足りない。BCの賛成では区分所有者数は過半数を満たしているものの，議決権が足りない。ABの賛成があればともに過半数を満たし，手すりをつけることができる。専有面積の広い人の意見を尊重しつつも，その人の一存では物事が決まらないようになっているわけだ。

階段室をエレベーター室に改造するなど，「形状又は効用の著しい変更を伴う変更行為」を重大変更といい，区分所有者及び議決権の各4分の3以上の多数による集会の決議で行う。

また，共用部分の管理行為（エレベーターに損害保険をかける行為など）は，区分所有者及び議決権の各過半数の決議で行う。

管理行為や変更行為をするには，特別の影響を受ける者の承諾が必要である。特別の影響を受ける者とは，たとえば，共用部分を変更するための工事によって，自己の専有部分への出入りが不自由になったり，日照や通風に影響が出たりする者のことである。

● 18-1 建物区分所有法（用語の意味）

とらの巻 60

重要度 B

〈共用部分の管理〉

管理行為の種類		定数	規約による別段の定め	特別の影響を受ける者の承諾
保存行為		区分所有者が各自**単独**でできる	できる	**不要**
管理行為		区分所有者及び議決権の**各過半数**による集会の決議		**必要**
変更行為	軽微変更※1	区分所有者及び議決権の**各過半数**による集会の決議		
	重大変更※2	区分所有者及び議決権の**各4分の3以上**の多数による集会の決議	区分所有者の定数のみ、過半数まで減ずることができる	

※1 軽微変更：その形状又は効用の著しい変更を**伴わない**共用部分の変更
※2 重大変更：共用部分の変更（その形状又は効用の著しい変更を**伴わない**ものを除く）

ウォーク問① 問95…(1)(2)　問101…(1)(3)　問168…(2)

4 敷地利用権

1 法定敷地と規約敷地

法定敷地とは，**マンションが所在する土地**をいう。これに対し，**規約敷地**とは，庭や通路など，**マンションが所在する土地以外であるが，規約によりマンションの敷地とされた土地**をいう。

　マンションが所在する土地以外であっても，区分所有者がマンション及び法定敷地と一体として管理又は使用をする土地であれば，規約によりマンションの敷地とすることができるのだ。

2 敷地利用権とは

　201号室といえども空中に浮かんでいるわけではない。201号室という専有部分を所有するためには，敷地を利用する権利が必要だ。このように，専有部分を所有するための敷地に関する権利を**敷地利用権**という。区分所有者全員で敷地の所有権を「**共有**」するケースが多いが，地上権・賃借権・使用借権

を「準共有」している場合もある。

3 専有部分と敷地利用権の分離処分禁止の原則

　土地付き一戸建てであれば，借地権を設定すれば，建物は売らないで土地だけを売ったり，土地は売らないで建物だけを売ったりできる。しかし，マンションにおいて，敷地利用権は売らず専有部分だけを売る……などということを認めると，権利関係が複雑になってしまう。したがって，原則として専有部分と敷地利用権を分離して処分することはできないこととされている。専有部分を売るときは敷地利用権も一緒に売らなければならないのだ。

　しかし，棟割長屋やタウンハウス，テラスハウスなど，一戸建てに近い形態の区分所有建物の場合，分離処分を可能にしたほうが都合がいいという場合もあるだろう。この場合，例外的に規約で定めておけば分離処分を可能とすることもできる。

4 敷地権

　登記された敷地利用権であって，専有部分と分離して処分することができないものを，不動産登記法上，敷地権という。

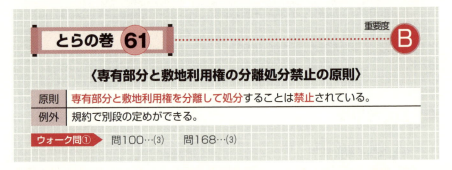

5 専有部分・共用部分の使用請求

　区分所有者は，自己の専有部分や共用部分を保存・改良するのに必要な範囲で，他人の専有部分や共用部分の使用を請求することができる。いずれの場合も，他の区分所有者が損害を受けたときは，その償金を支払わなければならない。

　しかし，占有者には，このような権利は認められていない。

18-2 建物区分所有法（区分所有建物の管理等）

 区分所有建物の管理・集会・規約，そして義務違反者に対する措置について押さえよう。

1 区分所有建物の管理

1 管理組合

　マンションの管理をするのは管理組合だ。区分所有者あるところ管理組合あり，だ。マンションを買うと自動的に管理組合の組合員となり，マンションを所有している限り脱退はできない。

2 管理者

　管理組合（＝区分所有者全員）で管理するといっても，全員が集まるのはなかなか難しい。そんなときは**管理者**を置くとよい。管理者とは一般に組合長とか理事長などと呼ばれ，共用部分・敷地・附属施設を保存し，集会の決議を実行し，規約で定めた行為をする権利を有し，義務を負う者である。管理者は，規約又は集会の決議により，その職務に関し，区分所有者のために，原告又は被告となることができる。規約により原告又は被告となったときは，遅滞なく，区分所有者にその旨を通知しなければならない。

　管理者の選任・解任は，原則として，区分所有者及び議決権の各過半数の決議で決するが，規約に別段の定めがあれば，規約に従う。管理者の資格については特に制限はなく，区分所有者以外の者から選任することもできる。

3 管理組合法人

　管理組合が駐車場にするために土地を購入しても，法人格がないため管理組合名義での登記はできない。全員の共有名義にするか，代表者の個人名義にするしかない。しかし，管理組合が法人になれば，管理組合法人名義での登記が可能となる。

　管理組合法人を設立するためには，区分所有者及び議決権の**各４分の３以上**の多数による集会の決議で法人となる旨，名称，事務所を定め，かつその事務所の所在地において**登記**をすることが必要である。

　管理組合法人には理事と監事が置かれ，理事が業務を執行し，監事が監督

する。理事は管理組合の管理者にあたるので、法人になれば管理者は不要になり退任することになる。

2 集会

1 集会の招集

管理者がいれば管理者が集会を招集するのが原則だ。管理者は少なくとも**毎年1回**は集会を招集しなければならない。また、区分所有者から管理者に対し、「集会を招集してください」と請求することもできる。

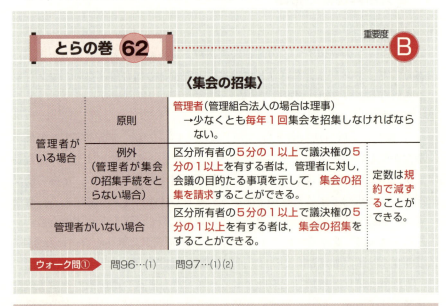

とらの巻62　〈集会の招集〉　重要度 B

管理者がいる場合	原則	**管理者**（管理組合法人の場合は理事） →少なくとも**毎年1回**集会を招集しなければならない。	定数は**規約で減ずる**ことができる。
	例外 （管理者が集会の招集手続をとらない場合）	区分所有者の**5分の1以上**で議決権の**5分の1以上**を有する者は、管理者に対し、会議の目的たる事項を示して、**集会の招集を請求**することができる。	
管理者がいない場合		区分所有者の**5分の1以上**で議決権の**5分の1以上**を有する者は、**集会の招集を**することができる。	

ウォーク問①　問96…(1)　問97…(1)(2)

〈5分の1以上〉

集会に　**来**　**い**！
集会の招集　5分の　1

2 招集の通知

集会の招集の通知は、建替え決議を目的とする集会の場合を除き、会日より少なくとも**1週間前**に、**会議の目的たる事項**を示して、各区分所有者に発しなければならない（この期間は規約で**伸縮**することができる）。

建替え決議を目的とする集会を招集するときは、会日より少なくとも**2カ月前**に発しなければならない。この期間は、規約で**伸長**することはできるが、

短縮することはできない。

なお、区分所有者**全員の同意**があるときは、招集の手続きを経ないで集会を開くことができる。

3 決議事項の制限

集会においては、原則として、招集通知で**あらかじめ通知した事項**についてのみ、決議をすることができる。あらかじめ通知した事項以外について決議をすると、集会に出席せずに書面や代理人で議決権を行使した区分所有者の意思が反映されないからである。

しかし、区分所有法で集会の決議につき特別の定数（4分の3以上又は5分の4以上）が定められている事項を除き、**規約で別段の定め**をすれば、あらかじめ通知した事項以外についても決議をすることができる。

なお、**招集の手続きが省略された場合**は、決議事項の制限はない。

4 集会の議事

何人かで物事を決める場合、多数決が原則だ。集会で何かを決める場合でも、**原則**として区分所有者及び議決権の**各過半数**の決議が必要である。議決権は**共用部分の持分割合**による。しかし、規約を決めるとか、義務違反者を追い出すとかといった重要な事項については、**各4分の3以上**（建替えは**各5分の4以上**）の多数による集会の決議が必要となる。

なお、専有部分を借りて使っている人（**占有者**）も、議題について利害関係がある場合は、**集会に出席して意見を述べることができる**。しかし、占有者には議決権がないので、**決議に参加することはできない**。

5 決議の効力

集会の決議の効力は、**包括承継人**（相続人など）、**特定承継人**（中古マンションを買った人）、**占有者**（賃借人など）に対しても及ぶ。自分が決議に参加していない集会で決まったことといえども、守らなければならないのだ。

6 書面による決議

大規模なマンションや、区分所有者が日本中に分散しているリゾートマンションなどは、区分所有者が集まって集会を開催することが困難である。このような場合、あらかじめ**区分所有者の全員の承諾**があれば、集会を開催せずに「**書面又は電磁的方法**（インターネットやメール）**による決議**」をすることができる。決議事項に制限はなく、普通決議事項、特別決議事項を問わず可能である。全員の承諾が必要なのは「集会を開催せず『書面又は電磁的方法による決議』をしてもよいかどうか」についてであり、決議事項そのものについては全員の合意は要しない。

また，区分所有法又は規約により集会において決議すべきものとされた事項について，区分所有者全員の書面又は電磁的方法による合意があれば，「書面又は電磁的方法による決議」があったものとみなされる。この場合は，決議事項そのものについて全員の合意が必要である。

とらの巻 63　重要度 A

1　集会の招集の通知

原則	会日より少なくとも1週間前に，会議の目的たる事項を示して，各区分所有者に発しなければならない（規約で伸縮できる）。
例外	①建替え決議を目的とする集会の場合，会日より少なくとも2カ月前に発しなければならない（規約で伸長できる）。 ②区分所有者全員の同意があるときは，招集の手続きを経ないで開くことができる。

2　集会の決議事項の制限

原則	集会においては，招集通知であらかじめ通知した事項についてのみ，決議をすることができる。
例外	①特別の定数が定められている事項を除いて，規約で別段の定めをすることができる。 ②招集の手続きが省略された場合は制限されない。

ウォーク問①　問96…(1)(3)　問97…(4)

3　規約

1　規約の設定・変更・廃止

建物や敷地の利用や管理など，区分所有者同士の事項について定めたルールのことを「規約」という。マンションにとって重要なものなので，規約の設定・変更・廃止には，区分所有者及び議決権の各4分の3以上の多数による集会の決議が必要だ。ただし，決議があっても，規約の設定・変更・廃止により特別の影響を受ける者がいる場合は，その者の承諾を得なければ規約の設定・変更・廃止をすることはできない。

2　規約の効力

規約は，集会決議と同様に，包括承継人，特定承継人，占有者など，決議に参加していない人も守らなければならない。

3　公正証書による規約の設定

規約は，原則として，区分所有者がマンションの分譲後に作るものだ。し

かし，分譲前に確定しておいたほうが都合のよいこともある。そこで，**最初に専有部分の全部を所有する者**(分譲業者など)は，**公正証書**により，あらかじめ，一定の事項について，規約を設定することができる。

とらの巻 64　重要度 B

1 公正証書による規約の設定ができる者
　　最初に建物の専有部分の**全部を所有する者**

2 規約事項
　①**規約共用部分**に関する定め
　②**規約敷地**に関する定め
　③**専有部分と敷地利用権の分離処分を可能とする**定め
　④**敷地利用権の割合**の定め

ウォーク問① 問96…(4)

4　規約の保管及び閲覧

規約は，書面又は電磁的記録により，作成しなければならない。作成された規約の保管・閲覧については次のとおりである。なお，集会の議事録の保管・閲覧についても規約と同じである。

とらの巻 65　重要度 A

〈規約※の保管・閲覧〉

規約の保管	管理者あり	**管理者**が保管する。
	管理者なし	規約又は集会の決議の定めにより，次の者が保管する。 ①**建物を使用している区分所有者** ②**その代理人**
利害関係人の閲覧請求	原則	閲覧を拒めない。
	例外	**正当な理由がある場合**は拒める。
保管場所		建物内の見やすい場所に，保管場所について**掲示**しなければならない(**各区分所有者に通知する必要はない**)。

※　集会の議事録，書面による決議の書面にも準用される。

ウォーク問① 問98…(2)(3)

4 義務違反者に対する措置

ある区分所有者(又は占有者)が夜中に大音量でカラオケをするため、うるさくてたまらない。このような場合、どういった措置をとることができるのだろうか。

1 行為の停止等の請求(「やめろ！」)

対策その1は、文書か口頭で「やめてもらえませんか」と請求する方法だ。この請求は**1人**でもできる。なお、「やめろ！」という**訴訟を提起**するには区分所有者及び議決権の**各過半数**の決議が必要だ。

なお、行為の停止等の請求には、「やめろ！」という請求のほか、「元に戻せ！」(行為の結果の除去請求)、「予防しろ！」(行為を予防するために必要な措置をとることの請求)という請求が含まれる。

「元に戻せ！」の具体例としては、共用部分であるバルコニーに設置された物置を撤去するよう請求することなどがあり、「予防しろ！」の具体例としては、専有部分にカラオケの機械を設置しようとしている区分所有者に対して、防音工事をするよう請求することなどがある。

2 使用禁止請求(「しばらくの間出て行け！」)

行為の停止等の請求では効果があがらない(又は、あがりそうにない)場合、一定期間、専有部分の使用禁止を請求することができる。この請求をするには、区分所有者及び議決権の**各4分の3以上**の多数による集会の決議をしたうえで、**必ず訴訟**によって請求しなければならない。仮にも権利を持った人間を追い出すのだから、腕自慢の区分所有者たちが寄ってたかって実力行使……というわけにはいかず、必ず裁判所を通さなければならないのだ。

3 区分所有権の競売請求(「二度と戻ってくるな！」)

使用禁止などの他の方法によっては共同生活の利益を維持できない(又は、できそうにない)ときは、区分所有権及び敷地利用権の競売請求をすることができる。これも、区分所有者及び議決権の**各4分の3以上**の多数による集会の決議をしたうえで、**必ず訴訟**によって請求しなければならない。

4 占有者に対する引渡し請求(「出て行け！」)

「賃貸借**契約を解除**し、部屋を**引き渡せ！**」という請求だ。これも、区分所有者及び議決権の**各4分の3以上**の多数による集会の決議をしたうえで、**必ず訴訟**によって請求しなければならない。

5 各請求間の関係について

これらの請求は必ずしも段階を踏んで請求しなければならないわけではな

い。したがって，たとえば，義務違反者の違反の態様や経緯から，行為の停止等の請求では明らかに目的を達成することができない場合には，いきなり使用禁止請求等をすることも許されるのだ。

〈義務違反者に対する措置〉

	相手方	訴訟の提起	決議
行為の停止等の請求	区分所有者 占有者	しない場合	不要
		する場合	区分所有者及び議決権の**各過半数**の賛成による集会の決議
使用禁止請求 競売請求	区分所有者	必要	区分所有者及び議決権の**各4分の3以上**の多数による集会の決議
引渡し請求	占有者		

Tea Time

LEC専任講師からの学習アドバイス
＜判決文の問題解答法＞

　最近，判決文を読ませて解答させるという出題が定着しています。
　判決文とは，ある問題に対する裁判の結果ですが，出題される場合は，結論に至った理由なども記載されます。そのため，問題文，判決文，選択肢4肢分となると，問題冊子1ページ分まるまる使うこともあります。パッと開くとびっくりしますね。なんか難しそうに感じますね。そのとおり！　そこが出題者側の思惑です。まんまと，精神的ダメージを与えられてはダメです。対策として，まずは，判決文を読まずに，選択肢から読んでみましょう。判決文を読まなくても正解を導き出せることが多いです。
　選択肢の内容自体が誤っている場合や，明らかに他の肢とはかけ離れた論点についてのものであったりすることも多いです。ただ，そうでない場合は時間がかかることが多いので，後回しにしましょう。

18-3 建物区分所有法（復旧・建替え）

 区分所有建物の復旧・建替えについて見ていこう。

1 復旧

1 **小規模滅失**の復旧（建物価格の**2分の1以下**が滅失）

　2分の1以下といっても，建物価格10億円のうち100万円分くらいの滅失もあれば，5億円分の滅失もあり，ピンキリだ。したがって，単独で復旧することも，決議をとってみんなで復旧することもできる。復旧決議があるまでは，単独で直し，その費用を他の区分所有者に請求することができる。しかし，区分所有者及び議決権の各過半数による復旧決議があった後は，決議に従って復旧しなければならず，単独で復旧することはできなくなる。

2 **大規模滅失**の復旧（建物価格の**2分の1超**が滅失）

　共用部分の復旧決議には，区分所有者及び議決権の**各4分の3以上**の多数による集会の決議が必要であり，規約で別段の定めはできない。

　決議に**反対した区分所有者**は，賛成した区分所有者に対し，「もう出て行くから，区分所有権と敷地利用権を時価で買い取ってくれ」と請求できる。

2 建替え

　建替え決議には，区分所有者及び議決権の**各5分の4以上**の多数による集会の決議が必要であり，規約で別段の定めはできない。

　賛成した区分所有者などは，反対した区分所有者に対し，「区分所有権と敷地利用権を売り渡してくれ」と請求できる。

〈5分の4以上〉
四の五の言わずに建て替えろ！
4／5　　　　　建替え

18-3 建物区分所有法(復旧・建替え)

〈復旧と建替え〉

	方法	規約による別段の定め	その他
小規模滅失の復旧(建物価格の2分の1以下が滅失)	・単独で復旧可 ・区分所有者及び議決権の各過半数の賛成による復旧決議があれば単独復旧不可	できる	
大規模滅失の復旧(建物価格の2分の1超が滅失)	区分所有者及び議決権の各4分の3以上の多数による決議	できない	決議賛成者以外の区分所有者から買取請求
建替え	区分所有者及び議決権の各5分の4以上の多数による決議		賛成した区分所有者等から売渡請求

〈決議要件等のまとめ〉

要件	決議事項等	規約での別段の定め
5分の1以上	集会の招集	減じることができる
過半数	管理行為	可
	軽微変更	
	行為の停止等の請求訴訟	
	小規模滅失の場合の復旧の決議	
4分の3以上	重大変更	区分所有者の定数は過半数まで減じることができる
	管理組合の法人化	不可
	規約の設定・変更・廃止	
	専有部分の使用禁止請求訴訟	
	専有部分等の競売請求訴訟	
	占有者に対する引渡し請求訴訟	
	大規模滅失の場合の復旧の決議	
5分の4以上	建替え	

〈4分の3以上〉

妻子 大変, 法事 客,
3/4　重大変更　管理組合の法人化　規約の設定・変更・廃止

大 福 使用 拒 否
大規模滅失の復旧　使用禁止請求　競売請求　引渡し請求

19-1 賃貸借（権利と義務）

ここがポイント　賃貸人・賃借人の権利と義務は何だろうか。

1 賃貸借契約とは

賃貸借契約は，賃料を払って物を借りる契約だ。**賃借人は賃料を支払う義務**を負い，**賃貸人は物をちゃんとした状態で使用収益させる義務**を負う。

借りる物が何であっても（土地・建物でもDVDでも）**民法の賃貸借**の規定が適用されるが，「**建物賃貸借（一時使用目的を除く）**」と「**建物所有を目的とした土地賃貸借**」については，さらに**借地借家法**の適用も受ける。

DVDの賃貸借なら賃貸人と賃借人は対等の立場なので，好きなように契約すればよい。賃借人が契約内容に納得できなければ，借りなければよいだけだ。しかし，建物の賃貸借はどうだろう。建物を所有していない賃借人が不利な契約を押し付けられた場合，イヤなら借りなければいい，で済むだろうか。土地や建物は「衣食住」の「住」，生活の根幹をなすものだ。借りないと住むところがない，という場合もあるかもしれない。このように，弱い立場である**土地や建物の賃借人**を保護するための法律が**借地借家法**だ。借地借家法の適用を受けると，賃借人に有利なように民法の規定が修正される。たとえば，存続期間はより長く，更新はよりしやすく，対抗要件はより備えやすくなる（ただし，借地借家法に規定のないものは民法の規定がそのまま適用される）。

借地借家法が借主の保護を図っているにもかかわらず，特約で排除されてしまっては意味がないため，借地借家法の規定と異なる**特約**は，**借主に不利**な内容であれば原則として**無効**である。

2 賃貸人・賃借人の権利義務

　BがAから借りている建物が，台風により雨漏りするようになった場合，Bはどうしたらいいだろうか。賃貸人は建物をちゃんとした状態で使用させる義務を負う。ということは，壊れた場合に修繕するのも賃貸人の義務である。したがって，賃貸人Aに修繕してもらえばよい。賃貸人が修繕に応じなかったり，急迫な事情がある場合は，賃借人Bが修繕できる。なお，修繕(目的物の保存に必要な行為)は賃貸人の権利でもあるので，賃借人Bは修繕を拒むことはできない。 改正

　Aが長期の旅行に出かけてしまった場合は，とりあえずBが自分でお金を出して修繕すればよい。この修繕費は，建物をちゃんとした状態で使用するにあたって必要なお金(必要費)なので，本来賃貸人が負担すべきものである。したがって，必要費は，賃貸人に直ちに全額請求できる。

　Bが，Aから借りている建物のトイレを，20万円かけて和式から洋式にリフォームし，そのおかげで建物の価値が5万円アップしたとする。このように，目的物の価値を増加させる費用を有益費という。有益費は，賃貸借契約終了時に賃貸人に請求できる(価値の増加が現存していることが条件)。ただし，全額返してくれるとは限らない。支出額20万円と価値増加額5万円のどちらを返すかは，賃貸人が選択するからだ。

とらの巻 66　　　　　　　　　　　　　　　　重要度 B

〈賃貸人・賃借人の権利義務〉

	賃貸人の権利義務	賃借人の権利義務
修繕	修繕をする義務 目的物の保存に必要な行為を賃借人の意思に反しても行うことができる権利	修繕を賃貸人に請求する権利 保存に必要な行為を受け入れる義務
必要費	必要費の償還請求に応じる義務	必要費を賃貸人に直ちに償還請求する権利
有益費	有益費の償還請求に応じる義務(支出された費用，又は，増加した価格のどちらかを選択可能)	賃貸借契約終了時に目的物の価格の増加が存在している限り，有益費を賃貸人に償還請求できる権利
一部滅失	賃料の減額に応じる義務	目的物の一部滅失等による賃料の減額

ウォーク問①　問107…(2)　問109…(2)(3)　問155…(4)

19-2 賃貸借（存続期間等）

ここがポイント 賃貸借の存続期間・終了・更新について見ていこう。

1 賃貸借の存続期間

借地借家法が適用されない賃貸借には，最短期間の制限がない。１泊２日のDVDレンタルや，１時間いくらの貸し自転車などのように，どれだけ短くてもかまわない。

最長期間は50年なので，契約で60年と定めたとしても50年になる。 改正

また，存続期間を定めない賃貸借契約も有効である。

〈民法上の賃貸借の存続期間〉

最長	50年
最短	制限なし

2 存続期間の定めがある賃貸借の更新方法

借地借家法が適用されない賃貸借の更新方法は２つある。

まず，賃貸人と賃借人との合意により更新できる（**合意更新**）。

合意がなくても，期間満了後も賃借人が使用収益を続け，賃貸人がそれを知りながら異議を述べないときは，前の賃貸借と同条件で更新したものと扱われる。これを**黙示の更新**という。ただし，存続期間だけは定めのないものとなる。

3 存続期間の定めがない賃貸借の終了方法

存続期間の定めがない賃貸借は，**解約申入れ**によって終了させる。借地借家法が適用されない賃貸借の場合，賃貸人，賃借人のどちらが解約申入れをしても，土地は１年後，建物は３カ月後，動産は１日後に終了する。

4 民法における不動産賃借権の対抗要件

　Aが，Bに駐車場として貸していた土地を，Cに売却したとしよう。賃借権には対抗力がないため，Bは土地を明け渡さなければならないのが原則だ。例外として，賃貸人と賃借人の共同申請により**賃借権の登記**をしておけば，賃借権をCに対抗できる。ただし，賃貸人には登記に協力する義務はない。

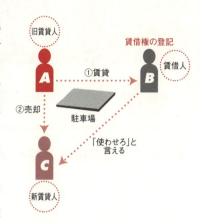

　Bが賃借権をCに対抗できる場合，Cが新しい賃貸人となるが，Cが土地の所有権を取得しBに賃貸人であることを主張して賃料を請求するためには，C名義の**所有権移転登記**が必要だ。万一土地が二重譲渡されている場合，Cは，登記を備えなければ所有者になることができないからだ。　改正

Tea Time

法律用語③　「賃貸借」と「使用貸借」

　賃料を払って借りるのは「賃貸借」だが，賃料を払わずタダで借りることを「使用貸借」という。賃借人に認められている権利であっても，タダで借りている使用借主には認められないものが多い。

　たとえば，目的物が建物であり，貸主がその建物を売却した場合。借地借家法により，賃借人は引渡しを受けていれば新所有者に賃借権を対抗できるが，使用借主は引渡しを受けていても使用借権を対抗できない。

　賃貸借の場合，賃借人が死亡すると賃借権が相続人に引き継がれるのに対し，使用貸借の場合，借主が死亡すると使用貸借は終了する。使用貸借は，貸主借主の個人的な人間関係に基づく場合が一般的なので，相続人への権利承継を認めないのである。実際は，「子々孫々までタダで借りさせてなるものか！」というのが本音かもしれないが。

19-3 賃貸借（転貸・賃借権の譲渡）

ここがポイント 転貸・賃借権の譲渡について押さえよう。

1 転貸・賃借権の譲渡とは

「転貸」は賃借人が借りているものを又貸しすること，「賃借権の譲渡」は賃借人が賃借権を他人に譲り渡すことだ。

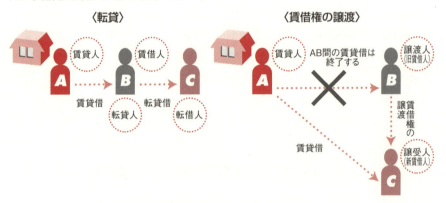

2 転貸・賃借権の譲渡をするには

上の図で，Aは，「Bさんだから」と信頼して大切な建物を貸している。気づいたらどこの馬の骨ともわからないCが勝手に使っている，などということになると，AB間の信頼関係が破壊される。したがって，転貸や賃借権の譲渡をするには，賃貸人の承諾が必要である。

もし無断転貸・譲渡が行われ，第三者が建物を使い始めたら，賃貸人は契約を解除することができる。では，ワンルームマンションの賃借人である父親が，大家さんの承諾なく，大学生の息子に賃借権を譲渡した，という場合はどうだろう。確かに無断譲渡ではあるが，信頼関係が破壊された（背信的行為）とまではいえない。したがって，この場合は，賃貸人は解除できない。

とらの巻 67

重要度 B

〈転貸・賃借権の譲渡〉

1. 転貸・賃借権の譲渡には**賃貸人の承諾**が必要

2. **無断転貸・賃借権の譲渡**が行われ，第三者が使用・収益
   原則：賃貸人は賃貸借契約を**解除できる**。
   例外：**背信的行為と認めるに足りない特段の事情**がある場合は**解除できない**。

ウォーク問① 問104…(1)　問112…(1)　問118…(1)　問119…(2)(4)
　　　　　　問120…(1)(3)(4)

3 承諾を得て転貸・賃借権の譲渡をした場合

賃借権の譲渡の場合は，賃貸人は新賃借人に対してしか賃料請求できない。

一方，賃貸人Aの承諾を得た転貸がなされている場合，Aは賃借人Bだけでなく，転借人Cに対しても賃料を請求できる。ただし，転借人Cは，賃借人Bの債務の範囲を限度として転借人Cの転貸借に基づく債務を賃貸人Aに直接履行する義務を負う。だから，請求できるのは，**賃借料**と**転借料**のうち，**安いほうだ**。 改正

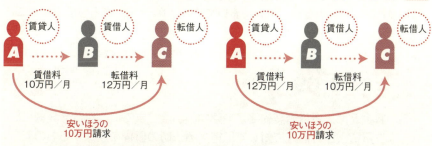

とらの巻 68

重要度 B

賃貸人が転借人に請求できる賃料は，賃借料と転借料のうち，**安いほう**である。

ウォーク問① 問103…(2)　問110…(1)

19-4 賃貸借（敷金）

ここがポイント 敷金について押さえよう。

1 敷金とは

賃借人が賃料の不払いや約束違反をした場合，賃借人は賃貸人にお金を支払わなければならない。賃貸借契約終了後，お金を払わないままドロンされるのを防ぐために，契約の段階で賃借人からお金を預かっておく。これが**敷金**だ。貸主は，借主の明渡し後に不払い賃料を敷金から差し引き，差額があれば借主に返還する。**明渡しが先，敷金返還が後**なので，賃借人は「敷金を返してくれるまで明け渡さない！」などという主張はできない。改正

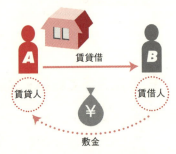

なお，賃料不払いに対して，敷金を充当するかどうかは賃貸人の自由であり，賃借人のほうから「敷金から引いておいてくれ！」などと，充当を請求することはできない。改正

とらの巻 69　　　　重要度 A

1. 敷金とは，賃貸借契約終了後建物の**明渡し**までに，賃貸借契約により賃貸人が賃借人に対して取得する一切の債権を担保するものである。改正

2. 敷金返還請求権は，建物の**明渡し後**に行使することができる。改正

3. 建物明渡債務と敷金返還債務とは，**同時履行の関係に立たない（明渡しが先）**。改正

ウォーク問① 問27…(ア)　問105…(3)　問106…(1)　問156…(3)(4)

2 賃借権が譲渡された場合

賃借権がBからCに譲渡され、Cが新しい賃借人になったとしよう。この場合、Bが差し入れていた敷金は、敷金返還請求権がCに譲渡される等の特段の事情がない限り、Cに**承継されない**。敷金は、未払賃料等を差し引かれたうえで、**Bが取り戻す**ことになる。改正

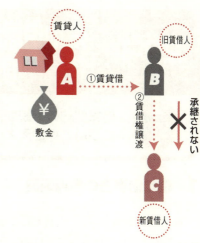

3 賃貸人の地位が移転した場合

AがBに賃貸していた建物をCが購入し、Cが新しい賃貸人になったとしよう。この場合、Bが旧賃貸人Aに差し入れていた敷金は、新賃貸人Cに**承継される**。その後、賃貸借が終了した場合、Bは、**Cに対して敷金返還請求**をすることになる。改正

ただし、Cが建物を購入したのが賃貸借契約終了後である場合は、Cは新賃貸人にはならないため、敷金に関する権利・義務は原則としてCに承継されない。この場合は、Aに対して敷金返還請求をすることになる。

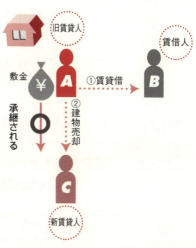

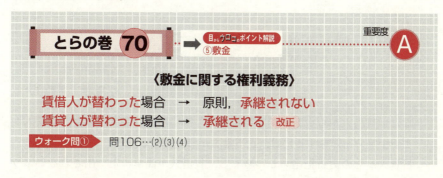

〈敷金に関する権利義務〉

賃借人が替わった場合	→	原則、承継されない
賃貸人が替わった場合	→	承継される 改正

ウォーク問① 問106…(2)(3)(4)

20-1 借地借家法(借家)〜存続期間等

ここがポイント　借家契約の存続期間，終了・更新，造作買取請求権について押さえよう。

1　借地借家法の適用範囲

「建物の賃貸借」には，原則として借地借家法が適用される。ただし，夏休みに数日間別荘を賃借するように，一時使用のために建物を賃借したことが明らかな場合には適用されない。この場合は民法だけが適用される。

建物の賃貸借
(一時使用を除く)

2　借家契約の存続期間

民法上，賃貸借の最長期間は50年だが，借家契約の最長期間については制限がない。最短期間についても制限はないが，期間を1年未満とする建物賃貸借は，原則として期間の定めのないものとなる。

〈借家契約の存続期間〉

最長	制限なし
最短	制限なし(1年未満は期間の定めなしが原則)

3　存続期間の定めがある借家契約の更新方法

1　法定更新①

期間満了の**1年前から6カ月前**までの間に，賃貸人，賃借人ともに「更新拒絶の通知」をしなければ更新する。いわば「腐れ縁更新」だ(「別れよう」と言わないから続いていく！)。

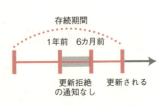

なお，賃借人から更新拒絶する場合は，特に理由は必要ないが，賃貸人から更新拒絶の通知をするには，**正当事由**が必要である。

賃貸人からの更新拒絶をしづらくし，賃借人が簡単に追い出されないようにしているのだ。

正当事由の有無は，賃貸人と賃借人，どちらがよりその建物の使用を必要としているかということのほか，賃貸借の従前の経過，建物の利用状況・現況，賃貸人による立退料支払いの申出の有無を，総合的に考慮して判断される。したがって，「立退料さえ支払えば，賃貸人は更新を拒絶できる」という特約は，賃借人に不利なので無効である。

2 法定更新②

賃貸人が正当事由ある更新拒絶の通知をしても，期間満了後も賃借人が建物の使用を継続し，賃貸人が遅滞なく異議を述べない場合，賃貸借契約は更新する。いわば「居座り更新」だ。

とらの巻 71　重要度 A

〈存続期間の定めがある借家契約の更新方法〉

法定更新①	・期間満了の1年前から6カ月前までの間に，更新拒絶の通知をしなければ更新される。 ・賃貸人による更新拒絶の通知には「正当事由」が必要。 正当事由の有無は，賃貸人と賃借人が建物の使用を必要とする事情や，賃貸借の従前の経過，建物の利用状況・現況，賃貸人による立退料支払いの申出の有無を，総合的に考慮して判断される。
法定更新②	・正当事由ある更新拒絶の通知をした場合でも，賃借人が期間満了後も建物の使用を継続しているときは，賃貸人が遅滞なく異議を述べなければ更新される。

※　法定更新後の契約条件は従前の契約と同じ。ただし，存続期間の定めのないものとなる。

ウォーク問①　問108…(1)　問114…(3)　問116…(3)　問117…(1)(2)

4 存続期間の定めがない借家契約の終了方法

存続期間の定めがない借家契約は，解約申入れによって終了させる。

賃借人から解約申入れをする場合，正当事由は不要であり，民法どおり，解約申入れから3カ月経過で借家契約は終了する。

これに対し，賃貸人から解約申入れをする場合は正当事由が必要であり，借家契約は，解約申入れから6カ月経過で終了する。しかし，その後も賃借人が建物の使用を継続する場合，賃貸人が遅滞なく異議を述べなければ借家契約は更新される(法定更新)。賃借人が簡単に追い出されないようになっているのだ。

とらの巻 72

重要度

〈存続期間の定めがない借家契約の終了方法〉

	正当事由	いつ終了するか
賃借人からの解約申入れ	不要	3カ月経過で終了
賃貸人からの解約申入れ	必要	**6カ月**経過で終了※

※ その後の**賃借人の建物使用継続**に対し、**賃貸人が遅滞なく異議を述べなければ更新**（法定更新）。

ウォーク問① 問108…(2) 問167…(1)

5 居住用建物の賃借権の承継

B男はAから家を借りて、内縁の妻であるC子と一緒に住んでいた。B男が死亡してしまった場合、C子は家から出て行かなければならないのだろうか。

もしB男に相続人がいれば賃借権も相続され、C子は出て行かなければならない。しかし、B男に**相続人がいなければ**、C子が**賃借権を承継できる**。C子が家賃を払って、この家に住み続けられるのだ。

しかし、C子が「思い出の詰まった家に住み続けるのはツライ……」というなら、出て行くこともできる。その場合、B男の死亡を知ってから1カ月以内に、「出て行く」という意思表示をすればよい。

6 造作買取請求権

Bは、Aから借りている家に、Aの同意を得てエアコンを取り付けた。賃貸借が終了して出て行くときに、Bはエアコンを取り外して持っていかなければならないのだろうか。

借地借家法では、賃貸人の同意を得て建物に取り付けた造作（エアコン・畳など）を、賃貸人に買い取らせることができるとしている（**造作買取請求権**）。賃貸借終了時に、BがAに対し一言「エアコンを買い取れ！」と請求するだけで、エアコンの売買契約が成立する。賃貸人は拒否できない。

「**造作買取請求権を認めない旨の特約**」は、一見賃借人に不利な特約に思えるが**有効**だ。造作買取請求権があると、後で買い取りたくないばかりに、賃貸人が造作の取付に同意しないケースが考えられる。そうなると結局、賃借人の生活が不便になるからだ。

20-2 借地借家法(借家)～対抗要件

ここがポイント 借家権の対抗要件について押さえよう。

Bが借りている建物がCに売られた。民法上、Bが建物を使い続けるためには「賃借権の登記」が必要だった。しかし、賃貸人Aに登記協力義務がないので、賃借権の登記をしてもらうのは事実上難しい。

そこで借地借家法が助け舟を出す。借地借家法上、「賃借権の登記」がなくても、Bが建物の「引渡し」を受けていればCに対抗でき、建物を使い続けられるのだ。

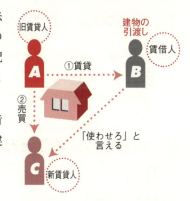

とらの巻 73　　重要度 B

〈借家権の第三者への対抗要件〉

民法上の対抗要件	賃借権の登記が必要
借地借家法で認められる対抗要件	賃借人への建物の引渡しでもよい

ウォーク問① 　問32…(2)(4)　　問108…(3)　　問115…(1)　　問118…(2)

20-3 借地借家法（借家）〜転貸等

 ここがポイント 賃貸借の終了と転貸借，借家契約の内容の変更について押さえよう。

1 借家の転貸・借家権の譲渡

民法と同様，借家の転貸・借家権の譲渡には賃貸人の承諾が必要であり，無断転貸・譲渡が行われれば，賃貸人は賃貸借契約を解除できる。ただし，背信的行為と認めるに足りない特段の事情がある場合には解除できない。

2 賃貸借契約の終了と転貸借

賃貸借が終了したら，転貸借はどうなるのだろうか。それは賃貸借の終わり方による。

1 　期間満了・解約申入れによる終了

　　AがCに「AB間の賃貸借は終了しました」という通知をし，6カ月経過すると転貸借は終了する。Cは出て行かなければならない。

2 　合意解除による終了

　　AとBが「もう賃貸借をやめましょう」「そうしましょう」と言って賃貸借を合意解除しても，転借人に対抗できず，Cは出て行かなくてもよい。ABの勝手な都合で出て行かされたのではたまらないからだ。ただし，AB間で合意解除した当時，AがBの債務不履行による解除権を有していたときは，Cに対抗できる。Aは債務不履行により損害を被っていることには変わりないからだ。 改正

3 　賃借人の債務不履行を理由とする解除による終了

　　Bが家賃を払わなかったので，Aが賃貸借契約を解除した。この場合，転貸借契約は，CがAから返還請求された時に終了し，Cは出て行かなければ

ならない。確かにCはかわいそうだが、債務不履行をされて損害を被ったAのほうが、よりかわいそうなのだ。

　なお、Aは、賃借人Bに催告するだけで賃貸借契約を解除することができ、転借人Cに支払いの機会を与える必要はない。民法上、履行遅滞を理由に解除する場合は、債務者（この場合は賃借人B）に対し、相当期間を定めた催告をすることが必要だった。それに加えて別の人（転借人C）にも催告しなければ解除できないとすると、債権者の負担が重くなりすぎるからだ。

とらの巻 74　目からウロコのポイント解説　⑥借地借家法（借家）　重要度 A

〈賃貸借の終了と転貸借〉

賃貸借の終了原因	転貸借はどうなるのか
期間満了・解約申入れ	賃貸人から転借人への通知後6カ月経過で終了する
合意解除	原則として、転借人に対抗できない。ただし、合意解除した当時、賃貸人が賃借人の債務不履行による解除権を有していたときは、転借人に対抗できる　改正
賃借人の債務不履行による解除（賃料を支払う機会を転借人に与える必要はない）	賃貸人が転借人に返還請求した時に終了する

ウォーク問① 問103…(1)(3)(4)　問104…(3)　問110…(2)(3)(4)
　　　　　 問112…(2)(3)　問114…(4)　問116…(4)　問167…(3)

3　借地上の建物賃借人の保護

　借地権の存続期間が満了すると、借地上にある建物の賃借人は、土地を明け渡すことになる。しかし、建物の賃借人が借地権の存続期間が満了することを知らないときに、建物の賃借人に直ちに土地の明渡しをさせて、退去させるのは酷だ。

　そこで、建物の賃借人が借地権の存続期間が満了することをその1年前までに知らなかった場合に限って、裁判所は、建物の賃借人の請求により、建物の賃借人がこのことを知った日から1年を超えない範囲で、土地の明渡しにつき相当の期限を許与することができることにした。

　その結果、建物の賃貸借は、許与された期限が到来することによって終了す

るのだ。

4 建物転借人の保護

転借人も，建物を借りている点は賃借人と同じだ。そこで，**転借人も賃借人と同じように保護**されている。具体的には下記のとおりとなる。
① 転借人の使用継続に対し，賃貸人が遅滞なく異議を述べなければ，賃貸借が法定更新される。
② 更新に関する正当事由の有無の判断は，転借人の事情も考慮する。
③ 賃貸借が終了すると，転借人も造作買取請求権を行使できる。
④ 借地借家法の規定に反する特約で，転借人に不利なものは，原則として無効である。

5 借賃の増減額請求

Bは，月10万円の家賃でAから家を借りていた。地価高騰の影響で周囲の家の賃料が上がったため，Aが「来月から家賃を11万円にする」と言ってきた。賃料増減額請求は一方的な意思表示で効力が発生するため，Bは来月から11万円の家賃を払わなければならない。もし納得がいかないなら裁判をすればよく，裁判中は今までどおり月10万円を支払っていればよい。そして，「11万円が妥当だ」という判決が出ると，**増額請求をされた時点**から毎月1万円ずつ足りなかったことになるので，不足分に利息をつけて払わなければならない。

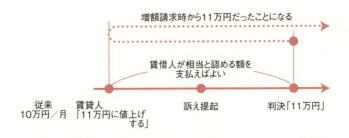

とらの巻 75

重要度 B

1 建物の借賃が、①土地・建物に対する租税その他の負担の増減、②土地・建物の価格の上昇・低下その他の経済事情の変動、又は、③近傍同種の建物の借賃などに比較して不相当になったときは、契約の条件にかかわらず、**当事者**は、将来に向かって、**借賃の増減額を請求**できる。

2 **一定の期間借賃を増額しない特約**がある場合は、その期間内は**増額請求は認められない**。

3 借賃の増額・減額について協議が調（ととの）わないとき

増額について 協議が調わないとき 例：10万円→11万円	・賃借人は、増額裁判が確定するまでは、**相当と認める額**（たとえば10万円）を**支払えばよい** ・増額裁判が確定した場合、支払済額に不足があるときは、賃借人は、不足額に年1割の支払期限後の**利息をつけて支払わなければならない**
減額について 協議が調わないとき 例：10万円→9万円	・賃貸人は、減額裁判が確定するまでは、**相当と認める額**（たとえば10万円）を**請求すればよい** ・減額裁判が確定した場合、受領済額が超過しているときは、賃貸人は、**超過額**に受領時からの年1割の**利息をつけて返還しなければならない**

4 借地の場合も、1～3と同様である。

ウォーク問① 問113…(1)(3)　問115…(2)

20-4 借地借家法(借家)〜特殊な借家権

ここがポイント　特殊な借家権について押さえよう。

1 定期建物賃貸借(定期借家)

　通常の借家契約は,「正当事由」がなければ賃借人に立ち退いてもらえず,おまけにこの「正当事由」はなかなか認めてもらえない。貸したが最後,返してもらえないことが多いのだ。

　その点,定期建物賃貸借は,更新がなく,正当事由の有無に関係なく期間が満了すれば建物を返してもらえる。一見,賃借人に不利なようにも思えるが,賃借人にも一定期間だけ建物を借りたいというニーズはあるだろうし,賃貸人が安心して建物を貸せるようにすることで,賃貸住宅が市場に多数供給されるというメリットもある。

とらの巻 76　重要度 A

〈定期建物賃貸借〉

期間	当事者が合意した期間(1年未満とすることもできる)
方式	賃貸人が事前に賃借人に書面を交付し,更新がなく期間満了により終了する旨説明※1 ↓ 公正証書等の書面で契約 ↓ (期間1年以上の場合)期間満了の1年前から6カ月前までに賃借人に終了通知※2 ↓ 期間満了により終了
賃借人からの中途解約	(床面積200m²未満の居住用建物である場合)転勤・療養・親族の介護等のやむを得ない事情により,賃借人が自己の生活の本拠として使用することが困難となったときは,賃借人は解約申入れができ,申入れから1カ月経過で賃貸借は終了する。

● 20-4 借地借家法（借家）～特殊な借家権

| 借賃増減額請求 | 借賃の改定に関する特約がある場合，借賃増減額請求に関する規定は適用しない。 |

※1　説明書面は，契約書面と別書面であることを要し，賃貸人がこの説明をしなかった場合は，更新がない旨の特約は無効となり，通常の借家契約となる。
※2　通知期間が過ぎてしまった場合でも，その後賃貸人が通知をすれば，通知の日から6カ月後に終了する。

ウォーク問①　問112…(4)　問114…(1)(2)　問115　問116…(1)(2)
　　　　　　　問117…(4)　問167…(4)

2 取壊し予定建物の期限付き賃貸借

　法令や契約によって，一定期間経過後に建物を取り壊すことが明らかな場合，建物取壊しの時に借家契約が終了する旨を特約した借家権だ。この特約は，**書面**によってしなければならない。

　建物を取り壊すことが明らかな場合とは，たとえば，都市計画や土地の区画整理などの事業によって収用取壊しが決定されている場合，定期借地権による借地上の建物の取壊し義務が確定している場合，裁判上・裁判外の和解，調停などにより建物の取壊し義務が確定している場合などだ。

とらの巻 77　　重要度

　取壊し予定建物の期限付き借家権の特約は，**書面**によってしなければならない。

ウォーク問①　問126…(3)

21-1 借地借家法(借地)〜存続期間

 借地権の存続期間について押さえよう。

「**建物所有を目的**とする**地上権**※又は**土地の賃借権**」を借地権といい、借地借家法が適用される。青空駐車場として使用するために土地を借りた場合のように、建物所有を目的としない地上権や土地賃借権には適用されない。この場合、民法だけが適用される。借地権を持つ人を**借地権者**、自分の土地に借地権を設定した地主を**借地権設定者**という。

民法上、賃貸借の最短期間についての規定はなく、1泊2日のDVDレンタルも、1時間いくらのレンタサイクルもOKだ。しかし、建物所有目的で土地を借りる場合、これではマズい。通常、建物は30年はもつのだから、借地権も最短でも30年は存続させる必要があるのだ。当事者間で存続期間を定めなかった場合、存続期間は30年となる。

※ 地上権:他人の土地において工作物又は竹木を所有するため、その土地を使用する権利

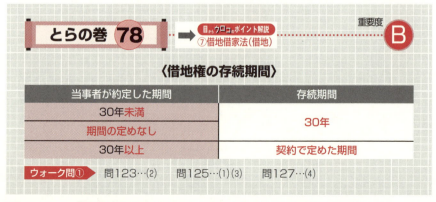

〈借地権の存続期間〉

当事者が約定した期間	存続期間
30年未満	30年
期間の定めなし	30年
30年以上	契約で定めた期間

ウォーク問① 問123…(2)　問125…(1)(3)　問127…(4)

21-2 借地借家法(借地)〜更新

ここがポイント 借地契約の更新について整理しよう。

1 借地契約の更新

地主と借地権者が合意すればもちろん更新できる。しかし、合意がなくても、**借地権者が「更新させろ！」と請求**し、地主が遅滞なく「**正当事由**」ある異議を述べなければ更新する(「正当事由」の有無の判断は借家とほぼ同じ)。

また、期間満了後も借地に居座っている借地権者に対し、地主が遅滞なく「正当事由」ある異議を述べない場合も更新する(法定更新)。

ただし、請求による更新と法定更新は、借地上に「建物がある場合」に限られる。建物が滅失している場合は、地主を説得して合意に持ち込むしかない。

とらの巻 79　　　　　　　　　　　　　　　　　　　　重要度 A

〈借地契約の更新方法〉

更新方法	内容	更新後の期間
合意更新	更新についての当事者の合意	最初の更新：20年以上 2回目以降の更新：10年以上
請求による更新（建物がある場合に限る）	借地権者が借地権設定者に更新請求 ↓ 借地権設定者が遅滞なく正当事由ある異議を述べない	最初の更新：20年 2回目以降の更新：10年
法定更新（建物がある場合に限る）	存続期間満了後も借地権者が土地の使用を継続 ↓ 借地権設定者が遅滞なく正当事由ある異議を述べない	

ウォーク問①　問125…(2)(3)　問127…(3)(4)

2 借地上の建物の滅失と再築

借地上の建物が滅失しても借地権は消滅しない。借りているのは土地であって、建物ではないからだ。そうすると、残りの存続期間、更地のまま借り続けるよりは、建物をもう一度築造したいと考える借地権者が多いだろう。そこで、残存期間を超えて存続する建物を再築する場合に、存続期間が延長するのかどうかが問題となる。

延長するかどうかは、建物が当初の存続期間中に滅失したのか、あるいは更新後の期間中に滅失したのか、また、築造についての地主の承諾があるのかないのかによって異なる。

とらの巻 80

重要度

〈借地上の建物の滅失と再築〉

建物が滅失した時期	築造についての借地権設定者の承諾	存続期間の延長
当初の存続期間中の建物滅失 →借地権は消滅しない （解約申入れできない）	あり※1	延長する →承諾日と築造日のうち早い日から20年間存続※3
	なし	延長しない
更新後の建物滅失 →借地権は消滅しないが、借地権者が解約申入れをすることができ、解約申入れから3カ月経過で借地権は消滅する	あり※2	延長する →承諾日と築造日のうち早い日から20年間存続※3
	なし	築造不可 →無断で築造すると、借地権設定者から解約申入れができ、3カ月経過で借地権は消滅する

※1 借地権設定者が、借地権者から建物を築造する旨の通知を受けた後、2カ月以内に異議を述べなかったときは、承諾があったものとみなされる。
※2 借地権設定者の承諾に代わる裁判所の許可でもよい。
※3 残存期間がこれより長いとき、当事者がこれより長い期間を定めたときは、その期間存続する。

ウォーク問① 問121…(2)

21-3 借地借家法(借地)〜建物買取請求権

ここがポイント 建物買取請求権について押さえよう。

　借地契約の更新がない場合，民法上は，借地権者は建物を取り壊し，借りたときの姿にして土地を返さなければならない。しかし，それでは建物がもったいないし，借地権者としても無駄なお金がかかる。したがって，借地借家法上，借地権者は地主に対し，建物を時価で買い取るよう請求できることになっている。建物買取請求権を行使した時に建物の売買契約が成立し，地主は拒否できない。地主が建物代を支払うまでは，借地権者は建物の引渡しを拒めるが，その間も土地を使っていることになるので，地代相当額は返還しなければならない。

　なお，**借地権者の債務不履行**により地主が借地契約を**解除**した場合は，借地権者は**建物買取請求ができない**。地代不払いで追い出されたくせに，「建物を買い取れ」だなんて，図々しいにも程がある，ということだ。

とらの巻 81　重要度 B

〈建物買取請求の可否〉

	建物買取請求
更新なし	可
借地権者の債務不履行に基づく借地契約の解除	不可
借地の転貸・借地権の譲渡に際し，借地権設定者の承諾又は裁判所の許可がないとき※	可 (請求権者は建物の譲受人)

※　21章−5で学習する。

ウォーク問① 　問122…(4)　問128…(2)

21-4 借地借家法(借地)〜対抗要件

ここがポイント
借地権の対抗要件について押さえよう。

1 借地権の対抗要件

BがAから借り，建物を建てている土地が，Cに譲渡されたとしよう。BがCに賃借権を対抗するには，民法上はABの共同申請により賃借権の登記をすることが必要だが，Aに協力義務がないため困難だ。Cに対抗できなければBは建物を取り壊して出て行かなければならないが，それでは建物がもったいない。

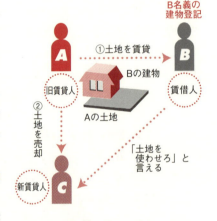

そこで借地借家法は，借地権者が**借地上に登記された建物を所有**するときは，借地権を第三者に対抗できるとした。建物の登記に地主Aの協力はいらないため，借地権者は容易に対抗要件を備えることができる。ここでいう登記は，権利部になされる所有権の登記でも，表題部になされる**表示に関する登記**でもよい。ただし，**借地権者本人名義**でなければならず，息子名義，配偶者名義などでは対抗できない。

2 明認方法

借地権者が借地上に登記された建物を所有することで対抗要件を備えていたとしよう。その**建物が滅失すると登記は無効**になる。しかし，一定の内容を書いた立て札を，土地の見やすい場所に**掲示**しておけば，建物の滅失から**2年**経過するまで借地権を対抗できる。これを**明認方法**という。

明認方法が認められるのは，登記された建物が滅失した場合だ。登記されて

●21-4 借地借家法（借地）〜対抗要件

いない建物が滅失したとしても，明認方法によって借地権を対抗することはできない。

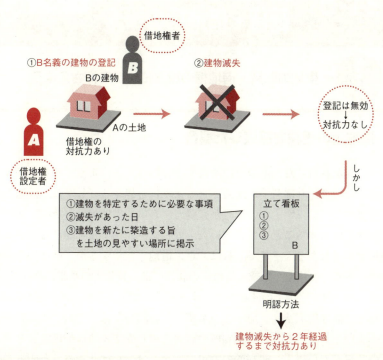

〈借地権の第三者への対抗要件〉

とらの巻 82　重要度 A

民法上の対抗要件	賃借権の登記が必要
借地借家法で認められる対抗要件	借地権者名義の建物登記でもよい 借地権者名義の登記ある建物滅失後の明認方法でもよい

ウォーク問①　問58…(1)　問122…(1)　問124…(1)(2)　問125…(4)

21-5 借地借家法(借地)〜転貸・借地権の譲渡

ここがポイント 借地の転貸・借地権の譲渡について押さえよう。

1 借地上の建物を譲渡した場合

Bが，Aから借りた土地の上に所有する建物を，Cに譲渡するとしよう。自分の建物なので，Bは勝手に譲渡できるようにも思える。しかし，**借地上の建物を譲渡**するには，**地主Aの承諾が必要**だ。Bは，借地権のおかげでAの土地上に建物を所有することができていた。同様に，建物を譲り受けるCもまた，借地権が必要となる。そこで，Bは，Cに借地を転貸するか，借地権を譲渡する必要がある。民法上，転貸・賃借権の譲渡には，賃貸人の承諾が必要だった。したがって，Bが借地上の建物を譲渡するには，地主Aの承諾が必要なのだ。

さらに，借地借家法は，地主Aが承諾しない場合には，代わりに**裁判所の許可**でもよいとしている。この裁判所の許可を**申し立てるのは借地権者**Bだ。地主Aの承諾がない以上，裁判所の許可がなければ，Cは建物を所有することができない。そんな状態のまま，建物の売主Bが知らんぷりを決めこむことは許されないのだ。

なお，**地主の承諾も裁判所の許可もない**場合，Cはせっかく買った建物から出て行かなければならないが，その際，Aに対し**建物買取請求**をすることができる。

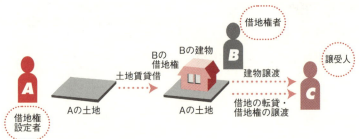

2 借地上の建物が競落された場合

　Bが，借地上に所有する建物に抵当権を設定していたとする。抵当権が実行され，Cが建物を競落したとしよう。競落の場合も通常の譲渡と同様，**借地権の譲渡**について，**地主Aの承諾もしくは裁判所の許可**が必要である。しかし，**裁判所の許可を申し立てるのは**，借地権者Bではなく**競落人C**だ。Bは好き好んで建物を譲渡したわけではなく，自分の建物が競売にかかっていくのを涙ながらに見送ったのだ。そんなBに，Cのために裁判所の許可を申し立てさせるのは理屈に合わないからだ。なお，許可の申立ては，建物代金支払後2カ月以内に限りすることができる。

　地主の承諾も裁判所の許可もない場合，Cはせっかく競落した建物から出て行かなければならないが，その際，Aに対し**建物買取請求**をすることができる。

とらの巻 83　⑦借地借家法（借地）　重要度 A

1　借地上の建物の**譲渡**（競落を含む）には，**借地権設定者の承諾**が必要である。

2　承諾がない場合，**裁判所の許可**でもよい。

	許可申立権者
借地上の建物の譲渡	借地権者
借地上の建物の競落	競落人

3　借地上の建物の賃貸には，借地権設定者の承諾は不要である。

ウォーク問①　問104…(1)　問118…(1)　問119…(2)(4)　問120…(1)(2)
　　　　　　　問121…(3)(4)

21-6 借地借家法(借地)〜特殊な借地権

特殊な借地権について押さえよう。

1 長期の定期借地権

存続期間を50年以上として借地権を設定する場合,「更新がなく,建物滅失時の再築による存続期間の延長もなく,建物買取請求権も認めない」という特約を定めることができる。この特約は,公正証書等による書面でしなければならない。

2 建物譲渡特約付き借地権

建物譲渡特約付き借地権とは,借地権を消滅させるため,設定後30年以上を経過した日に,借地上の建物を地主に譲渡する特約のついている借地権である。この特約は,書面で定める必要はない。

なお,建物譲渡特約により借地権が消滅した場合に,借地権者(又は建物賃借人)が建物使用を継続しているときは,その請求により,地主との間で新たに建物について期間の定めのない借家契約が締結されたものとみなされる。

3 事業用定期借地権

事業用定期借地権とは,事業用建築物の所有を目的とする,存続期間10年以上50年未満の借地権である。

更新がなく,再築による存続期間の延長もない。また,存続期間満了時の建物買取請求権もない。なお,居住用建築物の所有を目的とすることはできない。

事業用定期借地権の設定は,公正証書によってしなければならない。

●21-6 借地借家法（借地）〜特殊な借地権

とらの巻 84

重要度 B

〈特殊な借地権についてのまとめ〉

		期間	目的	法定更新	建物買取請求権	書面
	普通借地権	30年以上	制限なし	あり	あり	不要
特殊な借地権	長期の定期借地権	50年以上	制限なし	なし	なし	必要
	建物譲渡特約付き借地権	30年以上	制限なし	なし	譲渡特約	不要
	事業用定期借地権	10年以上50年未満	もっぱら事業用 ×住宅用	なし	なし	公正証書必要

ウォーク問① 　問122…(3)　問123…(3)(4)　問126…(1)(2)　問128…(1)
　　　　　　　問166…(1)(2)(3)

借地借家法施行日（平成4年8月1日）より前に締結された借地・借家契約には旧法が適用され，更新の場合にも旧法が適用される。

Tea Time

ＬＥＣ専任講師からの学習アドバイス
＜リーガルマインドのつけ方＞

　難問が出題されることの多い権利関係分野を確実に7点得点できる方は，民法等の基本を確実に身につけている方です。そのような学習を実践してきた方は，我々が言う"リーガルマインド（法的思考力）"が自然と身についています。リーガルマインドが身についていると，迷いのある選択肢に対しても，自然と正解できる方向に発想が働くようになります。多くの方は，要件と効果を正確に覚えて，多くの事例問題を解くことにより，問題を解くためのリーガルマインドを身につけることができます。

〈賃貸借・借地借家法のまとめ〉

		民法	借地借家法	
			借家	借地
		貸主・借主平等	賃借人の保護	
意義		賃貸借	建物の賃貸借 （一時使用には適用なし）	建物所有を目的とする地上権・土地の賃借権
期間		最長：50年	最長：規定なし	最長：規定なし
		最短：規定なし	最短：規定なし （1年未満の期間を定めた場合，原則として期間の定めなしとされる）	最短：30年 更新後の期間 　1回目　　最短：20年 　2回目以降 最短：10年
更新・解約申入れ	期間の定めあり	黙示の更新	(1)法定更新① 期間満了1年前～6カ月前に更新拒絶通知をしない （賃貸人からは正当事由必要） (2)法定更新② 賃貸人の使用継続に対し賃貸人が異議を述べない	建物がある場合に限り ①請求による更新 ②法定更新 →賃貸人が遅滞なく正当事由ある異議を述べれば更新されない
	期間の定めなし	土地1年前 建物3カ月前に解約申入れ	解約申入れ 賃貸人から 　申入期間：6カ月 　正当事由：必要 賃借人から 　申入期間：3カ月 　正当事由：不要	
対抗要件		賃借権の登記	建物の引渡しでもよい	借地上の自己名義の建物登記でもよい
賃借権譲渡・転貸	要件	賃貸人の承諾必要		原則：賃貸人の承諾必要 例外：裁判所の許可でもよい
	効果	無承諾での賃借権譲渡・転貸 　解除できる（特段の事情がある場合には解除できない） 承諾を得た賃借権譲渡・転貸 　譲渡：賃貸人は，新賃借人に対してのみ賃料請求できる 　転貸：賃貸人は，賃借人に加え，転借人にも賃料請求できる			

22 不法行為

 一般的不法行為，使用者責任，工作物責任，共同不法行為について押さえよう。

1 不法行為とは

　車で人をはねてケガをさせるなど，「**故意**」又は「**過失**」で他人に損害を与えることを，不法行為（一般的不法行為）という。不法行為が成立すると，加害者は被害者に対し損害賠償義務を負う。

　不法行為による損害賠償債務は期限の定めのない債務だが，被害者を一刻も早く救済するため，被害者が請求をするまでもなく**損害発生の時**（不法行為の時）から**履行遅滞**となる。

　また，**不法行為による損害賠償請求権**は，被害者又はその法定代理人が損害及び加害者を**知った時から３年間**（人の生命又は身体を害する不法行為による損害賠償請求権の場合は５年間）行使しなければ，**時効によって消滅**する。**不法行為の時から20年間**行使しないときも時効によって消滅する。 改正

2 使用者責任

　宅建業者Ａ社（使用者）の従業員Ｂ（被用者）のした虚偽の説明により，客Ｃが1,000万円の損害を受けたとしよう。この場合，被害者Ｃは，「加害者である従業

員Ｂ」及び「雇い主であるＡ社」の両方に対して，それぞれ1,000万円全額の損害賠償を請求することができる（ただし，どちらかが1,000万円支払えば打ち止めである）。

このように，ある事業のために他人を使用する者は，被用者がその事業の執行について第三者に加えた損害を賠償する責任を負う。この使用者が負う責任のことを**使用者責任**という。普段，Ａ社は従業員Ｂのおかげでもうけを上げているわけだから，マズいときだけ知らんぷりを決め込む，などということは許されない。また，一般論として，一個人である従業員よりも，会社のほうが資産があることが多いだろう。被害者にとって，会社に対して請求できることは大きなメリットなのだ。

従業員ＢとＡ社がともに全額を履行（弁済）すべき義務を負い，両者の債務は連帯債務となるため，16章－３で学習したように，どちらかが履行（弁済）すればもう一方は債務を免れる。また，履行（弁済）・相殺・混同・更改を除き，一方に生じた効力は他方に影響を及ぼさない。

1,000万円を賠償したＡ社は，従業員Ｂに対し，「お前のせいでこんなことになったのだから，金を返せ」と**求償することができる**。しかし，1,000万円全額の求償ができるとは限らず，信義則上相当と認められる限度に制限される。

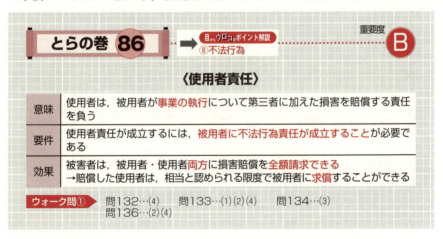

3 工作物責任

Ａは，所有する建物の屋根の工事を建設会社Ｂに請け負わせた後，Ｃに賃貸した。屋根瓦が落下し通行人ＤがケガをＬた場合，**真っ先に損害賠償責任を負うのは占有者Ｃ**である。しかし，損害発生を防止するために必要な注意をしていたのであればＣは責任を免れ，**所有者Ａ**が損害賠償責任を負う。占有者と異

なり，免責は認められない。

なお，工作物を築造した請負人や工作物の以前の占有者・所有者等，瑕疵を生じさせた責任のある者がいる場合には，賠償をした占有者・所有者は，この者に求償できる。したがって，建設会社Bの施工ミスが原因であるならば，賠償をしたC又はAは，Bに求償できるのだ。

とらの巻 87　重要度 B

〈土地の工作物の設置・保存の瑕疵によって他人に損害を生じた場合〉

	損害賠償責任を負う順番	損害発生を防止するために必要な注意をしたとき
占有者	第一次的	責任を負わない（過失責任）
所有者	第二次的（占有者が負わないとき）	責任を負う（無過失責任）

ウォーク問①　問135…(3)(4)　問163…(1)(2)

4　共同不法行為

AとBが2人がかりでCをボコボコに殴った場合のように，数人が共同して不法行為をすることを共同不法行為といい，AとBは連帯して損害賠償をする責任を負う。つまり，Cの受けた損害が100万円であれば，Cは，AにもBにも100万円全額の請求をすることができるのだ（ただし，どちらかが100万円支払えば打ち止めである）。AとBの過失割合が7：3であったとしても（つまり，Aが7発，Bが3発），Cから請求を受けたBは100万円全額を支払わなければならず，その後Aに対して70万円の求償ができるにすぎない。

AとBの損害賠償債務は連帯債務であり，履行（弁済）・相殺・混同・更改を除き，一方に生じた効力は他方に影響を及ぼさない。

とらの巻 88　重要度 B

数人が共同の不法行為により他人に損害を与えた場合，それらの者は連帯して被害者に損害賠償の責任を負う。

ウォーク問①　問129…(3)　問130…(2)　問132…(3)　問136…(3)

23 請負

ここがポイント　請負人の契約不適合責任，注文者の解除権について押さえよう。

1 請負契約とは

　請負契約とは，**請負人**が「仕事を完成させること」を約束し，これに対し**注文者**が「報酬を支払うこと」を約束することにより成立する契約だ。大工さんや，洋服の仕立て屋さんなどをイメージしてほしい。注文者は**報酬を支払う義務**を負い，請負人は**仕事を完成**させ，完成した物を**引き渡す義務**を負う。

　注文者は，請負人が仕事を完成するまでは報酬を支払う必要はない。つまり，仕事の完成と報酬の支払いは同時履行ではなく，仕事の完成が先履行である。ただし，**目的物の引渡しと報酬の支払いは同時履行**の関係に立つ。

2 仕事完成前の注文者の解除権

　大工さんに請け負わせて家を建築中だったが，急に海外転勤が決まり，家がいらなくなったとしよう。いらない家を建て続けてもらってもしかたがないので，**注文者**は，**仕事が完成する前**であれば，請負人の受ける損害を賠償して，請負契約を一方的に**解除できる**。

とらの巻 89　　　　　　　　　　　　　　　　　　　　重要度 C

注文者は，**仕事が完成する前**であれば，請負人の受ける損害を賠償して，請負契約を一方的に**解除できる**。

ウォーク問①　問138…(4)

3 請負人の契約不適合責任

　請負の仕事の目的物が種類又は品質に関して契約内容に適合しない場合，注文者は，請負人に対して，責任を追及することができる。 改正

とらの巻 90　　重要度 B

1　注文者の契約不適合責任の追及 改正

追及権	内容
追完請求	注文者は，契約の追完請求として，修補請求をすることができる。
報酬減額請求権	請負人が追完（修補）請求に応じない場合，契約不適合の程度に応じて報酬減額請求をすることができる。
解除権	契約を解除することができる。
損害賠償請求権	請負人に帰責事由がある場合，損害賠償請求をすることができる。

2　期間制限

　注文者が契約不適合を知った時から1年以内にその旨の通知をしなければ責任を追及することができない。 改正

ウォーク問①　問137　問138…(1)(2)

4 住宅の品質確保の促進等に関する法律（品確法）

　住宅の新築工事の請負契約は品確法の適用を受け，請負人は，一定の重要な瑕疵については，構造を問わず引渡しから10年間担保責任を負う。なお，このことは，請負人が建設業者であるかどうかを問わない。

〈住宅の新築工事の請負人の瑕疵担保責任〉

主体	住宅の新築工事の請負人
瑕疵担保期間	引渡しから10年間 （特約で20年まで伸長できる）
瑕疵の内容	・構造耐力上主要な部分（基礎・土台・床・屋根・柱・壁等） ・雨水の浸入を防止する部分（屋根・外壁・雨水排水管等）
責任の内容	・損害賠償　・契約解除 ・瑕疵修補　・報酬減額請求
特約	注文者に不利な特約は無効

24 委任

ここがポイント　委任契約の意義，委任者と受任者の権利・義務，委任契約の終了原因について押さえよう。

1 委任契約とは

　委任者が，受任者に，契約などの**法律行為をすること**を頼むことだ。「Bさんを見込んでお願いするよ」「Aさんの頼みだから引き受けるよ」というように，お金のためというより，お互いの信頼関係がベースになっている。だから，委任契約は**原則無償**、つまりボランティアなのだ。

2 委任契約の終了原因

とらの巻 91　　　　　　　　　　　　　　　　　　　　重要度 **B**

1 委任契約の終了原因

	死亡	後見開始	破産	解除
委任者	○	×	○	○
受任者	○	○	○	○

○＝終了する　　×＝終了しない

2　委任者・受任者ともに，理由がなくてもいつでも委任契約を**解除**できる。

3 解除に伴う損害賠償の要否

原則	損害賠償**不要**
・相手方に不利な時期に委任を解除 ・受任者の利益をも目的とする委任を解除　**改正**	損害賠償**必要** （やむを得ない事由があって解除する場合は**不要**）

ウォーク問①　問139…(4)　問158…(ア)

3 委任者と受任者の義務

とらの巻 92　　　重要度 B

〈委任者と受任者の義務〉

	委任者	受任者
報酬	原則：支払義務なし 例外：報酬支払の特約がある場合は支払義務あり	―
費用	費用償還義務 前払義務	―
注意義務	―	報酬の有無にかかわらず善管注意義務※ （自己のためにすると同一の注意義務では足りない）
その他	①債務代弁済義務 　委任事務に必要な債務を受任者に代わって弁済する義務（弁済期前なら担保提供義務） ②損害賠償義務 　受任者が過失なく受けた損害の賠償義務	①引渡義務 　受け取った金銭等を委任者に引き渡す義務，取得した権利を委任者に移転する義務 ②報告義務 　委任者の請求があるときはいつでも，委任が終了した後は遅滞なく，報告する義務 ③利息支払義務 　委任者に引き渡すべき金銭を，自分のために消費したときに，消費した日以後の利息を支払う義務（なお損害があるときは賠償する義務）

※ **善管注意義務**：受任者が従事する職業や，社会的・経済的地位などに応じて一般的に要求される注意義務

ウォーク問①　問139…(2)(3)　問140…(2)

25 債権譲渡

ここがポイント 債権者に対する債権行使の要件、第三者に対する対抗要件を押さえよう。

1 債権の譲受人が債務者に対して債権を行使するには

債権も土地や建物と同じように、原則として譲渡人Aと譲受人Cの意思表示の合致だけで譲渡することができる。しかし、譲受人Cが債務者Bに支払いを請求するためには、AがBに対し「債権をCに譲渡しましたよ」という**通知**をするか、Bが**承諾**するかのどちらかが必要である。

債務者Bが主張したいことがあれば、譲受人CがBへの通知又はBの承諾による対抗要件を備える前に生じた事由でなければならない。たとえば「すでに弁済しており、債務は消えているはずだ！」とか、「前から反対債権を有していたので相殺したい！」などである。 改正

なお、当事者が譲渡を禁止し、又は制限する旨の意思表示をした債権の譲渡であっても原則として有効だが、譲受人その他の第三者が悪意又は重過失であれば、債務者はその債務の履行を拒むことができ、かつ、譲渡人に対する弁済その他の債務を消滅させる事由をもってその第三者に対抗できる。 改正

とらの巻 93　　　　　　　　　　　　　　重要度

1 債務者に対する債権行使の要件（下記のいずれかが必要）

① **譲渡人から債務者への通知**
　（譲受人が譲渡人を**代理**して通知：**可**
　　譲受人が譲渡人に**代位**して通知：**不可**）

② **債務者の承諾**
　（譲渡人・譲受人のどちらに対してしてもよい）

2 債務者は，対抗要件（譲渡人から債務者への通知又は債務者の承諾）が備えられるまでに譲渡人に対して生じた事由をもって譲受人に対抗することができる。 改正

ウォーク問① 問141…(1)(2)(4)　問142…(2)　問143…(2)　問161…(4)

2 債権の二重譲渡が行われた場合

Aが債権をまずCに譲渡し，次にDにも譲渡した場合，CDどちらが債権を取得できるのだろうか。これは，確定日付のある証書（内容証明郵便など）による通知又は承諾の有無で決まる。たとえば，AがBに対し「Cに譲渡しましたよ」という通知を普通郵便で出し，「Dに譲渡しましたよ」という通知を内容証明郵便で出した場合，Dが債権を取得できるというわけだ。

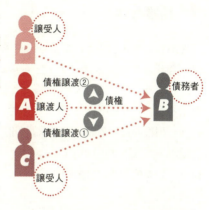

とらの巻 94　重要度 C

〈債務者以外の第三者に対する対抗要件〉

1　確定日付のある通知又は承諾のあるほうが優先

　↓　いずれの譲渡にも確定日付のある通知・承諾がある場合

2　到達の早いほうが優先（確定日付の早いほうではない）

　↓　同時に到達した場合

3　どちらの譲受人も債務者に全額の請求ができる

ウォーク問① 問141…(3)　問142…(3)(4)　問143…(4)　問161…(4)

26 相殺

相殺の要件，方法，効果について押さえよう。

1 相殺とは

　AがBに100万円貸しており，BもAに100万円貸している場合，100万円を返し合うようなマネはせず，どちらかが「チャラにしようよ」と言い出すのが一般的だろう。このように，**相殺**とは，債権者と債務者とが互いに債権・債務を有する場合，その債権と債務とを対当額において消滅させる一方的意思表示をいう。相殺の意思表示に条件又は期限を付すことはできない。

　意思表示をしたのがAである場合，Aが持っている債権を「**自働債権**」，Bが持っている債権を「**受働債権**」という。意思表示をしたのがBの場合は逆になる。

2 相殺の要件〜相殺適状

　以下の4つがそろってはじめて相殺ができる。「相殺」に「適」した「状」態だから「**相殺適状**」という。相殺は，双方の債権が相殺適状になった時にさかのぼって効力を生ずる。

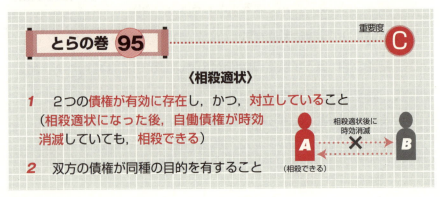

3 　自働債権が弁済期にあること
4 　相殺を許す債務であること

ウォーク問① 　問149…(1)

3 相殺が禁止される場合

① 　Bに貸した100万円が返ってこないことに腹を立てたAが故意に車をBにぶつけ，不法行為による損害賠償債務100万円を負担したとしよう。この場合，加害者Aは相殺できない。身体に怪我を負ったBに，「借金とチャラにしてやる」というのはあまりに酷だからである（「薬代は現金で！」）。すなわち，不法行為が悪意による場合又は生命・身体の侵害によるものである場合，加害者は，相殺することはできない。なお，被害者Bは相殺可能である。
改正

② 　Bに100万円を貸しているCがBのAに対する100万円の債権を差し押さえることにより，債務者Aが差押えを受けたとしよう。Aは，その後Bに対して債権を取得し，その債権を自働債権として相殺しても，差押債権者Cに対抗することができない。 改正

とらの巻 96

重要度 B

1 悪意(積極的な害意)又は生命・身体への侵害における不法行為の加害者は，その被害者に対する債権をもって相殺することができない(被害者は相殺可能)。改正

2 差押えを受けた債務者は，差押え後に取得した債権による相殺をもって，差押債権者に対抗することができない(差押え前に取得した債権であれば相殺できる)。改正

ウォーク問①　問132…(1)　問133…(3)　問149…(2)(3)

Tea Time

LEC専任講師からの学習アドバイス
＜図は自分なりのマークで＞

　問題を解くときには自分なりのマークを作ってみよう。たとえば「A所有の土地についてAがBに，BがCに売り渡し～・・・それぞれ所有権移転登記がなされた」と表現されていたら，LECの講師は，登記は「ト」で表したり，売買は「売る＝sell」のSマークを使ってS，虚偽表示は「キョ」など，の記号を用いています。図を書く際に番号をふったり，図を書く時だけでなく問題文や選択肢を読みながら主語と登記を持っている人を丸や四角で囲って矢印で結びつけたりと，自分なりのわかりやすいマークを早めに作り習慣付けておくと，一目でこの人が登記を持っているとわかるし，文章をもう一度，読み直す手間が省けます。これで時間を大幅に短縮できます。

27 相隣関係

ここがポイント 隣地から枝や根が伸びてきたら？ 他の土地に囲まれて公道に通じない場合は？

1 相隣関係とは

　いくら自分の土地だからといって、まわりを完全に無視して自分の好き勝手に使えるわけではない。たとえば、隣の土地に雨水を直接注ぐような構造の屋根を設けることは認められないし、隣の土地の人が建物の修繕工事に必要だからと土地の使用を請求してきたら使わせてあげなければならない。せまい日本、お互いの土地は隣り合っているのだから、お互いに我慢しあわなければならないということだ。このように、**隣接する土地所有者相互間で土地利用を調整することを相隣関係**という。

2 袋地所有者の通行権

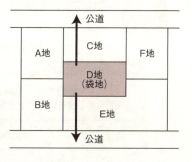

　右の図のD地のように、**他の土地に囲まれて公道に通じない土地を袋地**という。袋地の所有者は、所有権の登記をしていなくても、囲んでいる他の土地（C地又はE地）を当然に通行することができる。ただし、**囲んでいる他の土地にとって最も損害が少ない場所・方法**を選んで通行しなければならず、好きな場所を自由に選んで通行できるわけではない。
　また、袋地の所有者は、必要があれば通路を開設することができる。
　なお、通行地の損害に対しては、お金（償金）を支払わなければならない。
　もとは一筆の土地であったC地とD地が分割又は一部譲渡された結果、D地が袋地になった場合は、D地の所有者はC地のみを通行することができ、関係のないE地を通行することはできない。そして、この場合は、償金を支払う必要はない。

とらの巻 97

重要度 B

1　他の土地に囲まれて公道に通じない土地の所有者は，公道に至るため，その土地を囲んでいる他の土地を通行することができる。

2　通行の場所及び方法は，通行権を有する者のために必要であり，かつ，他の土地のために**損害が最も少ないもの**を選ばなければならない。

3　通行権を有する者は，必要があるときは，通行する他の土地に**通路を開設することができる**。

4　通行権を有する者は，通行する他の土地の損害に対して償金を支払わなければならない。

5　分割又は一部譲渡によって公道に通じない土地が生じたときは，その土地の所有者は，公道に至るため，**他の分割者又は譲受人の所有地のみを通行することができる**。この場合，償金を支払うことを要しない。

▶ウォーク問①　問145…(1)

袋地所有者の通行権と似たものに，通行地役権がある。両者の異同は次のとおりである。

〈袋地所有者の通行権と通行地役権〉

	袋地所有者の通行権	通行地役権
意義	隣接する不動産の相互利用の調整を目的とする関係（相隣関係）	一定の目的に従って，ある土地（要役地）の便益のために他人の土地（承役地）を利用する権利
発生	法律上当然に発生	当事者の契約で発生（時効取得も可）
内容	必要最小限度の範囲で他の土地を通行できる（原則として損害に対し償金支払が必要）	通行の方法・場所，有償・無償，存続期間等は契約で決める
対抗要件	不要（所有権の登記がなくても行使できる）	地役権の登記（ただし，要役地の所有権の登記あれば対抗可）
所有権との分離処分	不可（所有権の内容そのものであるため）	不可（要役地の便益のために存する権利であるため）

3 竹木の枝・根

隣地の竹木の枝が境界線を越えて自分の土地に伸びてきたとしても、**勝手に切ってはいけない**。隣地所有者に「切ってください」と請求できるだけである。隣地の柿の木の枝が伸びてきて、頭の上で立派な柿の実をつけた場合も同様である。

これに対し、隣地の竹木の根が境界線を越えて伸びてきたときは、**勝手に切ってかまわない**。隣地の竹の根が伸びてきて、自分の土地に立派なタケノコが生えてきたとしたら、勝手に切ってしまっていいのである。

とらの巻 98　重要度 B

1　隣地の竹木の枝が境界線を越えるときは、その竹木の所有者に、その枝を切除させることができる。

2　隣地の竹木の根が境界線を越えるときは、その根を切り取ることができる。

4 その他

1　土地の所有者は、隣地との境界付近で障壁や建物を築造・修繕するときは、必要な範囲内で、隣地の使用を請求することができる（住家に立ち入るには隣人の承諾が必要）。これにより隣人が損害を受けたときは、償金を請求することができる。

2　土地の所有者は、隣地から雨水が自然に流れてくるのを妨げてはならない。

3　土地の所有者は、隣地の所有者と共同の費用で、境界標を設けることができる。

4　他人の宅地を見通すことのできる窓・縁側・ベランダを、境界線から1ｍ未満の距離に設ける場合は、目隠しをつけなければならない（異なる慣習がある場合を除く）。

目からウロコのポイント解説

相続の分野で「遺留分」はわかりづらいとよく質問を受けます。そこで，遺留分とは何か，そして，遺留分からの出題の対処法について見ていきましょう。

ポイント解説

①遺留分

下の図を見てください。AさんにはAさん（B）がいます。①Aさんは，自分の財産を自分が死んだらすべてCさんに贈ると遺言しました。少しびっくりですがこの遺言（遺贈）は有効です。その後，②Aさんが亡くなって，Aさんの遺産はすべてCさんのものになりました。したがって，BさんはAさんの遺産を一切もらえません。ただ，このままいくとBさんは生活することもできなくなってしまいます。そこで，③Bさんのために最低限の取り分として，一定額を確保することを認めたのが遺留分です。

ところで，大人になれば兄弟姉妹は独立して生活を営んでいることが多いはずです。したがって，兄弟姉妹は遺留分がなくても生活を営んでいけるはずです。そこで，民法は兄弟姉妹には遺留分はないとしました。

さて，ここからが重要です。「兄弟姉妹には遺留分はない」という知識をもっていれば過去のほとんどの問題を解くことができます。遺留分からの出題の対処法としては，「兄弟姉妹には遺留分はない」ことをしっかり覚えましょう。

小山 淳 LEC専任講師

●ウルトラ速習35時間完成講座　本書「どこでも宅建士 とらの巻」をメインテキストとして使用。長年の宅建合格ノウハウを集約した短期学習の決定版です。

●ウルトラ速習35時間完成講座（権利関係）の第1回目が無料でご覧いただけます。無料視聴はこちら（6月中旬公開予定）⇒ www.lec-jp.com/takken/

物権変動の出題には，何を答えてよいのやら，それすら戸惑う問題も少なくありません。そういうときは，四肢択一の特性を活かしましょう。

ポイント解説

②物権変動

　たとえば，「以下のうち，ＡがＢに対し，登記を備えていなければ所有権を対抗することができないものはどれか」といった問題設定を想定しましょう。このような場合，「何を答えればよいのか？」と悩む必要はありません。問題文に設定されている登場人物間の争い，すなわち，「Ａ対Ｂの争い」と単純に捉えてしまいましょう。

　そのうえで，どちらに所有権が認められるのか，言い換えれば「どちらが勝つ（所有権が認められる）のか」を判断すれば答えは出ます。仮に，
選択肢１＝Ａの勝ち，
選択肢２＝Ａの勝ち，
選択肢３＝Ａの勝ち，
選択肢４＝Ｂの勝ち，
となれば，選択肢４が正解です。４肢択一問題の場合，選択肢は３：１に分類され，１となるものが正解肢となります。

　焦らず，落ち着いて対処しましょう。解法のテクニックさえ身につけていれば，決して難しくはないものです。

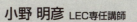
小野 明彦 LEC専任講師

●**出た順必勝総まとめ講座**　直前期は無駄のない効率的な学習が不可欠。だからこそ本講座で重要な過去問題から潰していきましょう。

目からウロコのポイント解説

保証・連帯債務は，テレビドラマや新聞などで話題になることも多いので，わりとイメージしやすい論点だと思います。そのイメージをもとに，**保証・連帯保証・連帯債務**の制度の**相違点を正確に捉える**ことが，正解へのカギといえます。

ポイント解説

③保証・連帯保証

保証の項目で，試験でよく問われるのは，「連帯でない保証」と「連帯保証」の違いです。以下の違いを確実に覚え，試験では，常に意識して解くようにしましょう。

	連帯でない保証	連帯保証
催告の抗弁権	あり	なし
検索の抗弁権	あり	なし
分別の利益	あり	なし
混同・更改の絶対効	なし	あり

それぞれの意味は，テキスト本文で，よく確認しておきましょう。

また，「主たる債務者に生じた事由が保証人にどう影響するか」と「保証人に生じた事由が主たる債務者にどう影響するか」についてもよく問われます。ここも常に意識して解くようにしましょう。

一方に生じた事由		他方に影響するか
主たる債務者に生じた事由		内容を加重するものを除き，すべて保証人に及ぶ
保証人に生じた事由	連帯保証人	「弁済」，「相殺」，「混同」，「更改」は主たる債務者に及ぶ
	連帯でない保証人	「弁済」，「相殺」は主たる債務者に及ぶ

岩田 京子 LEC専任講師

- ●**2022 宅建本試験 100日前の大作戦会議** 7月2日（土）19：00〜21：30，新宿エルタワー本校，梅田駅前本校にて，改正と新傾向の内容について，熱く語ります！
- ●**2022 実力診断模試** 6月8日（水）から6月19日（日）までLEC各本校で実施！ 詳細はLECホームページにて！

LEC東京リーガルマインド　2022年版 どこでも宅建士 とらの巻

実は民法は,「共有」という所有状態を嫌っています。
「なぜ？」……今あなたが考えたその疑問こそが,宅建士試験に出題される共有の問題を解くカギとなります。

ポイント解説

④共有

　1つの物を2人以上の人で所有することを共有といいます。あなたがお兄さんと1台の車を所有している場合を考えてみてください。それこそが民法のいうところの共有ということになります。

　たとえば,お兄さんが勝手に乗用車タイプの車の屋根を切って,オープンカーにしてしまったらどうでしょう？　また,あなたが次の日曜日に車を使おうと思っていたのに,お兄さんが勝手に友人に貸してしまったらどうでしょう？　多分あなたとお兄さんはけんかになってしまいますよね。

　ですから,このように紛争が起こりやすい共有という所有状態を民法は嫌っていて,なおかつ,紛争が起こらないように,あらかじめルールを定めているわけです。

　このように考えれば,宅建士試験によく出題される「共有物の管理等」や「共有物の分割」についても楽しく覚えることができますし,試験会場で忘れてしまったときでも,きっと正解を導けるようになるはずですよ。

寺西 知彦 LEC専任講師

●**改正集中特訓講座**　宅建士本試験では,直近数年の改正点が毎年数問出題されます。だから,改正点＝頻出分野。改正点対策は宅建指導のプロにお任せください。
●**ファイナル模試**　宅建学習の最後の総仕上げ。予想問題を通じて最後の総まとめをしましょう。全日本宅建公開模試とあわせて受験すればさらに効果的！

LEC東京リーガルマインド　2022年版 どこでも宅建士 とらの巻

目からウロコのポイント解説

民法上の賃貸借契約の中でも，最も重要な論点の一つである「敷金」について見ていきましょう。

ポイント解説

⑤ 敷金

(1)「敷金」の返還時期について

借主が「明渡し」の際，すなわち引越しの際に室内にキズを付けてしまうことってやはり多いはずです。また，そもそも，引越し前では家財道具に隠れてキズがあるかどうかのチェックができません。ですから，貸主としては，明渡しが済んでから室内にキズがないかどうかチェックし，その後に敷金を精算したいはずです。そう考えると，「明渡し」と「敷金の返還」は同時履行の関係に立たないということになりますね。つまり，貸主は，「明渡し」後に「敷金」を返還すればよいのです。

(2)「敷金」の承継の有無について

ここは，結論をパターン化してシンプルに覚えましょう。

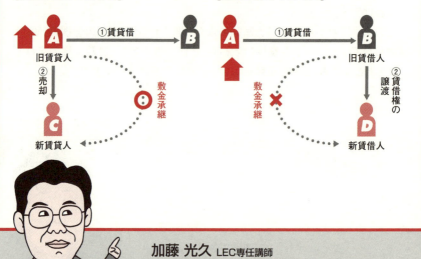

加藤 光久 LEC専任講師

●究極のポイント300攻略講座

受験生の多くが，直前期は瑣末な知識に目を奪われてしまいます。合否に影響しない細かな知識をいくら詰め込んでも合格は難しい。直前期だからこそ過去に繰り返し出題されている重要項目を本講座でチェックしましょう。

民法の勉強は暗記ではなく，考え方です。
　せっかくゴロ合わせ等で暗記したのに問題が解けない……そこが民法を難しくしているところでもあります。

ポイント解説

⑥借地借家法（借家）

(1) 借地借家法（借家）の勉強方法
　借地借家法は暗記で確実に点数を取れる項目です。努力が報われる項目です。問題文は難しいですが，慣れれば必ず得点源になるはずです。
　借主を保護する法律であることを常に考えて，勉強してみてください。

(2) 建物賃貸借の終了と転借人
　建物の賃貸借が終了した場合に，転借人が保護されるかどうかは，賃貸借契約の終了原因によって結論が異なります。この違いがきちんと整理されていると，転貸借に関する問題を解答しやすくなりますので，しっかりと押さえておきましょう。

賃貸借契約の終了原因	転借人への対抗
期間満了・解約申入れ	賃貸人が転借人にその旨を通知すれば，6カ月の経過により転貸借も終了する。
合意解除	原則として転借人に対抗できない。
債務不履行解除	転借人に対抗できる。

水野 健 LEC専任講師

●試験に出るトコ大予想会
　2022年度の宅建士本試験に「出るトコ」を予想する講座です。50問の予想問題を分野別に解きつつ，解説をしていきます。また，図表を多用したオリジナル解説集を用いて，予想問題の解説とともに，周辺知識の総まとめを行います。

目からウロコのポイント解説

借地借家法のうち，借地については，土地だけでなく，その上にある建物についても考慮する必要があることから，借家に比べてやや内容が複雑です。民法や借家についても同じようなルールが出てきますので，違いをきちんと整理しておきましょう。

ポイント解説

⑦借地借家法（借地）

(1) 民法・借家・借地の比較

		民法	借地借家法	
			借家	借地
期間		最長：50年	最長：規定なし	最長：規定なし
		最短：規定なし	最短：規定なし ⇒ただし，1年未満の期間の定めをした場合，定期建物賃貸借を除き，期間の定めなしとされる。	最短：30年
対抗要件		賃借権の登記	建物の引渡しでもよい	借地上の建物の自己名義の登記でもよい
賃借権の譲渡・転貸		原則として，賃貸人の承諾必要	原則：賃貸人の承諾必要 例外：裁判所の許可	

(2) 借地の転貸と借地権の譲渡

	転貸・借地権の譲渡	競落
原則	借地権設定者（貸主）の承諾	
例外 （申立権者）	裁判所の許可	
	借地権者	競落人
承諾がない場合 （請求権者）	建物買取請求可	
	譲受人	競落人

加藤 光久 LEC専任講師

●**ウルトラ演習解きまくり講座** 宅建士試験に合格するためには，合格に必要な知識の習得のみならず，その知識を使って問題を解くテクニックを身につけることが不可欠です。本講座は，過去問とオリジナル予想問題を素材に，知識を整理し，解法テクニックを習得することで，即戦力となる知識の獲得を目指します。「ウルトラ速習35時間完成講座」と組み合わせれば効果的！

LEC東京リーガルマインド　2022年版 どこでも宅建士 とらの巻

不法行為は，近時，出題頻度が増している分野ですが，ポイントの把握は結構容易です。

ポイント解説

⑧不法行為

要するに，不法行為の分野の根っこにある精神は，「被害者の救済」です。個々の制度は，このような根本理念から引っ張り出されてくるのです。

すなわち，不法行為による損害賠償請求権は，期限の定めのない債務ですが，履行遅滞になる時期は，債権者が請求した時ではなく，不法行為の時というように，ぐっと早められます。これなどは，より多くの金銭を被害者に取らせて救済しようという考えによるものです。

また，過去の本試験で何度か出題されたテーマである「使用者責任」においては，被害者は，使用者と被用者の両方に対し，損害額全額の賠償を請求できるとされます。確実に賠償を受けられるようにして被害者を救済しようとするものに他なりません。

知識を機械的に詰め込むのは苦痛ですが，一定の理論・法則に従って整理しながら覚えることは，結構楽しいものです。参考にしてください。

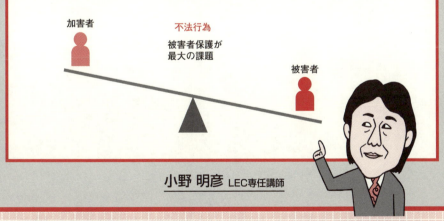

小野 明彦 LEC専任講師

●2022 宅建カーニバル 9月23日(金・祝) 13：00 ～ 17：00，新宿エルタワー本校及び梅田駅前本校に LEC 宅建課講師が大集結！LEC 講師陣の長年の実績と経験に基づいて本試験大予想会を行うとともに，本試験前に知りたい情報，直前期の過ごし方などを熱く語ります。各地で同時中継を開催。全国の宅建受験生の皆さん，熱く盛り上がりましょう！

宅建業法

1	宅建業の意味
2	事務所の設置
3	免許の基準
4	免許の効力
5	事務所以外の場所
6	宅地建物取引士
7	宅地建物取引士証
8	営業保証金
9	弁済業務保証金
10	媒介・代理
11	広告
12	重要事項の説明
13	37条書面
14	供託所等に関する説明
15	その他の業務上の規制
16	自ら売主制限総論
17	自ら売主制限①(クーリング・オフ)
18	自ら売主制限②(手付金等の保全措置)
19	自ら売主制限③(手付の額・性質の制限)
20	自ら売主制限④(自己所有でない物件の契約制限)
21	自ら売主制限⑤(損害賠償額の予定等の制限)
22	自ら売主制限⑥(割賦販売契約の解除等の制限)
23	自ら売主制限⑦(所有権留保等の禁止)
24	自ら売主制限⑧(契約不適合責任の特約制限)
25	住宅瑕疵担保履行法
26	報酬額の制限
27	監督処分
28	罰則

［宅建業法］とは

［宅建業法］はこんな科目

　過度の住宅不足に陥っていた戦後の日本には宅建業を規制する法律はなく，まさに無法状態。「いい家がありますよ」と近づいて金銭を巻き上げる悪質不動産屋が跳梁跋扈していた。そんな中，昭和27年に制定されたのが**宅地建物取引業法**である。

　これにより，宅建業は免許を受けた者しか営業できなくなった。宅建業者にふさわしくない者には免許は与えられない。無免許で営業すれば懲役刑・罰金刑が待っている。消費者に損害を与えないため，保証金制度も創設された。取引主任者（宅地建物取引士）制度が設けられ，契約前に重要事項の説明をすることが義務付けられた。報酬額も法定され「ぼったくる」ことはできなくなった。

　以来，宅建業法は，**宅建業の業務の適正な運営と宅地建物の取引の公正とを確保するとともに，宅建業の健全な発達を促進し，購入者等の利益の保護と宅地建物の流通の円滑化**とを図っている。

```
宅建業者に対する規制
    ↓
・業務運営の適正化
・取引の公正化
・宅建業の健全な発達の促進
    ↓
・消費者の利益保護
・宅地建物の流通の円滑化
```

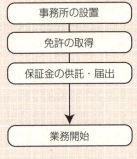

【業務開始までの流れ】

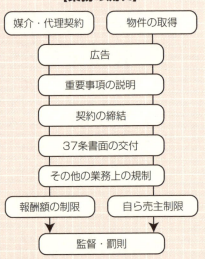

【業務の流れ】

● [宅建業法]とは

[宅建業法]の学び方

　86条の条文の中から毎年20問出題される宅建業法は，宅建士試験の出題科目の中で最も重視すべき科目である。1,050条から10問程度出題される民法と比べると違いがよくわかる。唯一満点を取るべき科目なので，満点を狙う学習をしてほしい。他の受験生も得点してくるので，少なくとも17〜18点は得点しないと合格はおぼつかない。

　一方，出題者は，受験生に簡単に得点を許さないよう，「ひっかけ」を駆使してくる。理解しているはずなのに「ひっかけ」にひっかかって得点できない，という現象が起こりやすい科目なので，過去問演習を通じてコツをつかんでほしい。

過去10年間の出題傾向

		12	13	14	15	16	17	18	19	20(10月)	20(12月)	21(10月)	21(12月)
1	宅建業の意味	2	1	★	★	1	1	★	★	★	★	★	
2	事務所の設置	2	★	2		1	4		★	★	★	1	
3	免許の基準	★	★		★			★	★	★	★		
4	免許の効力	★	1	★		★	★	3		★	3		★
5	事務所以外の場所	★		★	★	★			2		1		★
6	宅地建物取引士	★	2		★	1	★	1	★		★	★	
7	宅地建物取引士証			★	★	1		1		1		★	
8	営業保証金	★	★			★	★			1	★	★	
9	弁済業務保証金	★				★	★		★		★	★	
10	媒介・代理	★				★		★		★		★	
11	広告	★				★		★		★		★	
12	重要事項の説明	★				★		★		★		★	
13	37条書面	★				★		★		★		★	
14	供託所等に関する説明		2					1					★
15	その他の業務上の規制	5		★		★		★		★		★	★
16	自ら売主制限総論		★	1	★		★						
17	自ら売主制限 ①クーリング・オフ	★	★	★		★	2	★		★	★	★	
18	②手付金等の保全措置	★	3	★	★		★	★	3		★	★	
19	③手付の額・性質の制限	1	★	★	1		1	1	1		★		1
20	④自己所有でない物件の契約制限			★	1				2				★
21	⑤損害賠償額の予定等の制限	2	1		1	★	1	1				2	1
22	⑥割賦販売契約の解除等の制限						★			1			
23	⑦所有権留保等の禁止											1	
24	⑧契約不適合責任の特約制限	★	★	★	3		★	1	1	★			
25	住宅瑕疵担保履行法	★	★	★		★	★	★	★		★	★	★
26	報酬額の制限		★	★	3		★	★		★		★	★
27	監督処分		★	★			★	★		★		1	★
28	罰則						★	★			1	1	2

★：正解肢として出題　　1：正解肢以外で1肢出題　　2：正解肢以外で2肢出題
3：正解肢以外で3肢出題　　4：正解肢以外で4肢出題　　5：正解肢以外で5肢出題

1-1 宅地建物取引業の意味（定義）

「宅地」又は「建物」の「取引」を「業」として行うには，免許が必要となる。それぞれどのような意味だろうか？

1 宅地建物取引業とは

宅地建物取引業をするには，原則として宅地建物取引業の免許が必要だ。宅地建物取引業（以下，「宅建業」という）とは，「宅地」又は「建物」の「取引」を「業」として行うことだ。どれかが欠けると宅建業ではない。「宅地」の「取引」はするが「業」ではなかったり，「宅地」ではない土地の「取引」を「業」として行ったりする場合，宅建業ではないので免許はいらない。

2 宅地とは

宅地建物取引業法上の「宅地」とは，次の3つである。登記簿上の地目とは無関係である。

1 現在建物が建っている土地
  建物は住宅に限らず，工場，店舗等，種類は問わない。
2 建物を建てる目的で取引する土地
  原野を別荘予定地として分譲する場合のように，現在建物が建っていなくても，建てる目的で取引するのであればすでに宅地である。
3 用途地域内の土地
  詳しくは都市計画法で学習するが，用途地域とは，第一種低層住居専用地域，商業地域などのように，都市計画法で，土地をどのような用途で利用するかの青写真が決められた土地のことだ。用途地域内の土地は，田んぼでも畑でも駐車場でも宅地にあたる。遅かれ早かれ建物は建っていくので，現在建っていなくても，さしあたって建てる目的がなくても宅地にあたるのだ。しかし，さすがに，現在，道路・公園・河川・広場・水路である土地は宅地ではない。建物が建っていくとは考えにくいからだ。なお，用途地域内の「道路予定地」は宅地である。現在は道路ではないからだ。

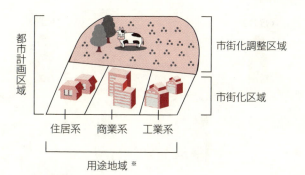

※ 用途地域には，住居系8種類，商業系2種類，工業系3種類の，あわせて13種類がある。

〈用途地域内の土地であっても宅地にあたらないもの〉
コー　ヒー　どうもすいません！
公園　広場　道路　水路　河川

3 建物とは

マンションの1室も，1軒の建物である。つまり，10戸のマンションは，10軒の建物だ。

4 取引とは

マンション管理業や建設業をするには宅建業の免許はいらない。宅建業の「取引」ではないからだ。宅建業の「取引」とは，以下の8種類だ。

1　**自ら売買・交換**
　　自己所有の宅地・建物を販売したり，よその物件と交換したりすることだ。一方，貸ビル業のように，自己所有の宅地・建物を貸すこと（自ら貸借）は**取引にはあたらない**。

2　**売買・交換・貸借の媒介**
　　いわゆる仲介・あっせんのこと。たとえば，売主の依頼を受けて，買主を見つけてあげることである。

3　**売買・交換・貸借の代理**
　　売買・交換・貸借の当事者の代理人となって契約をすること。たとえば，売主の依頼を受けて，売主の宅地を代わりに売ってあげたりすることだ。

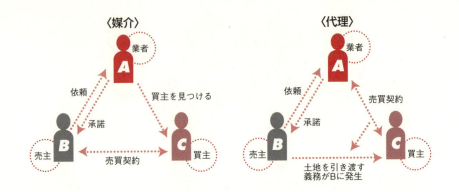

5 業とは

　取引をしたとしても，それが「業」にあたらなければ免許は不要である。「業」とは，①「不特定かつ多数人」に対して，②「反復継続」して取引をすることをいう。実際に試験に出た例をあげておこう。

事例	業にあたるかどうか
会社が自社の従業員のみを対象に宅地を販売	あたらない（「特定」されているから）
多数の知人又は友人に対して売却	あたる（「特定」とはいえないから）
多数の公益法人に対して売却	あたる（「特定」とはいえないから）

　「分譲」は原則として業にあたるが，「一括して売却」は「反復継続」していないので業にあたらない。

　しかし，「一括して代理・媒介を依頼」した場合は業にあたる可能性がある。たとえば，10区画の宅地の所有者Bから一括して売却の代理の依頼を受けたAが，「不特定かつ多数人」に対し「反復継続」して売却すれば，Aだけでなく，依頼者Bも免許が必要である。Bは「自ら売買」している「売主」だからだ。

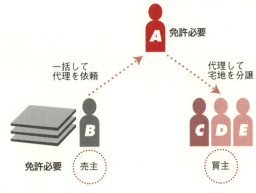

●1-1 宅地建物取引業の意味（定義）

とらの巻 1  重要度

1 「宅地」又は「建物」の「取引」を「業」として行おうとする場合，原則として宅建業の免許を受ける必要がある。

宅地	①現在建物が建っている土地 ②建物を建てる目的で取引する土地 ③用途地域内の土地（ただし，現在，道路・公園・河川・広場・水路であるものは除く）			
建物	事務所や倉庫，建物の一部（マンションの1室など）も含まれる。			
取引		自ら	売買	交換	×
	代理して	売買	交換	貸借
	媒介して	売買	交換	貸借
業	①不特定かつ多数人に対して，②反復継続して取引をすること。			

2 「宅地」又は「建物」の「取引」を「業」として行うのであれば，宅建業者が代理・媒介として関与する場合であっても，免許を受けなければならない。

ウォーク問②　問1…(1)(2)(4)　問2　問3…(1)(2)(3)　問4…(1)(2)(4)
　　　　　　　問5…(ア)(イ)(エ)　問6　問7　問8…(2)(3)　問9
　　　　　　　問10…(1)　問86…(ア)　問99…(ア)　問103…(イ)
　　　　　　　問151…(4)　問154…(2)　問167　問172…(4)

宅建業法

Tea Time

LEC専任講師からの学習アドバイス
＜基本事項を徹底的に＞

　本試験では基本事項を問われることもあれば，基本から大きく外れる事項も問われます。しかし，それらすべてについて対応することは不可能です。とすれば，当然受験生が採るべき対応策は，基本事項の習得です。基本事項を徹底的に勉強することが，合格の一番のポイントになります。理解をして，暗記をして，ひねられた問題にも対応できるように，問題演習をして，1つずつ丁寧に勉強していく必要があります。そう考えると，基本から外れる知識を勉強しているヒマなどないともいえます。

1-2 宅地建物取引業の意味（例外）

 免許がなくても「宅地建物取引業」を行うことができる者は誰だろうか？

1 無免許事業等の禁止

　宅建業の免許を受けていない者は，宅建業を営んではならない。宅建業者が媒介・代理として関与している場合でも，免許を受けていない者が業として行う宅地建物取引は，無免許事業に該当する（関与した宅建業者は業務停止処分の対象となり，情状が特に重い場合は免許取消処分の対象となる）。
　また，宅建業の免許を受けていない者が，看板を出すなど宅建業を営む旨の表示をしたり，宅建業を営む目的を持って広告したりすることも禁止される。

2 例外的に免許が不要な者

　一定の信託会社・信託銀行，国・地方公共団体等は，免許をもらわずに宅建業を行うことができる。
① 信託会社・信託銀行
　一定の**信託会社**や**信託銀行**は，宅建業法のうち**免許に関する規定**が**適用されず**，国土交通大臣の免許を受けた宅建業者とみなされる。宅建業を営もうとするときは，一定事項を**国土交通大臣**に**届け出**ればよい。ただし，宅建業法の他の規定（保証金の供託や宅地建物取引士の設置など）は適用される。
② 国・地方公共団体等
　国や地方公共団体（都道府県・市町村など）は，「公（おおやけ）」の機関だ。都市再生機構は国とみなされ，地方住宅供給公社は地方公共団体とみなされるので，これも「公（おおやけ）」の機関だ。これらの「公（おおやけ）」の機関には宅建業法の規定は一切適用されない。だから当然免許もいらない。これに対し「農業協同組合」や「宗教法人」は，「公（おおやけ）」ではないので免許が必要である。

● 1-2 宅地建物取引業の意味（例外）

「信託会社には，宅建業法の規定は適用されない」というひっかけに注意！

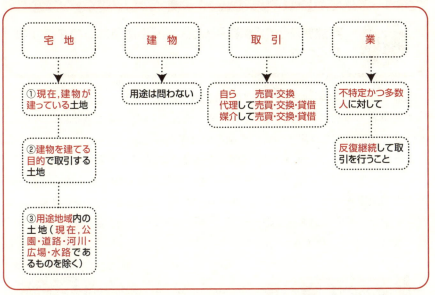

とらの巻 ❷

重要度 B

〈免許が不要な者〉

	免許の要否	宅建業法が適用されるかどうか
一定の信託会社・信託銀行	国土交通大臣に届け出れば，免許不要	免許以外の規定は適用される
国・地方公共団体等	免許不要	全く適用されない

ウォーク問❷　問1…(3)　問3…(4)

2-1 事務所の設置（事務所とは）

 ここがポイント
宅建業法上の「事務所」とは，どのようなものを指すのだろうか？

開業するためには，何はともあれ，事務所を設置しなければならない。

宅建業者の**本店**は，そこで直接宅建業を営んでいなくても事務所にあたる。本店は，支店に指令を出す頭脳の役割を果たすからだ。

これに対し，支店については，**宅建業を営む支店**だけが事務所にあたる。

4章-1で学習するように，宅建業の免許を都道府県知事からもらうのか，国土交通大臣からもらうのかは，「事務所」がどこにあるかによって決まる。また，8章で学習する営業保証金や9章で学習する弁済業務保証金の金額も，「事務所」の数によって決まる。

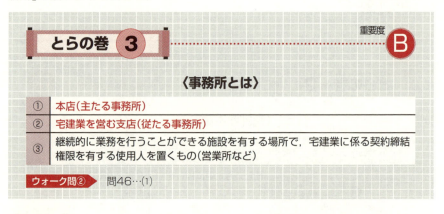

とらの巻 3　　重要度 B

〈事務所とは〉

①	本店（主たる事務所）
②	宅建業を営む支店（従たる事務所）
③	継続的に業務を行うことができる施設を有する場所で，宅建業に係る契約締結権限を有する使用人を置くもの（営業所など）

ウォーク問②　問46…(1)

宅建業を営んでいない支店は事務所ではない。

本店　支店

宅建業　建設業
事務所　事務所ではない

本店は，宅建業を営んでいなくても事務所である。

本店　支店
建設業　宅建業
事務所　事務所

2-2 事務所の設置（5点セット）

> **ここがポイント** 「事務所」に備えなければならないものは何だろうか？ 従業者証明書制度とは何だろうか？

1 事務所に備え付けなければならないもの

　事務所を設置したら，次は，その事務所に5点セットを備え付けなければならない。すなわち，①標識，②報酬額の掲示，③帳簿，④従業者名簿，⑤成年者である専任の宅地建物取引士の5点である。本店にまとめて設置するのではなく，事務所ごとに設置する。

　違反した場合は監督処分の対象となり，罰則の対象ともなる（成年者である専任の宅地建物取引士設置義務違反は100万円以下の罰金，その他は50万円以下の罰金）。

1　標識

　　標識は，正式には「宅地建物取引業者票」といい，宅建業者自ら看板屋さんに注文して作ってもらうものである。免許権者から交付される「免許証」とは別物なので，「免許証」を掲示しても標識の掲示義務を果たしたことにはならない。

〈標識〉

宅　地　建　物　取　引　業　者　票	
免 許 証 番 号	国土交通大臣 知事　　（　）第　　　　号
免 許 有 効 期 間	年　　月　　日から 年　　月　　日まで
商 号 又 は 名 称	
代 表 者 氏 名	
この事務所に置かれている専任の宅地建物取引士の氏名	
主たる事務所の所　在　地	電話番号（　　　）

30cm以上／35cm以上

2　報酬額の掲示

　　26章で学習するように，宅建業者が媒介・代理をして契約を成立させた場合の報酬については限度額の制限がある。報酬額の掲示は，それを依頼者に

わかりやすくするためのものである。

3 帳簿

　帳簿とは取引台帳のことである。宅建業者は，取引の都度，その(ア)年月日，(イ)宅地建物の所在・面積，(ウ)取引態様の別，(エ)契約当事者の氏名・住所，(オ)取引に関与した他の宅建業者の商号・名称(個人業者の場合は氏名)，(カ)宅地建物の概況，(キ)売買金額，交換差金，賃料，(ク)報酬の額，(ケ)取引に関する特約その他参考となる事項を記載しなければならない。なお，**宅建業者が自ら売主となる新築住宅**の場合，宅建業者は一定の瑕疵については引渡しから10年間担保責任を負うため，上記に加え，(コ)**新築住宅を引き渡した年月日**，(サ)**新築住宅の床面積**，(シ)**保険に加入している場合は保険法人の名称又は商号**等をも記載しなければならない。帳簿については，各事業年度の末日に閉鎖し，閉鎖後**5年間**(**宅建業者が自ら売主となる新築住宅**に係るものにあっては**10年間**)**保存**しなければならない。

4 従業者名簿

　従業者名簿には，従業者の(ア)氏名，(イ)従業者証明書番号，(ウ)生年月日，(エ)主たる職務内容，(オ)**宅地建物取引士であるか否かの別**，(カ)事務所の従業者となった年月日，(キ)事務所の従業者でなくなったときはその年月日を記載しなければならない。しかし，住所を記載する必要はない。

　従業者名簿については，最終の記載をした日から**10年間保存**する義務がある。また，取引の関係者から請求があったときは**閲覧**に供しなければならない。

〈従業者名簿〉

氏　名	性別	生年月日	従業者証明書番号	主たる職務内容	宅地建物取引士であるか否かの別	この事務所の従業者となった年月日	この事務所の従業者でなくなった年月日

5 成年者である専任の宅地建物取引士

　成年者である専任の宅地建物取引士とは，原則18歳以上の常勤の宅地建物取引士のことである。ただし，未成年者であっても，個人で免許を受けて宅建業者となった場合と，法人業者の役員となった場合には，主として業務に従事する事務所等について成年者である専任の宅地建物取引士とみなされる。

　成年者である専任の宅地建物取引士は，**業務に従事する者5名に1名以上の割合**で設置しなければならず，欠員による不足の場合，**2週間以内**に，補充などの必要な措置をとらなければならない。

●2-2 事務所の設置（5点セット）

〈事務所に備え付けなければならない5点セット〉

報酬つきの正直　宅建士　ちょうど　10名
報酬額　　　標識　　宅地建物取引士　帳簿　　従業者名簿

〈保存義務〉

超　　誤　　答,　　　名　　答
帳簿　5年　10年　　従業者名簿　10年

「標識」は，免許権者からもらう「免許証」とは別物。「免許証」を掲示しても，「標識」の掲示義務を果たしたことにはならない。

とらの巻 4　　重要度 A

〈事務所に備え付けなければならないもの（5点セット）〉

	保存義務		閲覧義務
① 標識	—		—
② 報酬額の掲示	—		—
③ 帳簿	新築住宅の売主となる場合※1	各事業年度の末日に閉鎖し，閉鎖後**10年間**保存	なし
	新築住宅の売主となる場合以外	各事業年度の末日に閉鎖し，閉鎖後**5年間**保存	
④ 従業者名簿	最終の記載をした日から**10年間**保存		取引の関係者から請求があったときは閲覧させなければならない。
⑤ 成年者である専任の宅地建物取引士※2（業務に従事する者※3 5名につき1名以上）	—		—

※1　宅建業者が新築住宅の売主となる場合の帳簿には，①新築住宅を引き渡した年月日，②新築住宅の床面積，③保険に加入している場合は保険法人の名称又は商号等も記載しなければならない。
※2　成年者である専任の宅地建物取引士：原則として18歳以上の，常勤の宅地建物取引士のこと。
※3　業務に従事する者：原則として，代表者，役員（非常勤の役員を除く）及びすべての従業員等をいう。受付・秘書・運転手等も含まれるが，宅地建物の取引に直接的な関係が乏しい業務に臨時的に従事する者は該当しない。

ウォーク問②　問10…(2)　問11…(2)(3)　問12…(1)(2)(3)　問157…(ア)
　　　　　　　問160…(4)　問164…(1)　問175…(1)

2 従業者証明書制度

宅建業者は，従業者に従業者証明書を携帯させなければ，業務に従事させてはならないこととされている。従業者証明書を携帯させるべき者の範囲は，代表者，役員（非常勤を含む）をも含んだ，すべての従業員等である。単に一時的に事務の補助をする者にも携帯させなければならない。

違反すると宅建業者がペナルティを受ける。業務停止処分と50万円以下の罰金だ。

なお，従業者は，お客さんから請求があったときは従業者証明書を提示しなければならない。

とらの巻 5　重要度

1　宅建業者は従業者に従業者証明書の携帯をさせなければ，その者を業務に従事させてはならない。
2　従業者は，取引の関係者の請求があったときは，その携帯する証明書を提示しなければならない。

ウォーク問②　問11…(4)　問12…(4)　問24…(1)　問175…(1)(3)

3 免許の基準

 免許を受けることができない者はどのような者だろうか？

お客さん保護のため、宅建業者にふさわしくない者には免許を与えない（免許の基準）。全部で17種類あり、3つのグループに分けられる。

> 1 免許申請者自身に問題がある場合
> 2 関係者に問題がある場合
> 3 申請手続上の問題がある場合

1 免許申請者自身に問題がある場合（第1グループ）

> ① 破産手続開始の決定を受けて復権を得ない者

ただし、破産手続開始の決定を受けた者が復権を得た場合はすぐに免許を受けられる。下記②などと異なり、5年間待つ必要はない。

> ② 禁錮以上の刑に処せられ、その刑の執行を終わり、又は刑の執行を受けることがなくなった日から5年を経過しない者

刑の重さは、科料→拘留→罰金→禁錮→懲役→死刑の順。禁錮以上の刑とは、試験対策上、禁錮刑・懲役刑の2つである。どちらも刑務所に入る刑罰だ。つまり、刑期を終えても5年ダメ、ということ。刑の全部に執行猶予付きの場合、執行猶予期間中はダメだが、執行猶予期間が満了すると刑の言渡しの効力が消滅するので、翌日からすぐに免許を受けることができる。5年待つ必要はない。
　また、禁錮刑・懲役刑の判決を受けても、控訴中・上告中の者は免許を受けることができる。控訴審や上告審で、もっと軽い刑になったり、もしかすると無罪になったりするかもしれないからだ。

③ **宅建業法**，暴力団員による不当な行為の防止等に関する法律に違反し，又は**傷害罪**，現場助勢罪，**暴行罪**，凶器準備集合罪，**脅迫罪**，**背任罪**，もしくは暴力行為等処罰に関する法律の罪を犯し，**罰金の刑**に処せられ，その刑の執行を終わり，又は執行を受けることがなくなった日から**5年**を経過しない者

禁錮・懲役 → 罪名問わず5年ダメ！
罰金　　　→ 宅建業法違反・暴力系の犯罪・背任罪のみ5年ダメ！

罰金刑をくらっても，公職選挙法違反・道路交通法違反や，犯罪名に「過失」がつくもの（ex.業務上過失致死罪）などであれば免許を受けられるのだ。

④ **暴力団員又は暴力団員でなくなった日から5年を経過しない者**（以下「暴力団員等」という。）

暴力団員による不当な行為の防止等に関する法律2条6号に規定する暴力団員等が不動産取引に関与すると，不動産取引の関係者の利益が害されてしまい，不動産業界全体の信用が低下してしまう。そこで，暴力団員等を宅建業者から排除することを，宅建業法で明確に規定した。

⑤ **免許申請前5年以内に宅建業に関し不正又は著しく不当な行為**をした者

土地の投機的取引に関連して，国土利用計画法23条の届出をせず，かつ，無免許で宅地の売買を数回行っていた場合などがこれにあたる。

⑥ **宅建業に関し不正又は不誠実な行為をするおそれが明らか**な者

過去の宅地建物の取引に関して詐欺，脅迫等不正行為や重大な契約違反を行った経歴がある場合などがこれにあたる。

⑦ **心身の故障により宅建業を適正に営むことができない**者として国土交通省令で定めるもの

精神の機能の障害により宅建業を適正に営むにあたって必要な認知，判断及び意思疎通を適切に行うことができない者がこれにあたる。

●3 免許の基準

⑧ 宅建業法66条1項8号又は9号に該当するとして免許を取り消され、取消しの日から5年を経過しない者

(a)不正手段による免許取得、(b)業務停止処分対象行為で情状が特に重い、(c)業務停止処分違反、以上「3つの悪事」のどれかに該当して免許を取り消された者は、5年間免許を取り直せない。

⑨ 宅建業法66条1項8号又は9号に該当するとして免許を取り消された者が法人である場合において、免許取消処分の聴聞の期日及び場所の公示日前60日以内に役員であった者で、取消しの日から5年を経過しない者

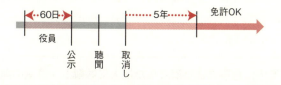

　会社が「3つの悪事」で免許を取り消されたとしよう。免許取消処分の前には聴聞（言い訳を言える機会）が行われるが、その聴聞の期日・場所が公示された日の前60日以内に1日でも在籍していた役員は「3つの悪事」に関与しているとみなされ、免許取消から5年間は免許を受けることができない。これまでの経験や人脈を活かして独立開業しようとしても無理なのだ。会社を悪事に導いた張本人なのだから、宅建業界から締め出されるわけだ。

　なお、役員とは、業務を執行する社員、取締役、執行役又はこれらに準ずる者（以下、「取締役等」）をいうが、相談役、顧問、その他いかなる名称を有する者であるかを問わず、法人に対し取締役等と同等以上の支配力を有する者と認められる者も含む。しかし、単なる支店長や専任の宅地建物取引士は、役員ほどエラくなかったので助かる。会社の免許が取り消されても、すぐに免許をとって、独立して宅建業を営むことができるのだ。

⑩ 宅建業法66条1項8号又は9号に該当するとして免許取消処分の聴聞の期日及び場所が公示された日から，処分をするかしないかを決定する日までの間に解散・廃業の届出をした者（解散・廃業につき相当の理由のある者を除く）で，届出の日から5年を経過しない者

「3つの悪事」は必要的免許取消事由なので，やれば免許は必ず取り消される。聴聞で言い訳を言っても無駄である。「3つの悪事」をやった宅建業者が，経歴にケチがつくことを恐れ，免許取消処分の公示日後，免許取消処分を受ける前に自分から廃業したとしよう。この場合も免許取消処分をくらったものと扱われ，やっぱり5年間は免許が受けられない。

⑪ ⑩の期間内に合併により消滅した法人又は解散・廃業の届出のあった法人（合併・解散・廃業につき相当の理由のある法人を除く）の聴聞の期日及び場所の公示日前60日以内に役員であった者で，その消滅又は解散・廃業の届出の日から5年を経過しない者

2 関係者に問題がある場合（第2グループ）

⑫ 営業に関し成年者と同一の行為能力を有しない未成年者で，その法定代理人（法定代理人が法人である場合においては，その役員を含む）が，前記①〜⑪のいずれかに該当する場合

「営業に関し成年者と同一の行為能力を有しない未成年者」とは，「親から営業許可を受けていない未成年者」のことである。実際の業務は親が代理したり，親の同意をもらったりして行っていく。だから，親がしっかりしていないとダメなのだ。親が破産者だったり，刑務所を出てから5年経っていなかったりした

ら，その未成年者は免許を受けることができない。
　これに対し，「営業に関し成年者と同一の行為能力を有する未成年者」は，親から営業許可を受けており，宅建業の世界では大人扱いだ。親がどうであろうが無関係である。未成年者本人が免許基準に該当していなければ，免許を受けることができる。

> ⑬　法人で，その役員又は政令で定める使用人のうちに，前記①〜⑪のいずれかに該当する者がいる場合

政令で定める使用人とは，事務所の代表者(支店長)のことである。
　役員や支店長クラスに，ダメな人(「3つの悪事」で免許取消処分をくらった人など)がいれば，会社として免許を受けることができない。

> ⑭　個人で，政令で定める使用人のうちに，前記①〜⑪のいずれかに該当する者がいる場合

> ⑮　暴力団員等がその事業活動を支配する者

　暴力団員等によって事業活動を支配されている者には宅建業の免許を与えない。

3 申請手続上の問題(第3グループ)

> ⑯　事務所ごとに法定数の成年者である専任の宅地建物取引士を置いていない者

> ⑰　免許申請書の重要な事項について虚偽の記載があり，もしくは重要な事実の記載が欠けている場合

〈⑨⑪の場合〉
会社がダメになっても政令で定める使用人は助かる。

〈⑬の場合〉
政令で定める使用人にダメな人がいると会社もダメになる。

とらの巻 6

重要度 A

〈免許の基準のまとめ〉

(○：免許を受けられる　×：免許を受けられない)

1. 破産手続開始の決定を受けて復権を得ない者×
   →復権を得れば直ちに○

2. 刑罰に処せられた者

	免許の可否		その他
懲役 / 禁錮	罪名問わず5年間×		・執行猶予期間中は× ・刑の全部の執行猶予期間満了後は直ちに○ ・控訴・上告中は○
罰金	・宅建業法違反 ・暴力的な犯罪(傷害罪・暴行罪・脅迫罪など) ・背任罪	5年間×	
	上記以外での罰金	○	
拘留 / 科料	○		

3 免許取消処分を受けた法人とその役員・政令で定める使用人

a 不正手段により免許を取得した b 業務停止処分対象事由に該当し情状が特に重い c 業務停止処分に違反したことを理由として	免許取消処分を受けた法人	5年間×
	役員※	5年間×
	政令で定める使用人	○
	免許取消処分の聴聞の期日・場所の公示日から処分決定日までの間に相当の理由なく解散・廃業の届出をした法人	5年間×
	役員※	5年間×
	政令で定める使用人	○

※免許取消処分の聴聞の期日・場所の公示日前60日以内の役員

4 役員又は政令で定める使用人が免許欠格者である法人

役員が×	→法人×
政令で定める使用人が×	

5 法定代理人が免許欠格者である未成年者

法定代理人（法定代理人が法人である場合においては，その役員を含む）が×	→成年者と同一の行為能力を有しない未成年者×
	→成年者と同一の行為能力を有する未成年者 ○

ウォーク問② 問13　問14　問15　問16　問19…(1)(2)　問20…(3)
　　　　　　　問22　問162

4-1 免許の効力（免許の申請）

ここがポイント 知事免許を受けた宅建業者であっても，他の県で活動できるのだろうか？　また，免許の有効期間は何年だろうか？

1 免許は誰からもらうのか（免許権者）

宅建業の免許をくれるのは**国土交通大臣**か**都道府県知事**だ。

事務所が１つの都道府県内にあればその都道府県知事の免許，事務所が**複数の都道府県にあれば国土交通大臣の免許**をもらう。案内所等は事務所ではないのでカウントしない。なお，免許をくれた大臣や知事を**免許権者**という。

とらの巻 7　　　重要度 A

〈免許は誰からもらうのか〉

事務所の所在地	免許権者	申請方法
１つの都道府県	その**都道府県知事**	**直接申請**
複数の都道府県	**国土交通大臣**	主たる事務所の所在地を管轄する都道府県知事を**経由して申請**

ウォーク問② 問8…(1)(3)

　なお，大臣に免許を申請するときだけでなく，大臣に免許の効力に関する各種届出をするときも，本店所在地の知事を経由するのが原則。ただし，契約行為をする案内所等の届出（５章で学習する）は案内所所在地の知事経由であり，保証金を供託した旨の届出（８章で学習する）は大臣に直接である。

2 条件

　免許権者は，免許に**条件を付ける**ことができる。たとえば，免許の更新にあたって，従前の免許の有効期間中に役員等が暴力団の構成員であったり，暴力団の実質的な支配下に入った事実がある者に対して，「暴力団の構成員を役員等としないこと」，「暴力団の実質的な支配下に入らないこと」とする条件を付けたり，免許の更新にあたって，過去5年間の宅地建物取引の実績がない者に対し，「免許直後1年の事業年度における宅建業の取引の状況に関する報告書を当該事業年度の終了後3月以内に提出すること」とする条件を付けたりすることができるのだ。免許権者は条件を変更することもできる。

　宅建業者が，免許に付された条件に違反した場合，免許権者はその宅建業者の免許を取り消すことができる。

3 免許証

　免許権者は免許を与えたら**免許証を交付**しなければならない。宅建業者は，免許証を掲示する義務はない。また，免許証は標識とは別物なので，事務所等に**免許証を掲示しても，標識の掲示義務を果たしたことにはならない。**

〈免許証の見本〉

宅地建物取引業者免許証	
商号又は名称	LEC不動産
代表者氏名	水野 健
主たる事務所	東京都新宿区〇〇町〇-〇　フレッシュ高野ビル
免許証番号	東京都知事　(1)第5001号
有効期間	令和4年4月6日から令和9年4月5日まで

宅地建物取引業法第3条第1項の規定により，宅地建物取引業者の免許を与えたことを証する。

令和4年4月5日　　　　　　　　東京都知事　〇〇　〇〇　印

4 免許の有効期間等

とらの巻 8　　重要度 A

〈免許の有効期間等〉

活動範囲	都道府県知事免許であっても，日本全国で宅建業ができる。
有効期間	5年（5年ごとに更新が必要）
更新	①更新申請は，有効期間満了の日の90日前から30日前までに行う。 ②上記の期間に更新申請を行った場合，新たな免許について処分があるまで従前の免許の効力が存続する。 ③②の場合の新たな免許の有効期間は，従前の免許の有効期間満了の日の翌日から起算する。

ウォーク問② 　問8…(4)　問20…(1)　問21…(1)　問49…(3)

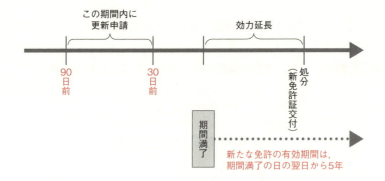

4-2 免許の効力（変更の届出）

 「変更の届出」とは何だろうか？　どのような場合に必要となるのだろうか？

1 宅地建物取引業者名簿

　免許権者は，免許を与えたら「宅地建物取引業者名簿（以下，「業者名簿」という）」に一定事項を登載しなければならない。一般の人も閲覧できるので，取引しようとしている宅建業者がどのような宅建業者なのかについて，事前に調べることができる。

　大臣は大臣免許業者の業者名簿を備える。知事はその知事免許業者の業者名簿だけでなく，その都道府県に本店を置く大臣免許業者の業者名簿も備える。たとえば，本店が東京都にある大臣免許業者の業者名簿は，大臣のところにも東京都知事のところにもあるわけだ。

2 変更の届出

　業者名簿登載事項のうち「名前5つ」と「所在地1つ」（詳しくはとらの巻9参照）が変わったら，宅建業者は30日以内に，免許権者に対し，変更の届出をしなければならない。
　知事免許業者は知事に直接，大臣免許業者は本店所在地を管轄する知事を経由して大臣に届け出る。

とらの巻 ❾

重要度 A

　宅建業者は，宅地建物取引業者名簿登載事項の中で，以下の事項に変更があった場合には，30日以内に，その旨を免許権者に届け出なければならない。

〈変更の届出が必要な事項〉

名前5つ	所在地1つ
①商号又は名称 ②事務所の名称 ③役員※(個人業者の場合はその個人)の氏名 ④政令で定める使用人の氏名 ⑤事務所ごとに置かれる成年者である専任の宅地建物取引士の氏名	事務所の所在地

※　監査役は，ここでいう役員に含まれる。

ウォーク問②　問18…(1)(4)　問19…(4)　問21…(3)　問39…(1)
　　　　　　　問42…(3)　問47…(1)(2)(4)　問48…(1)(2)(3)

Tea Time

LEC専任講師からの学習アドバイス
＜例外が正解を導く＞

　世の中で，「絶対」にこうこうだ，と断言できることは，極めてまれですよね。特に法律の世界では，「原則と例外」の形でセットで扱われる論点が非常に多いです。ですから，「断定的な表現」の肢は，間違いの場合の確率が極めて高いです。たとえば，「常に～である」とか「必ず～である」とか「必ず～しなければならない」「すべて～である」という表現の場合は，誤りの場合が多い。もし迷ったら，誤りにするのが無難です。逆に，「～の場合がある」とか「～のことがある」は，例外を認める表現なので，正しい場合が多いです。

4-3 免許の効力（免許換え）

ここがポイント　「事務所」の廃止・移転・新設により，現在の免許が不適当となる場合，どのような手続きが必要なのだろうか？

1 免許換えとは

　東京都内で宅建業を始めて苦節10年，初の支店を出すことになった。新支店が東京都内にあれば，30日以内に東京都知事に変更の届出をすればよい。「事務所の名称・所在地」が変更になったからだ。

　しかし，神奈川県に支店を出すとなると話は違う。複数の都道府県に事務所を設置することになるので，これまでの東京都知事免許では営業できず，国土交通大臣免許を受けなおさなければならない。このように，**事務所の廃止・移転・新設により，現在受けている免許が不適当となる場合に免許を受けなおす**ことを，**免許換え**という。

　免許換え後の免許の**有効期間は新たに５年**となり，**免許証番号も変わる**。

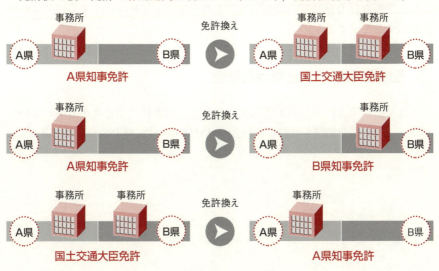

とらの巻 10

重要度

1 宅建業者は，**事務所の廃止・移転・新設**により，**現在受けている免許が不適当**となる場合には，**免許換え**をしなければならない。

2 免許換え後の免許の有効期間は，免許換えの日から**5年**である。

3 免許換えは，
① **都道府県知事免許に免許換え**する場合には，**直接**，
② **国土交通大臣免許に免許換え**する場合には，**主たる事務所の所在地を管轄する都道府県知事を経由して**，
申請しなければならない。

ウォーク問②　問20…(1)　問46…(1)(3)　問48…(4)　問50…(3)(4)
　　　　　　問159…(1)

2 免許換えの申請を怠った場合

　免許換えをしていないことが判明したら，免許は必ず取り消される。業務停止処分ではすまない。実情と合わない免許で営業することはできないのだ。しかし，悪質な行為をして免許を取り消された場合とは異なり，すぐに免許を受けなおすことができる。

3 個人業者が法人となった場合

　今まで個人業者だった者が法人を設立して，引き続き宅建業を営業していく場合，法人名義で免許を取得しなおさなければならず，免許の流用はできない。

4-4 免許の効力（廃業等の届出）

ここがポイント
廃業等により宅建業を営まなくなった場合，廃業等の届出をしなければならないが，誰が届け出るのだろうか？

1 廃業等の届出

廃業等の届出とは，文字どおり，「宅建業をやめました」という届出である。宅建業をやめたことを，免許権者に知らせるためにする。どういう場合に，誰が，いつまでに届け出るかは，とらの巻11の表のとおりである。

なお，原則として届出の時に免許が失効するが，死亡と合併消滅の場合は，宅建業者がこの世からいなくなってしまうため，「その瞬間」に失効する。

2 免許失効に伴う取引の結了

物件を引き渡す直前に，個人である宅建業者が急死したとする。免許は死亡の時に失効するが，このまま物件を引き渡してもらえないとするとお客さんが困る。そこで，やりかけの取引を終わらせるまでは，相続人が宅建業者とみなされ，引渡しをしなければならないことになっている。しかし，相続人が新たに宅建業の取引をしようとする場合は，宅建業の免許を取得しなければならない。

同様に，死亡以外の理由で宅建業者の免許の効力が失われた場合でも，その宅建業者が締結した取引を結了する目的の範囲内で，一定の者が宅建業者とみなされる。

とらの巻 11

重要度 A

1 宅建業者の廃業等による届出が必要な場合

届出が必要な場合	届出義務者	免許失効の時期
死亡	相続人	死亡の時
合併	消滅会社の代表役員	合併の時
破産	破産管財人	届出の時
解散	清算人	
廃業	個人又は代表役員	

2 届出は，廃業等の日（ただし，死亡の場合は相続人がそれを知った日）から，30日以内にする。

3 宅建業者の免許の効力が失われた場合でも，一定の者は，当該業者が締結した取引を結了する目的の範囲内では，なお宅建業者とみなされる。

免許失効原因	宅建業者とみなされる者
死亡	相続人
合併	（合併後の）存続会社・新設会社
上記以外	宅建業者であった者

ウォーク問② 問17…(3)(4) 問18…(2) 問21…(4) 問46…(2)
問47…(3) 問49…(4) 問50…(4) 問85…(4)

合併消滅の場合，消滅会社の社長だった者が「これがワシの最後の仕事じゃ……（涙）」と言いながら届け出る。存続会社又は新設会社の社長が届け出るのではないことに注意。

死亡・合併は"死んでいる"から，その瞬間に免許失効。
破産・解散・廃業はまだ"生きている"から，その瞬間には失効しない（届け出てはじめて失効）。

5 事務所以外の場所

モデルルームや案内所など，「事務所」以外の営業拠点には，どのような規制があるのだろうか？

1 事務所以外の場所についての規制

営業活動を行う場所は，事務所だけではない。分譲マンションのモデルルーム，分譲地の現地案内所，住宅フェア会場などさまざまな場所がある。こういった施設は期間限定であり，業者名簿にも登載されず，保証金の供託義務もないが，宅建業者に自由に設置させるとトラブルにつながりかねないので，さまざまな規制をかけている。

〈事務所以外の場所〉

	種 類	例
(a)	継続的に業務を行うことができる施設を有する場所で**事務所以外**のもの	現地出張所
(b)	**一団**※の宅地建物の分譲を行う際の**案内所**	売主業者が設置した**モデルルーム**
(c)	他の宅建業者が行う一団※の宅地建物の分譲の**代理・媒介を行う際の案内所**	販売代理業者が設置したモデルルーム
(d)	業務に関する**展示会**その他の催しを実施する場所	不動産フェア・住み替え相談会・抽選会
(e)	一団※の宅地建物の分譲をする際の当該**宅地建物の所在する場所(現地)**	分譲マンション・分譲宅地

※10区画以上の宅地又は10戸以上の建物

2 標識の掲示義務

宅建業者は，上記の(a)〜(e)すべてに**標識**を**掲示**しなければならない。どんな宅建業者なのか，その宅建業者が売主なのか，あるいは代理・媒介業者なのかを明確にするためである。なお，事務所に掲示すべき標識と，事務所以外の場所に掲示すべき標識では，様式や記載事項が異なっている。

3 成年者である専任の宅地建物取引士設置義務

　宅建業者が上記(a)〜(d)を設置し，そこで契約をしたり申込みを受けたりするのであれば，成年者である専任の宅地建物取引士を，少なくとも1名置かなければならない。別荘の現地案内所等，週末にのみ営業を行う場所だって例外ではない。契約の前には，重要事項の説明（12章で学習する）をしなければならないし，お客さんから何か質問されたときにいつでも対応できるようにしておくべきだからである。

　宅建業者が案内所等に設置しなければならない「成年者である専任の宅地建物取引士」とは，原則18歳以上の常勤の宅地建物取引士のことだ。しかし，事務所とは異なり，業務に従事する者5名に1名以上の割合で設置する必要はない。

　退職などにより，案内所等の成年者である専任の宅地建物取引士がいなくなった場合，宅建業者は，2週間以内に必要な措置をとらなければならない。

　なお，複数の宅建業者が関与するケースは次のとおりとなる。

複数業者が関与するケース	専任の宅地建物取引士の設置義務
同一の物件について，同一の案内所で売主業者と媒介・代理業者が業務を行う場合	いずれかの宅建業者が1人以上置けば足りる
不動産フェア等，複数の宅建業者が異なる物件を取り扱う場合	宅建業者ごとに各1人以上置かなければならない

「申込み」とは契約を締結する意思を表示することをいい，物件購入のための抽選の申込み等，金銭の授受を伴わないものも「申込み」に含まれる。

4 案内所等についての届出

　宅建業者が，上記(a)〜(d)を設置し，そこで契約をしたり申込みを受けたりするのであれば，届出をする必要がある。

　免許権者は，宅建業者の事務所の数や場所は把握している。業者名簿に登載されているし，変更があれば変更の届出をさせるからだ。しかし，一時的に設置する案内所等については把握していない。パンフレットを配布するだけの案内所等ならそれでもいいが，契約をしたり申込みを受けたりする案内所等は，トラブルが起こる可能性が高いので，免許権者としては知っておきたい。案内所等が所在する都道府県の知事だって，知っておきたいだろう。

そこで，宅建業者は，**業務開始の10日前までに，免許権者と案内所等の所在地を管轄する知事**の2カ所に届け出なければならないことになっている。免許権者が大臣の場合，**案内所等の所在地を管轄する知事を経由**して届け出る。届出事項は，①所在地，②業務内容，③業務を行う期間，④**専任の宅地建物取引士の氏名**である。

とらの巻 12

重要度 A

〈設置・届出義務のまとめ〉

		標識	成年者である専任の宅地建物取引士	報酬額の掲示 帳簿 従業者名簿	案内所等の届出※
事務所		○	○ (5名につき1名以上)	○	
(a)〜(d) 案内所等	契約・申込みをする	○	○ (1名以上)	×	○
	契約・申込みをしない	○	×	×	×
(e)現地		○	×	×	×

○：必要　×：不要

※案内所等の届出
　届出期間：業務開始の**10日前まで**
　届出事項：所在地，業務内容，業務を行う期間，専任の宅地建物取引士の氏名
　届出先　：**免許権者**(大臣免許の場合は案内所等の所在地を管轄する知事を経由)
　　　　　と，**案内所等の所在地を管轄する都道府県知事**の2カ所

ウォーク問②　問11…(1)　問18…(3)　問23…(ア)(イ)(ウ)　問24…(3)
　　　　　　　問25…(1)(2)(3)　問26　問39…(2)　問41…(1)
　　　　　　　問42…(2)　問51…(2)　問164…(2)(3)(4)　問175…(1)(3)

〈設置が必要なもの〉

B業者(国土交通大臣免許)が，A業者(甲県知事免許)から甲県内に所在する120戸の分譲マンションの販売代理の依頼を受け，甲県内に案内所を設けて売買契約の申込みを受ける場合，現地と案内所には，それぞれ誰が何を設置しなければならないだろうか。また，届出は必要だろうか。

まず，分譲マンションの所在する場所(現地)には，売主であるA業者が標識を掲示するだけでよい。

申込みを受ける案内所には，①標識の掲示，②1名以上の成年者である専任の宅地建物取引士の設置，③案内所等の届出が必要である。Bが設置した案内所であるから，Bがその義務を負う。なお，届出は，案内所所在地管轄知事である甲県知事及び(甲県知事を経由して)免許権者である国土交通大臣に対してしなければならない。

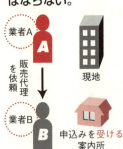

Aが販売する現地なので
・Aが標識を掲示

Bが設置した案内所なので
・Bが標識を掲示
・Bが専任の宅地建物取引士 (1名以上) を設置
・Bが届出

Tea Time

LEC専任講師からの学習アドバイス
＜間違えを正す＞

せっかく問題演習をしたのに，誤った箇所を修正しなければ，当然，次に答えるときも間違えることになります。この文章はここが誤っている。正しくは○○だ，と正確に言えるようにしていく必要があります。また，この○○には●●という類似知識があり，××という似ているが異なる規定がある，といった点を自身であげられるようにしていきましょう。そのあたりの区別がつけられるようになってはじめて，その問題の演習は終了ということになります。

6-1 宅地建物取引士（宅地建物取引士の事務）

ここがポイント：宅地建物取引士になるためには，どのような手続きが必要か？　また，宅地建物取引士はどのような仕事をするのか？

1 宅地建物取引士資格試験

　宅地建物取引士資格試験（以下，「試験」）は，都道府県知事が行う。原則として，住所地の都道府県知事が行う試験を受験する。

　合格は一生有効だが，不正手段により試験を受けた者は合格を取り消されることがある。そして，**3年以内**の受験を禁止されることもある。

2 宅地建物取引士になるには

　試験に**合格**しただけでは「試験合格者」にすぎず，宅地建物取引士ではない。合格した試験を行った知事の**登録**を受けると「宅地建物取引士資格者」になれるが，まだ宅地建物取引士ではない。最後に**宅地建物取引士証の交付**を受けて，晴れて「**宅地建物取引士**」になれるのだ。「試験合格者」や「資格者」は，履歴書には書けるかもしれないが，宅地建物取引士としての仕事はできない。

3 宅地建物取引士の事務

　宅地建物取引士にしかできない仕事は，次の3つだけだ。これ以外の仕事，たとえば「37条書面を交付すること」などについて，「宅地建物取引士でなければすることができない」と出題されたら，誤りと判断しよう。

とらの巻 13

重要度 A

宅地建物取引士にしかできない事務は，次の3つである。これらの事務を行うためには宅地建物取引士証の交付を受けた宅地建物取引士でありさえすればよく，専任の宅地建物取引士である必要はない。

〈宅地建物取引士の事務〉

①	重要事項の説明をすること
②	重要事項の説明書面(35条書面)に記名押印すること
③	37条書面に記名押印すること

ウォーク問② 問39…(3)　問44…(ウ)　問49…(1)(2)　問87…(1)

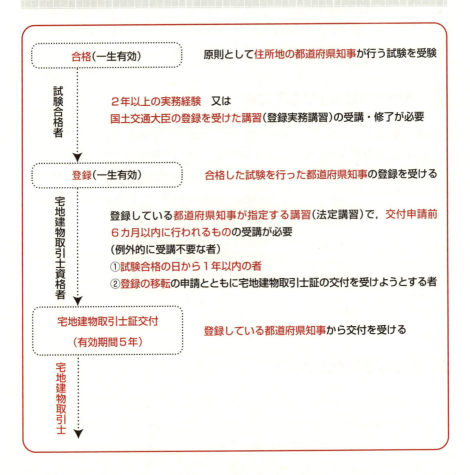

6-2 宅地建物取引士（登録の基準）

ここがポイント　登録を受けられないのはどのような者だろうか？

　以下の①～⑫に該当する者は宅地建物取引士としてふさわしくないため、宅地建物取引士登録（以下、「登録」という）を受けることができない。①、③～⑤及び⑦～⑨は免許の基準と共通であり、該当すると免許も登録も受けることができない。これに対し、②、⑥及び⑩～⑫は**登録の基準特有**のものである。

〈登録の基準〉

心身故障者・破産・犯罪に関する場合	①	破産手続開始の決定を受けて復権を得ない者
	②	宅建業に係る営業に関し**成年者と同一の行為能力を有しない未成年者**
	③	禁錮以上の刑に処せられ、その刑の執行を終わり、又は刑の執行を受けることがなくなった日から5年を経過しない者
	④	宅建業法、暴力団員による不当な行為の防止等に関する法律に違反し、又は傷害罪、現場助勢罪、暴行罪、凶器準備集合罪、脅迫罪、背任罪、もしくは暴力行為等処罰に関する法律の罪を犯したことにより、罰金の刑に処せられ、その刑の執行を終わり、又は執行を受けることがなくなった日から5年を経過しない者
	⑤	暴力団員又は暴力団員でなくなった日から5年を経過しない者
	⑥	**心身の故障により宅地建物取引士の事務を適正に行うことができない者**として国土交通省令で定めるもの
宅建業者の免許に関する場合	⑦	宅建業法66条1項8号又は9号に該当するとして免許を取り消され、取消しの日から5年を経過しない者（法人の場合、聴聞の公示日前60日以内に役員だった者を含む）
	⑧	宅建業法66条1項8号又は9号に該当するとして免許取消処分の聴聞の公示日後、処分をするかどうかを決定する日までの間に廃業の届出をした者（相当の理由のある者を除く）で、届出の日から5年を経過しない者
	⑨	⑧の期間内に合併により消滅した法人又は解散・廃業の届出のあった法人（相当の理由がある法人を除く）の聴聞の公示日前60日以内に役員であった者で、その消滅又は解散・廃業の届出の日から5年を経過しない者

登録消除後に再登録する場合	⑩	**不正登録等**の理由により**登録の消除処分**を受け，その処分の日から**5年**を経過しない者
	⑪	**不正登録等**に該当するとして**登録の消除処分**の聴聞の**公示**日後，処分をするかどうかを決定する日までの間に**登録消除の申請**をした者で，その登録が消除された日から**5年**を経過しない者（相当の理由のある者を除く）
	⑫	**事務禁止処分**を受け，その禁止期間中に**本人の申請により登録の消除**がなされ，まだ**禁止期間が満了していない者**

とらの巻 14

重要度

〈登録の基準特有のもの（前ページの表参照）〉

②宅建業に係る営業に関し成年者と同一の行為能力を**有しない**未成年者

営業に関し成年者と同一の行為能力を		宅建業免許	宅地建物取引士登録
	有する未成年者	○	○
	有しない未成年者	△（親しだい）	×（親関係なし）

⑥**心身の故障**により宅地建物取引士の事務を適正に行うことができない者として国土交通省令で定めるもの

免許	心身の故障により**宅建業を適正に営むことができない**
登録	心身の故障により**宅地建物取引士の事務を適正に行うことができない**

⑩**不正登録等の理由**により**登録の消除処分**を受け，その処分の日から**5年**を経過しない者

⑪**不正登録等に該当**するとして**登録の消除処分**の聴聞の**公示**日後，処分をするかどうかを決定する日までの間に登録消除の申請をした者で，その登録が消除された日から**5年**を経過しない者（相当の理由のある者を除く）

⑫**事務禁止処分**を受け，その禁止期間中に**本人の申請により登録の消除**がなされ，まだ**禁止期間が満了していない**者

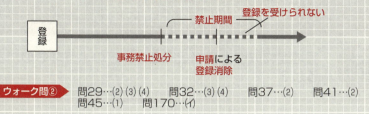

ウォーク問②	問29…(2)(3)(4) 　問32…(3)(4) 　問37…(2) 　問41…(2)
	問45…(1) 　問170…(イ)

6-3 宅地建物取引士（宅地建物取引士資格登録）

ここがポイント 宅地建物取引士資格登録とは，どのようなものだろうか？

　東京都知事の行う宅建士試験に合格した者は，東京都知事の登録を受け，東京都知事から宅地建物取引士証を交付されて宅地建物取引士になる。合格後に大阪府に引っ越したからといって，それだけでは，大阪府知事の登録を受けることはできない。**登録の効力は全国に及ぶ**ので，東京都知事登録のままで，全国どこの宅建業者にでも宅地建物取引士として勤務できる。

　登録を受けるためには，宅建業に関する**2年以上の実務経験**が必要だが，実務経験がなくても，**国土交通大臣の登録を受けた**宅地建物取引に関する実務についての講習（**登録実務講習**）を修了すれば登録を受けることができる。

　「解釈・運用の考え方」によれば，実務経験とは，顧客への説明や物件調査といった取引に関するものをいい，受付・秘書・総務・人事・経理・財務等，顧客と直接接触がない部門に所属した期間や，単に補助的な事務に従事した期間は，実務経験の期間に算入しないことが適当と解されている。

とらの巻 15 → 目からウロコのポイント解説 ②宅地建物取引士　　重要度 **A**

〈宅地建物取引士資格登録〉

登録先	登録を受けようとする者が**合格した試験を行った都道府県知事** →登録の移転後，登録が消除され，再登録を受ける場合も同様
登録の要件	(1)登録の基準に該当しないこと (2)次のいずれかに該当すること 　①**2年以上の実務経験**を有すること 　②**国土交通大臣**がその実務経験を有する者と同等以上の能力を有すると認めたこと（**登録実務講習**を受講し修了すること）
登録の効力	・**全国に及ぶ** ・登録の消除を受けない限り，**一生有効**

ウォーク問② 問28…(4)　問27…(1)　問29…(1)　問31…(3)(4)
　　　　　　 問45…(2)　問50…(1)　問163…(4)

6-4 宅地建物取引士（登録の移転）

ここがポイント
宅地建物取引士資格登録をした後，別の都道府県に登録を移転できるのだろうか？

　東京都知事登録の宅地建物取引士が，大阪府内の宅建業者の事務所に勤務するとしよう。宅地建物取引士登録の効力は全国に及ぶから，東京都知事登録のままでもいっこうにかまわない。しかし，7章で学習するように，宅地建物取引士は，5年ごとの宅地建物取引士証交付の際に「登録先の知事の指定する講習」を受講しなければならない。普段大阪で勤務しているのに，それだけのためにわざわざ東京まで出向くのは大変だ。

　このように，**登録先以外の都道府県内に所在する宅建業者の事務所で業務に従事し，又は従事しようとする場合**，当該事務所を管轄する知事に対して，**登録の移転を申請することができる**。したがって，上記の場合，大阪府知事に対して，登録の移転を申請することができる。しなければならないわけではなく，**するかどうかは任意**だ。

　なお，**住所が変更**になっただけの場合は，登録の移転を申請することは**できない**。事務禁止処分期間中も登録の移転を申請することはできない。

　登録の移転をすると，これまで持っていた**古い宅地建物取引士証は失効する**ので，宅地建物取引士としての事務を行うためには，新たに登録した知事から，新たな宅地建物取引士証の交付を受けなければならない。宅地建物取引士証の有効期間は5年だが，登録の移転後に交付される宅地建物取引士証は，登録の移転前の宅地建物取引士証の有効期間が経過するまでの期間を有効期間とする宅地建物取引士証である。**古い宅地建物取引士証の残りの期間**となる。たとえば，宅地建物取引士証の交付を受けて2年経過した時点で登録の移転をし，新たな宅地建物取引士証の交付を受けた場合，新たな宅地建物取引士証の有効期間は3年となる。したがって，5年ごとの宅地建物取引士証交付の際に受講しなければならない**法定講習**は，今回については**受講する必要がない**。**新たな宅地建物取引士証**は，古い宅地建物取引士証と**引換えに交付**される。

とらの巻 16

重要度

〈登録の移転〉

登録の移転ができる場合	登録先以外の都道府県内に所在する宅建業者の事務所で業務に従事し、又は従事しようとする場合、その都道府県知事に対して登録の移転を申請することができる（任意）。 →住所変更のみの場合はできない →事務禁止処分期間中はできない
申請方法	現に登録を受けている都道府県知事を経由
宅地建物取引士証	・従前の宅地建物取引士証は失効 ・新たな宅地建物取引士証は、従前の宅地建物取引士証と引換えに交付 ・新たな宅地建物取引士証の有効期間は、従前の宅地建物取引士証の残りの期間 ・都道府県知事の指定する講習（法定講習）の受講は不要

ウォーク問②
問30…(2)　問31…(1)　問32…(2)　問33…(4)　問35…(1)
問36…(1)　問37…(1)　問38…(2)　問40…(1)　問43…(ア)
問48…(4)　問50…(2)　問159…(2)　問163…(1)
問170…(ウ)

〈登録の移転と宅地建物取引士証〉

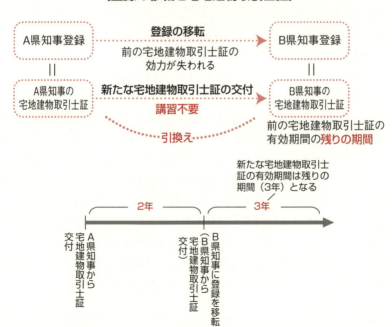

●6-5 宅地建物取引士（変更の登録）

6-5 宅地建物取引士（変更の登録）

ここがポイント
宅地建物取引士資格登録をした後，住所が変わったり，転職したりした場合，どうしたらいいのか？

登録は，知事が「宅地建物取引士資格登録簿」に一定事項を登載することによって行われる。登録を受けている者は，その内容に変更があったときは，**遅滞なく，変更の登録**を申請しなければならない。

とらの巻 17　重要度 A

登録を受けている者は，以下の事項に変更があったときは，**遅滞なく，変更の登録**を申請しなければならない。

〈変更の登録が必要な事項〉

本人の	①氏名，②住所，③本籍
勤務先の宅建業者の	④商号又は名称，⑤免許証番号

ウォーク問②　問27…(2)(3)　問28…(2)(3)　問31…(2)　問33…(2)
　　　　　　　問35…(3)　問45…(3)　問47　問48…(1)(2)(3)
　　　　　　　問163…(3)　問170…(エ)

東京都内にのみ事務所を有する宅建業者が神奈川県に事務所を設置すると，その宅建業者に勤務している宅地建物取引士は全員，変更の登録が必要となる。それはなぜだろうか。この場合，宅建業者は大臣免許への免許換えが必要であり，免許換えをすると免許証番号が変わる。宅地建物取引士にとって，勤務先の宅建業者の免許証番号が変わったことになるので，変更の登録が必要となるのだ。

ONE POINT ADVICE!

〈変更の登録が必要な事項〉

明	治	本	証明	番号
氏名	住所	本籍	商号・名称	免許証番号

6-6 宅地建物取引士（死亡等の届出）

 宅地建物取引士が死亡したり，破産したりした場合，どのような手続きが必要となるのだろうか？

1 死亡等の届出とは

「宅地建物取引士をやめます」という届出は，本人がしなければならないのが原則である。たとえば，宅建業者が破産手続開始の決定を受けて復権を得ない者となって宅建業者をやめる場合は破産管財人が届け出るが，宅地建物取引士が破産手続開始の決定を受けて復権を得ない者となって宅地建物取引士をやめる場合は本人が届け出る。

宅建業者には個人業者と法人業者があるが，宅地建物取引士は例外なく一個人である。一個人が仕事をやめるにあたり，他人が世話を焼いて届け出てくれたりはしないのだ。

しかし，死亡を理由として宅地建物取引士をやめる場合は，さすがに本人が届け出るというわけにはいかない。したがって，この場合は相続人が届け出る。

また，心身の故障により宅地建物取引士の事務を適正に行うことができない者として国土交通省令で定めるものとなったとき，宅地建物取引士本人が届け出ることができることもあり，それが難しいこともある。したがって，この場合は事情に応じて本人又は保護者である法定代理人もしくは同居の親族が届け出る。

2 登録の消除（しょうじょ）

死亡等の届出以外にも，本人から登録消除の申請があったとき，死亡の事実が判明したとき，試験の合格が取り消されたときには，知事は登録を消除しなければならない。また，不正の手段により登録を受けた場合のように，登録消除処分の対象事由に該当すると，登録消除処分を受ける。

なお，登録を消除されても「宅建士試験合格」という身分は変わらない。

とらの巻 ⑱ 重要度

1 **死亡等による届出**が必要な場合

届出の必要な場合	届出義務者
死亡したとき	**相続人**
心身の故障により宅地建物取引士の事務を適正に行うことができない者として国土交通省令で定めるものとなったとき	**本人又はその法定代理人もしくは同居の親族**
次の**登録欠格事由**に該当したとき ① 成年者と同一の行為能力を有しない未成年者となったとき ② **破産手続開始の決定を受けて復権を得ない者となったとき** ③ 業法66条1項8号・9号に該当して宅建業の免許の取消処分を受けたとき ④ ③の免許取消処分の聴聞の期日等を公示されてから廃業等の届出をしたとき（相当な理由のある者を除く） ⑤ 禁錮以上の刑に処せられたとき，又は，業法違反・傷害罪等の罪を犯し罰金刑に処せられたとき ⑥ 暴力団員等に該当することになったとき	**本人**

2 届出は，原則として破産等の日（**死亡**の場合は**相続人がそれを知った日**）から，**30日以内**にする。

3 都道府県知事は，**死亡等による届出**のほかに，本人から登録消除の申請があったとき，**死亡の事実が判明**したとき，試験の合格が取り消されたときには，**登録の消除**をしなければならない。

ウォーク問② 問30…(1)　問32…(1)　問33…(3)　問38…(1)　問43…(ウ)
　　　　　　 問44…(ア)　問45…(4)

〈各種手続きのまとめ〉

	うつる	変わる	やめる
宅建業者	4-3 **免許換え**（義務）	4-2 **変更の届出**（義務・30日以内）	4-4 **廃業等の届出**（義務・30日以内）
宅地建物取引士	6-4 **登録の移転**（任意）	6-5 **変更の登録**（義務・遅滞なく）	6-6 **死亡等の届出**（義務・30日以内）

7 宅地建物取引士証

ここがポイント 宅地建物取引士証をめぐる各種手続きを整理しよう。

1 宅地建物取引士証の交付

　登録先の知事から宅地建物取引士証の交付を受けてはじめて宅地建物取引士になることができ，宅地建物取引士としての事務を行うことができる。登録を済ませていても，宅地建物取引士証の交付を受けていなければ，宅地建物取引士としての事務を行うことはできない。

　宅地建物取引士証の交付を受けるためには，最新の法令等の知識を習得するため，登録先の**知事が指定する講習**（法定講習）を受講しなければならない。ただし，宅建士試験**合格の日から1年以内**に交付を受ける場合は，まだ学習内容が頭に残っているはずなので**受講する必要はない**。

　なお，**登録の移転の申請とともに**宅地建物取引士証の交付を受ける場合には，**法定講習の受講は不要**である。

とらの巻 19　重要度 A

〈宅地建物取引士証の交付〉

交付の申請先	登録を受けている都道府県知事
交付申請前の法定講習	登録を受けている都道府県知事が指定する講習で，交付の申請前6カ月以内に行われるものを受講しなければならない。 （講習が免除される者） ①合格の日から1年以内に交付を受けようとする者 ②登録の移転の申請とともに交付を受けようとする者
有効期間	5年（5年ごとの更新の際も講習の受講が必要）
ウォーク問②	問27…(4)　問29…(1)　問35…(4)　問36…(3)　問37…(3) 問41…(4)　問44…(イ)

〈宅地建物取引士証〉

宅地建物取引士証
氏　名　小野明彦
　　　　　（昭和40年6月12日生）
住　所　東京都葛飾区柴又○-○-○
登録番号（東京）第123456789号
登録年月日　平成17年12月1日

令和9年4月14日まで有効

東京都知事　○○○○
交付年月日　令和4年4月15日
発行番号　第123456789号

2 提示・提出・返納義務

　宅地建物取引士は，取引の関係者から請求があったときには，宅地建物取引士証を「提示」しなければならない。また，重要事項の説明の際は，請求がなくても「提示」しなければならない。

　宅地建物取引士が事務の禁止処分を受けたときは，すみやかに，交付を受けた知事に宅地建物取引士証を「提出」しなければならない。宅地建物取引士証を所持させておくと，重要事項説明をしようという気を起こさないとも限らないので，取り上げてしまうのだ。事務禁止期間満了後，返還請求をすれば直ちに返還される。東京都知事登録の宅地建物取引士でも，大阪府内で悪いことをすれば大阪府知事から事務の禁止処分を受けることがある。この場合，宅地建物取引士証は「処分を受けた」大阪府知事ではなく，「交付を受けた」東京都知事に提出しなければならない。

　登録が消除された場合と宅地建物取引士証が失効した場合は，すみやかに，交付を受けた知事に宅地建物取引士証を「返納」しなければならない。もう宅地建物取引士証は必要なくなるからである。

　なお，この提示・提出・返納義務に違反すると，10万円以下の過料（行政罰。刑罰である科料とは異なる）に処せられるが，重要事項の説明以外で「取引の関係者から請求があった場合の提示義務」に違反したとしても，罰則はない。

3 宅地建物取引士証の書換え交付

宅地建物取引士の氏名・住所が変わった場合，変更の登録の申請とともに，宅地建物取引士証の書換え交付を申請しなければならない。宅地建物取引士証には本籍や勤務先の宅建業者は載っていないので，これらが変わっても書換え交付は不要である。

とらの巻 20

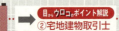

重要度 A

1 宅地建物取引士証の提示・提出・返納義務

	どういうときに	誰に対して	違反した場合
提示	取引の関係者から請求があったとき	取引の関係者	罰則なし
	重要事項の説明の際（請求がなくても）	説明の相手方	10万円以下の過料
提出	事務禁止処分を受けたとき	宅地建物取引士証の交付を受けた知事	10万円以下の過料
返納	・登録を消除されたとき ・宅地建物取引士証が効力を失ったとき	宅地建物取引士証の交付を受けた知事	10万円以下の過料

2 宅地建物取引士は，その氏名又は住所に変更があった場合，変更の登録の申請とともに，宅地建物取引士証の書換え交付を申請しなければならない。

> **ウォーク問②**
> 問30…(3)　　問34…(1)(2)(4)　　問35…(2)(3)　　問36…(2)(4)
> 問37…(4)　　問38…(3)(4)　　問39…(4)　　問40…(3)
> 問41…(3)　　問43…(イ)　　問44…(エ)　　問45…(3)　　問51…(4)
> 問159…(3)　　問170…(ア)

甲県知事登録の宅地建物取引士が乙県知事から事務禁止処分
　宅地建物取引士証を甲県知事に提出　→　〇
　宅地建物取引士証を乙県知事に提出　→　×

8-1 営業保証金(供託) 絶対トラねば!

ここがポイント 営業保証金とは何だろうか? 営業保証金の供託の段階ではどのような規制があるのだろうか?

1 営業保証金制度

　宅建業者が扱う「宅地」「建物」は,お客さんにとって人生で最大の買い物だ。「売ったマンションをお客さんに引き渡せない」なんてことになると,お客さんの人生真っ暗である。

　宅建業者が損害賠償金を支払えればいいが,経営が傾いたためにお客さんに迷惑をかけた,なんていう場合は,支払いを期待しても望み薄だろう。そういう事態に備えて,**宅建業者は,供託所という役所にお金(本店だけなら1,000万円)を預けておかないと,開業してはいけないことになっている**。損害を被ったお客さん(宅建業者を除く)にはそのお金から**支払われる**。これが**営業保証金制度**だ。

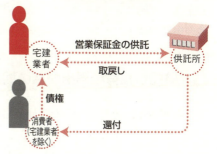

〈営業保証金制度〉

2 どこにいくら供託するのか

　営業保証金の額は,**本店(主たる事務所)1,000万円,支店(その他の事務所)**1つにつき**500万円**だ。これをまとめて**本店の最寄りの供託所**(法務局のこと)に供託する。支店の最寄りの供託所にいちいち供託して回るのではない。なお,事務所以外の案内所や展示会場の分はいらない。たとえば,東京の本店及び支店2つ(埼玉支店,千葉支店)がある場合,1,000万円＋

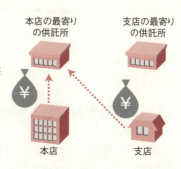

（500万円×2）＝2,000万円を，本店の最寄りの供託所に供託することになる。

3　どうやって供託するのか

　営業保証金は，金銭でも有価証券(国債証券，地方債証券など)でも供託できる。しかし，手形・小切手・株券による供託はできない。これらは現金化できなかったり価値が変動したりすることがあるからだ。1,000万円供託されているはずが，いざお客さんが支払いを受けようとしたときに100万円の値打ちしかない，というのではマズいのだ。

4　営業保証金の供託と事業の開始

　「供託＋届出」で事業開始OKだ。事務所数に応じた営業保証金を供託し，免許権者に届け出た後でなければ，どこの事務所でも業務を開始できない。なお，この届出は，他の申請や届出と違い，大臣免許の業者であっても大臣に直接行う。

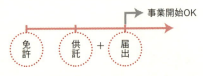

5　供託した旨の届出がない場合

　免許権者は，免許を与えた宅建業者が，3カ月たっても営業保証金を供託した旨の届出をしてこない場合，「早く届出をしなさい」と催告しなければならない。そして，催告が着いてから1カ月たっても届出がないときは，免許を取り消すことができる。

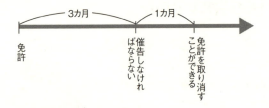

6　事務所を新設した場合

　事務所を新設した場合，新設した事務所1つにつき500万円の営業保証金を，本店の最寄りの供託所に供託しなければならない。免許取得時と同様，「供託＋

●8-1 営業保証金（供託）

届出」をしないとその事務所をオープンできない。

とらの巻 21 　目からウロコのポイント解説 ③営業保証金　重要度 A

1　営業保証金の供託

誰が	宅建業者が
いつまでに	事業を開始するまでに※
どこに	主たる事務所の最寄りの供託所に
いくら	主たる事務所　：1,000万円 その他の事務所：事務所ごとに500万円 の合計額を
どうやって	金銭又は有価証券で供託
有価証券で供託する場合の評価額	国債証券　　　　　　　　　　：100分の100 地方債証券・政府保証債証券：100分の90 その他の債券　　　　　　　　：100分の80

※　供託した旨を免許権者に届け出た後でなければ，すべての事務所で事業を開始できない（違反した場合，6月以下の懲役又は100万円以下の罰金に処せられる）。

2　供託した旨の届出がない場合

(1)　免許をした日から3カ月以内に届出がなければ，免許権者は，催告をしなければならない（必要的）。

(2)　催告が到達した日から1カ月以内に届出がなければ，免許権者は，免許を取り消すことができる（任意的）。

3　事務所を新設した場合

新たに営業保証金を本店の最寄りの供託所に供託し，その旨を免許権者に届け出なければ，新設した事務所において事業を開始できない（違反した場合，6月以下の懲役又は100万円以下の罰金に処せられる）。

ウォーク問② 問52…(1)(2)　問53…(2)　問54…(1)(2)　問55…(1)(2)(3)
問57…(1)(3)(4)　問58…(3)　問59…(1)(3)　問70…(ア)
問169…(1)(3)(4)

8-2 営業保証金（保管替え等）

 ここがポイント 本店移転に伴い，最寄りの供託所が変わったらどうしたらよいのだろうか？

1 主たる事務所の移転により，最寄りの供託所が変更したとき

1 金銭のみで供託している場合

営業保証金は主たる事務所の最寄りの供託所に供託しなければならなかった。では，主たる事務所が移転し，最寄りの供託所が変わったときはどうしたらよいのだろうか。

営業保証金を**金銭のみ**で供託している場合は，遅滞なく，費用を予納して，営業保証金を供託している供託所に対して，移転後の主たる事務所の最寄りの供託所への**保管替え**を請求しなければならない。

2 有価証券のみ，又は有価証券と金銭で供託している場合

営業保証金を**有価証券のみ**，又は**有価証券と金銭**で供託している場合，遅滞なく，移転後の主たる事務所の最寄りの供託所に**新たに供託**しなければならない。そのうえで，従前の供託所に供託していた営業保証金を取り戻すことになる。保管替えはできないのだ。

まず従前の供託所から営業保証金を取り戻し，それを移転後の供託所に供託できれば便利だが，この方法は認められていない。営業保証金が供託されていない期間ができてしまうからだ。

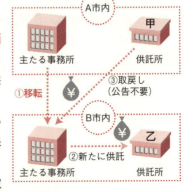

2 届出

上記の保管替え又は供託をしたときは，遅滞なく免許権者に届け出なければならない。この届出は，大臣免許の宅建業者であっても大臣に直接行う。

とらの巻 22

重要度 A

〈主たる事務所の移転により，最寄りの供託所が変更したとき〉

何で供託しているか	手続き
金銭のみ	保管替えの請求
有価証券のみ 有価証券と金銭	移転後の供託所に供託 →その後，従前の供託所から取戻し

ウォーク問② 　問53…(1)　問56…(1)　問59…(4)　問60…(3)

Tea Time

LEC専任講師からの学習アドバイス
＜夏場で勝負は決まる＞

宅建士試験の場合，夏場の勉強でその後の勉強に大きく差が出ます。本試験は10月ですのでその３カ月前から，点数アップのための勉強がスタートします。８月からは模試がスタートしますので，それまでに一通り基本事項の習得と，過去問演習を終えておきたいところです。ということは，７月は過去問演習や各種演習講座などで問題をたくさん解きたいところです。そして，８・９月は，模試の時期です。自分が身につけた知識，問題を解く力を検証する時期です。

8-3 営業保証金(還付)

ここがポイント　営業保証金から還付を受けることができるのはどんな人だろうか？　還付後の手続きはどうするのだろうか？

1 還付を受けられる者

　宅建業者と宅建業に関し取引をした者(宅建業者を除く)は、取引により生じた債権に関し、営業保証金の還付を受けることができる。宅建業に関し取引をした者とは、宅地・建物の購入者、媒介・代理の依頼者等であり、一言でいえば「客」である。

　これに対し、宅建業者に事業資金を融資した銀行、宅建業者の広告を扱った広告業者、給料を支払ってもらえなかった宅建業者の使用人、平成29年4月1日以後に取引の相手方となる宅建業者等は、宅建業に関し取引をした者に該当しないため、営業保証金の還付を受けることができない。

2 還付の額

　還付の額は、供託されている営業保証金の範囲内だ。債権額が3,000万円でも、供託している営業保証金が2,000万円なら2,000万円まで。ない金は出せないのだ。

3 不足額の供託

　還付があればその分を足す必要がある。宅建業者は、免許権者から不足の通知があった日から2週間以内に供託所に供託しなければならず、供託から2週間以内に免許権者に届け出なければならない。免許取得時や事務所新設時と同様、やっぱり「供託＋届出」なのだ。

還付がなされる → 不足の通知が到達 →(2週間以内)→ 還付額に相当する金額を供託 →(2週間以内)→ 供託した旨を届出

● 8-3 営業保証金（還付）

とらの巻 23

重要度

〈営業保証金の還付〉

還付を受けられる者	宅建業者と宅建業に関し取引し，その取引により生じた債権を有する者（宅建業者を除く）
還付額	供託されている営業保証金の範囲内
不足分補充手続	免許権者から不足の通知が到達 ↓ 2週間以内 還付額に相当する金額を供託 ↓ 2週間以内 供託した旨を免許権者に届出

ウォーク問② 問52…(3)(4) 問53…(4) 問56…(2)(3) 問57…(2)
問58…(1)(4) 問60…(4) 問169…(2)

Tea Time

ＬＥＣ専任講師からの学習アドバイス
＜「正しいものはどれか」のほうが正解率が高い その1＞

　合格者の正解率が高い問題（正解率が8割以上や9割以上）を分析していくと，さまざまな特徴が浮かび上がってきます。その中の1つに「正しいものはどれか。」という問いのほうが，「誤っているものはどれか。」という問いよりも圧倒的に正解率が高いというものがあります。ちなみに宅建士試験では，「正しいもの」を問う問題と「誤っているもの」を問う問題はほぼ半々で出題されています。

8-4 営業保証金（取戻し）

ここがポイント 宅建業者が廃業するなどして営業保証金の供託が不要となった場合，営業保証金はどうなるのか？

　宅建業をやめたり，支店を１つ閉めたりした場合，営業保証金を取り戻すことができる。

　しかし，まだ還付請求をしていない債権者がいる可能性があるので，原則として，６カ月を下らない（６カ月以上の）期間を定め，「債権をお持ちの方は申し出てください」と公告してからでないと，取り戻すことはできない。

　ただし，取戻し事由発生から10年経過した場合と，下記の表の④⑤については，公告をせずに取り戻すことができる。10年経過すれば債権が時効消滅している可能性が高いし，④は移転後の供託所に供託されている営業保証金から，⑤は弁済業務保証金から還付を受けられるからだ。

とらの巻 24　　　　　　　　　　　　　　　　　重要度 A

〈営業保証金の取戻し〉

	営業保証金の取戻し事由	公告の要否
①	免許が失効したとき	必要 （取戻し事由発生から 10年経過の場合は不要）
②	免許が取り消されたとき	
③	一部の事務所を廃止したとき	
④	主たる事務所が移転し，移転後の最寄りの供託所に新たに供託したとき	不要
⑤	保証協会の社員となったとき	

ウォーク問② 問53…(3)　問54…(3)(4)　問56…(4)　問60…(1)
　　　　　　 問63…(2)

9-1 弁済業務保証金（供託等）

 ここがポイント 弁済業務保証金とは何だろうか？　どのように供託するのだろうか？

1 弁済業務保証金制度

　「事務所は自宅，従業員は配偶者」でも宅建業は開業できる。しかし，こぢんまりと商売を始めようとしている宅建業者にとって，営業保証金1,000万円は大金だ。宅建業をやめたら戻ってくるとはいえ，これではほとんどの人が開業に二の足を踏むだろう。実はいい手がある。保証協会に加入すれば1,000万円を預けなくていいのだ。代わりに保証協会に60万円納めればよい。この60万円を保証協会が弁済業務保証金として供託所に預ける。ダマされたような気がするかもしれないが，なんと，加入業者から損害を受けたお客さんが支払ってもらえる金額の上限は，営業保証金と同じく，1,000万円なのだ。

　そのカラクリはこうだ。一業者ずつの負担額は少なくても，保証協会には全国から何万もの宅建業者が加入しているため，まさに「塵も積もれば山となる」状態。供託所には多額の弁済業務保証金が供託されている。協会加入業者から損害を受けたお客さん（宅建業者を除く）には，この弁済業務保証金から支払われるのだ。ただし，保証協会はあくまで立替払いをしているにすぎず，問題の宅建業者は，支払額に相当する額を後でキッチリ保証協会に納めなければならない。

〈弁済業務保証金制度〉

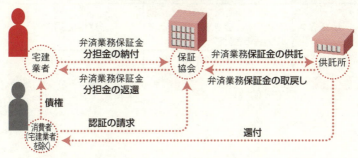

2 弁済業務保証金分担金と弁済業務保証金の関係

保証協会に加入すれば営業保証金を供託しておく必要はなくなる。保証協会には，ハトマークの全国宅地建物取引業保証協会と，ウサギマークの不動産保証協会の2つがあり，**1つの保証協会の社員になると，他の保証協会の社員にはなれない**。

宅建業者が保証協会に加入するには，**加入しようとする日までに**，**弁済業務保証金分担金**(以下，「分担金」という)を**必ず金銭**で保証協会に**納付**しなければならない。分担金の額は，**主たる事務所につき60万円，その他の事務所につき30万円**の合計額だ。

保証協会は，分担金の納付を受けた日から**1週間以内**に，納付額に相当する額の**弁済業務保証金**を，法務大臣及び国土交通大臣の定める供託所に供託しなければならない。弁済業務保証金は営業保証金と同様，金銭のみならず有価証券で供託できる。供託後，**保証協会**は，社員である宅建業者の**免許権者**に対して，**供託した旨の届出**をしなければならない。

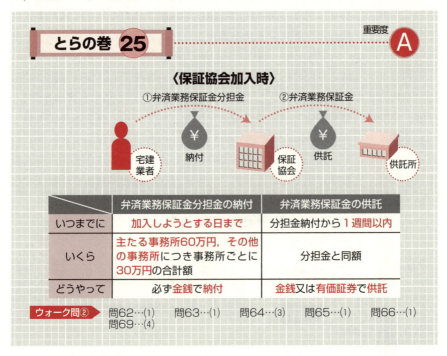

3 事務所を新設した場合

　保証協会の社員である宅建業者が**事務所を新設**したときは，その日から**2週間以内**に，新設した事務所1つにつき30万円の分担金を，**保証協会に納付**しなければならない。この期間内に納付しないときには，保証協会の**社員の地位を失う**。つまり，保証協会をクビになるということだ。社員の地位を失った者が宅建業を続けていくには，社員の地位を失った日から**1週間以内**に営業保証金を供託しなければならない。

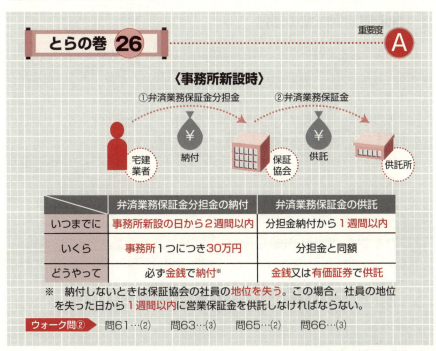

とらの巻 26　重要度 A

〈事務所新設時〉
①弁済業務保証金分担金
②弁済業務保証金
宅建業者 → 納付 → 保証協会 → 供託 → 供託所

	弁済業務保証金分担金の納付	弁済業務保証金の供託
いつまでに	事務所新設の日から2週間以内	分担金納付から1週間以内
いくら	事務所1つにつき30万円	分担金と同額
どうやって	必ず金銭で納付※	金銭又は有価証券で供託

※ 納付しないときは保証協会の社員の地位を失う。この場合，社員の地位を失った日から1週間以内に営業保証金を供託しなければならない。

ウォーク問② 問61…(2)　問63…(3)　問65…(2)　問66…(3)

9-2 弁済業務保証金（還付）

ここがポイント
還付による弁済業務保証金の不足額を保証協会が供託した場合，誰が，いつまでに，埋め合わせをするのだろうか？

1 弁済業務保証金の還付

弁済業務保証金の還付については，原則的に営業保証金の場合と同じである。お客さんにとっては，取引をする宅建業者が保証協会の社員であろうがなかろうが変わらないのだ。ただし，弁済業務保証金特有の問題がある。

(1) 宅建業者が社員となる前に取引をしたお客さん（平成29年4月1日以後に取引をした宅建業者を除く）も弁済してもらえる。

(2) 保証協会の「認証」（＝債権額の確認）を受けてからでないと弁済してもらえない。

(3) 還付額は，もし保証協会の社員でなかったならば供託しているはずの営業保証金の額までだ。

　　たとえば，分担金が120万円なら，本店と支店2つなので，社員でなかったなら1,000万円＋（500万円×2）＝2,000万円の営業保証金を供託しているはずだ。よって還付額は2,000万円までとなる。

(4) 保証協会は，国土交通大臣から通知を受けた日から2週間以内に，還付額と同額の弁済業務保証金を供託しなければならない。とりあえず保証協会が立て替えるのだ。

2 還付充当金の納付

保証協会が立て替えているお金は，最終的には，お客さんに損害を与えた宅建業者が負担する（還付充当金）。宅建業者は保証協会から「還付充当金を納付しなさい」という通知を受けた日から2週間以内に，保証協会に納付しなければならない（供託所に供託するのではない）。納付しなければ，保証協会の社員の地位を失う。それでも宅建業を続けていきたければ，社員の地位を失った日から1週間以内に営業保証金を供託しなければならない。

とらの巻 27  重要度

〈弁済業務保証金の還付〉

還付を受けられる者	社員である宅建業者と宅建業に関し取引し，その取引により生じた債権を有する者(社員となる前に取引した者も含む)（宅建業者を除く）
還付額	社員でないとしたならば供託すべき営業保証金の額まで
認証	還付を受けようとする者は，保証協会の認証を受けなければならない。
不足分補充手続	国土交通大臣が保証協会に通知 ↓ 2週間以内 保証協会が還付額に相当する金額の弁済業務保証金を供託 ↓ 保証協会が宅建業者に還付充当金納付の通知 ↓ 2週間以内 宅建業者が還付充当金を保証協会に納付
還付充当金を納付しないとき	還付充当金納付の通知を受けた日から2週間以内に還付充当金を納付しないときは，社員の地位を失う。 ↓ 1週間以内 営業保証金を供託しなければならない。

ウォーク問② 問61…(1)(4)　問62…(2)(3)(4)　問64…(3)　問65…(3)
問67…(1)(2)(4)　問68　問69…(3)　問70…(イ)(ウ)(エ)
問166…(3)

9-3 弁済業務保証金（取戻し等）

ここがポイント　保証協会の社員である宅建業者は，どのような場合に，納付した弁済業務保証金分担金を返してもらえるのか？

1 弁済業務保証金の取戻し

　宅建業者が保証協会の社員でなくなったら弁済業務保証金はいらなくなるし，支店を1つ廃止すると30万円浮く。このような場合，**保証協会**は，供託所から**弁済業務保証金を取り戻す**ことができ，同額の分担金を宅建業者に返還する。

　社員でなくなったことを理由に取り戻す場合は，**保証協会**は6カ月を下らない（**6カ月以上**の）期間を定め，「債権をお持ちの方がいたら，保証協会の認証を受けてください」という**公告**をしなければならない。これに対し，**支店を廃止**したことを理由に取り戻す場合は，**公告不要**である。

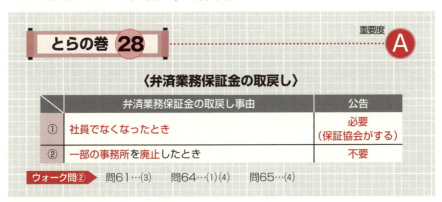

とらの巻 28　重要度 A

〈弁済業務保証金の取戻し〉

	弁済業務保証金の取戻し事由	公告
①	社員でなくなったとき	必要（保証協会がする）
②	一部の事務所を廃止したとき	不要

ウォーク問②　問61…(3)　問64…(1)(4)　問65…(4)

「一部の事務所廃止」を理由とする取戻し		
営業保証金	→	公告**必要**
弁済業務保証金	→	公告**不要**

2 弁済業務保証金準備金・特別弁済業務保証金分担金

1 弁済業務保証金準備金

弁済業務保証金が還付されると、まず保証協会が不足額を立て替えて供託し、その後宅建業者から還付充当金を取ることになる。しかし、宅建業者が倒産して還付充当金を取れないことも考えられるため、そういう場合に備えて、保証協会は**弁済業務保証金準備金**を積み立てておくことが義務付けられている。

2 特別弁済業務保証金分担金

不足額に弁済業務保証金準備金をあててもまだ足りないときは、保証協会は全社員に、**特別弁済業務保証金分担金**というお金を納付するよう通知する。社員は、**通知を受けた日から1カ月以内**にこの特別弁済業務保証金分担金を納付しなければ、**社員の地位を失う**。

3 宅地建物取引業保証協会

保証協会とは、①一般社団法人及び一般財団法人に関する法律により設立された**一般社団法人**のうちから国土交通大臣が指定したものであり、かつ、②**宅建業者のみを社員**とするものをいう。

保証協会が必ず行わなければならない業務(**必要的業務**)は、①**苦情の解決**、②**研修**、③**弁済業務**(9章-1から9章-3で学習した)の3つである。

国土交通大臣の承認を受ければできる業務(任意的業務)は、④一般保証業務(宅建業者の負う預り金などの返還債務等を、保証協会が連帯して保証する業務)、⑤**手付金等保管事業**(18章で学習する)、⑥宅建業者を社員とする一般社団法人による体系的な研修の実施に要する費用の助成、⑦宅建業の健全な発達を図るために必要な業務の4つである。

〈営業保証金と弁済業務保証金の比較〉

		営業保証金
あずける	誰が	宅建業者
	どこへ	主たる事務所の最寄りの供託所
	いくら	① 主たる事務所→**1,000万円** ② その他の事務所→1カ所につき**500万円** 　　①②の合計額を供託
	どうやって	①金銭のみ　②有価証券のみ※　③両者の併用※ ※ ②③の場合の有価証券の評価 　①国債…**額面どおり**　②地方債・政府保証債…額面の**90%** 　③その他の(国土交通省令で定める)有価証券…額面の**80%**
	いつまでに	① **供託**した旨を免許権者に**届け出**なければ、**すべての事務所において業務を開始できない** ② 届出をせずに免許の日から**3カ月**を過ぎると必ず催告を受ける ③ 催告到達の日から**1カ月**を過ぎると免許を取り消されることがある
	事務所新設	新たに営業保証金を供託し、その旨を届け出なければ、**新設した事務所において業務を開始できない**
使う	還付	限　度：業者が供託した営業保証金の額 対象者：「**宅建業に関して取引により生じた債権**」を有する者(**宅建業者を除く**) **還付により生じた不足分の補充の手続き** ① 不足分補充の通知 ② **通知を受けた日から2週間**以内に不足分を**供託** ↓ ③ 供託した日から**2週間**以内に、その旨を免許権者に届出

		取戻し事由	公告※の要否
返してもらう	取戻し	①免許失効	**必要** (事由発生から10年経過の場合は不要)
		②免許取消処分	
		③**一部の事務所の廃止**	
		④移転後の最寄りの供託所に新たに供託	**不要**
		⑤保証協会の社員となった	
		※6カ月以上の期間を定めた公告	
その他	—	〈主たる事務所の移転による供託所の変更〉 ① **金銭のみ**で供託していた場合は、従前の供託所に**保管替え**を請求 ② 有価証券を供託していた場合は、新たに供託しなおす	

9-3 弁済業務保証金(取戻し等)

弁済業務保証金分担金	弁済業務保証金
社員になろうとする宅建業者	保証協会
保証協会	法務大臣及び国土交通大臣の定める供託所
① 主たる事務所→**60万円** ② その他の事務所→1カ所につき**30万円** 　①②の合計額を納付	弁済業務保証金分担金と同額を供託
金銭のみで納付	営業保証金と同じ
保証協会に加入しようとする日までに納付	① 分担金の納付があった日から**1週間以内**に供託 ② 供託した旨を免許権者に届出
設置の日から**2週間以内**に新たに分担金を納付	納付のあった日から**1週間以内**に弁済業務保証金を供託
―	限　度：営業保証金の場合と同じ 対象者：社員となる前に取引した者も含む 　　　　（宅建業者を除く） 条　件：**保証協会の認証**が必要
還付により生じた不足分の補充の手続き ① 不足分補充の通知 ② 通知を受けた日から**2週間以内**に**供託** ③ 還付充当金納付の通知 ④ **通知を受けた日から2週間以内**に**納付** 　納付しないときには，**社員の地位を失う** 　→社員でなくなった日から**1週間**以内に営業保証金を供託	
保証協会から，取戻し金額に相当する分担金を返還してもらう	取戻し事由 | 公告※の要否 ①社員でなくなった | 必要 ②一部の事務所の廃止 | 不要 ※6カ月以上の期間を定めた公告
特別弁済業務保証金分担金 通知を受けた日から**1カ月**以内に納付	―

10-1 媒介・代理（種類と規制）

 一般媒介・専任媒介・専属専任媒介とは何だろうか？
それぞれ、どのような規制がかかるのだろうか？

1 媒介・代理契約とは

　宅建業者が、宅地を売りたい売主から依頼を受け、買主を見つけてあげるのが媒介だ。一般的には「仲介」、「あっせん」などと呼ばれている。宅建業者は間をとりもつだけで、売買契約を結ぶ権限まではない。

　これに対し、宅建業者が当事者の代わりに売買契約を結んであげるのが代理である。

　以下、媒介契約を例に規制の内容を説明していくが、代理についても同様の規制がかかる。

　なお、媒介・代理契約の規制は、貸借の媒介・代理には適用されない。

2 一般媒介・専任媒介・専属専任媒介

1　一般媒介
　他の宅建業者に重ねて依頼できる媒介である。依頼した他の宅建業者を明示する義務のある型（明示型）と、ない型（非明示型）がある。

2　専任媒介
　他の宅建業者に重ねて依頼できない媒介である。ただし、自分で探した相手と取引するのはかまわない（自己発見取引）。

3　専属専任媒介
　他の宅建業者に重ねて依頼できず、自己発見取引もできない媒介である。
依頼者は、宅建業者が探してきた相手としか取引できない。

● 10-1 媒介・代理（種類と規制）

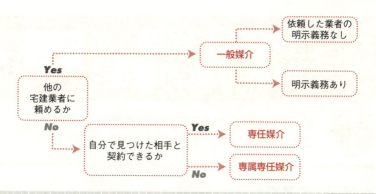

とらの巻 29 ⑤媒介契約の規則 重要度 A

〈媒介契約の種類と規制〉

		一般媒介	専任媒介	専属専任媒介
内容	他の業者に重ねて依頼できるか	可（明示型・非明示型）	不可（代理の依頼も不可）	
	自己発見取引	可	可	不可
	有効期間	規制なし	・3カ月以内（3カ月超は3カ月に短縮） ・更新も3カ月以内（依頼者の申出必要。※1 自動更新不可）	
	業務処理状況の報告義務	規制なし	・2週間に1回以上 ・口頭でも可	・1週間に1回以上 ・口頭でも可
	指定流通機構への登録義務		契約日から7日以内※2に登録	契約日から5日以内※2に登録
	売買・交換の申込みがあった旨の報告義務	遅滞なく		

規制が厳しくなる

※1　依頼者の申出があっても，宅建業者が更新に同意しないときは更新されない。
※2　宅建業者の休業日を除く。

ウォーク問② 問71…(2)(4)　問72…(ｱ)(ｲ)(ｳ)　問75…(ｳ)(ｴ)　問76…(1)(2)
　　　　　 問77…(2)(3)　問79…(ｱ)(ｲ)(ｳ)　問80…(ｱ)(ｳ)　問81…(ｳ)
　　　　　 問143…(1)　問155…(ｴ)　問156…(4)　問157…(ｲ)
　　　　　 問173

ONE POINT ADVICE
宅建業法の規定よりも依頼者に
　有利な特約　⇒　有効　（例：専任媒介で「1週間に1回報告」）
　不利な特約　⇒　無効　（例：専任媒介で「3週間に1回報告」）

10-2 媒介・代理（媒介契約書面）

ここがポイント 媒介契約書面には何を記載するのだろうか？
また，どのように作成するのだろうか？

1 依頼者への周知

「解釈・運用の考え方」によると，宅建業者は，媒介契約の締結に先立ち，依頼者に対して，不動産取引の全体像や受託しようとする媒介業務の範囲について書面を交付して説明することが望ましいとされている。

また，媒介契約を締結する際には，宅建業者は依頼者に一般媒介契約・専任媒介契約・専属専任媒介契約の相違点を十分に説明し，依頼者の意思を十分確認したうえで締結するものとされている。特に次の点について，依頼者に注意を促す必要があるとされている。

① 通常の取引の場合は，国土交通省が作成した「標準媒介契約約款」※を活用するのが適当であること。

※ 標準媒介契約約款：媒介契約の雛形。標準媒介契約約款に基づく専任媒介契約・専属専任媒介契約では，業務処理状況の報告を書面でしなければならないなど，宅建業法にない規制が加わる。

② 標準媒介契約約款には，一般媒介契約，専任媒介契約，専属専任媒介契約の３種類の類型があり，その選択は依頼者に委ねられていること。

③ 媒介業務に対する報酬の額は，報酬の限度額の範囲内でなければならないが，この場合，報酬の限度額を当然に請求できるものではなく，具体的な報酬額については，宅建業者が行おうとする媒介業務の内容等を考慮して，依頼者と協議して決める事項であること。

④ 宅建業者が依頼物件を指定流通機構に登録した場合は，当該宅建業者から指定流通機構が発行する登録済証の交付を受けること等により，登録されたことを確認すること。

⑤ 依頼者が契約に違反したときは，違約金又は費用の償還の請求を受ける場合もあるので，契約書をよく読み理解しておくべきこと。

2 媒介契約書面の作成

宅建業者は，売買・交換の媒介契約を結んだら，後々のトラブルを防ぐため，媒介の条件等を記した媒介契約書面(34条の2書面)を作成し，記名押印のうえ，遅滞なく依頼者に交付しなければならない。媒介契約書面に必要なのは宅建業者の記名押印であり，宅地建物取引士の記名押印ではない。

なお，貸借の媒介においては媒介契約書面の交付は不要である。

3 媒介契約書面の記載事項

媒介契約書面の記載事項は以下の9項目である。いずれも省略することはできない。たとえば，指定流通機構への登録義務のない一般媒介契約であっても，⑨の指定流通機構への登録に関する事項の記載を省略することはできないし，依頼者が宅建業者であっても，⑦の解除・契約違反の場合の措置の記載を省略することはできないのだ。

とらの巻 30　　重要度 A

〈媒介契約書面の記載事項等〉

	媒介契約書面
趣旨	媒介契約をめぐるトラブル防止
交付の相手	売買・交換の媒介の依頼者(貸借の媒介は含まれない)
交付時期	売買・交換の媒介契約締結後遅滞なく交付
方法	宅建業者の記名押印
交付場所	どこでもよい
記載事項 (省略不可)	① 物件を特定するために必要な表示※1 ② 売買すべき価額又は評価額※2 ③ 媒介の種類 ④ 既存建物であるときは，建物状況調査を実施する者のあっせんに関する事項 ⑤ 報酬 ⑥ 有効期間 ⑦ 解除・契約違反の場合の措置 ⑧ 標準媒介契約約款に基づくか否か ⑨ 指定流通機構への登録に関する事項

※1 物件の購入又は交換に係る媒介契約において，**依頼者が取得を希望する物件が具体的に決まっていない場合**には，物件の種類，価額，広さ，間取り，所在地，その他の**希望条件を記載することとして差し支えない**。
※2 宅建業者が，売買すべき価額又は評価額に意見を述べるときは，必ず**その根拠を示さなければならない**（価格査定マニュアルや同種の取引事例等，他に合理的な説明がつくもの）。方法に関する規定はないので口頭でもよい。

ウォーク問② 問71…(1)(3)　問73…(ア)(ウ)　問74…(3)(4)　問75…(イ)
問76…(3)(4)　問77…(1)(4)　問78…(1)(3)(4)　問80…(イ)(エ)
問81…(イ)　問100…(4)　問136…(3)　問156…(1)

Tea Time

LEC専任講師からの学習アドバイス
＜「正しいものはどれか」のほうが正解率が高い　その2＞

　今回はこの理由を考えてみましょう。ある知識は，「知っている」か「知らない」かのどちらかしかありません。試験問題に対する態度も，「知っているから答えられる」という問題はそれだけで正解できます。いわゆるピンポイントで正解できる問題です。では，正解肢に関する知識を「知らない」場合は，正解できないのでしょうか。そんなことはありません。正解肢以外の選択肢の正誤がわかれば正解は出せます。いわゆる消去法で解答する問題です。そして，「3つの選択肢のここが絶対に誤り。」と判断できれば消去法で正解できます。つまり，「正しいものは？」という問題に対しては，消去法という解答方法も有効に使えます。しかし，「3つの選択肢に絶対に誤りがない。」という判断を自信をもって行うことは至難です。したがって，「誤っているものは？」という問題に対しては，消去法という方法を使うことは難しいです。つまり，合格者は細かい知識を何となくあれこれ知っているのではなく，押さえなければならない基本的知識が確実ということです。手を広げることなく基本的な知識の習得に集中しましょう。

10-3 媒介・代理（指定流通機構）

ここがポイント
指定流通機構・レインズとは何だろうか？ また，レインズには，何を登録しなければならないのだろうか？

1 指定流通機構・レインズとは

指定流通機構とは，契約の相手方を探索し，売買契約の正確かつ迅速な成立と，依頼者の利益増進を図ることを目的とする機関だ。指定流通機構が不動産の情報交換のために導入している情報処理システムを，「Real Estate Information Network System」の頭文字をとって「レインズ」という。

2 登録義務

宅建業者は，専任媒介契約・専属専任媒介契約を結んだら，一定期間内にレインズに一定の事項を登録しなければならない。一般媒介契約の場合は登録義務はないが，登録は可能である。

3 登録済証の交付

専属専任媒介・専任媒介の場合，宅建業者は，指定流通機構から発行される登録済証を，遅滞なく媒介の依頼者に引き渡さなければならない。

4 成約の通知

登録した物件の売買・交換の契約が成立したときには，宅建業者は，遅滞なく①登録番号，②取引価格，③契約成立年月日を指定流通機構に通知しなければならない。

とらの巻 ㉛

重要度

1 宅建業者は，依頼者との契約において，指定流通機構への登録義務が生じるものにおいては，契約後一定期間内に，**レインズ**に，以下のことを**登録**しなければならない。

①	宅地・建物についての**所在・規模・形質・売買すべき価額**（交換の場合は評価額）
②	宅地・建物に係る**都市計画法その他の法令に基づく制限で主要なもの**
③	専属専任媒介契約である場合には，その旨

2 宅建業者は，「専属専任」又は「専任」の媒介物件を指定流通機構に登録した場合には，**指定流通機構から発行される登録済証を遅滞なく媒介依頼者に引き渡さ**なければならない。

3 媒介物件を登録した宅建業者は，登録に係る物件の売買・交換の**契約が成立**したときには，**遅滞なく**その旨を**指定流通機構に通知**しなければならない。

▶ウォーク問② 　問73…(イ) 　問74…(1) 　問75…(ア) 　問78…(2) 　問81…(ア)

Tea Time

LEC専任講師からの学習アドバイス
＜急がば正確に＞

　模試などで時間が足りずに全問検討できないということがあります。問題を"早く"解く練習をしましょう。早く解く練習をすると，解くための手順を意識することになります。その結果，解くときのミスが減ってきます。また，知識を素早く引き出す訓練にもなります。早く解くためには，正確な知識が必要です。宅建のような選択式の問題では，曖昧な100の知識より正確な10の知識のほうが断然，有用です。

11-1 広告（取引態様の明示）

ここがポイント
取引のかたちを，購入者等に，いつ，どのように知らせたらよいだろうか？

　取引態様とは，8種類の取引（自ら売買・交換，売買・交換・貸借の代理，売買・交換・貸借の媒介）のどれにあたるのか，ということ。

　宅建業者が「自ら売買」している物件なら，購入者は代金さえ払えばよい。しかし，宅建業者が「売買の媒介」をしている物件なら，購入者は代金のほかに宅建業者に対する報酬（仲介手数料）を払わなければならない。また，宅建業者が「自ら売買」している場合，宅建業者には「自ら売主制限」（17～24章で学習する）が適用される。

　このように，お客さんは，取引態様が何であるかによって影響を受ける。したがって，宅建業者は，次の2つのタイミングで取引態様を明示しなければならないこととされている。

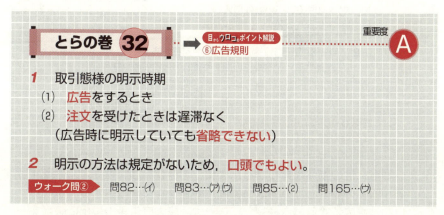

とらの巻 32　→ 目からウロコのポイント解説 ⑥広告規則　　重要度 A

1　取引態様の明示時期
　(1)　**広告**をするとき
　(2)　**注文**を受けたときは遅滞なく
　　　（広告時に明示していても**省略できない**）

2　明示の方法は規定がないため，口頭でもよい。

ウォーク問② 問82…(イ)　問83…(ア)(ウ)　問85…(2)　問165…(ウ)

11-2 広告（誇大広告等の禁止）

ここがポイント 誇大広告等として禁止される広告は，どのようなものだろうか？

広告は，お見合い写真と同じで，売り込むためのものだ。だが，いくら売り込みたいからといって，**誇大広告等はダメ**だ。誇大広告等とは，下記の8項目についての，**著しく事実に相違する表示**(虚偽広告)，**実際のものより著しく優良・有利であると人を誤認させるような表示**(誇大広告)をいう。

現実に購入者等が**誤認しなくても**，こういった**表示をするだけで違反**となる。

とらの巻 33

 ⑥広告規則

重要度 **A**

1 宅建業者は，以下の**誇大広告等**をしてはならない。

物 件 ⇒ ①所在，②規模，③形質
環 境 ⇒ 現在・将来の，④利用の制限，⑤環境，
　　　　　⑥交通その他の利便
金　　 ⇒ ⑦代金・借賃等の対価の額や支払方法
　　　　　⑧代金・交換差金に関する金銭の貸借のあっせん

↓についての

①著しく事実に相違する表示
②実際のものより著しく優良・有利と人を誤認させるような表示

2 顧客に他の物件を買わせるために，①**存在しない**物件，②存在するが**取引の対象となり得ない**物件，③存在するが**取引する意思がない**物件を広告する場合(**おとり広告**)は，誇大広告等の禁止に該当する。

3 誇大広告を行えば，現実に購入者等が誤認する等の**被害が生じな**くても，**宅建業法違反**になる。

ウォーク問② 問83…(イ) 問86…(ウ) 問137…(ア) 問138…(1)
　　　　　　 問165…(ア)

11-3 広告（広告開始時期・契約締結時期の制限）

宅地建物が完成する前に，広告や契約をしてもよいのだろうか？

1 広告開始時期の制限

　開発許可や建築確認は，宅地造成工事や建築工事着手のゴーサインである。まだ許可・確認を受けていない段階では，設計図どおりの物件が完成するかどうかわからない。この段階で広告をしてしまうと，その広告を見て契約をしたお客さんに損害を与えるおそれがある。
　したがって，開発許可や建築確認が下りる前は，どの取引態様においても，広告をしてはいけないことになっているのだ。

2 契約締結時期の制限

　開発許可や建築確認が下りる前は，契約も禁止されている。しかし，例外的に貸借契約だけは許されている。売買・交換と比べ，もしものときにお客さんが被る損害も大した額ではないし，また，貸借の場合でも広告は多くの人が目にするが，契約は1対1なので，損害が拡大しにくいからである。

とらの巻 34

重要度

宅地の造成工事・建物の建築工事に必要な許可・確認がおりる前においては，

1 **すべての取引態様**における**広告**をすることが**できない**。

2 **売買・交換契約**をすることが**できない**（貸借契約はできる）。

〈広告開始時期の制限と契約締結時期の制限〉

許可・確認がおりる前

	売買	交換	貸借
広告	×	×	×
契約	×	×	○

許可・確認がおりた後

	売買	交換	貸借
広告	○	○	○
契約	○	○	○

設計 → 申請 → 許可・確認 → 着工 → 完成

○：できる　×：できない

ウォーク問② 問82…(ア)(エ)　問83…(エ)　問84　問85…(1)
　　　　　　問86…(イ)(エ)　問137…(ウ)　問138…(2)(3)(4)　問155…(ア)
　　　　　　問158…(3)　問165…(エ)

 〈広告規制等に違反した場合のまとめ〉

	罰則	監督処分
取引態様の明示	なし	あり
誇大広告等の禁止	６カ月以下の**懲役**・100万円以下の**罰金**	あり
広告開始時期の制限	なし	あり
契約締結時期の制限	なし	あり

12 重要事項の説明

 重要事項の説明は，なぜ必要なのだろうか？ いつ，誰が，誰に，何を，どのように説明すべきなのだろうか？

1 重要事項の説明が必要な理由

「建物が建てられないと知ってたら，こんな宅地買わなかったのに！」「ネイルサロンの営業ができないと知ってたら，こんなマンション借りなかったわ！」

こんなことになると，お客さんは大損害だ。そこで，宅建業者は，物件を買おうとしている，あるいは借りようとしているお客さんに判断材料を与えるため，契約前に，物件についての「重要事項」を説明しなければならないことになっている。

2 重要事項の説明時期・方法

重要事項の説明は，契約をするかどうかの判断材料を与えるためのものなので，売買契約ならば買主のみ，貸借契約ならば借主のみ，交換契約ならば両当事者に対して行う。重要事項の説明をしてからでないと，契約をしてはならない。

重要事項の説明は宅建業者の義務(説明を宅地建物取引士にさせる義務)なので，説明を怠ると宅建業者が業務停止処分を受けるが，実際の説明担当者は宅地建物取引士である。専任の宅地建物取引士である必要はなく，パートやアルバイトの宅地建物取引士でもよい。宅地建物取引士が記名押印した重要事項の説明書面(35条書面)を交付して，宅地建物取引士が説明する。その際，請求がなくても宅地建物取引士証を提示しなければならず，違反すると10万円以下の過料に処せられる。相手方が宅建業者のときは，宅地建物取引士が記名押印した重要事項の説明書面(35条書面)を交付するが，宅地建物取引士の説明は不要である。

「解釈・運用の考え方」によれば，提示の方法は，宅地建物取引士証を胸に着用する等により，相手方又は関係者に明確に示されるようにするものとされている。

テレビ会議等のITを活用した重要事項の説明が，宅地又は建物の貸借の代理又は媒介の場合のみならず，宅地又は建物の売買・交換，売買・交換の代理又は媒介の場合にもできる。 改正

このIT重説は，手元に重要事項説明書がある状態で行われる必要があるので，重要事項の説明に先立って，説明の相手方に宅地建物取引士の記名押印のある重要事項説明書を交付する必要がある。

なお，売主が宅建業者であり，別の宅建業者が媒介をしている場合のように，1つの取引に複数の宅建業者が関与する場合は，すべての宅建業者が買主に重要事項の説明をする義務を負う。この場合，説明事項の内容については，すべての宅建業者が共同して調査・説明する義務を負う。したがって，ある宅建業者が調査して記入した内容に誤りがあったときは，実際に調査及び記入を担当した宅建業者のみならず，すべての宅建業者が業務停止処分を受けることがある。

とらの巻 35　　重要度 A

〈重要事項の説明〉

趣旨	判断材料を提供
説明時期	契約成立前
説明対象者	買主・借主・交換の両当事者
説明義務者	宅建業者
説明担当者	宅地建物取引士 →専任である必要はない →請求がなくても宅地建物取引士証の提示必要 　（違反すると10万円以下の過料）
説明方法	宅地建物取引士の記名押印がある重要事項の説明書面を交付して説明 （宅建業者に対しては，重要事項の説明書面の交付のみで足り，説明は省略できる）
説明場所	どこでもよい

ウォーク問② 問44…(ウ)　問87　問91…(1)(4)　問92…(2)　問94…(2)
　　　　　　問135…(1)　問142…(2)　問144…(1)(3)　問161…(1)

重要事項の説明内容は，次の表を参考にしてほしい。重要事項の説明内容は，宅建業者がその相手方又は依頼者に説明すべき事項のうち最小限の事項を規定したものであり，これらの事項以外にも場合によっては説明を要する重要事項があり得る。

〈重要事項の説明書面（35条書面）の記載事項〉

		売買・交換	建物の貸借	宅地の貸借
	1	登記された権利の種類，内容，登記名義人又は登記簿の表題部に記載された所有者の氏名※1,5		
	2	飲用水，電気，ガスの供給ならびに排水のための施設の整備の状況 （整備されていない場合には，その整備の見通し及びその整備についての特別の負担に関する事項）※5		
	3	契約の解除に関する事項		
	4	損害賠償額の予定又は違約金に関する事項		
	5	支払金，預り金を受け取る場合に保全措置を講ずるかどうか，及び講ずる場合の保全措置の概要※2		
	6	代金・交換差金に関する金銭の貸借のあっせんの内容及びあっせんに係る金銭の貸借が成立しないときの措置		
	7	代金及び交換差金以外に授受される金銭の額・目的（手付金・証拠金など）	借賃以外に授受される金銭の額・目的 （敷金・権利金・保証金など）	
	8	都市計画法，建築基準法その他の法令に基づく制限で政令で定めるものに関する事項の概要※5		
		すべて※3	建物賃借人に適用される制限のみ	土地所有者に限って適用される制限は除く
	9	宅地及び建物が土砂災害警戒区域等における土砂災害防止対策の推進に関する法律7条1項により指定された土砂災害警戒区域内にあるときは，その旨※5		
	10	宅地又は建物が宅地造成等規制法20条1項により指定された造成宅地防災区域内にあるときは，その旨※5		
	11	宅地又は建物が津波防災地域づくりに関する法律第53条第1項により指定された津波災害警戒区域内にあるときは，その旨※5		
基本的説明事項	12	水防法の規定により市町村の長が提供する図面（水害ハザードマップ）の有無及び水害ハザードマップにおける当該宅地建物の所在地※5 改正		
	13	石綿の使用の有無の調査の結果が記録されているときは，その内容（建物のみ）※5,6		
	14	建物が建築物の耐震改修の促進に関する法律4条1項に規定する一定の耐震診断を受けたものであるときは，その内容（建物のみ）※4,5		
	15	既存建物であるときは，既存建物状況調査を実施しているかどうか，及びこれを実施している場合におけるその結果の概要		
	16	既存建物である場合において，設計図書，点検記録その他の建物の建築及び維持保全の状況に関する書類の保存の状況		
	17	手付金等の保全措置の概要（自ら売主の場合に限る）		
	18	割賦販売の場合，現金販売価格・割賦販売価格・引渡しまでに支払う金銭の額・賦払金額・支払時期と方法		
	19	建物が住宅の品質確保の促進等に関する法律5条1項に規定する住宅性能評価を受けた新築住宅であるときは，その旨（建物のみ）※5		
	20	宅地又は建物の契約不適合担保責任の履行に関し保証保険契約の締結その他の措置を講ずるかどうか，及びその措置を講ずる場合におけるその措置の概要※5		
	21	私道に関する負担に関する事項※5		私道に関する負担に関する事項※5
	22		①契約期間及び契約の更新に関する事項	
			②宅地及び建物の用途その他の利用の制限に関する事項	
			③宅地，建物の管理が委託されているときはその委託を受けている者の氏名及び住所（登録番号）	
			④敷金その他契約終了時において精算することとされている金銭の精算に関する事項	
			⑤借地借家法38条に規定する定期建物賃貸借を設定しようとするときは，その旨	⑤借地借家法22条に規定する定期借地権（長期定期借地権）を設定しようとするときは，その旨

基本的説明事項	22		⑥高齢者の居住の安定確保に関する法律52条に規定する終身建物賃貸借をしようとするときは、その旨	
				⑦契約終了時における当該宅地の上の建物の取壊しに関する事項を定めようとするときは、その内容
			⑧台所，浴室，便所その他の当該建物の設備の整備の状況	
	23 未完成物件 ※5	工事完了時の形状・構造(宅地は道路からの高さ，擁壁，階段，排水施設，井戸等の位置，構造等について，建物は鉄筋コンクリート造・ブロック造・木造等の別，屋根の種類，階数等について，平面図を交付して説明)		
		宅地：造成工事完了時の宅地に接する道路の幅及び構造 建物：建築工事完了時の建物の主要構造部，内装外装の構造や仕上げ，設備の設置状況と構造		
追加説明事項	24 区分所有建物 ※5	①一棟の建物の敷地に関する権利の種類・内容		
		②共用部分に関する規約の定め(案を含む)があるときは，その内容		
		③専有部分の用途その他の利用の制限に関する規約の定め(案を含む)があるときは，その内容		
		④一棟の建物・敷地の一部を特定の者のみに使用を許す旨の規約の定め(案を含む)があるときは，その内容		
		⑤一棟の建物の計画的な維持修繕のために費用の積立てを行う旨の規約の定め(案を含む)があるときは，その内容とすでに積み立てられている額(滞納があれば滞納額も)		
		⑥建物の所有者が負担しなければならない通常の管理費用の額(滞納があれば滞納額も)		
		⑦一棟の建物・敷地の管理が委託されているときは，委託を受けている者の氏名・住所(登録番号)		
		⑧一棟の建物の計画的な維持修繕のための費用，通常の管理費用その他の建物の所有者が負担しなければならない費用を特定の者にのみ減免する旨の規約の定め(案を含む)があるときは，その内容		
		⑨一棟の建物の維持修繕の実施状況が記録されているときは，その内容		

※1 「登記された権利」とは，所有権，地上権，質権，抵当権，賃借権等で登記されたものをいう。
※2 「支払金，預り金」とは，代金，交換差金，借賃，権利金，敷金等の金銭で，①受領する額が50万円未満のもの，②手付金等の保全措置により保全措置が講じられるもの，③売主又は交換の当事者である宅建業者が登記以後に受領するもの，④報酬，のいずれにも該当しないものをいう。
※3 建物の貸借の場合，「法令上の制限」については，一部を除きほぼ説明不要と考えてよい。したがって，建築基準法上の建蔽率，容積率，用途規制などについての説明も不要である。
※4 昭和56年(1981年)6月1日以降に新築の工事に着手したものを除く。
※5 宅建業者が宅地又は建物の信託(当該宅建業者を委託者とするものに限る)の受益権の売主となる場合は，原則として，売買契約が成立するまでの間に，売買の相手方に対して，その者が取得しようとしている信託の受益権に係る信託財産である宅地又は建物に関し，宅地建物取引士をして，表中の1，2，8～14，19～21，23，24の事項について，書面を交付して説明させなければならない(20については，措置が講じられている場合のみ)。
(例外として説明不要の場合)
　① 特定投資家及び特定投資家とみなされる者を信託の受益権の売買の相手方とする場合

② 信託の受益権の売買契約の締結前1年以内に売買の相手方に対し当該契約と同一の内容の契約について書面を交付して説明をしている場合(書面を交付して説明した日から1年以内に当該説明に係る売買契約と同一の内容の売買契約の締結を行った場合には、当該締結の日において書面を交付して説明をしたものとみなす)
③ 売買の相手方に対し目論見書(書面を交付して説明すべき事項のすべてが記載されているものに限る)を交付している場合
※6 調査の実施を宅建業者に義務付けるものではない。

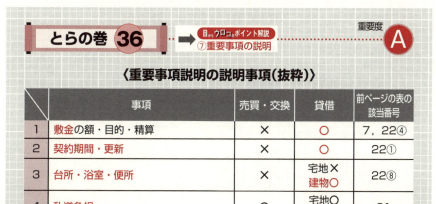

とらの巻 36 → 目からウロコのポイント解説 ⑦重要事項の説明　重要度 A

〈重要事項説明の説明事項(抜粋)〉

	事項	売買・交換	貸借	前ページの表の該当番号
1	敷金の額・目的・精算	×	○	7, 22④
2	契約期間・更新	×	○	22①
3	台所・浴室・便所	×	宅地× 建物○	22⑧
4	私道負担	○	宅地○ 建物×	21
5	建蔽率・容積率・用途規制	○	宅地○ 建物×	8
6	登記された権利の種類・内容・登記名義人又は表題部所有者	○	○	1
7	住宅性能評価を受けた新築住宅であるときは、その旨	△	×	19
8	工事完了時の形状・構造	未完成物件のみ○	未完成物件のみ○	23

○：定めの有無を問わず説明必要　△：定めがあれば(該当すれば)説明必要
×：説明不要

〈区分所有建物の追加説明事項(前ページの表24)〉

	事項	売買・交換	貸借
1	敷地利用権の種類・内容(所有権・地上権等)	○	×
2	共用部分に関する規約※1(共用部分の範囲、共有持分、管理等)	○	×
3	専有部分の用途その他利用の制限※1(ペット禁止等)	○	○
4	建物・敷地についての専用使用権※1(専用庭・専用バルコニー等)	○	×
5	修繕積立金の内容※1・すでに積み立てられている額・滞納額	○	×
6	通常の管理費用の額・滞納額	○	×
7	管理の委託先の氏名・住所※2(管理会社の名称・所在地)	○	○
8	修繕積立金・管理費用の減免※1	○	×
9	維持修繕の実施状況※3	○	×

○：説明必要　　×：説明不要
※1　規約の定め(案を含む)があるときに限る。
※2　管理が委託されているときに限る。
※3　維持修繕の実施状況が記録されているときに限る。

 問88…(4)　問89…(2)　問90…(1)(3)(4)　問91…(3)
問92…(1)(3)　問93…(1)(4)　問94…(1)(3)　問95
問96…(1)(4)　問97…(4)　問106…(1)　問136…(1)(4)
問137…(イ)　問144…(2)　問171…(3)(4)

Tea Time

LEC専任講師からの学習アドバイス
＜間違えて強くなる＞

よく使われる受験用語？にインプットとアウトプットがあります。
　インプットとは、問題点の理解や知識の習得のことをいい、アウトプットとは、問題演習のことをいいます。よく「問題演習は内容をしっかり理解してから。」と考える方がいらっしゃいますが、極めて非効率的な発想です。目的を忘れないでください。試験は合格することだけが目的です。すぐに問題演習にチャレンジしましょう。初めは間違えます。知識が定着していないのですから当然です。間違えたら解説を読んで知識を補充すればよいだけです。何を補充すればよいかは問題にチャレンジしなければわかりません。間違えることを恐れないでください。どんどん間違えましょう。

●13 37条書面

13 37条書面

 37条書面とは何だろうか？ 誰が，誰に，いつ，何を記載して交付するのだろうか？

1 37条書面とは

契約を結んだ後で「言った，言わない」のトラブルを防止するために，宅建業者は，契約の両当事者に，契約内容を記載した書面(37条書面)を交付しなければならないことになっている。いわゆる契約書のことだと思えばよい。

2 37条書面の交付方法

とらの巻 37

重要度

宅建業者は，①契約の当事者に，②契約締結後，遅滞なく，③一定事項を記載した，④宅地建物取引士の記名押印のある書面(37条書面)を交付しなければならない。

〈重要事項の説明書面(35条書面)と37条書面の比較〉

	35条書面	37条書面
趣旨	判断材料を提供	契約成立後のトラブル防止
方式	宅地建物取引士※の記名押印 ＋ 宅地建物取引士※の説明	宅地建物取引士※の記名押印
交付時期	契約成立まで(同時不可)	契約締結後遅滞なく
交付の相手	買主・借主・交換の両当事者	契約の両当事者
交付場所	どこでもよい	

※ 専任の宅地建物取引士である必要はなく，パートやアルバイトの宅地建物取引士でもよい。

ウォーク問② 問44…(ウ) 問98…(イ) 問99…(イ)(エ) 問101…(3)(4)
問104…(1) 問106…(2)(4) 問135…(3) 問155…(イ)
問156…(2) 問172…(4) 問176…(ア)(ウ)

宅建業法

LEC東京リーガルマインド 2022年版 どこでも宅建士 とらの巻 257

3 37条書面の記載事項

とらの巻 38

重要度 A

〈37条書面の記載事項(35条書面との関係)〉

		35条書面	37条書面
①	既存建物であるときは、建物の構造耐力上主要な部分等の状況について当事者の双方が確認した事項※1	×	○ (貸借なら①③は不要)
②	代金・交換差金・借賃の額・支払時期・支払方法		
③	移転登記の申請時期		
④	物件の引渡時期		
⑤	天災その他不可抗力による損害の負担(危険負担)	×	△ (貸借なら⑥⑦は不要)
⑥	契約不適合担保責任の内容		
⑦	公租公課の負担		
⑧	解除	○ (貸借なら⑪⑫は不要)	△ (貸借なら⑪⑫は不要)
⑨	損害賠償額の予定・違約金		
⑩	代金・交換差金・借賃以外の金銭の額・授受時期※2・授受目的		
⑪	代金・交換差金に関する貸借のあっせんが不成立のときの措置※3		
⑫	契約不適合担保責任の履行に関する保証保険契約その他の措置		

○:定めの有無にかかわらず記載必要　△:定めがあれば記載必要　×:記載不要

※1　35条書面においては既存建物状況調査を実施しているかどうか、及び建物貸借の場合を除きこれを実施している場合におけるその結果の概要と建物の設計図書、点検記録などの保存状況を記載
※2　35条書面においては授受時期は記載不要
※3　35条書面においてはあっせんの内容についても記載必要

ウォーク問② 問98…(ｱ)(ｳ)(ｴ)　問99…(ｳ)　問100…(1)(2)(3)　問101…(1)
　　　　　　問102…(ｲ)(ｳ)(ｵ)　問103…(ｳ)(ｴ)　問104…(2)(3)(4)
　　　　　　問105　問106…(1)(3)　問107…(4)　問135…(4)
　　　　　　問142…(3)　問161…(2)(4)(5)　問172…(1)(2)(3)
　　　　　　問176…(ｲ)(ｴ)

14 供託所等に関する説明

ここがポイント
供託所等に関する説明は，いつ，誰が，誰に，何を，どのように説明するのだろうか？

1 供託所等に関する説明とは

　お客さんが損害を被ったら，保証金から還付を受けることができる。とはいうものの，どこの供託所に供託しているかがわからないと，還付の受けようがない。だから，契約前にお客さんに説明してあげなければいけないことになっている。しかし，宅建業者であるお客さんには説明する必要はない。宅建業者は保証金から還付を受けられないからだ。

　重要事項の説明と同じ時期に説明するが，あくまで重要事項の説明とは別物だ。違いは３つ。①取引の両当事者に説明すること，②宅地建物取引士が説明する必要はないこと，③口頭でもよいこと，である。

2 説明事項

1 宅建業者が保証協会に加入していない場合
　営業保証金の供託所とその所在地
2 宅建業者が保証協会に加入している場合
　① 保証協会の名称・住所・事務所の所在地と社員である旨
　② 弁済業務保証金の供託所・所在地

とらの巻 39

重要度

1 宅建業者は，契約が成立するまでに，取引の当事者（宅建業者を除く）に対して，供託所等に関する事項について，説明するようにしなければならない。

2 説明担当者，説明方法については特に定めはない。

ウォーク問② 問55…(4) 問135…(2) 問144…(4) 問155…(ウ)

15　その他の業務上の規制

 業務に関する義務・禁止事項として，どのようなものがあるのか？

1　業務処理の原則

宅建業者は，取引の関係者に対し，信義を旨とし，誠実にその業務を行わなければならない（信義誠実の原則）。

2　従業者の教育

宅建業者を取り巻く環境は日々変化している。宅建業者がより高いサービスを提供するためには，宅地建物取引士を含めた従業者全体の資質の向上が必要となる。宅建業者は，従業者に対して必要な教育を行うよう努めなければならないのだ。

また，宅建業者を社員とする一般社団法人（業界団体）は，法令や金融その他の分野の体系的な研修の実施に努めなければならない。宅地建物取引士等がその職務に関し必要な知識と能力を効果的かつ効率的に習得できるようにするためである。

3　守秘義務

宅建業者やその従業者は，正当な理由なくして，業務上知り得た秘密を他に漏らしてはならない。なお，宅建業者が宅建業をやめたり，従業者が退職した後でも同様である。

〈「正当な理由」の例〉

① 裁判の証人として証言を求められた場合
② 税務署等の職員から質問検査権の規定に基づき質問を受けた場合
③ 媒介価額について意見を述べる際，根拠明示義務を果たすため必要な限度において，取引事例を顧客等に提示する場合

④ **依頼者本人の承諾**があった場合
⑤ 地価公示法に規定する標準地の価格の判定及び国土利用計画法に規定する基準地の標準価格の判定のための資料として、そのための鑑定評価を担当する不動産鑑定士に不動産取引事例を提供する場合

4 業務に関する禁止事項

1 **不当な履行遅延の禁止**
　宅建業者は、その業務に関してなすべき宅地・建物の**登記・引渡し**、又は取引に係る**対価の支払い**を、不当に遅延する行為をしてはならない。

2 **重要な事実の不告知・不実告知の禁止**
　いくら契約を取りたいからといって、お客さんに**わざと大事なことを黙っていたり、ウソを言ったり**してはいけない。**勧誘**するときだけでなく、**申込みの撤回や契約の解除、債権の行使**をさせないようにするためであっても同じである。対象となるのは次の4項目だ。

①	35条の重要事項
②	供託所等に関する説明
③	37条書面の記載事項
④	その他、相手方等の判断に重要な影響を及ぼすもの 相手方等の判断に重要な影響を及ぼすこととなるものには、次のようなことがある。 宅地又は建物の所在、規模、形質 現在もしくは将来の利用の制限、環境、交通等の利便 代金、借賃等の対価の額、支払方法その他の取引条件 当該宅建業者や取引の関係者の資力、信用に関する事項

3 **不当に高額の報酬を要求する行為の禁止**
　報酬限度額の何倍もの**高額の報酬を要求**してはならない。**実際に受領しなくても要求するだけで違反**となる。

4 **手付貸与等の禁止（信用の供与の禁止）**
　「手付金のご用意がなければ、お貸ししておきますよ」。……こういうセリフで契約を誘引してはダメだ。一見親切なようだが、実は買主にとっては解除しづらくなる不利な話なのだ。本来、買主は、手付を放棄すれば自己都合で契約を解除できるはずだ。しかし、その手付が借り物であれば、**宅建業者に対して財布を開かなければ**（お金を返さなければ）**解除できない**ため、解除しづらくなるのだ。以下、禁止されるものと認められるものをあげておく。

禁止されるもの	認められるもの
・貸付け　・後払い ・分割払い　・手形での支払い	・銀行との間の金銭の貸借のあっせん ・手付の減額

5　断定的判断の提供の禁止

　宅建業者は，宅建業に係る契約の締結を勧誘するに際し，相手方等に対し，**利益を生ずることが確実であると誤解させる**べき断定的判断を提供する行為をしてはならない。

6　威迫行為等の禁止

　契約を締結させるため，又は申込みの撤回・契約の解除を妨げるため，お客さんを威迫してはならない。

7　その他禁止される行為

①	宅地・建物の将来の環境又は交通の利便について，誤解させるべき断定的判断を提供する行為
②	正当な理由なく，当該契約を締結するかどうかを判断するために必要な時間を与えることを拒む行為
③	当該勧誘に先立って宅建業者の商号又は名称及び当該勧誘を行う者の氏名並びに当該契約の締結について勧誘をする目的である旨を告げずに，勧誘を行う行為
④	宅建業者の相手方等が当該契約を締結しない旨の意思（当該勧誘を引き続き受けることを希望しない旨の意思を含む）を表示したにもかかわらず，当該勧誘を継続する行為
⑤	迷惑を覚えさせるような時間に電話し，又は訪問する行為
⑥	深夜又は長時間の勧誘その他の私生活又は業務の平穏を害するような方法によりその者を困惑させる行為
⑦	宅建業者の相手方等が契約の申込みの撤回を行うに際し，すでに受領した預り金を返還することを拒む行為
⑧	宅建業者の相手方等が手付を放棄して契約の解除を行うに際し，正当な理由なく当該契約の解除を拒み，妨げる行為

8　宅建業の業務に関し行った行為の取消しの制限

　宅建業者（個人に限り，未成年者を除く）が宅建業の業務に関し行った行為は，行為能力の制限によっては取り消すことができない。成年被後見人や被保佐人であっても，心身の故障により宅建業を適正に営むことができない者として国土交通省令で定めるものに該当しなければ，宅建業を適正な判断により行うことができる者として宅建業の免許を得ることができる。この場合には宅建業の業務行為に関して制限行為能力者であることによる取消しを認める必要はないからだ。

とらの巻 40

重要度

1. 宅建業者やその従業者は，正当な理由なくして，業務上知り得た秘密を他に漏らしてはならない。宅建業者が宅建業をやめたり，従業者が退職した後でも同様である。

2. 宅建業者は，その業務に関してなすべき宅地・建物の登記・引渡し，又は取引に係る対価の支払いを，不当に遅延する行為をしてはならない。

3. 宅建業者は，契約の締結について勧誘をするに際して，又は申込みの撤回・契約の解除・宅建業に関する取引により生じた債権の行使を妨げるため，次のいずれかに該当する事項について，故意に事実を告げず，又は不実のことを告げてはならない。

①	35条の重要事項
②	供託所等に関する説明
③	37条書面の記載事項
④	その他，相手方等の判断に重要な影響を及ぼすもの

4. 宅建業者は，不当に高額の報酬を要求してはならない。

5. 宅建業者は，手付について信用の供与をすることにより，契約締結を誘引する行為をしてはならない。

禁止されるもの	認められるもの
・貸付け　・後払い ・分割払い　・手形での支払い	・銀行との間の金銭の貸借のあっせん ・手付の減額

6. 宅建業者は，宅建業に係る契約の締結の勧誘をするに際し，利益を生ずることが確実であると誤解させるべき断定的判断を提供する行為をしてはならない。

7. 宅建業者は，宅建業者の相手方等が契約の申込みの撤回を行うに際し，すでに受領した預り金を返還することを拒んではならない。

ウォーク問② 問51…(3)　問108…(1)(3)(4)　問109…(イ)(ウ)(エ)
問118…(ウ)　問139…(ウ)(エ)　問140…(1)(2)
問141…(イ)(ウ)　問142…(1)(4)　問158…(2)　問160…(3)
問175…(4)　問178…(ア)(エ)

5 宅地建物取引士が適切に業務処理をするためには

1 宅地建物取引士の職責増大

　中古住宅の流通が活性化するためには，宅建業者，リフォーム会社，インスペクション(住宅診断)業者，銀行等の金融機関，不動産鑑定士及び保険会社等が連携していくことが必要である。この連携の中心的役割を果たすのが，宅地建物取引の専門家である宅地建物取引士だ。また，宅地建物取引士が説明すべき重要事項も増加している。このように宅地建物取引士が果たすべき責任が増大しているので，宅地建物取引士が適切に業務を行うことができるようにするため，宅地建物取引士の業務処理について規定を定めている。

2 宅地建物取引士の業務処理の原則

　宅地建物取引士の行動指針というべき規定が定められている。宅地建物取引士は，**公正かつ誠実**にこの法律に定める事務を行うとともに，宅建業に関連する業務に従事する者との**連携**に努めなければならないという規定だ。宅地建物取引士は，宅建業の業務に従事するときは，宅地又は建物の取引の専門家として，購入者等の利益の保護及び円滑な宅地又は建物の流通に資するよう行動すべきだからだ。

3 信用失墜行為の禁止

　ある宅地建物取引士が信用・品位を害する行為を行った場合，宅地建物取引士全体のイメージが悪くなりかねない。そこで，宅地建物取引士に対して，宅地建物取引士の**信用又は品位を害する行為を禁止**した。具体的には，秘密をもらす行為，威迫行為，差別的な行為，重要事項について事実と異なることを告げる行為，勧誘を拒否した相手に対して勧誘を続ける行為，深夜や長時間の勧誘などにより相手の私生活や業務の平穏を害する行為などである。宅地建物取引士としての職業倫理に反するような行為であれば，職務に必ずしも直接関係しない行為や**私的な行為も含まれる**。

4 知識及び能力の維持向上

　宅地建物取引士という名が付くことで，社会的評価が高まる。求められる知識や能力も高いものが要求される。また，取引の実情，法令や判例などについて，知識の更新と，深い理解が必要になる。

　そこで，宅地建物取引士は，宅地・建物の取引に係る事務に**必要な知識及び能力の維持向上に努めなければならない**のだ。

16 自ら売主制限総論

ここがポイント
宅建業者自らが売主となる取引を特に制限するのはなぜか？ 宅建業者間の取引にも，この制限は適用されるのか？

　宅建業者が媒介・代理をする場合は報酬額の制限があるが(26章で学習する)，自ら売主として売買する場合は，大きく儲かる可能性がある。一般消費者である買主の無知につけこんで，自分に有利に事を運ぼうとする宅建業者がいないとも限らないため，「宅建業者が売主，一般消費者が買主」という場合のみ，宅建業者に8種類の特別の規制をかける。いわば，ハンディをつけるわけだ。これが「自ら売主制限」である。

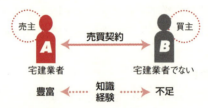

とらの巻 41　　　　　　　　　　　　　　　重要度 A

〈自ら売主制限の適用〉

売主	買主	自ら売主制限の適用
宅建業者	宅建業者でない	あり
宅建業者	宅建業者	なし
宅建業者でない	宅建業者	なし
宅建業者でない	宅建業者でない	なし

ウォーク問②　問76…(3)　問101…(1)　問110…(3)　問117…(1)
　　　　　　　問121…(2)　問125…(3)　問126…(1)(4)　問138…(4)
　　　　　　　問143…(2)(3)(4)　問144…(3)(4)　問155…(ア)(イ)
　　　　　　　問156…(3)　問158

17 自ら売主制限①（クーリング・オフ）

ここがポイント クーリング・オフとは，何だろうか？　クーリング・オフができないのは，どのような場合だろうか？

1　クーリング・オフとは

　一般消費者であるお客さんを温泉旅館に連れて行き，ドンチャン騒ぎ。いい気分になったところで，「さ，さ，この契約書にサインを……」。

　昔はこういった強引な営業方法が実際に行われていた。契約は契約なので，買った以上はお金を払わなければならない，とされてはお客さんがかわいそうだ。そこで，宅建業者が自ら売主となる売買契約において，一般消費者が，レストランや喫茶店，ホテルのロビー，テント張りの案内所など，**冷静に意思決定ができない場所**（「事務所等以外の場所」）で**申込み**や**契約**をした場合，特別に**キャンセル**できることになっている。これが**クーリング・オフ**制度だ。

2　クーリング・オフができない場所

　一般消費者といえども，冷静に意思決定できる場所（「事務所等」）で申込みや契約をした場合は，クーリング・オフができない。

　まず，宅建業者の「**事務所**」は，クーリング・オフができない場所の代表選手だ。

　また，「**案内所**」であっても，建物の一室であるなど**土地に定着**しており，しかも**成年者である専任の宅地建物取引士の設置義務**があるならば，「事務所」に準じて扱われ，クーリング・オフはできない。反対に，「テント張りの案内所」は土地に定着していないため，クーリング・オフができることになる。

　さらに，「**一般消費者から申し出た，一般消費者の自宅・勤務先**」もクーリング・オフができない場所だ。一般消費者が自分で宅建業者を呼んで申込みや契約をしたのだから，一般消費者の腹は決まっているのだ。これに対し，宅建業者のほうから一般消費者の自宅や勤務先に押しかけてきて申込みや契約を取りつけた場合は，クーリング・オフができる。

なお，申込みの場所と契約の場所が異なる場合，クーリング・オフができるかどうかは申込みの場所で判断すればよい。一般消費者が決心したのは，申込みの段階だからだ。

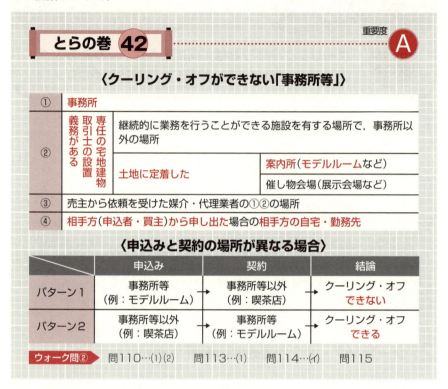

3 例外的にクーリング・オフができなくなる場合

クーリング・オフができる場所で申込みや契約をしたとしても，クーリング・オフができる旨及びその方法を宅建業者から書面で告げられた場合は，告げられた日から起算して8日間経過するとクーリング・オフができなくなる。考え直す時間を与えられたにもかかわらずクーリング・オフをしないということは，買主の購入意思は固まっていると考えられるからだ。

また，物件の引渡しを受け，かつ，代金全額を支払った場合も，クーリング・オフができなくなる。

●17 自ら売主制限①(クーリング・オフ)

とらの巻 43　　　　　　　　重要度 A

次のどちらかに該当すると，クーリング・オフはできなくなる。

①	クーリング・オフができる旨・方法を，宅建業者から書面で告げられた日から起算して8日経過 →告げられない場合や口頭で告げられた場合は，下記②に該当しない限りいつまでもクーリング・オフができる。
②	引渡しを受け，かつ，代金全額を支払った場合 →移転登記を受けているかどうかは関係ない。

ウォーク問② 問111…(イ)(ウ)　問112…(1)(2)　問113…(2)(4)　問114…(ウ)
　　　　　　 問115…(2)(3)(4)　問125…(1)　問128…(3)　問174…(2)

4 クーリング・オフの方法

　クーリング・オフは書面で行わなければならない。書面を発した時(ポストに投函した時)にクーリング・オフの効力が生じる(発信主義)。郵便の事故で宅建業者に届かなかったとしても，発しさえすればクーリング・オフはできている。意思表示の効力が発生するのは相手方に到達した時，という民法の原則が，一般消費者に優しく修正されているのだ。

5 クーリング・オフの効果

　クーリング・オフは無条件解除である。だから，宅建業者は，受け取っていたお金(手付金など)があればすみやかに返還しなければならないし，一般消費者に損害賠償や違約金の支払いを請求することもできない。
　そして，クーリング・オフの規定に反する特約で，一般消費者に不利なものは無効となる。

とらの巻 44

重要度 A

1 クーリング・オフは書面で行うことを要し、書面を発した時にその効力が生じる。

2 クーリング・オフがなされた場合、宅建業者は、
(1) 撤回・解除に伴う損害賠償・違約金の支払いを請求することはできない。
(2) 受領した手付金その他の金銭をすみやかに返還しなければならない。

3 クーリング・オフの規定に反する特約で、買主に不利なものは無効である。

▶ ウォーク問②　問110…(4)　　問111…(ア)　　問112…(3)(4)　　問113…(3)
　　　　　　　問114…(ア)　　問115…(1)(3)　問122…(3)(4)　　問125…(1)
　　　　　　　問129…(3)　　問174…(1)(4)

Tea Time

LEC専任講師からの学習アドバイス
＜平常の勉強で合格する＞

"平常の勉強を継続して合格"してください。言い換えれば、"合格できる勉強を平常から行う"ということです。大事なのは、日々つねに合格を視野に入れ、この知識は本試験ではどう問われているか、何を身につけていなければいけないのか、こういったことを考え続けるわけです。これをやっている人とやっていない人とでは、1カ月、2カ月、3カ月……と、時間がたつにつれ、どんどん差がついていきます。直前期に挽回しようとしても、時すでに遅しです。特別な勉強方法があるわけではありません。日々の勉強にこそ圧倒的な差があるわけです。しっかりと合格を視野に入れ、一日一日、合格できる勉強を継続してください。

18 自ら売主制限②（手付金等の保全措置）

ここがポイント　手付金等の保全措置の目的は何だろうか？　保全措置を講じなくてよいのはどんな場合だろうか？

「**手付金等**」とは，契約の締結日以後，**引渡し前**に支払われ，**代金に充当**されるお金のことだ。一般消費者にとって，引渡し前にお金を払うのは不安である。引渡しもしてもらえず，お金も返って来ず……などということにならないとも限らないからだ。そこで，宅建業者が自ら売主となる売買契約において，宅建業者は，いざとなれば一般消費者に返せる準備（＝**手付金等の保全措置**）をしてからでないと，一般消費者から手付金等を受け取ってはいけないことになっている。

とはいえ，**一般消費者に登記を移転した後は保全措置は不要**である。登記をすれば一般消費者は誰に対しても所有権を主張できるようになり，安心だからだ。なお，**手付金等の額が安い場合も保全措置は不要**である。具体的には，**完成物件**であれば**代金の10％以下**かつ1,000万円以下，**未完成物件**であれば**代金の5％以下**かつ1,000万円以下の場合である。なお，完成物件とは，売買契約時において工事が完了している物件のことである。工事の完了とは，外観上の工事だけでなく，内装等の工事が完了しており，居住可能な状態を指す。

例：1億円の未完成宅地

上の例の場合，引渡し前に支払われる手付金と中間金（計2,500万円）が「手付金等」である。まず㋐の時点では保全措置はいらない。「手付金等」の額が，まだ代金の5％以下かつ1,000万円以下に収まっているからだ。㋑の中間金を受け取

る前に，すでに受領済みの500万円と，今回受け取る2,000万円を合わせた2,500万円全額について，保全措置を講じなければならない。㈱の残代金は，引渡し及び登記後であり，「手付金等」ではないため，保全措置はいらない。

とらの巻 45　〈手付金等の保全措置〉　重要度 A

原則	宅建業者は，保全措置を講じた後でなければ，手付金等を受領してはならない。 →買主は，例外にあたらないのに宅建業者が保全措置を講じないときは，手付金等を支払わなくてもよい。 →保全措置は，すでに受領した分も含めた手付金等全額について講じなければならない。
手付金等とは	売買契約締結の日から物件の引渡し前までに支払われる金銭で，代金に充当されるものをいう。 →引渡しと同時に支払われるものは含まない。 →契約締結前に支払われる申込証拠金も，代金に充当されるのであれば手付金等に該当する。
例外的に保全措置が不要な場合	①買主が所有権の登記をしたとき ②手付金等が少額の場合 　未完成物件　→　代金の 5%以下　かつ　1,000万円以下 　完成物件　　→　代金の10%以下　かつ　1,000万円以下
保全措置の方法	保全措置の方法としては「保証」，「保険」，「保管(寄託)」の3つがあるが，未完成物件には「保管」の方法は使えない。 |	①銀行等との保証委託契約	②保険事業者との保証保険契約	③指定保管機関との手付金等寄託契約
---	---	---	---
未完成物件	○	○	×
完成物件	○	○	○	

ウォーク問②　問116…(1)(2)(3)　問117…(3)(4)　問118…㈰㈪
　　　　　　　問119…㈱　問130…(1)(3)(4)　問177…(2)

19 自ら売主制限③（手付の額・性質の制限）

ここがポイント 手付に関する問題点について，宅建業法は，どのように対処しているのだろうか？

1 手付の性質の制限

　売買契約の際に，買主が売主に手付を支払うことがある。手付は大きく分けて2種類ある。それを使うことによって契約を解除できる手付と，できない手付だ。契約を解除するための手付を解約手付といい，相手方が履行に着手するまでは，買主は手付を放棄して，売主は手付の倍額を現実に提供して契約を解除することができる。民法上，手付の性質は当事者が自由に決めることができ，取決めがない場合に解約手付と推定されるにすぎない。

　ところが，宅建業法の「自ら売主制限」においては，<u>手付は解約手付とみなされる</u>。どんな取決めをしたとしても，手付は解約手付の性質を持つということだ。したがって，宅建業者が履行に着手するまでは，<u>一般消費者は手付放棄</u>によって無理由で<u>解除できる</u>。同様に，一般消費者が履行に着手するまでは，宅建業者は手付の倍額を現実に提供して解除できる。

2 手付の額の制限

　民法上，手付の額は当事者が自由に決めることができる。

　しかし，宅建業法の「自ら売主制限」において，宅建業者は，一般消費者である買主から<u>代金の10分の2を超える手付は受領できない</u>。1億円の物件であれば2,000万円までだ。10分の2を超える額を取り決めたとしても，<u>超える部分は無効である</u>。手付を3,000万円と取り決めたとしても，買主は2,000万円を放棄すれば解除でき，1,000万円は宅建業者から返してもらえる。いくら一般消費者が自分の都合で解除するとはいえ，あまりに高額の手付を放棄させられるのでは，かわいそうだからだ。

とらの巻 46

重要度

〈手付の額・性質の制限〉

性質	常に**解約手付** →**相手方が履行に着手するまで**は，**買主**は手付を**放棄**して，**売主**は手付の倍額を現実に提供して契約を解除できる。 →**買主に不利な特約**は**無効**。
手付額	代金額の**10分の2**まで(**超える部分は無効**)

問117…(2)　問119…(ア)　問123…(3)(4)　問124…(ウ)
問127…(ウ)　問128…(2)　問129…(1)　問130…(2)
問140…(3)　問157…(エ)

〈手付のまとめ〉

	対象	業者間での適用
手付貸与等の禁止	手付のみ	あり
手付金等の保全措置	手付に限られない	なし
手付の額・性質の制限	手付のみ	

Tea Time

LEC専任講師からの学習アドバイス
〈専門用語編　「直ちに」と「速やかに」ではどちらがより早さを要求される？〉

　たとえば，「遅滞なく，変更の登録の申請をしなければならない。」といった表現のように，宅建業法の学習では「直ちに」「速やかに」「遅滞なく」という用語を目にする機会があります。学習を始めたばかりの時期は大して気にはなりませんが，学習が進んでくると気になる表現です。大雑把に言えば，どの表現も「具体的な日数の設定はしないけど，できるだけ早く。」といったほどの意味であって，宅建士試験に合格するためには無視してよいテーマです。「2週間以内」や「30日以内」という具体的な日数が明記されていた場合に「誤り。」という判断ができれば十分です。

　なお，「時間を空けるな。できるだけ早く。」という性質の強さは「直ちに」が最も強く，次いで「速やかに」，最も弱いものが「遅滞なく」の順とされています。

20 自ら売主制限④（自己所有でない物件の契約制限）

ここがポイント 自己の所有に属しない物件の売買について，宅建業法は，どのように対処しているのだろうか？

1 他人物売買についての制限

　民法上，他人の物を売る契約（他人物売買）は有効だ。しかし，宅建業法の**「自ら売主制限」においては，他人物売買は原則として禁止**されている。宅建業者が所有権を手に入れられなかった場合，一般消費者が損害を受ける危険があるからだ。

　しかし，**宅建業者が所有権を確実に手に入れられる**のであれば話は違う。つまり，宅建業者が，所有者との間で，物件を取得する**契約**を結んでいるか**予約**をしている場合は，一般消費者に売ってもよい。物件を取得する契約さえ結んでいれば，代金を支払っていなくても，登記を移転していなくてもかまわない。また，予約さえしていれば，予約完結権（予約を本契約に移行させる権利）を行使していなくてもかまわない。

　ただし，宅建業者と所有者との間の契約が，**停止条件**付売買契約（「転勤が決まったら売る」，「農地法５条の許可がおりたら売る」など）であればやっぱり**ダメ**だ。停止条件が成就するまでは，確実に所有権を取得できるかどうかわからないからである。

　なお，宅建業者と宅建業者ではない買主との売買契約は，停止条件付きでもかまわない。

とらの巻 47

重要度

〈他人物売買についての制限〉

原則：宅建業者は，自己の所有に属しない物件の売買契約（予約も含む）を自ら売主として締結してはならない。

例外：宅建業者が物件を取得する契約・予約を締結しているとき（停止条件付契約を除く）

所有者と業者の間	業者と買主の間
何もなし	×
契約あり	○
予約あり	○
停止条件付契約あり	×

○：（契約・予約・停止条件付契約が）できる　×：できない

ウォーク問② 問120　問122…(1)　問127…(イ)　問137…(エ)
問139…(ア)

2 未完成物件の取引についての制限

　宅建業者は，**未完成物件**を自ら売主として一般消費者に売ってはいけない。果たして完成するかどうかわからないからだ。しかし，例外的に，宅建業者が**手付金等の保全措置**を講じた場合は売ってもよい。買主が損害を被る危険性が少ないからだ。

21 自ら売主制限⑤（損害賠償額の予定等の制限）

ここがポイント 損害賠償額の予定や違約金の額は、なぜ制限されているのだろうか？

1億円の宅地の売買契約をする際、「契約違反をしたら、損害賠償として5,000万円支払うこと！」と特約したとしよう。この特約は民法上は有効だが、宅建業法の「自ら売主制限」においては無効である。

債務不履行による損害賠償請求をする際に損害額の証明をしなくてすむように、あらかじめ予定額を決めておくことを、**損害賠償額の予定**という。また、**違約金**には「損害賠償額の予定としての違約金」と「違約罰（債務不履行をしたペナルティとして没収し、損害賠償は別途請求できる）としての違約金」があるが、特に取決めをしなければ**損害賠償額の予定**とされる。

損害賠償額の予定をしていれば、債務不履行をすると実際の損害額が予定額より多くても少なくても、予定額の損害賠償を支払わなければならない。つまり、予定額にしばられるのだ。しかし、一般消費者をあまり高い額でしばってはかわいそうなので、宅建業者が自ら売主となる売買契約において、**損害賠償額の予定**又は**違約金**を定めるときは、**合算して代金の10分の2まで**に制限される。1億円の物件なら2,000万円までだ。**10分の2を超えて定めても、超える部分**が**無効**になる。なお、損害賠償額の予定も違約金も定めない場合は、実際の損害額を証明して賠償請求をすることができ、10分の2という制限はない。

とらの巻 48

重要度 **A**

〈損害賠償額の予定等の制限〉

損害賠償額の予定と**違約金**は、合算して代金額の**10分の2**まで
　→**超える部分は無効**

ウォーク問② 問123…(1)(2)　問124…(イ)　問125…(3)　問126…(1)
　　　　　　 問128…(1)　問129…(2)　問177…(3)

宅建業法

22 自ら売主制限⑥（割賦販売契約の解除等の制限）

ここがポイント　宅建業法は，割賦販売契約の解除について，どのように対処しているのだろうか？

「割賦販売」とは分割払いのことだ。各回ごとの支払金を「賦払金」と呼ぶ。現代ではローン（金融機関から借りたお金で一括払い）が一般的であり，割賦販売はあまり行われない。

民法上，代金の支払いが遅れた（履行遅滞となった）場合，売主が相当期間を定めて支払いを催告し，それでも支払いがなければ契約を解除できる。

しかし，「自ら売主制限」において，売り物は宅地建物だ。分割といっても5回や6回ではきかないだろう。30年間毎月支払うとすれば，360回分割だ。ある月の支払いが2，3日遅れたぐらいで，簡単に解除されたのでは，一般消費者はたまらない。

そこで，宅建業法では，自ら売主となる宅建業者は，①**30日以上**の相当期間を定め，支払いを②**書面**で催告し，この期間内に支払いがないときでなければ，契約の解除や残りの回の賦払金の全額請求ができないとしている。そして，この制限に違反する特約は無効である。

とらの巻 49　重要度 C

〈賦払金の支払いがない場合〉

民法	相当期間を定めて	支払いを催告	→支払いがなければ解除できる
業法（自ら売主制限）	**30日以上**の相当期間を定めて	支払いを**書面**で催告	

ウォーク問②　問126…(2)

23 自ら売主制限⑦（所有権留保等の禁止）

ここがポイント 宅建業法は，所有権留保特約について，どのような対処をしているのだろうか？

1 所有権留保とは

たとえば，分割払いで自動車を買うと，返済中はディーラー名義のままであることが一般的だ。完済してはじめて名義を移してもらえる。このように，残代金の回収のために所有権を買主に移転させない制約のことを**所有権留保**という。

2 所有権留保等の禁止

宅建業者が自ら売主となる売買契約において，所有権留保等は以下のように規制されている。

1 所有権留保の原則的禁止
　宅建業者は，**引渡しまでに登記の移転**をしなければならない。
2 所有権留保の禁止の例外
　以下の２つの場合は，登記を移転しなくてもよい。
　① 宅建業者が受領した額が**代金の額の10分の３以下**であるとき
　② 買主が，残代金担保のための抵当権や先取特権の登記申請に協力せず，残代金を保証する保証人を立てる見込みもないとき
3 譲渡担保の原則的禁止
　宅地建物を引き渡し，かつ，代金の10分の３を超える金額の支払いを受けた後は，**担保の目的で再び宅建業者名義に戻してはいけない**。所有権留保の禁止の脱法行為になるからである。

24 自ら売主制限⑧（契約不適合責任の特約制限）

ここがポイント
民法上の契約不適合責任の内容は、どのようなものか？
宅建業法は、これをどのように修正しているのだろうか？

1 民法が規定する契約不適合責任

1 民法の規定

住むために家を買ったが、後になってシロアリがいることがわかったとしよう。このように、買った家などの目的物の種類又は品質に関する契約内容の不適合がある場合に、売主が負う責任のことを契約不適合責任という。この場合、買主は、売主に対して、修補などによる履行の追完請求、代金減額請求、損害賠償請求及び解除権の行使をすることができる。なお、契約不適合が契約及び取引上の社会通念に照らして軽微なときは、解除権を行使することができない。また、契約不適合が買主の責めに帰すべき事由によるときは、追完請求、代金減額請求及び解除権の行使をすることができない。これらの売主の契約不適合責任は、買主がその不適合を知った時から1年以内にその旨を売主に通知するという期間制限がある。ただし、売主が引渡しの時にその不適合を知っていたり、重大な過失によって知らなかったときは、この期間制限は適用されない。 改正

2 特約

民法上、特約は自由に結べる。「**売主は契約内容の不適合による契約不適合責任を負わない**」という**特約**も**有効**だ。ただし、その場合でも、売主が知っていながら買主に告げなかった事実については責任を負う。

2 宅建業法〜契約不適合責任の特約の制限〜

1 宅建業法の制限

宅建業者が売主、一般消費者が買主となる宅地建物の売買契約においては、**民法の規定より一般消費者に不利な特約は禁止**される。
しかし、通知期間について**引渡しから2年以上となる特約**は、一般消費者

●24 自ら売主制限⑧（契約不適合責任の特約制限）

に不利ではあるが例外的に**有効**だ。民法上は，9年前に買った物でも，今日契約不適合に気づいたのなら今日から1年以内に通知して責任追及できる。しかし，宅地建物を売るのが商売である宅建業者にとって，そんなに長期間，責任から解放されないのは不合理だ。そこで，特約で通知期間を「引渡しから2年」に限定することができるのだ。一般消費者を保護する「自ら売主制限」の中で，珍しく宅建業者サイドに配慮した規定である。 改正

　ただし，後述するように，新築住宅の「構造耐力上主要な部分」又は「雨水の浸入を防止する部分」の瑕疵については，住宅の品質確保の促進等に関する法律が適用され，買主が瑕疵を知った時から1年以内にその旨を売主に通知することにより，売主は引渡しから10年間瑕疵担保責任を負わなければならず，特約で短縮することはできない。 改正

2　特約について

　1以外で，**一般消費者に不利な特約は無効**であり，**民法に戻る**。逆に**一般消費者に有利な特約は有効**だ。

特約の内容	有効か無効か
「種類又は品質の不適合が売主の責めに帰すものでないときは，売主は契約不適合責任を負わない」	無効（民法の規定に戻る）
「契約を解除できるのは，契約不適合が契約及び取引上の社会通念に照らして軽微でないときに限る」	有効
「買主の責めに帰すべき事由による契約不適合については修補の責任を負わない」	有効
「通知期間を買主が知った時から6カ月間とする」	無効（知った時から1年になる）
「通知期間を買主が知った時から1年半とする」	有効
「通知期間を引渡しの日から1年間とする」	無効（知った時から1年になる）
「通知期間を引渡しの日から3年間とする」	有効

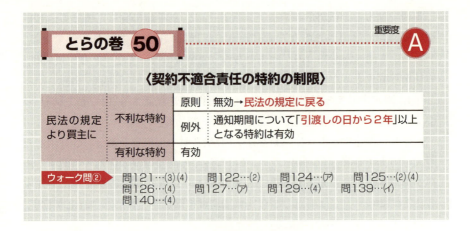

3 品確法～新築住宅の売主の瑕疵担保責任～

　売主が宅建業者であろうとなかろうと，また，買主が宅建業者であろうとなかろうと，新築住宅の売買契約には住宅の品質確保の促進等に関する法律(以下，「品確法」)が適用され，売主は①構造耐力上主要な部分(基礎・土台・床・屋根・柱・壁等)，②雨水の浸入を防止する部分(屋根・外壁・雨水排水管等)の瑕疵については引渡しから10年間，瑕疵担保責任を負わなければならない。責任内容は，民法が規定する損害賠償，解除，修補等の履行の追完及び代金減額である。これに反する特約で買主に不利なものは無効である。 改正

　したがって，宅建業者が自ら売主となり，宅建業者以外の者が買主となる新築住宅の売買契約においても，構造耐力上主要な部分又は雨水の浸入を防止する部分の瑕疵に限っては，売主の責任期間を「引渡しから2年」とする特約や，「修補をしない」という特約は認められず，宅建業者は引渡しから10年間，修補をも含めた責任を負わなければならない。

● 24 自ら売主制限⑧（契約不適合責任の特約制限）

〈通知期間・責任期間のまとめ〉

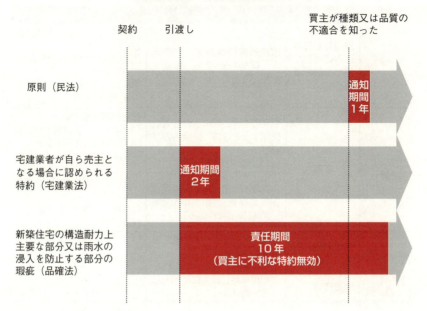

〈自ら売主制限のまとめ〉

	民法の原則	自ら売主制限の原則	業法の例外
①クーリング・オフ	理由なしに申込みの撤回・契約の解除はできない	事務所等以外の場所で申込み・契約した場合、撤回・解除ができる	クーリング・オフできない場合 ①書面で告げられた日から8日経過した ②引渡しを受けかつ代金を全部支払った
②手付金等の保全措置	不要	物件の引渡し前に手付金等を受領するときは、保全措置が必要 〈保全措置の方法〉 ①銀行等の保証 ②保険事業者による保証保険 ③指定保管機関による保管 （③は完成物件のみ）	保全措置不要の場合 (1)手付金等の合計金額1,000万円以下かつ ①未完成物件→代金の5％以下 ②完成物件→代金の10％以下 (2)買主が所有権の登記をしたとき
③手付の額・性質の制限	額の制限はなく、解約手付としないこともできる	①代金の10分の2を超える手付は受領不可 ②常に解約手付とみなされる ③手付に関し買主に不利となる特約は無効	——
④自己所有でない物件の契約制限	有効	契約できない	次の場合は契約可 ①他人物→物件を取得する契約（予約を含み、停止条件付のものを除く）がある場合 ②未完成物件→手付金等の保全措置を講じた場合
⑤損害賠償額の予定等の制限	自由に予定することができる	①損害賠償額の予定と違約金を合算して、代金の10分の2を超えてはならない ②超える場合はその部分につき無効	——
⑥割賦販売契約の解除等の制限	相当期間を定めて催告後解除	①30日以上の相当期間を定めて催告する ②催告は書面でする ③違反する特約は無効	——
⑦所有権留保等の禁止	規制なし	引渡しまでに登記をしなければならない	所有権留保可の場合 ①支払済額が代金の10分の3以内 ②買主が代金支払いの担保措置を講じない
⑧契約不適合責任の特約制限	自由に特約できる	民法の規定より買主に不利となる特約の禁止	売主の通知期間につき「引渡しの日より2年」以上となる特約は可（民法上は、買主が契約不適合を知った時から1年以内に通知）

25-1 住宅瑕疵担保履行法（全体構造）

ここがポイント

2010年本試験から「宅建業法及びその関係法令」として新たに出題範囲となった。基本事項を押さえよう。

1 住宅瑕疵担保履行法とは

1 品確法

売買の場合の買主や請負の場合の注文者が民法上の担保責任（契約不適合責任）を追及するためには，買主や注文者が，契約内容の不適合を知った時から１年以内に売主や請負人に通知する必要がある。しかし，新築住宅[※1]のうち，構造耐力上主要な部分（基礎・土台・床・屋根・柱・壁等）又は雨水の浸入を防止する部分（屋根・外壁・雨水排水管等）の瑕疵[※2]の責任期間は，住宅の品質確保の促進等に関する法律（以下，「品確法」）により売買・請負ともに引渡しから10年間に強化されている（権利関係9章，23章を参照）。なお，民法の担保責任（契約不適合責任）の内容は，修補などの追完請求，代金減額請求，損害賠償請求及び解除権の行使であり，品確法も同様の内容である（権利関係9章）。[※3] **改正**

※1 品確法が規定する新築住宅とは，①建設工事完了の日から１年以内であり，②まだ人の居住の用に供したことのない住宅をいう。
※2 品確法において「瑕疵」とは，種類又は品質に関して契約の内容に適合しない状態をいう。
※3 品確法の規定による担保責任を，住宅瑕疵担保履行法では「特定住宅瑕疵担保責任」という。

2 住宅瑕疵担保履行法

品確法で新築住宅についての瑕疵担保責任を強化したところで，売主や請負人に資力がなければ瑕疵修補や損害賠償金の支払いは事実上不可能であり，法規制は「絵に描いた餅」となってしまう。買主や注文者が宅建業者であるならば，取引の相手方の資力リスクをも負担すべきといえるが，一般消費者にそのようなリスクを負わせることは酷である。事実，平成17年に発覚した耐震強度偽装事件では，あるデベロッパーが修補費用を工面できずに倒産し，住宅購入者に多額の負担を強いるという事態となったが，このようなことは防止されるべきである。

そこで，平成19年，買主・注文者が一般消費者である場合に，売主である宅建業者及び請負人である建設業者に資力確保を義務付ける，**「特定住宅瑕疵担保責任の履行の確保等に関する法律」**（以下，「住宅瑕疵担保履行法」。「履行確保法」と省略する場合もある）が制定され，平成21年10月1日に全面施行された。

住宅瑕疵担保履行法は，特定住宅瑕疵担保責任の履行を確実なものとすることによって，非宅建業者である発注者や買主の利益の保護を図るとともに，**円滑な住宅の供給**を図り，国民生活の安定向上と国民経済の健全な発展に寄与することを目的としている。

なお，品確法は宅建業者間取引でも適用されるのに対し，住宅瑕疵担保履行法は宅建業者間取引には適用されないことに注意が必要である。

2 資力確保措置

1 資力確保措置が義務付けられる者

新築住宅の売主である宅建業者及び住宅の新築工事の請負人である建設業者は，**買主又は発注者が宅建業者以外**の者である場合に限り，瑕疵担保責任の履行のため，**「住宅瑕疵担保保証金の供託」**又は**「保険への加入」**のいずれかによる資力確保が義務付けられている。全戸について供託又は保険で対応してもよいし，一部の住宅は供託で一部は保険というように組み合わせてもよい。もし措置を講じない場合には，新築住宅の売買契約や請負契約を締結することはできない。

2 資力確保措置の対象となる瑕疵

資力確保措置の対象となるのは，品確法で引渡しから10年間の担保責任が義務付けられる**構造耐力上主要な部分（基礎・土台・床・屋根・柱・壁等），又は，雨水の浸入を防止する部分（屋根・外壁・雨水排水管等）の瑕疵**である。

以下，新築住宅の売主である宅建業者（以下，「売主業者」）について記述していくが，住宅の新築工事の請負人である建設業者についても同様の規制がなされている。

25-2 住宅瑕疵担保履行法（供託）

ここがポイント 資力確保措置の1つ，住宅販売瑕疵担保保証金の供託について基本事項を押さえよう。

1 住宅販売瑕疵担保保証金の全体像

売却した新築住宅に瑕疵があった場合，原則的には，売主業者が瑕疵の修補や損害賠償金の支払いをしなければならない。しかし，この義務を果たせない場合に備え，**住宅販売瑕疵担保保証金**（以下，「保証金」）を供託所に供託しておくことになっている。

売主業者が義務を果たさない場合，買主に保証金が還付されるため，買主は自ら瑕疵を修補することができる。売主業者は，引渡しから**10年間は保証金を取り戻すことができない**。

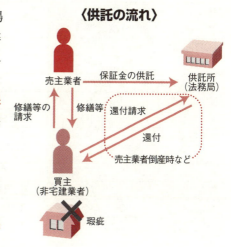

〈供託の流れ〉

2 保証金の供託

1 保証金の供託 改正

売主業者は，毎年，**基準日（3月31日）から3週間を経過する日までの間**において，**基準日前10年間に引き渡した新築住宅**（特定瑕疵担保責任を負っている新築住宅）※の合計戸数を基礎として計算した保証金を，売主業者の**主たる事務所の最寄りの供託所に供託**しなければならない。金銭のほか，国債証券等，一定の有価証券での供託も可能である。供託額は過去10年間の新築住宅供給戸数に応じた額である（ただし，住宅瑕疵担保責任保険を付保した住宅（保険付保住宅）は供給戸数には算入しない）。

〈有価証券の評価額〉

有価証券の種類	評価額
国債証券	100分の100
地方債証券・政府保証債証券	100分の90
その他の債券	100分の80

〈供託額（参考）〉

10年間の供給戸数[※1]		供託額[※2]	
	1以下	2,000万円	×戸数
1を超え	10以下	200万円	×戸数＋1,800万円
10を超え	50以下	80万円	×戸数＋3,000万円
50を超え	100以下	60万円	×戸数＋4,000万円
100を超え	500以下	10万円	×戸数＋9,000万円
500を超え	1,000以下	8万円	×戸数＋1億円
1,000を超え	5,000以下	4万円	×戸数＋1億4,000万円
5,000を超え	1万以下	2万円	×戸数＋2億4,000万円
1万を超え	2万以下	1万9,000円	×戸数＋2億5,000万円
2万を超え	3万以下	1万8,000円	×戸数＋2億7,000万円
3万を超え	4万以下	1万7,000円	×戸数＋3億円
4万を超え	5万以下	1万6,000円	×戸数＋3億4,000万円
5万を超え	10万以下	1万5,000円	×戸数＋3億9,000万円
10万を超え	20万以下	1万4,000円	×戸数＋4億9,000万円
20万を超え	30万以下	1万3,000円	×戸数＋6億9,000万円
30万を超える		1万2,000円	×戸数＋9億9,000万円

※1　床面積の合計が55m^{2}以下の住宅は，2戸をもって1戸と数える。
※2　算定した額が120億円を超える場合は120億円となる。
（例）3,000戸であれば，4万円×3,000戸＋1億4,000万円＝2億6,000万円となる。

2　保管替え等

　主たる事務所を移転したため最寄りの供託所が変更したときは，金銭のみで保証金を供託している売主業者は，遅滞なく，従前の供託所に対し，費用を予納して，移転後の主たる事務所の最寄りの供託所への保管替えを請求しなければならない。

　有価証券のみ，又は有価証券と金銭で保証金を供託している売主業者は，遅滞なく，供託している額と同額の保証金を，移転後の主たる事務所の最寄りの供託所に供託しなければならない。その後，移転前に供託していた保証金を取り戻すこととなる。

3 供託等の届出 改正

売主業者は，基準日ごとに，基準日（毎年3月31日）における資力確保措置の実施状況について，基準日から3週間以内に免許を受けた国土交通大臣又は都道府県知事に届け出なければならない。届出事項は，①基準日までの過去10年間に引き渡した新築住宅の戸数，②供託の措置を施した戸数，③保険の措置を講じた戸数（保険付保住宅の戸数）である。

届出をしなかった場合又は虚偽の届出をした場合には，住宅瑕疵担保履行法により50万円以下の罰金に処せられることがあり，宅建業法上の指示処分を受けることがある。

4 新築住宅の売買契約の締結制限

売主業者は，原則として，基準額以上の保証金を供託したうえで届出をしなければ，基準日の翌日から起算して50日を経過した日以後においては，新たに自ら売主となる新築住宅の売買契約を締結してはならない。

これに違反して契約を締結した場合は，住宅瑕疵担保履行法により1年以下の懲役又は100万円以下の罰金に処せられることがあり，宅建業法上の指示処分又は業務停止処分を受けることがある。

3 保証金の還付

1 保証金の還付

新築住宅の引渡しから10年以内に一定の瑕疵が見つかれば，買主は売主業者に修補請求をすることができる。しかし，瑕疵が判明しても売主業者が修補を行わず，あるいは倒産などで修補を行えない状況になったときは，買主は，供託所に対し保証金の還付請求をすることができる。

2 還付請求ができる者

保証金の還付請求をすることができるのは，売主業者から新築住宅を購入し，その新築住宅の①構造耐力上主要な部分又は②雨水の浸入を防止する部分の瑕疵によって損害を受けた者である。

なお，25章－3で学習する保険金とは異なり，売主業者が保証金から支払いを受けることはできない。

3 不足額の供託・届出

売主業者は，保証金の還付によって供託額が基準額を下回ったときは，国土交通大臣から不足額の通知を受けた日（又は，売主業者が保証金が基準額に不足することとなったことを知った日）から2週間以内に，その不足額を供託

しなければならない。

売主業者が不足額を供託したときは，**供託した日から２週間以内に免許を受けた国土交通大臣又は都道府県知事に届け出なければならない。**

不足額の供託をしない場合，宅建業法の指示処分又は業務停止処分を受けることがある。届出をしない場合，又は虚偽の届出をした場合は，瑕疵担保履行法により50万以下の罰金に処せられるほか，宅建業法により指示処分を受けることがある。

4 保証金の取戻し

1 保証金の取戻し

新築住宅の引渡しから10年が経過すると，売主業者は瑕疵担保責任を負わなくなる。そこで，**基準日において，供託額が過去10年間の新築住宅の供給実績に応じて求められる基準額を超過する場合**，その超過額を取り戻すことができる。取戻しができるのは，①**売主業者**，②**売主業者であった者**，③**売主業者の承継人**である。

2 取戻しの承認

消費者保護のためには，取戻し額が，過去10年間の新築住宅の供給実績と比較して適切であるかをチェックすることが重要である。したがって，**免許を受けた国土交通大臣又は都道府県知事の承認**を受けなければ，保証金を取り戻すことができないこととされている。

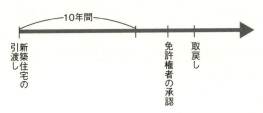

25-3 住宅瑕疵担保履行法（保険）

ここがポイント 資力確保措置の1つ，住宅瑕疵担保責任保険について基本事項を押さえよう。

1 住宅瑕疵担保責任保険の全体像

　住宅瑕疵担保責任保険（以下，「保険」）とは，売主業者が，国土交通大臣の指定する住宅瑕疵担保責任保険法人（以下，「保険法人」）と保険契約を締結しておき，瑕疵が発見されると保険法人から売主業者に保険金が支払われるという制度である。保険を付保している新築住宅（保険付保住宅）は，住宅販売瑕疵担保保証金の基準額を計算する際に，供給戸数として算入されない。

〈保険のしくみ〉

　保険に加入するには，基礎工事や躯体工事などの施工段階に保険法人が実施する検査に合格しなければならないため，工事開始時までに保険の申込みをしておかなければならない。

　瑕疵が発見された場合，原則として，買主は売主業者に修補請求をし，保険金は売主業者に支払われる。しかし，売主業者が倒産するなどして瑕疵の修補をしない場合は，買主が保険法人に対して保険金を直接請求することができる。損害に対して支払われる保険金の割合（塡補率）は，売主業者に支払われる場合は80％以上，買主に支払われる場合は100％である。売主業者の塡補率を減じているのは，売主業者に「保険があるから瑕疵が発生してもかまわない」との考えを起こさせず，瑕疵の発生防止に努力させるためである。

2 保険契約の内容

　保険契約は、売主業者が保険法人に加入を申し込み、保険法人がこの申込みを承諾して、保険を引き受ける契約である。この保険契約が、住宅瑕疵担保履行法に基づく資力確保措置と認められるためには、以下の要件を満たす必要がある。

(1) 売主業者が保険料を支払うものであること
(2) 売主業者の瑕疵担保責任の履行による損害を塡補すること
(3) 相当の期間を経過しても売主業者による瑕疵担保責任の履行がなされない場合には、宅建業者でない買主の請求に基づき損害を塡補すること
(4) 保険金額が2,000万円以上であること
(5) 有効期間が10年以上であること

3 悪意・重過失への対応

　売主業者の悪意・重過失に起因する瑕疵については、売主業者が自ら瑕疵担保責任を履行することが原則であるため、売主業者に対して保険金は支払われない。しかし、この場合であっても、売主業者の倒産などにより相当の期間を経過しても瑕疵担保責任が履行されないときは、買主に対して保険金が支払われる。

4 供託等の届出

　25章－2で述べたとおり、売主業者は、基準日ごとに、基準日における資力確保措置の実施状況について、基準日から3週間以内に免許を受けた国土交通大臣又は都道府県知事に届け出なければならない。届出事項は、①基準日までの過去10年間に引き渡した新築住宅の戸数、②供託の措置を施した戸数、③保険の措置を講じた戸数（保険付保住宅の戸数）である。
　届出をしなかった場合又は虚偽の届出をした場合には、住宅瑕疵担保履行法により50万円以下の罰金に処せられることがあり、宅建業法上の指示処分を受けることがある。

5 新築住宅の売買契約の締結制限

　25章－2で述べたとおり，売主業者は，原則として，保険に加入したうえで届出をしなければ，**基準日の翌日から起算して50日を経過した日以後**においては，新たに自ら売主となる新築住宅の売買契約を締結してはならない。

　これに違反して契約を締結した場合は，住宅瑕疵担保履行法により**1年以下の懲役又は100万円以下の罰金**に処せられることがあり，宅建業法上の指示処分又は業務停止処分を受けることがある。

〈担保責任のまとめ〉

売主－買主			瑕疵（契約不適合）のある部分		
			新築住宅の ・構造耐力上主要な部分（基礎・土台・床・屋根・柱・壁等）の瑕疵（契約不適合） ・雨水の浸入を防止する部分（屋根・外壁・雨水排水管等）の瑕疵（契約不適合）		・新築住宅の左記以外の部分の契約不適合 ・中古住宅のすべての契約不適合
業　者－非業者	責任期間	品確法＋瑕疵担保履行法	引渡しから10年間 （特約で20年まで伸長可）	民法＋業法（自ら売主制限）	知った時から 1年以内に通知
	責任内容		・追完（修補） ・代金減額 ・損害賠償 ・解除（軽微な場合を除く）		・追完（修補） ・代金減額 ・損害賠償 ・解除（軽微な場合を除く）
	資力確保		引渡しから10年間は必要		不要
	特約		買主に不利な特約無効		買主に不利な特約無効 （ただし引渡しから2年以上とする特約は有効）
上記以外	責任期間	品確法	引渡しから10年間 （特約で20年まで伸長可）	民法	知った時から 1年以内に通知
	責任内容		・追完（修補） ・代金減額 ・損害賠償 ・解除（軽微な場合を除く）		・追完（修補） ・代金減額 ・損害賠償 ・解除（軽微な場合を除く）
	資力確保		不要		不要
	特約		買主に不利な特約無効		特約自由

25-4 住宅瑕疵担保履行法（情報提供）

ここがポイント！ 買主に対する情報提供について押さえよう。

　資力確保措置が講じられていれば，売主業者が瑕疵担保責任を履行しない場合であっても，買主は保証金の還付請求又は保険法人への直接請求により保護を受けることができる。しかし，供託と保険のどちらの措置が講じられているのか，供託であればどこの供託所に供託されているのか，保険ならどの保険法人のどのような内容の保険に加入しているのか，といったことがわからなければ，買主は権利を行使することができない。そこで，売主業者の施している資力確保措置について，買主に情報提供をしなければならないこととされている。

1 保証金供託の場合

1 住宅瑕疵担保履行法に基づく説明
　保証金を供託している宅建業者は，自ら売主となる新築住宅の買主に対し，当該新築住宅の売買契約を締結するまでの間に，保証金を供託している供託所の名称・所在地等，一定の事項について，書面を交付し，又は買主の承諾を得て，当該書面に記載すべき事項を電磁的方法で提供して説明しなければならない。 改正

2 宅建業法に基づく重要事項説明
　宅建業者は，売買契約が成立するまでの間に，宅地建物取引士をして，重要事項説明をさせなければならない。保証金を供託している供託所の名称・所在地等が説明事項とされている。

3 宅建業法に基づく37条書面の交付
　宅建業者は，売買契約が成立したときは遅滞なく，買主に対し契約内容を証する書面（37条書面）を交付しなければならない。37条書面には，保証金を供託している供託所の名称・所在地等を記載しなければならない。

2 保険加入の場合

1 住宅瑕疵担保履行法に基づく保険証券等の交付・提供

売主業者が保険法人と保険契約を締結した場合，**保険証券又はこれに代わるべき書面を買主に交付（又は電磁的記録を提供）**しなければならない。この書面（又は電磁的記録）により，買主は，購入する住宅が保険に加入していること，及びその保険の概要を知ることができる。 改正

2 宅建業法に基づく重要事項説明

保険加入によって資力確保措置を講じている場合は，宅建業法が規定する重要事項説明として，**保険を行う機関の名称又は商号，保険期間，保険金額及び保険の対象となる瑕疵の範囲**について説明しなければならない。

3 宅建業法に基づく37条書面の交付

宅建業者は，売買契約が成立したときは遅滞なく，買主に対し契約内容を証する書面（37条書面）を交付しなければならない。37条書面には，**保険を行う機関の名称又は商号，保険期間，保険金額及び保険の対象となる瑕疵の範囲**を記載しなければならない。

Tea Time

ちょっと一息。

LEC専任講師からの学習アドバイス
＜基本中の基本編　業者なのか宅地建物取引士なのかそれが問題だ＞

宅建業法の学習を始めたばかりのころは，「宅建業者に対する規制」なのか「宅地建物取引士に対する規制」なのかの判断で混乱することがあります。似たような規制が多いことが原因です。早い時期に混乱に気づいて修正できればよいのですが，混乱に気づかないまま問題演習をしても，なぜ間違えたのかわからないままという事態になりかねません。そこで今回は，どちらに対する規制なのかを見分けるためのキーワードを紹介します。「免許」と「登録」です。宅建業者は業務を行うために「免許」を取得しなければなりません。一方，宅建士試験の合格者は「登録」をしなければ宅地建物取引士になることはできません。そして，宅建業者に登録という制度はなく，宅地建物取引士に免許という制度はありません。テキストで学習をされているとき，あるいは問題を読まれているとき，「免許」とあれば「業者に関するテーマ」，「登録」とあれば「宅地建物取引士に関するテーマ」と意識しながら読むと混乱なく学習を進めることができます。

とらの巻 51

重要度 A

〈住宅瑕疵担保履行法　新築住宅販売の場合〉

適用範囲	宅建業者が自ら売主として，宅建業者でない買主に新築住宅を販売する場合
資力確保義務者	自ら売主として新築住宅を販売する宅建業者
資力確保対象住宅	新築住宅（建設工事完了の日から1年以内である，まだ人の居住の用に供したことのない住宅）
資力確保対象瑕疵	①構造耐力上主要な部分（基礎・土台・床・屋根・柱・壁等）の瑕疵　又は ②雨水の浸入を防止する部分（屋根・外壁・雨水排水管等）の瑕疵
資力確保の方法	①住宅販売瑕疵担保保証金の供託　又は ②住宅販売瑕疵担保責任保険への加入
供託等の届出	新築住宅を引き渡した宅建業者が，基準日ごとに，保証金の供託及び保険契約の締結の状況について，基準日から3週間以内に免許権者に届け出る。 届出をしない場合→基準日の翌日から50日経過した日以後は，新築住宅の売買契約の締結禁止
情報提供	義務者：新築住宅の売主である宅建業者 対象者：宅建業者でない新築住宅の買主 時期：売買契約を締結するまでに 内容：供託所の所在地等 方法：書面を交付（又は電磁的方法で提供）して説明　改正

ウォーク問②　問131…(1)(2)(3)　問132…(1)(2)(3)　問133…(1)(3)(4)
　　　　　　　問134…(1)(2)(4)　問180…(1)

Tea Time

LEC専任講師からの学習アドバイス
＜免許の基準と取消処分＞

　たとえば，「背任罪で罰金刑を受けた者は，その執行を受けた日から5年間免許を受けることができない。」という選択肢があります。一方で，「背任罪で罰金刑を受けた場合，その者の免許は取り消される。」という選択肢があります。この両者，片や「免許の基準」，片や「監督処分」の問題に分類されますが，根っこは同じです。要するに，免許の基準に該当することになった場合，いま持っている免許は取り消されるということです。飲酒運転を戒める標語に「乗るなら飲むな。飲むなら乗るな。」がありますがイメージとしては同じです。「免許の基準に該当するなら免許は受けられない。免許の基準に該当することになったら免許は取り消される。」という趣旨です。

25-5 住宅瑕疵担保履行法（紛争処理）

> **ここがポイント**
> 指定紛争処理機関等による紛争処理の制度を押さえよう。

1 指定住宅紛争処理機関

住宅に関するトラブルは数が多いうえ，専門的であり，その処理には長い時間がかかることが多い。しかし，生活の根幹である住宅の紛争は，できるだけ早期に解決することが望ましい。

そこで，保険が付保された新築住宅の売主業者と買主との間で紛争が生じた場合に備え，品確法は，国土交通大臣が指定する指定住宅紛争処理機関による紛争の処理制度を設けている。現在は，全国52の弁護士会が指定住宅紛争処理機関として指定され，あっせん，調停，仲裁による紛争処理業務を行っている。

2 住宅紛争処理支援センター

また，住宅に係る紛争は専門的で複雑であるため，住宅紛争処理支援センターが，技術的資料等の調査・研究等の支援を行っている。現在は，（公財）住宅リフォーム・紛争処理支援センターが，住宅紛争処理支援センターとしての指定を受けている。

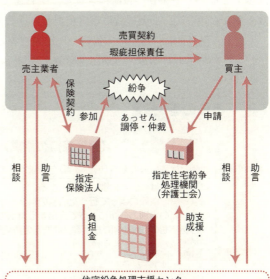

26-1 報酬額の制限（総論）

ここがポイント　宅建業者が受領できる報酬の最高額は，なぜ制限されるのだろうか？

1 報酬とは

　報酬とは，いわゆる手数料のことだ。宅建業者が媒介・代理をして契約をまとめた場合，依頼者に請求できる。もちろん，好きなだけ取れるわけではなく，額の制限がある。
　次ページから，①売買・交換の媒介・代理，②貸借の媒介・代理の2パターンに分けて見ていこう。

2 必要経費の請求

　契約をまとめるのにかかった必要経費（通常の広告費など）は，報酬とは別に請求できない。つまり，報酬にコミだ。契約までこぎつけなかった場合，報酬はもらえないので，必要経費は業者負担ということになる。
　ただし，例外的に，特別の広告費や現地調査等の実費は，**依頼者の依頼**によって行ったのであれば報酬とは別に受領できる。

とらの巻 52　　重要度 B

〈必要経費の請求〉

原則	報酬とは別に必要経費（広告費等）を請求することは認められない。
例外	以下の費用は報酬とは別に請求できる。 ①依頼者の依頼によって行った広告の料金 ②依頼者の特別の依頼によって支出する特別の費用で，事前に依頼者の承諾のあるもの（遠隔地における現地調査の費用等）

ウォーク問②　問79…(エ)　問82…(ウ)　問85…(3)　問146…(2)(3)
　　　　　　　問147…(3)

26-2 報酬額の制限（売買・交換）

ここがポイント 売買・交換の媒介・代理の報酬限度額について勉強しよう。

1 速算法

まずは，消費税を考慮しない速算法を覚えよう。そして，出た答えを**リンゴ1個**としよう。

〈速算法〉

代金額	計算式
200万円以下	代金の5％
200万円超400万円以下	代金の4％＋2万円
400万円超	代金の3％＋6万円

2 売買の媒介

売買の媒介の依頼者の一方からもらえる報酬は，**リンゴ1個**が限度だ。

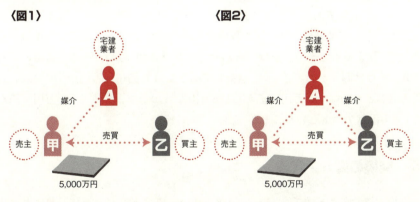

図1について，リンゴ1個を出してみよう。5,000万円×3％＋6万円＝156万円なので，Aが媒介の依頼者甲からもらえる報酬の限度は156万円だ。

図2は，甲乙両方から媒介の依頼を受けているので，甲から156万円，乙から

156万円,合わせて312万円が限度となる。

3 売買の代理

売買の代理の依頼者からもらえる報酬は,リンゴ2個が限度だ。

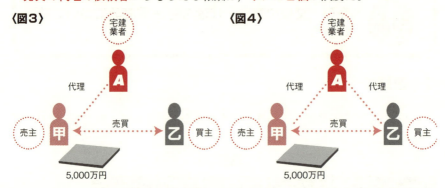

　図3では,代理の依頼者の甲から,いきなりリンゴ2個,つまり(5,000万円×3％＋6万円)×2＝312万円もらうことができる。双方から依頼を受けられる媒介に対し,代理の依頼は原則として一方からしか受けられない。民法上,原則として双方代理は禁止されているからだ。宅建業者とすれば,取引を成立させたことに変わりはないのだから,同じだけ報酬をもらいたい。そこで,媒介と代理とで報酬額に差がつかないように,代理の依頼者からはリンゴ2個までもらえることになっているのだ。

　しかし,依頼者たちの許諾があれば例外的に双方代理OKだ。図4は双方代理だが,甲からは最高でリンゴ2個(312万円)まで,乙からも最高でリンゴ2個(312万円)までもらえる。では,合わせてリンゴ4個(624万円)もらえるのだろうか。そうは問屋がおろさない。合計してもリンゴ2個(312万円)が限度である。たとえば,甲から156万円,乙から156万円ならセーフ,甲から200万円,乙から156万円はアウトということだ。

4 交換の媒介・代理

　交換する物件のうち高いほうの金額を使い,売買と同じように計算すればよい。

5 課税事業者・免税事業者

国に消費税を納める義務を負う宅建業者を**課税事業者**，免除される宅建業者を**免税事業者**という。**課税事業者**は，報酬額に消費税分（**10％**）を上乗せできる。**免税事業者**も，仕入れにかかる消費税を考慮し，みなし消費税分（**4％**）の上乗せが認められる。

図1のAが課税事業者なら（5,000万円×3％＋6万円）**×1.1**＝171万6,000円，免税事業者なら（5,000万円×3％＋6万円）**×1.04**＝162万2,400円を受領できる。

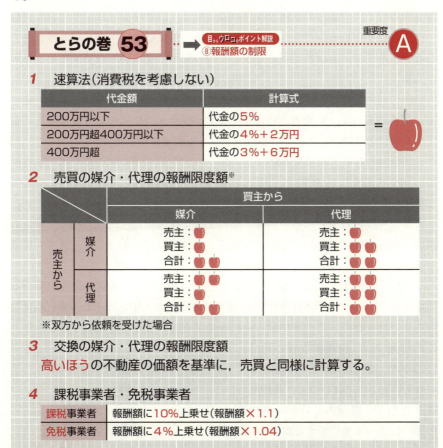

26-3 報酬額の制限（売買・交換の特例）

ここがポイント　空家等（宅地又は建物）の売買又は交換の媒介・代理の報酬額の特例について勉強しよう。

　依頼者から受け取ることができる報酬には，原則として，広告費や現地調査費を含むので，空家等の低廉な物件に関しては，依頼を受けた宅建業者の利益が出ないことがある。そうなると，低廉な物件が流通ルートから取り残されてしまう。そこで，当該費用等を考慮した額の報酬を売主等から受領できる特例がある。

　特例の対象物件は，売買代金等が400万円（消費税等を含まない。）以下の宅地又は建物であって，依頼者は物件を所有する売主又は交換を行う者に限る。売主や交換により物件を手放す者から受け取る報酬額の特例だ。

　この特例の対象となる報酬額について，18万円［課税事業者の場合は，消費税等の10％を加算した19万8,000円］の範囲内で現地調査等に要する費用に相当する費用を報酬額に含め受領できることとしたのだ。

　なお，報酬の対象となる取引は，売買又は交換の媒介・代理だけだ。貸借の媒介・代理には使えない。また，売買又は交換の媒介であっても，買主や交換で物件を取得した者から受け取る報酬額には，この特例は使えない。

　土地付中古住宅（代金300万円。消費税等を含まない。）の売買の媒介の場合で見てみよう。代金300万円について，通常の報酬額の上限は15万4,000円（消費税等を含む。）となり，この報酬額の中に現地調査等の費用も含まれる。しかし，この特例では，現地調査等の費用について，19万8,000円（消費税等を含む。）との差額44,000円（消費税等を含む。）の範囲内で通常の売買の媒介に比べて多く要する場合に，報酬額として受け取ることができるのだ。

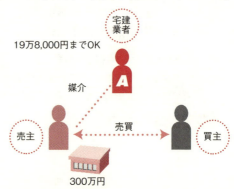

26-4 報酬額の制限（貸借）

ここがポイント 貸借の媒介・代理の報酬限度額の計算方法を覚えよう。権利金等の授受がある場合の計算法にも注意しよう。

1 貸借の媒介・代理

とりあえず，消費税を考慮しない計算方法を見ていくことにしよう。媒介・代理ともに，貸借の依頼者からもらえる報酬の限度額は，原則として，**貸主・借主合わせて賃料1カ月分以内**だ。また，原則として内訳は問わない。図5の建物が店舗であれば，甲から10万円まで，乙から10万円までだが，甲乙合計しても10万円までだ。甲乙から5万円ずつもらってもいいし，甲から4万円，乙から6万円もらってもよい。

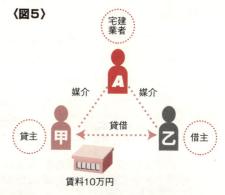

〈図5〉

「**居住用建物**」の「**媒介**」のみ，内訳の制限がある。図5の建物が居住用建物であれば，**承諾がない依頼者からは，2分の1カ月分**までしかもらえない。甲から5万円まで，乙から5万円まで，合計10万円までだ。ただし，媒介の依頼を受ける際に承諾を得ている依頼者からは，2分の1カ月分を超える額をもらってもかまわない。たとえば乙から承諾をもらっていれば，乙から6万円もらってもよい。その場合でも，合わせて1カ月分という規制はかかるので，甲からは4万円が限度となる。

「**居住用建物以外**（店舗・事務所・宅地等）」の貸借で，**権利金**の授受がある場合，**権利金を売買代金とみなして**報酬計算できる。そして，賃料1カ月分と，権利金をもとに計算した額とを比べて，**高いほう**が報酬限度額となる。

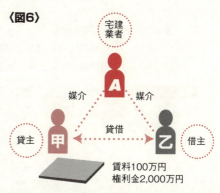

〈図6〉

なお、権利金とは、権利設定の対価として支払われる金銭で、**返還されないもの**をいう。

図6の場合、権利金2,000万円を売買代金とみなして計算すると、2,000万円×3％＋6万円＝66万円を甲乙双方から受領できるので、合計132万円が限度である。1カ月分の賃料100万円と比べて高いほう、132万円が報酬限度額となる。

2 課税事業者・免税事業者

課税事業者は、報酬額に消費税分(**10％**)を上乗せできる。**免税事業者**も、みなし消費税分(**4％**)の上乗せが認められる。

図6の事例で、消費税を考慮して報酬額を求めてみよう。

Aが課税事業者である場合には、132万円**×1.1**＝145万2,000円、免税事業者である場合は、132万円**×1.04**＝137万2,800円が報酬限度額ということになる。

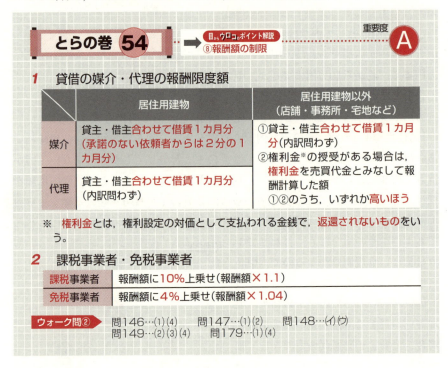

26-5 報酬額の制限（複数業者）

ここがポイント　複数の宅建業者が関与する場合の報酬限度額は，どのように考えればよいのだろうか？

　図7のように，売主甲が宅建業者Aに代理を依頼し，買主乙が宅建業者Bに媒介を依頼し，AB共同して契約を成立させた場合，報酬限度額はどうなるのだろうか。とりあえず，消費税を考慮しないで見ていこう。

　複数業者が関係する場合については，約束事が2つある。まず1つ目は，報酬限度額は「みんなで宅建業者1人分」だということ。仮に，A1人が甲と乙の双方から依頼を受けたとすると，報酬限度額の合計はリンゴ2個の312万円のはずだ（5,000万円×3％＋6万円の2倍）。このことは宅建業者が複数関与する場合でも変わらない。宅建業者が2人関与しているからといって，リンゴ3個や4個になるわけではなく，リンゴ2個の312万円を2人で分けるのだ。

　約束事の2つ目は，「宅建業者1人ずつの報酬限度額を守らなければならない」ということだ。図7において，それぞれの宅建業者の報酬限度額は，Aが代理の依頼者甲からリンゴ2個の312万円まで，Bが媒介の依頼者乙からリンゴ1個の156万円までである。A200万円・B112万円の計312万円はセーフだが，A112万円・B200万円の計312万円はアウトだ。Bの報酬が限度額をオーバーしているからである。

〈図7〉

とらの巻 55

重要度 B

〈複数業者が関与する場合〉

1 宅建業者全員の受領する報酬総額は，1人の宅建業者に依頼した場合の報酬限度額内でなければならない。

2 各宅建業者が受領できる報酬額は，各宅建業者が受領できる報酬限度内でなければならない。

ウォーク問② 問146…⑴⑷　　問148…㋐㋑

Tea Time

LEC専任講師からの学習アドバイス
＜携行道具編①＞

　宅建士試験では，受験における携行品を「受験票，BかHBの鉛筆又はシャープペンシル，プラスチック製消しゴム，鉛筆削り及び腕時計」としています。さて，皆さんはマークするときにどのような鉛筆（シャープペンシル）を使っているでしょう。HB0.5mmのシャープペンシルを使っている方が多いのではないでしょうか。もちろん手に馴染んだ筆記用具を使うのがベストですが，HB0.5mmにこだわる必要はありません。0.7mmや0.9mmといった若干太い芯サイズのシャープペンシルも試してみてください。0.5mmよりマークしやすいという方が多数いらっしゃいます。また，芯の濃さもBのほうが塗りやすい方もいらっしゃいます。いろいろ試して自分に合うものを探してみてください。たかが筆記用具ですが，自分に合う道具を見つけると，それだけで勉強も楽しくなるものです。

26-6 報酬額の制限（消費税）

ここがポイント　報酬の場面で問題となる消費税について勉強しよう。

売主や貸主が消費税の課税事業者であって，消費税の課税対象である代金や賃料・権利金が「消費税込み」で表示されている場合は，**消費税分を抜いた本体価額をもとに報酬計算**をする。なお，消費税の課税対象は以下のとおりである。

〈課税対象〉

	売買代金・交換代金	貸借の地代・賃料・権利金
居住用建物	課税	非課税
居住用建物以外の建物	課税	課税
土地	非課税	非課税

図8の場合，2,200万円÷1.1＝2,000万円が本体価額だ。あとは，速算法で2,000万円×3％＋6万円＝66万円と計算できる。

そして，Aが**課税事業者**であれば66万円×1.1＝72万6,000円，**免税事業者**であれば66万円×1.04＝68万6,400円が報酬限度額となるのだ。

〈図8〉

とらの巻 56

重要度 A

建物の売買代金，居住用建物以外の建物の借賃・権利金が，消費税込みの価額で表示されている場合は，**消費税分を抜いた本体価額**をもとに報酬を計算する。

ウォーク問② 問145

Tea Time

LEC専任講師からの学習アドバイス
＜報酬計算の問題は，計算に時間がかることが多い＞

　計算せずに正誤の判断が可能な選択肢があれば，そこから解き始めること。複数業者が関与する事例は一見すると時間がかかりそうですが，実は計算せずに正誤の判断ができる場合があります。たとえば，「Aが甲から，Bが乙からそれぞれ媒介の依頼を受け，甲所有の2,000万円の土地の売買契約を成立させた場合，Aが乙から報酬を受け取ることができる」などとあったら，金額をチェックするまでもなく誤りとなります。依頼主でない乙からは，報酬はもらえません。

　また，報酬額の計算問題であまり手間取らないのが，権利金の授受がない場合の賃貸借の事例です。貸主・借主から，合わせて借賃1カ月分＋消費税（免税事業者の場合はみなし消費税）分が限度。貸主・借主双方から1カ月分の報酬をもらったりしたら合計2カ月分になってしまうので，消費税分を計算するまでもなくアウトです。

27-1 監督処分（宅建業者）

宅建業者に対する監督処分の種類・処分権者・処分事由等について学習しよう。

1 宅建業者に対する監督処分

宅建業者に対する監督処分は、軽い順に、①指示処分、②業務停止処分、③免許取消処分の3種類だ。業務停止処分の期間は最長で1年である。

指示処分と業務停止処分は、その宅建業者の免許権者だけでなく、その宅建業者が業務を行った都道府県の知事もすることができる。しかし、免許取消処分は免許権者しかすることができない。たとえば、東京都知事免許の宅建業者が大阪府内で悪いことをした場合、大阪府知事から指示処分や業務停止処分を受けることはあるが、免許取消処分を受けることはない。免許取消処分は、免許権者である東京都知事しかできないのだ。

業務停止処分又は免許取消処分をしたときは、国土交通大臣は官報により、都道府県知事は都道府県の公報により、その旨を公告しなければならない。これに対し、指示処分の場合は公告は不要である。

なお、国土交通大臣又は都道府県知事は、監督処分をする前には、原則として公開による聴聞を行わなければならない。ただし、宅建業者の事務所の所在地又は宅建業者の所在を確知できないことを理由に免許を取り消す場合は、官報又は公報でその事実を公告し、その公告の日から30日を経過してもその宅建業者から申出がないときは、聴聞を行うことなく免許を取り消すことができる。

2 内閣総理大臣の権限

消費者庁の設置に伴い、国土交通大臣及びその免許を受けた宅建業者に対する一定の権限が、内閣総理大臣に認められることとなった。ただし、下記(1)(2)(5)を除き、内閣総理大臣の権限は消費者庁長官に委任されている。

(1) 国土交通大臣は、その免許を受けた宅建業者に対し一定の処分をしようとするときは、あらかじめ、内閣総理大臣に協議しなければならない（都道

府県知事が処分をしようとするときは，内閣総理大臣に協議する必要はない）。
(2) **内閣総理大臣**は，国土交通大臣の免許を受けた宅建業者の相手方等※の利益を図るため必要があると認めるときは，**国土交通大臣に対し，一定の処分に関し，必要な意見を述べることができる**。
(3) **内閣総理大臣**は，(2)の意見を述べるため特に必要があると認めるときは，**宅建業者に対して**，その業務について必要な**報告を求め**，又はその職員に**事務所等に立ち入り**，帳簿，書類その他業務に関係のある物件を**検査させることができる**。
(4) **内閣総理大臣**は，(3)の報告を求め，又は立入検査をしようとするときは，**あらかじめ，国土交通大臣に協議しなければならない**。
(5) **内閣総理大臣**は，国土交通大臣の免許を受けた宅建業者の**相手方等**※の利益の保護を図るため必要があると認めるときは，国土交通大臣に対し，資料の提供，説明その他必要な協力を求めることができる。

※ 「宅建業者の相手方等」とは，**事業を営む場合以外**の場合において宅地又は建物を買い，又は借りようとする**個人**をいう。

3 指示処分の対象事由

(1) **宅建業法の規定に違反**したとき
(2) 特定住宅瑕疵担保責任の履行の確保等に関する法律（住宅瑕疵担保履行法）の一定の規定に違反したとき
　① 保証金の届出義務違反
　② 供託と保険の状況に関する届出義務違反
　③ 新築住宅の売買契約の締結制限違反
　④ 供託所の所在地等に関する書面による説明義務違反
　⑤ 保証金の不足額の供託，保証金の保管替えの義務違反
(3) 業務に関し取引の公正を害し，もしくは取引の関係者に損害を与え，又はそのおそれが大であるとき
(4) **業務に関し，宅建業法以外の法令に違反**し，宅建業者として不適当と認められるとき
(5) 宅地建物取引士が監督処分を受けた場合で，その原因が宅建業者にあるとき

4 業務停止処分の対象事由

(1) 指示処分に違反した場合
(2) 業務に関し取引の公正を害し，もしくは取引の関係者に損害を与え，又はそのおそれが大であるとき（認可宅建業者の行う取引一任代理等に係るものに限る）
(3) 業務に関し，宅建業法以外の法令に違反し，宅建業者として不適当と認められるとき
(4) 宅地建物取引士が監督処分を受けた場合で，その原因が宅建業者にあるとき
(5) 宅建業に関し不正又は著しく不当な行為をした場合
(6) 宅建業法の規定に基づく国土交通大臣・知事の処分に違反した場合
(7) 宅建業法中の一定の規定に違反した場合
　① 業務開始前
　　・営業保証金供託の届出前の事業開始（事務所新設の場合に準用）
　　・新たに事務所を設置したのに弁済業務保証金分担金を納付しない
　　・専任の宅地建物取引士の設置要件を欠く（2週間以内に補充等の適合措置をとらない場合に準用）
　　・従業者に証明書を携帯させない　・従業者名簿を備え付けない
　② 業務中
　　契約成立前
　　・誇大広告等の禁止違反　　　　・取引態様の明示義務違反
　　・重要事項の説明をしない，又は，書面を交付して説明しない
　　・未完成物件の契約締結時期の制限違反
　　書面
　　・37条書面の交付義務違反
　　・媒介・代理契約書面の交付，価額の根拠の明示義務違反
　　自ら売主制限
　　・自己の所有に属しない宅地建物の売買契約の制限違反
　　・自ら売主の完成・未完成物件の手付金等保全措置義務違反
　　・自ら売主の所有権留保等の禁止違反

住宅瑕疵担保履行法
・保証金の供託義務違反　・新築住宅の売買契約の締結制限違反
・保証金の不足額の供託義務違反

業務上の禁止事項
・限度額を超える報酬の受領　　・不当に高額の報酬の要求
・重要な事実の不告知等　・手付の信用供与による契約誘引
・不当な履行遅延
・契約の締結に際し，相手方等に対し利益を生ずることが確実であると誤解させるべき断定的判断を提供する行為
・契約を締結させ，又は契約の申込みの撤回もしくは解除を妨げるため，相手方を威迫する行為
・相手方等の保護等に欠けるものとして国土交通省令で定める行為
・宅建業者の名義貸し

③　取引後に生じた損害
・営業保証金の不足額を2週間以内に供託しない
・保証協会社員が還付充当金を通知後2週間以内に納付しない
・特別弁済業務保証金分担金を通知後1カ月以内に納付しない
・保証協会社員の地位を失った場合に1週間以内に営業保証金の供託をしない

④　義務
・守秘義務違反

5 免許取消処分の対象事由

1　必ず免許取消処分をしなければならない場合
(1)　破産手続開始の決定を受けて復権を得ない者になったとき
(2)　禁錮以上の刑に処せられたとき
(3)　宅建業法違反・背任罪・暴力系の犯罪により罰金刑に処せられたとき
(4)　暴力団員等
(5)　心身の故障により宅建業を適正に営むことができない者として国土交通省令で定めるものになったとき
(6)　営業に関し，成年者と同一の行為能力を有しない未成年者である宅建業者の法定代理人(法定代理人が法人である場合においては，その役員を含む)が，「3　免許の基準」の①〜④，⑦〜⑪のいずれかに該当するに至ったとき

- (7) 法人業者の役員又は政令で定める使用人のうちに,「3　免許の基準」の①〜④,⑦〜⑪のいずれかに該当する者がいるに至ったとき
- (8) 個人業者の政令で定める使用人のうちに,「3　免許の基準」の①〜④,⑦〜⑪のいずれかに該当する者がいるに至ったとき
- (8) 暴力団員等がその事業活動を支配する者
- (9) 免許換えをしていないことが判明したとき
- (10) 免許を受けてから1年以内に事業を開始しないとき,又は引き続き1年以上事業を休止したとき(正当な理由の有無を問わない)
- (11) 廃業等の届出がなく,その事実が判明したとき
- (12) 不正手段により免許を受けたとき
- (13) 業務停止処分対象事由で,情状が特に重いとき
- (14) 業務停止処分に違反したとき

2　免許取消処分はできるが,必ずしもしなくてよい場合

- (1) 営業保証金を供託すべき旨の催告到達から1ヵ月以内に届出をしないとき
- (2) 宅建業者の事務所の所在地又は宅建業者の所在を確知できないとき※
- (3) 免許に付された条件に違反したとき

※　例外的に聴聞は不要である。

とらの巻 57

重要度 A

1. 宅建業者に対する監督処分として,**指示処分・業務停止処分・免許取消処分**がある。

2. 業務停止処分は,**1年以内**であり,業務の**全部**の停止又は**一部**に限定しての停止が認められる。

3. **指示処分・業務停止処分**の処分権者は,**免許権者と業務地を管轄している都道府県知事**であるが,**免許取消処分**は,**免許をした国土交通大臣又は都道府県知事**しか行えない。

監督処分	処分権者
指示処分	免許権者及び業務地の知事
業務停止処分(1年以内)	免許権者及び業務地の知事
免許取消処分	免許権者のみ

ウォーク問②　問108…(4)　問151…(1)(2)(3)　問153…(1)(2)(3)

27-2 監督処分（宅地建物取引士）

ここがポイント 宅地建物取引士に対する監督処分の種類・処分権者・処分事由等を学習しよう。

1 宅地建物取引士に対する監督処分

　宅地建物取引士に対する監督処分は，軽い順に，①指示処分，②事務禁止処分，③登録消除処分の3種類だ。事務禁止処分の期間は最長で1年である。

　指示処分と事務禁止処分は，その宅地建物取引士が登録している知事だけでなく，その宅地建物取引士が事務を行った都道府県の知事もすることができる。しかし，登録消除処分は，登録している知事しかすることができない。たとえば，東京都知事登録の宅地建物取引士が大阪府内で悪いことをした場合，大阪府知事から指示処分や事務禁止処分を受けることはあるが，登録消除処分を受けることはない。登録消除処分は，登録知事である東京都知事しかできないのだ。

　なお，監督処分をする前には，公開による聴聞を行わなければならない。

2 指示処分の対象事由

(1) 専任の宅地建物取引士として従事する事務所以外の事務所で，専任の宅地建物取引士である旨の表示をすることを許し，他人がその表示をしたとき
(2) 名義貸しを許し，他人がその名義を使用して宅地建物取引士である旨の表示をしたとき
(3) 宅地建物取引士の事務に関し，不正又は著しく不当な行為をしたとき

3 事務禁止処分の対象事由

(1) 指示処分に違反した場合
(2) 専任の宅地建物取引士として従事する事務所以外の事務所で，専任の宅地建物取引士である旨の表示をすることを許し，他人がその表示をしたとき（指示処分と同じ）

(3) 名義貸しを許し，他人がその名義を使用して宅地建物取引士である旨の表示をしたとき（指示処分と同じ）
(4) 宅地建物取引士の事務に関し，不正又は著しく不当な行為をしたとき（指示処分と同じ）

4 登録消除処分の対象事由

(1) 宅地建物取引士登録の欠格要件に該当したとき
(2) 不正の手段により登録を受けたとき
(3) 不正の手段により宅地建物取引士証の交付を受けたとき
(4) 事務禁止処分対象事由で情状が特に重いとき
(5) 事務禁止処分に違反したとき
(6) 宅地建物取引士資格者（宅地建物取引士登録を受けているが，宅地建物取引士証の交付を受けていない者）が，宅地建物取引士としてすべき事務を行い，情状が特に重いとき

とらの巻 58   重要度

1　宅地建物取引士に対する監督処分として，指示処分・事務禁止処分・登録消除処分がある。

2　事務禁止処分は，1年以内の期間を定めて，登録した都道府県知事及び処分該当事由が行われた都道府県の知事が行うことができる。

3　登録の消除処分は，その宅地建物取引士あるいは宅地建物取引士資格者が，一定の事由に該当した場合に，宅地建物取引士登録を行った都道府県知事だけが行うことができる。

	処分権者	宅地建物取引士証の提出・返納先
指示処分	宅地建物取引士登録を行った知事	—
事務禁止処分（1年以内）	及び 事務を行っている場所の知事	交付を受けた知事に提出
登録消除処分	宅地建物取引士登録を行った知事のみ	交付を受けた知事に返納

ウォーク問② 　問42…(4)　問51…(1)　問152

28 罰則

 ここがポイント 罰則については，細かい数字より，罰則があるのかないのかをまず押さえよう。

　宅建業者や宅地建物取引士などが宅建業法に違反した場合，違反者は，懲役刑・罰金刑(刑事罰)や過料(行政罰)を科せられる。情状に応じ，罰金刑，懲役刑のみを科す場合もあれば，懲役刑と罰金刑を併科する場合もある。なお，過料については単独で科せられる。

とらの巻 59　　重要度 B

1　刑事罰※

[a] 3年以下の懲役もしくは300万円以下の罰金又は両者の併科	〈宅建業者〉 ①不正手段による免許取得 ②名義貸しで他人に営業させた ③業務停止処分に違反して営業 〈宅建業者以外の者〉 ・無免許営業
[b] 2年以下の懲役もしくは300万円以下の罰金又は両者の併科	〈宅建業者〉 ・重要な事実の不告知等の禁止に違反
[c] 1年以下の懲役もしくは100万円以下の罰金又は両者の併科	〈宅建業者〉 ・不当に高額の報酬を要求
[d] 6月以下の懲役もしくは100万円以下の罰金又は両者の併科	〈宅建業者〉 ①営業保証金の供託の届出前に営業開始(事務所新設の場合も同様) ②誇大広告等の禁止に違反 ③不当な履行遅延の禁止に違反 ④手付貸与等による契約締結の誘引の禁止に違反

〔e〕100万円以下の罰金	〈宅建業者〉 ①免許申請書等の虚偽記載 ②名義貸しで他人に営業表示・広告させた ③専任の宅地建物取引士の設置要件を欠く ④報酬の基準額を超える報酬を受領 〈宅建業者以外の者〉 ・無免許で，業者として営業表示・広告
〔f〕50万円以下の罰金	〈宅建業者〉 ①帳簿の備付け義務違反・記載不備・虚偽記載 ②従業者名簿の備付け義務違反・記載不備・虚偽記載 ③従業者に従業者証明書を携帯させずに業務に従事させた ④標識の掲示をしなかった ⑤報酬額の掲示をしなかった ⑥変更の届出・案内所等の届出・信託会社の営業の届出を怠ったり，虚偽の届出をした ⑦37条書面の交付を怠った ⑧守秘義務違反 ⑨大臣・知事に報告を求められたのに報告しなかった，又は，虚偽の報告をした ⑩大臣・知事の立入検査の拒否・妨害 〈宅地建物取引士〉 ・宅地建物取引士が大臣・知事に報告を求められたのに報告しなかった，又は，虚偽の報告をした 〈宅建業者の従業者・従業者であった者〉 ・守秘義務違反

2 行政罰

☆ 10万円以下の過料	〈宅地建物取引士〉 ①登録消除・宅地建物取引士証失効による宅地建物取引士証の返納義務に違反 ②事務禁止処分による宅地建物取引士証の提出義務に違反 ③重要事項説明の際における宅地建物取引士証の提示義務に違反

※ 宅建業者の代表者や従業者が業務に関し違反行為をしたときは，行為者が罰せられるほか，宅建業者にも行為者の受けるべき罰則のうちの罰金刑が科せられる（両罰規定）。ただし，行為者が，上記表中〔a〕〔b〕の行為をした場合は，法人である宅建業者には1億円以下の罰金刑が科せられる。なお，守秘義務違反については行為者だけが罰せられる。

ウォーク問② 問34…(1) 問44…(エ) 問108…(4) 問150…(エ) 問170…(ア)

目からウロコのポイント解説

「宅建業の意味」は宅建業法の1問目にくることが多い項目です。本試験において，この問題につまずくと後の問題に大きく影響を与えます。万全の状態で挑めるようにしておきましょう。

ポイント解説

①宅建業の意味

以下のフローチャートにあるように，宅建業の免許の要否が問われますので，「宅地」「建物」「取引」「業」とは何か，意味をしっかり理解したうえで，問題演習を繰り返してください。宅建業法は，早期の問題演習が合格への近道です。

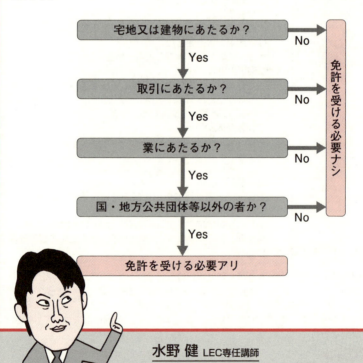

水野 健 LEC専任講師

- **ウルトラ速習35時間完成講座** 本書「どこでも宅建士 とらの巻」をメインテキストとして使用。長年の宅建合格ノウハウを集約した短期学習の決定版です。
- **ウルトラ速習35時間完成講座（権利関係）の第1回目が無料でご覧いただけます。** 無料視聴はこちら（6月中旬公開予定）⇒ www.lec-jp.com/takken/

宅地建物取引士からの出題は多岐にわたり，かつ，毎年何らかの出題がなされる重要分野です。知識優位の分野なので，どれだけ正確に覚えているかが勝負になります。ご自身が宅地建物取引士になった前提でイメージしましょう。味気ない知識として覚え込むよりは，すんなり頭に入るはずです。

ポイント解説

②宅地建物取引士

　たとえば，「宅地建物取引士証の書換え交付」ですが，単なる知識として「氏名又は住所に変更があった場合に必要」と覚えても十分です。しかし，これを忘れにくくするには，皆さんがご自身の宅地建物取引士証を持っているイメージを持つことが有益です。宅地建物取引士証のサンプルはテキストに掲載してあります。宅地建物取引士証に記載されている情報の中で，皆さんの事情で変更が生じるのは，「氏名・住所」以外にはありません。たとえば，「勤務先の宅建業者」ですが，これは，もともと宅地建物取引士証に記載されていないのですから，書き換えることは不可能です。

　また，宅地建物取引士登録の基準は，ほとんど宅建業者の免許基準と重なることを知っておくと便利です。決定的な相違は，「成年者と同一の行為能力を有しない未成年者」に関する基準です。あとは，「視点は同じ。問題のある方は宅建業界から遠慮してもらいたい」とイメージしましょう。

【宅地建物取引士証の見本】

宅地建物取引士証
氏　名　小野明彦
　　　　　（昭和40年6月12日生）
住　所　東京都葛飾区柴又○-○-○
登録番号（東京）第123456789号
登録年月日　平成17年12月1日

令和9年4月14日まで有効

東京都知事　○○○○
交付年月日　令和4年4月15日　
発行番号　第123456789号

小野 明彦 LEC専任講師

●**出た順必勝総まとめ講座**　直前期は無駄のない効率的な学習が不可欠。だからこそ本講座で重要な過去問題から潰していきましょう。

目からウロコのポイント解説

営業保証金の分野は，ほぼ毎年出題されています。営業保証金は普段あまり利用する機会がありませんのでイメージがつかみにくいですが，制度全体の流れを押さえておけば，得点しやすい分野です。そこで，「営業保証金全体の流れ」と「過去問の活用法」をまとめておきます。

ポイント解説

③営業保証金

営業保証金を学習するにあたっては，以下の3つの流れをしっかりと押さえておきましょう。

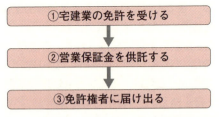

本試験では，特に②の供託と③の届出に関連する問題がよく出題されています。1つ1つをぶつ切りにして覚えるのではなく，①～③の流れを意識するとスムーズに理解することができます。

営業保証金については出題されるポイントが限られていますので，テキストに一通り目を通したらすぐに過去問演習に取り掛かるのが，手っ取り早く攻略するコツです。そして，営業保証金のように，同じような問題が繰り返し出題されている分野は，早めに攻略しておくとよいでしょう。そうすれば模擬試験などの点数が安定してきますので，その分，苦手な分野の学習に落ち着いて取り組むことができます。

小野 明彦 LEC専任講師

- ●2022 宅建本試験 100日前の大作戦会議　7月2日（土）19：00～21：30，新宿エルタワー本校，梅田駅前本校にて，改正と新傾向の内容について，熱く語ります！
- ●2022 実力診断模試　6月8日（水）から6月19日（日）までLEC各本校で実施！詳細はLECホームページにて！

弁済業務保証金の中で、最も重要な論点の1つである「還付後の手続き」（とらの巻27）と、あまり馴染みのない「弁済業務保証金準備金」について見ていきましょう。

④還付後の手続き

ポイント解説

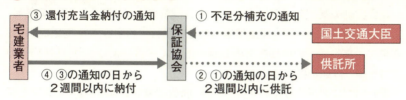

ここでのポイントは、還付がなされると、まず、保証協会が宅建業者に代わって尻拭い（立て替え）をしてくれるということです。

そのためには、保証協会自身がお金を持っていなければならないはずです。そのお金が「弁済業務保証金準備金」です。

保証協会は、宅建業者に「弁済業務保証金分担金」を「金銭」で納付させ、そのお金で「国債」等を購入し、それを「弁済業務保証金」として供託します。国債には利子が付きます。その利子分が「弁済業務保証金準備金」として保証協会にプールされるわけです。

ところで、還付がなされ、保証協会が尻拭いをしたにもかかわらず、宅建業者が還付充当金を納付できないと、どんどん「弁済業務保証金準備金」が目減りし、ひいては、もう尻拭いができない状況になりかねません。そのときに社員である宅建業者に納付させるのが「特別弁済業務保証金分担金」です。

加藤 光久 LEC専任講師

- **改正集中特訓講座** 宅建士本試験では、直近数年の改正点が毎年数問出題されます。だから、改正点＝頻出分野。改正点対策は宅建指導のプロにお任せください。
- **ファイナル模試** 宅建学習の最後の総仕上げ。予想問題を通じて最後の総まとめをしましょう。全日本宅建公開模試とあわせて受験すればさらに効果的！

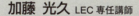

目からウロコのポイント解説

媒介契約の規制は，ほぼ毎年出題される頻出項目です。

ポイント解説

⑤媒介契約の規制

　媒介契約の規制の出題内容は，①媒介契約のタイプごとの規制の差異，②媒介契約書面，③指定流通機構への登録手続・内容等，の3点に分類できます。まずは①の項目を何度も繰り返して学習しましょう。「特約」の効力を問う問題に要注意です。

　媒介規制に違反する特約をした場合，特約は無効となりますが，数字を記憶していないことには，宅建業法に違反するか否かの判断すらつきません。ですから，専任媒介（専属専任媒介を除く）の規制と専属専任媒介の規制について，各々3つの数字をしっかりと脳裏に焼きつけておきましょう。

	有効期間	業務処理 状況の報告	指定流通機構 への登録
一般媒介	規制なし		
専任媒介	(1) 3カ月以内 →3カ月を超える場合，3カ月に短縮 (2) 依頼者の申出がある場合のみ更新可 →更新期間は3カ月以内	2週間に 1回以上	7日以内
専属専任媒介		1週間に 1回以上	5日以内

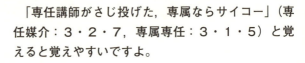

　「専任講師がさじ投げた，専属ならサイコー」（専任媒介：3・2・7，専属専任：3・1・5）と覚えると覚えやすいですよ。

寺西 知彦 LEC専任講師

●究極のポイント300攻略講座
受験生の多くが，直前期は瑣末な知識に目を奪われてしまいます。合否に影響しない細かな知識をいくら詰め込んでも合格は難しい。直前期だからこそ過去に繰り返し出題されている重要項目を本講座でチェックしましょう。

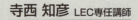

広告規制は、ズバリ、大変おいしい得点源です。

ポイント解説

⑥広告規制

　世の中には広告があふれていますが、広告については、消費者保護や公正な競争の確保のため、さまざまな規制があります。その中でも、11章で勉強する不動産に関する広告規制は、最も厳しい部類の広告規制といえます。

　そうすると、ひっかけ問題を作る際には、実際の規制をゆるめる方向で作るほかありません。そこで、広告規制の問題では、厳しい方向に考えていけば、たいてい正解に結びつくことになるのです。

　極論かもしれませんが、「〜の場合は、取引態様を明示しなくてもよい」とか、「〜の場合は、取引する意思のない物件を広告してもよい」のように、語尾が「してもよい」となっている選択肢は、誤りであるとの推定がはたらくといってよいでしょう。

　とにかく、実にシンプルな分野ですから、確実に1点得点できるように、準備を怠らないようにしましょう。

岩田 京子 LEC専任講師

●試験に出るトコ大予想会
　2022年度の宅建士本試験に「出るトコ」を予想する講座です。50問の予想問題を分野別に解きつつ、解説をしていきます。また、図表を多用したオリジナル解説集を用いて、予想問題の解説とともに、周辺知識の総まとめを行います。

目からウロコのポイント解説

今回は，重要事項説明の中でも出題の多い，「区分所有建物の説明事項」について押さえましょう。

ポイント解説

⑦重要事項の説明

エントランスは大理石張り，オートロックに宅配ロッカー付き。部屋に入れば床暖房にシステムキッチン，シャワー付き洗面台……。このように，賃貸マンションにしてはエラく設備が豪華なマンションは，「分譲賃貸」の場合が多いもの。「分譲賃貸」とは文字どおり，分譲マンションをオーナーが賃貸に出しているものです。

「分譲賃貸」のマンションを借りようとしている人に対しては，区分所有建物がらみの重要事項のうち，2つだけを説明すればよいことになっています。それはズバリ「管理会社の名称・所在地」と「専有部分の利用の制限」。どこの何という管理会社に管理をお願いしているのかを知らなければ，まさかの時にどこに連絡していいかわかりません。また，「ペット禁止」や「楽器の演奏時間制限」といった「専有部分の利用の制限」を知らなければ，区分所有者とトラブルになってしまいます。

この2つ以外，たとえば「管理費・修繕積立金の額」や「共用部分の規約」などについては，分譲マンションを買おうとしている人には説明しなければなりませんが，借りようとしている人には説明する必要はありません。マンションを借りた人は管理費や修繕積立金を払う義務はありませんし（区分所有者である貸主が払います），共用部分の持分も持っていませんので，関係ないからです。

分譲賃貸マンションの賃借人と区分所有者が，トラブルなく快適に生活するため，重要事項説明担当者である宅地建物取引士の果たす役割は大きいのです。

水野 健 LEC専任講師

●**ウルトラ演習解きまくり講座** 宅建士試験に合格するためには，合格に必要な知識の習得のみならず，その知識を使って問題を解くテクニックを身につけることが不可欠です。本講座は，過去問とオリジナル予想問題を素材に，知識を整理し，解法テクニックを習得することで，即戦力となる知識の獲得を目指します。「ウルトラ速習35時間完成講座」と組み合わせれば効果的！

LEC東京リーガルマインド 2022年版 どこでも宅建士 とらの巻

報酬額の制限は頻出分野の1つです。計算をさせる出題が多いですが、いかに計算をしないで答えを出すかが、効率よく得点をするポイントです。

⑧ 報酬額の制限

ポイント解説

①売買・交換、②貸借を問わず、1つの取引で媒介や代理をした宅建業者が受け取ることができる上限は決まっています。

下の図①で、業者AさんとBさんが受け取ることができる合計額は、媒介の場合の一方から受領することができる額の2倍が上限となります。そこで、まずこの額を計算してしまいましょう。そして、問題で宅建業者が受領した額がその額を超えていた場合には、それだけで業法の規定に違反することになります。

下の図②で、業者CさんとDさんが受け取ることができる合計額は、借賃の1カ月が上限となります。したがって、1つの取引でこの額を超えていれば、それだけで業法の規定に違反することになります。

これでも解決しない問題の場合は、個々の宅建業者が受け取った報酬額を検討してください。その場合でも消費税を計算する前の数字を見て、まず検討しましょう。

いずれにしても、計算は慣れが大切です。問題演習をする際にいかに計算をしないで問題を解くことができるかが、報酬額の制限で効率よく得点するポイントです。

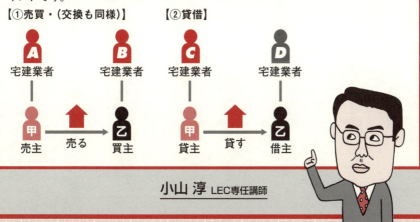

小山 淳 LEC専任講師

● 2022 宅建カーニバル　9月23日（金・祝）13：00～17：00、新宿エルタワー本校及び梅田駅前本校にてLEC宅建課講師が大集結！LEC講師陣の長年の実績と経験に基づいて本試験大予想会を行うとともに、本試験前に知りたい情報、直前期の過ごし方などを熱く語ります。各地で同時中継を開催。全国の宅建受験生の皆さん、熱く盛り上がりましょう！

法令上の制限

1 都市計画法
2 建築基準法
3 国土利用計画法
4 農地法
5 土地区画整理法
6 宅地造成等規制法
7 その他の法令による制限

［法令上の制限］とは

［法令上の制限］はこんな科目

　自分の土地だからといって好きなようにできるわけではなく，建築基準法や農地法等，さまざまな法律によって規制がかけられる。これらを総称して「法令上の制限」という。

　まず，広い土地を購入する際に必要なのが「国土利用計画法」による届出である。もしその土地が農地であるならば「農地法」の許可も必要である。

　土地を造成する場合には，「都市計画法」の開発許可が必要となったり，宅地造成工事規制区域内ならば「宅地造成等規制法」の許可が必要となったりする。

　建物の建築に対しては，容積率制限，建蔽率制限，用途規制等，「建築基準法」の規制に従わなければならない。

　また，土地の区画整理事業を行うときには「土地区画整理法」で規制される。

　これらの「法令上の制限」は，宅地建物の購入者等に知っておいてもらう必要があるため，重要事項説明の説明事項となっている。宅建士試験に出題されるのはそのためである。

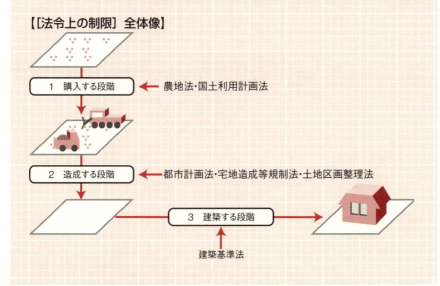

【［法令上の制限］全体像】

[法令上の制限]の学び方

　8問出題される法令上の制限は，内容が抽象的で，暗記しておかなければ対応できない問題が多いことから，苦手意識を持つ受験生が多い。しかし，同じような問題が繰り返し出題されており，合格者と不合格者の正答率に差がつきやすい科目ともいえる。したがって，範囲を絞って正確な知識を身につける必要がある。

過去10年間の出題傾向

			12	13	14	15	16	17	18	19	20 (10月)	20 (12月)	21 (10月)	21 (12月)
1 都市計画法	1-2	都市計画区域										1		
	1-3	準都市計画区域				1			★			1		
	1-4	区域区分							★					
	1-5	地域地区		★	2	2	1		1	★	1			★
	1-6	都市施設										1		
	1-7	地区計画	1	1	1		1	1			★		★	
	1-8	都市計画の決定手続	1			1					1			
	1-9	開発許可の要否	★	★	★		1	★	★	★		★	★	
	1-10	開発許可の手続き				1	★				2			★
	1-11	開発許可に関連する 建築規制				★			1		★			1
	1-12	都市計画事業制限	★	2			★	★			1	★		
2 建築基準法	2-2	用途規制		1	★		1	1	1		1	1	★	2
	2-3	建蔽率	1	1			1		1			1	2	1
	2-4	容積率				1	1			★				
	2-5	高さ制限			★				1		1	★		★
	2-6	低層住居専用地域等 内に特有の規制	1				★		1					
	2-7	道路規制		1			1		1	1	1	1	1	1
	2-8	防火・準防火地域内 の建築規制			1		★			1		★	1	
	2-9	単体規定	1	★	★		2	2	★	★	3	3	2	★
	2-10	建築確認	★		1	★		★	1		★		★	1
	2-11	建築協定	1			1								
3	国土利用計画法		★	★	1		★	1		1		★	★	★
4	農地法		★	★	★	★	★	★	★	★	★	★	★	★
5	土地区画整理法		★	★	★	★	★	★	★	★	★	★	★	★
6	宅地造成等規制法		★	★	★	★	★	★	★	★	★	★	★	★
7	その他の法令による制限				3	★			★					

★：正解肢として出題　　1：正解肢以外で1肢出題　　2：正解肢以外で2肢出題
3：正解肢以外で3肢出題

1-1 都市計画法（全体構造）

ここがポイント　都市計画法による街づくりの手順をオーソドックスなパターンに沿って確認しよう。

　都市計画法は、「計画的な街づくりの方法」を規定した法律だ。街づくりを行う際に最初にすることは、街づくりの場所(**都市計画区域**)を決めることだ。その中にさまざまな「**都市計画**」を当てはめていく。街づくりの流れは以下のとおりだ。

1　区域区分

　都市計画区域を、開発をする場所(**市街化区域**)と開発を抑える場所(**市街化調整区域**)の2つに分ける。都市計画区域は、非常に広い範囲に指定されることがある。すべての範囲をいっぺんに開発するには、莫大なお金と時間がかかるので、優先順位をつけるのだ。

2　用途地域

　次に、市街化区域を土地の利用目的によって分ける。おおまかには住居系、商業系、工業系の3種類だ。これを**用途地域**という。

3　その他の都市計画

　人が暮らしていくには、道路・上下水道・送電設備・学校・病院等の施設(**都市施設**)が必要だろう。

　都市施設は1つずつ設置することもできるが、まとめて整備していくこともできる(**市街地開発事業**)。そして、作ろうとしている街の青写真に反する開発や建築が行われないように制限をかける。これを**都市計画制限**という。

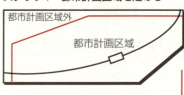
ステップ1：都市計画区域を定める

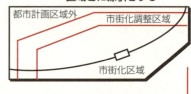
ステップ2：市街化区域と市街化調整区域とに線引きする

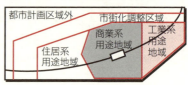
ステップ3：用途地域を定める

● 1-1 都市計画法（全体構造）

〈街づくりの流れ〉

街をつくる場所を決める
（都市計画区域の指定）

↓

その場所をどのような街にするのかプランを立てる（都市計画の内容）

① 都市計画区域の整備・開発及び保全の方針
② **区域区分**
③ 都市再開発方針等
④ **地域地区**
⑤ 促進区域
⑥ 遊休土地転換利用促進地区
⑦ 被災市街地復興推進地域
⑧ **都市施設**
⑨ 市街地開発事業
⑩ 市街地開発事業等予定区域
⑪ 地区計画等

↓

具体的なプランを決定する
（都市計画の決定手続）

↓

プランが決まったら，そのプランに反することをさせない（都市計画制限）

法令上の制限

1-2 都市計画法（都市計画区域）

ここがポイント
都市計画区域とは何か？ 都市計画区域は行政区画に従って指定されるのか？ そもそも誰が指定するのか？

1 都市計画区域とは

街づくりをする場所のことを**都市計画区域**という。人が大勢いる，又はこれから大勢やってくる場所と思えばよい。街づくりは，この**都市計画区域**の指定からスタートする。

なお，すべての都市計画区域について，マスタープラン（**都市計画区域の整備，開発及び保全の方針**）を定めなければならない。計画的な街づくりをするためには，どのような街づくりを進めていくのかという，大枠の方針が必要だからだ。そのマスタープランには，①区域区分の決定の有無及び当該区域区分を定めるときはその方針を必ず定める。②都市計画の目標，土地利用，都市施設の整備及び市街地開発事業に関する主要な都市計画の決定の方針は定めるように努めなければならない。

2 都市計画区域は誰が指定するのか

〈1つの都道府県に指定する場合〉

関係市町村及び**都道府県都市計画審議会**の意見を聴き
↓
国土交通大臣に協議し，その同意を得て
↓
都道府県が指定

〈2以上の都府県にわたって指定する場合〉

関係都府県の意見を聴き
↓
国土交通大臣が指定

とらの巻 ① 重要度 B

1 都市計画区域とは，一体の都市として総合的に整備し，開発し，及び保全する必要がある区域である。

2 原則として，都市計画区域内にのみ都市計画法は適用される。

3 都市計画区域は，県境，市町村境などの行政区画とは関係なく定められる。

4 都市計画区域の指定権者

1つの都道府県に指定する場合	都道府県
複数の都府県にわたって指定する場合	国土交通大臣

ウォーク問③　問1…(1)　問6…(1)

法令上の制限

Tea Time

LEC専任講師からの学習アドバイス
＜単位の後＞

　法令上の制限・税・その他の分野では，覚えるべき数字がたくさんあります。しかしながら，その数字以上に大切なものがあります。それは，"単位の後"についている「超」「未満」「以上」「以下」といった文言です。「500m²超で許可が必要」なのか？「500m²以上で許可が必要」なのか？　本試験では，500m²ぴったりで出題されます。つまり，「500m²"超"で許可が必要」なのであれば，500m²の場合，許可は不要と答えなければ，1点失います。

　当たり前ですが，本試験では，ここが1つ大事なポイントになります。勉強の当初から，これら"単位の後"は大切に暗記するようにしましょう。

1-3 都市計画法（準都市計画区域）

ここがポイント 準都市計画区域とは何か？ 準都市計画区域は誰が指定するのか？

1 準都市計画区域とは

都市計画区域外には原則として都市計画法の規制がかからない。しかし，それが郊外の幹線道路の沿道などであれば，規制がかからないのをいいことに乱開発が進みかねない。将来，いざ都市計画区域に指定しようとしたときには，無秩序な街ができあがってしまっているおそれがある。そこで，どんどん建物が建っていっているなど，放っておくと将来の街づくりに支障が出るような**都市計画区域外**の場所を，土地利用の整序や環境保全のために**準都市計画区域**として指定できるのだ。なお，準都市計画区域は，広域的な視点で規制をかけることができるよう**都道府県**が指定する。

2 準都市計画区域における都市計画

準都市計画区域は，将来の街づくりのために，まずは規制を行う区域だ。したがって，区域の指定時点においては，街づくりは行わない。後述する都市計画のうち，規制することを前提とした用途地域や高度地区等は定めることができるが，緩和や開発を前提とした，**市街地開発事業，区域区分，高度利用地区，高層住居誘導地区，特例容積率適用地区，防火地域，準防火地域等**は定めることができない。

●1-3 都市計画法（準都市計画区域）

とらの巻 ❷

重要度

1 準都市計画区域は，都市計画区域外の一定の区域に指定される。

2 準都市計画区域は都道府県が指定する。

3 準都市計画区域においては，市街地開発事業，区域区分，高度利用地区，高層住居誘導地区，特例容積率適用地区，防火地域，準防火地域等は定めることができない。

ウォーク問③　問3…(2)　問7…(2)

1-4 都市計画法（区域区分）

ここがポイント　区域区分とは何か？ 市街化区域・市街化調整区域とは，どのような場所なのだろうか？

区域区分とは，都市計画区域を**市街化区域**と**市街化調整区域**の2つに分けることだ。実務上，「**線引き**」ともいう。

市街化区域とは，すでに**市街地**を形成している区域及びおおむね**10年以内**に**優先的かつ計画的に市街化を図る**べき区域（つまりどんどん市街化する区域）だ。これに対し，**市街化調整区域**は，市街化を**抑制**すべき区域（自然環境を守っていく区域）だ。

もっとも，すべての都市計画区域で区域区分を定めるわけではない。**都道府県**が必要と判断した場合だけ，区域区分を定めることが**できる**のだ。線引きされていない都市計画区域のことを，一般に「**非線引き都市計画区域**」という。試験では正式名称である「**区域区分が定められていない都市計画区域**」と出題されるので注意しよう。

とらの巻 3　重要度 A

都市計画区域について無秩序な市街化を防止し，計画的な市街化を図るため必要があるときは，**都道府県**は，都市計画に，**市街化区域**と**市街化調整区域**との区分（**区域区分**）を定めることが**できる**。

市街化区域	すでに**市街地**を形成している区域及びおおむね10年以内に**優先的かつ計画的に市街化を図る**べき区域
市街化調整区域	市街化を**抑制**すべき区域

ウォーク問③　問1…(3)(4)　問3…(1)　問6…(4)　問7…(3)

「都市計画区域には，区域区分を必ず定めなければならない」と出題されたら，×。

● 1-4 都市計画法(区域区分)

日本全国は，次の5つの場所に分けることができる。

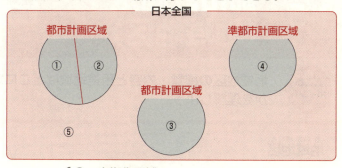

都市計画
区域内 ｛① 市街化区域
② 市街化調整区域
③ 区域区分が定められていない都市計画区域
　（非線引き都市計画区域）

都市計画
区域外 ｛④ 準都市計画区域
⑤ 都市計画区域及び準都市計画区域
　以外の区域

法令上の制限

Tea Time

ＬＥＣ専任講師からの学習アドバイス
＜携行道具編②＞

　宅建士試験では，受験における携行品を「受験票，ＢかＨＢの鉛筆又はシャープペンシル，プラスチック製消しゴム，鉛筆削り及び腕時計」としています。これらが試験時間中に机の上に出しておいてよいものです。ここでは，「腕時計」に注目しましょう。試験で使用できるのは，「時刻表示に限定」されるものです。ですから，腕に巻きつける形にこだわらず懐中時計等でもかまわないようですが，アラームが鳴ってしまう時計や通信機能や計算機能，辞書機能を持っている場合は禁止されます。会場で腕時計以外の時計を使用する予定の方は，実施団体に事前に問い合わせてみるとよいでしょう。

1-5 都市計画法（地域地区）

ここがポイント 地域地区の種類・内容と用途地域はどこに定めるのかを理解しよう。

1 地域地区

家庭菜園に，トマトもきゅうりも大根もごちゃ混ぜに植える人はあまりいない。ここはトマトの区画，ここはきゅうり……というように，計画性を持って植えるのが普通だ。

市街化区域も，それぞれの土地の利用目的を決め，目的に合った建物を建てていく。この土地利用のプランのことを地域地区といい，用途地域と補助的地域地区の2つがある。

2 用途地域

用途地域とは，「この地域はこういう土地利用のしかたをする」と定める都市計画のことだ。住居系・商業系・工業系，あわせて13種類がある。建築基準法でそれぞれの土地利用にあわせた建築規制がかかる（用途規制）。

1 住居系の用途地域
  (1) 第一種低層住居専用地域
     閑静な住宅街
  (2) 第二種低層住居専用地域
     コンビニ等の小店舗が存在し，第一種低層住居専用地域よりは，少しにぎわっているところ
  (3) 田園住居地域
     農産物直売所，地元産の農産物による料理を提供するレストラン，農産物の集荷貯蔵施設がある，低層住宅と農地が混在し調和しているところ

(4) **第一種中高層住居専用地域**
 　　６～７階建てくらいの中高層マンションが立ち並んでいるところ
 (5) **第二種中高層住居専用地域**
 　　大きめの店舗，事務所等が存在し，第一種中高層住居専用地域よりは，比較的大きな中高層マンションが立ち並び，にぎわっているところ
 (6) **第一種住居地域**
 　　一戸建て住宅と中高層マンションが混在するところ
 (7) **第二種住居地域**
 　　ぱちんこ屋・マージャン屋等の店舗が存在し，第一種住居地域と比べると，店舗や事務所が多めに混在するところ
 (8) **準住居地域**
 　　比較的大きな道路沿いの地域で，大きなパーキングがあるスーパーマーケットや自動車のショールーム等と住宅が調和して存在するところ

2 **商業系**の用途地域

 (1) **近隣商業地域**
 　　１階が店舗で，２階が住宅というような建物が多く存在し，住宅地に近隣した商店街
 (2) **商業地域**
 　　繁華街，デパートが存在するところ

3 **工業系**の用途地域

 (1) **準工業地域**
 　　工場が多く存在するところではあるが，花火工場のような著しく危険な工場の存在を認めず，周囲の環境保全に配慮された地域
 (2) **工業地域**
 　　工業専用地域に比べると，住居や店舗等が比較的存在する工場地帯
 (3) **工業専用地域**
 　　石油コンビナート・臨海工業地帯

3 用途地域はどこに定めるのだろうか

市街化区域は建物が建っていくため，必ず**用途地域**を定める。**市街化調整区域**は原則として建物が建てられないので，用途地域も**原則として定めない**。

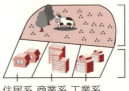
住居系　商業系　工業系

重要度 **A**

とらの巻 4

1 市街化区域　⇒　**少なくとも**用途地域を定める。
2 市街化調整区域　⇒　**原則として用途地域を定めない**。

〈用途地域〉

		内容
住居系	第一種低層住居専用地域	低層住宅に係る良好な住居の環境を保護するため定める地域
	第二種低層住居専用地域	主として低層住宅に係る良好な住居の環境を保護するため定める地域
	田園住居地域	農業の利便の増進を図りつつ，これと調和した低層住宅に係る良好な住居の環境を保護するため定める地域
	第一種中高層住居専用地域	中高層住宅に係る良好な住居の環境を保護するため定める地域
	第二種中高層住居専用地域	主として中高層住宅に係る良好な住居の環境を保護するため定める地域
	第一種住居地域	住居の環境を保護するため定める地域
	第二種住居地域	主として住居の環境を保護するため定める地域
	準住居地域	道路の沿道としての地域の特性にふさわしい業務の利便の増進を図りつつ，これと調和した住居の環境を保護する地域
商業系	近隣商業地域	近隣の住宅地の住民に対する日用品の供給を行うことを主たる内容とする商業その他の業務の利便を増進するため定める地域
	商業地域	主として商業その他の業務の利便を増進するため定める地域
工業系	準工業地域	主として環境の悪化をもたらすおそれのない工業の利便を増進するため定める地域
	工業地域	主として工業の利便を増進するため定める地域
	工業専用地域	工業の利便を増進するため定める地域

ウォーク問③　問2…(3)　問4…(3)　問6…(3)　問7…(1)

4 用途地域内の制限

用途地域に関する都市計画には，建築物の容積率，建蔽率，高さの限度などを定めなければならない。

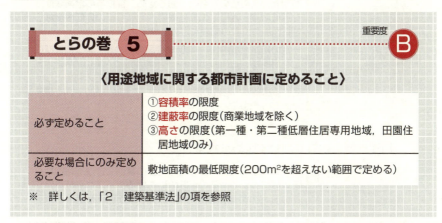

とらの巻 5　重要度 B

〈用途地域に関する都市計画に定めること〉

必ず定めること	①容積率の限度 ②建蔽率の限度（商業地域を除く） ③高さの限度（第一種・第二種低層住居専用地域，田園住居地域のみ）
必要な場合にのみ定めること	敷地面積の最低限度（200m²を超えない範囲で定める）

※　詳しくは，「2　建築基準法」の項を参照

5 補助的地域地区

用途地域の指定により，地域の基本的な色分けは決まったが，さらに地域の特色を出すために，**用途をよりきめ細かく規制**する**補助的地域地区**が用意されている。

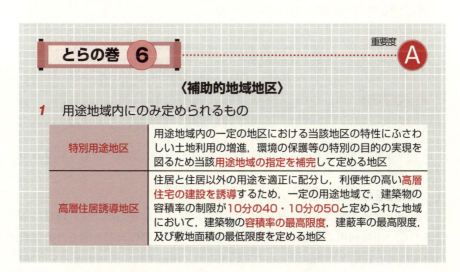

とらの巻 6　重要度 A

〈補助的地域地区〉

1 用途地域内にのみ定められるもの

特別用途地区	用途地域内の一定の地区における当該地区の特性にふさわしい土地利用の増進，環境の保護等の特別の目的の実現を図るため当該**用途地域の指定を補完**して定める地区
高層住居誘導地区	住居と住居以外の用途を適正に配分し，利便性の高い**高層住宅の建設を誘導**するため，一定の用途地域で，建築物の容積率の制限が**10分の40・10分の50**と定められた地域において，建築物の**容積率の最高限度**，建蔽率の最高限度，及び敷地面積の最低限度を定める地区

高度地区	用途地域内において市街地の環境を維持し，又は土地利用の増進を図るため，建築物の高さの最高限度又は最低限度を定める地区
高度利用地区	用途地域内の市街地における土地の合理的かつ健全な高度利用と都市機能の更新とを図るため，容積率の最高限度及び最低限度，建蔽率の最高限度，建築面積の最低限度ならびに壁面の位置の制限を定める地区
特例容積率適用地区	一定の用途地域内(第一種低層住居専用地域・第二種低層住居専用地域・田園住居地域・工業専用地域を除いた用途地域内)において，建築物の容積率の限度からみて未利用となっている建築物の容積の活用を促進して土地の高度利用を図るため定める地区

2 用途地域の内外を問わず定められるもの

特定街区	市街地の整備改善を図るため街区の整備又は造成が行われる地区について，その街区内における容積率ならびに建築物の高さの最高限度及び壁面の位置の制限を定める地区(新宿副都心等の超高層ビル街)
防火地域・準防火地域	市街地における火災の危険を防除するため定める地域
景観地区	市街地の良好な景観(街なみ)の形成を図るため，建築物の形態意匠(デザイン)，高さ，壁面，敷地面積を制限する地区
風致地区	都市の風致(自然美)を維持するため，地方公共団体の条例で建築物の建築，宅地の造成，木竹の伐採等の行為を規制する地区

3 用途地域外にのみ定められるもの

特定用途制限地域	用途地域が定められていない土地の区域(市街化調整区域を除く)内において，その良好な環境の形成又は保持のため当該地域の特性に応じて合理的な土地利用が行われるよう，制限すべき特定の建築物等の用途の概要を定める地域

ウォーク問③ 問2…(1)(2)(4) 問3…(4) 問5…(2)(4) 問7…(4)
問8…(3) 問30…(1) 問32…(2) 問37…(3)

補助的地域地区のうち，よく出題されているものと，出題が予想されるものをとりあげておく。

1 特別用途地区

　特別用途地区とは，用途地域内の一定の地区における当該地区の特性にふさわしい土地利用の増進，環境の保護等の特別の目的の実現を図るため当該用途地域の指定を補完して定める地区である。用途地域の指定を補完する(補う)とはどういうことだろうか。

● 1-5 都市計画法（地域地区）

昔，幼稚園や小学校で，色セロファンを工作に使った経験はないだろうか。赤いセロファン紙に青を重ねると，そこだけ紫になる。青いセロファン紙に黄色を重ねるとそこだけ緑になる。

特別用途地区も色セロファン同様，用途地域に重ねてもとの色を変化させるためのものである。たとえば，東京都でいえば，もともと風俗営業が許されている用途地域に特別用途地区を重ねることで，風俗営業店を禁止して教育環境の維持向上を図ったり（文教地区），工業系の用途地域に特別用途地区を重ねることで，建築できる業種を制限して公害を防止したり（特別工業地区）というように使われている。

個々の特別用途地区の制限の内容は地方公共団体の条例で定められるため，制限内容は地方公共団体ごとにそれぞれ異なる。ただし，建築物の用途制限を緩和するには国土交通大臣の承認が必要である。

2　高層住居誘導地区

高層住居誘導地区は，住居と住居以外の用途とを適正に配分し，利便性の高い高層住宅の建設を誘導するため定める地区である。

高層住居誘導地区では，高層住宅の建設を誘致するため，容積率や建蔽率等の制限を緩和する。比較的用途の許容性が高い用途地域（第一種住居地域・第二種住居地域・準住居地域・近隣商業地域・準工業地域）のうち，容積率制限が緩やかな地域（10分の40又は10分の50）に指定される。

3　高度地区

高度地区は，建築物の高さの最高限度又は最低限度を定める地区である。

4　高度利用地区

高度利用地区は，用途地域内の土地を「高度利用」，つまり有効活用するために，容積率の最高限度又は最低限度等を定める地区である。

　高度地区　　　→　高さ
　高度利用地区　→　高さではない

5　特例容積率適用地区

特例容積率適用地区とは，第一種低層住居専用地域・第二種低層住居専用地域・田園住居地域・工業専用地域を除く用途地域内の適正な配置及び規模の公共施設を備えた土地の区域において，建築基準法の規定による建築物の容積率の限度からみて未利用となっている建築物の容積の活用を促進して土

地の高度利用を図るため定める地域である。

特例容積率適用地区に指定されると，他の敷地の未利用容積率を自分の敷地に「寄せて上げる」ことができる。たとえば，容積率が500％の地区なのに，ある敷地では300％しか利用していないとする。この場合，余っている200％を自分の敷地に寄せ集め，延べ面積の大きい建築物を建築することができる。

ただし，市街地の環境を確保するために必要なときは，建築物の高さの最高限度を定めることができる。際限なく「上げる」ことができるわけではないのだ。

第一種低層住居専用地域・第二種低層住居専用地域・田園住居地域は低層住宅を建てる地域なので「寄せて上げる」必要はないと考えられるし，工業専用地域は石油コンビナート等であり，「寄せて上げる」と危険であるため，これらの用途地域には特例容積率適用地区を指定することはできない。

6 風致地区内における建築等の規制に係る条例の制定に関する基準を定める政令

① 都市計画法第58条第1項の規定に基づく建築等の規制についての条例は，面積が10ha以上の風致地区（2以上の市町村（都の特別区を含む）の区域にわたるものに限る）に係るものにあっては都道府県が，その他の風致地区に係るものにあっては市町村が定める。

② 風致地区内の一定の行為については，あらかじめ，面積が10ha以上の風致地区（2以上の市町村（都の特別区を含む）の区域にわたるものに限る）にあっては都道府県知事（市（都の特別区を含む）の区域内にあっては，当該市の長），その他の風致地区にあっては市町村の長の許可を受けなければならないものとする。

7 特定用途制限地域

用途地域外では，建築基準法の用途規制はほとんどなされない。市街化調整区域であれば原則として建築物の建築が禁止されているが，非線引き都市計画区域や準都市計画区域は建築可能であるため，建築物が自由気ままに建築されてしまうおそれがある。このような場合に指定されるのが特定用途制限地域である。特定用途制限地域とは，用途地域が定められていない土地の区域（市街化調整区域を除く）内において，その良好な環境の形成又は保持のため当該地域の特性に応じて合理的な土地利用が行われるよう，制限すべき特定の建築物等の用途の概要を定める地域である。これにより，大規模店舗等，特定の用途の建築物を制限できるようになるのである。

1-6 都市計画法（都市施設）

 ここがポイント
都市施設とは何だろうか？　どの場所に，どの都市施設のプランを定めなければならないのだろうか？

1 都市施設とは

　都市施設とは，道路，公園，上下水道，学校，病院などのように，人が都市で生活していくうえでなくてはならない，みんなが使う施設のことだ。

　なかでも，<u>道路・公園・下水道</u>の3つは，人がたくさん住んでいる<u>市街化区域</u>と<u>区域区分が定められていない都市計画区域</u>には必ず定めなければならない。

　また，<u>住居系の用途地域</u>には子供がいっぱいいるため，必ず義務教育施設（小・中学校）をも定めなければならない。

2 都市施設はどこに定められるか

　都市計画区域内はもちろん，特に必要があるときは<u>都市計画区域外</u>でも定めることができる。山奥でも，道路は通っているのだ。

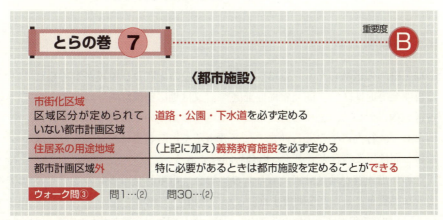

とらの巻 7　重要度 B

〈都市施設〉

市街化区域 区域区分が定められていない都市計画区域	道路・公園・下水道を必ず定める
住居系の用途地域	（上記に加え）義務教育施設を必ず定める
都市計画区域外	特に必要があるときは都市施設を定めることができる

ウォーク問③　問1…(2)　問30…(2)

1-7 都市計画法（地区計画）

ここがポイント
地区計画とは？　地区計画が指定できる区域は？
地区計画の区域における届出制とは？

1 地区計画とは

　今まで見てきた都市計画（区域区分・地域地区・都市施設）は，都市計画区域全体をどうデザインしていくかという視点に立った，いわば「大きな街づくり」だ。

　これに対し，**地区計画**は「小さな街づくり」，つまり，比較的小規模な地区を単位として，それぞれの区域の特性にふさわしい街づくりをする都市計画なのだ。たとえば，「映画村」で有名な京都の太秦や，横浜のみなとみらい21，神戸のハーバーランドなどである。

　地区計画は，用途地域が定められている土地の区域においてはどこにでも定めることができ，用途地域が定められていない区域でも，健全な住宅市街地の良好な居住環境が形成されている区域など，一定の区域には定めることができる。

　地元密着型の都市計画であるため，地区計画の決定権者は，都道府県ではなく**市町村**である。

2 届出制

　地区計画の区域のうち，道路，公園等の施設の配置及び規模が定められている再開発等促進区※1，開発整備促進区※2，又は地区整備計画※3が定められている区域内において，**土地の区画形質の変更**や**建築物の建築**等を行う場合は，原則として，行為着手の**30日前**までに必要事項を**市町村長に届け出**なければならない。届け出た内容を変更する場合も同様である。

　この届出内容が地区計画に適合しない場合，市町村長は設計の変更その他の必要な措置をとることを勧告することができる。

※1　再開発等促進区：土地の合理的かつ健全な高度利用と都市機能の増進とを図る

1-7 都市計画法（地区計画）

ため，一体的かつ総合的な市街地の再開発又は開発整備を実施すべき区域

※2　開発整備促進区：劇場，店舗，飲食店等の特定大規模建築物の整備による商業その他の業務の利便の増進を図るため，一体的かつ総合的な市街地の開発整備を実施すべき区域

※3　地区整備計画：主として街区内の居住者等の利用に供される道路，公園，街区における防災上必要な機能を確保するための避難施設，避難路，雨水貯留浸透施設その他の一定の施設（地区施設）及び建築物等の整備ならびに土地利用に関する計画

とらの巻 8　　重要度 A

〈地区計画〉

地区計画とは	建築物の建築形態，公共施設その他の施設の配置等からみて，一体としてそれぞれの区域の特性にふさわしい態様を備えた良好な各街区を整備し，開発し，及び保全するための計画
決定権者	市町村
指定できる区域	①用途地域が定められている土地の区域 ②用途地域が定められていない土地の区域のうち一定の区域
届出制	・一定の地区計画の区域内で土地の区画形質の変更，建築物の建築等を行う場合は，一定の場合を除き，行為着手の30日前までに，必要事項を市町村長に届け出なければならない。 ・この届出が地区計画に適合しない場合，市町村長は計画変更の勧告をすることができる。

ウォーク問③　問5…(1)　問27…(4)　問28…(4)　問29…(イ)　問31…(1)

Tea Time

LEC専任講師からの学習アドバイス
＜模試は実験の場　模試の使い方編＞

　宅建士試験はマークシート方式の試験です。そして，そのマークの方法は横に長いだ円を塗りつぶす形式です。ここから先は単純に好みの問題ですが，横に広がった図形を塗りつぶすよりも，縦に伸びた図形を塗りつぶすほうが楽という方もいらっしゃいます。そのような方は，解答用紙を90度回転させてマークすることをお勧めします。うまく塗りつぶすことができないためイライラしては時間の無駄遣いですし，精神衛生上もよい効果はありません。模擬試験では，マークの方法もいろいろ試してみてください。

1-8 都市計画法（都市計画の決定手続）

ここがポイント 各都市計画の内容は，誰が定めるのか？ 都市計画はどのような流れで決定されるのだろうか？

1 都市計画の決定権者

広域的な都市計画，都市の根幹にかかわる都市計画は**都道府県**が決定し，それ以外の都市計画は**市町村**が決定する。複数の都府県にまたがる都市計画区域では，都道府県が決定すべき都市計画を，代わりに国土交通大臣が決定する。下の表の「都道府県」を「国土交通大臣」と読み替えればよい。なお，市町村が決定するものは市町村のままだ。

とらの巻 ⑨　重要度 B

〈都市計画の決定権者〉

都市計画の内容			決定権者
都市計画区域の整備・開発及び保全の方針			都道府県
区域区分（市街化区域と市街化調整区域との区分）			都道府県
都市再開発方針等			都道府県
地域地区	用途地域		市町村
	補助的地域地区※	特別用途地区，高層住居誘導地区，高度地区，高度利用地区，特例容積率適用地区，特定街区，防火・準防火地域，景観地区，特定用途制限地域	市町村
地区計画等			市町村
都市施設			都道府県又は市町村
市街地開発事業			都道府県又は市町村
市街地開発事業等予定区域			都道府県又は市町村
促進区域，遊休土地転換利用促進地区，被災市街地復興推進地域			市町村

※ 風致地区は，都道府県又は市町村が定める。
（注）準都市計画区域についての都市計画は，都道府県又は市町村が定める。

2 都市計画の決定手続

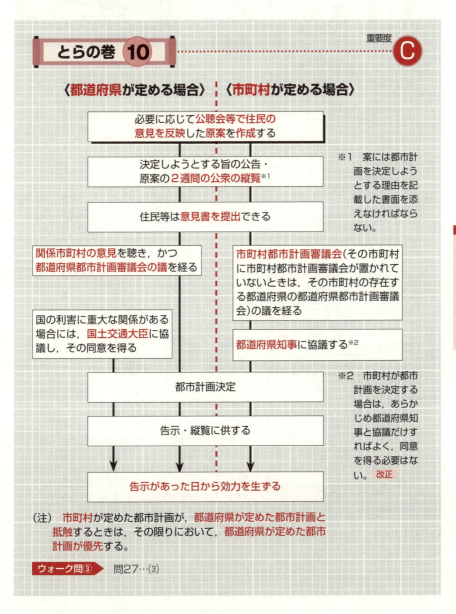

ウォーク問③　問27…(3)

〈都市計画の内容のまとめ〉

種類			都市計画区域 市街化区域	都市計画区域 市街化調整区域	都市計画区域 区分なし	都市計画区域外 準都市計画区域	都市計画区域外 その他
区域区分（市街化区域と市街化調整区域との区分）			○	○		×	
地域地区	用途地域		◎	○	○	○	×
地域地区	補助的地域地区	特別用途地区 高度地区	○（用途地域のみ）			○（用途地域のみ）	×
地域地区	補助的地域地区	高度利用地区	○（用途地域のみ）			×	×
地域地区	補助的地域地区	特例容積率適用地区 高層住居誘導地区	○（一定の用途地域のみ）			×	×
地域地区	補助的地域地区	特定用途制限地域	×	○（用途地域外のみ）		○（用途地域外のみ）	×
地域地区	補助的地域地区	特定街区 防火・準防火地域	○			×	×
地域地区	補助的地域地区	景観地区・風致地区	○			○	×
地区計画等			○			×	×
都市施設	道路・公園・下水道		◎	○	◎	○	
都市施設	義務教育施設		◎（住居系）○（その他）	○	◎（住居系）○（その他）	○	
都市施設	その他		○		○		
市街地開発事業			○	×	○	×	
市街地開発事業等予定区域	市街地開発事業に関するもの		○	×	○	×	
市街地開発事業等予定区域	都市施設に関するもの		○			○	
促進区域			○	×	○	×	
遊休土地転換利用促進地区			○	×		×	
被災市街地復興推進地域			○			×	

◎…必ず定める　○…定めることができる　×…定めることができない

1-9 都市計画法（開発許可の要否）

「開発行為」とは，何だろうか？ 「開発行為」は，どのように規制されているのだろうか？

1 開発行為の規制の趣旨と内容

　計画的な街づくりのためには乱開発を防ぐ必要がある。そこで，建物等を建てる目的で土地の造成をする場合，都道府県知事の許可をとらせるようにしている。これが開発行為の規制（開発許可）だ。

　従来，国，都道府県等が行う開発行為は開発許可が不要とされていたが，平成18年の法改正により，原則として許可が必要となった。ただし，国の機関又は都道府県等と，都道府県知事との協議が成立することをもって，開発許可があったものとみなされることになっている。

とらの巻 11

1　開発行為を行おうとする者は，原則として，開発許可（都道府県知事の許可）を受けなければならない。

2　国・都道府県等が行う開発行為については，国の機関・都道府県等と都道府県知事との協議が成立することをもって，開発許可があったものとみなされる。

2 開発行為とは

1　意義

　開発行為とは，主として建築物の建築又は特定工作物の建設の用に供する目的で行う土地の区画形質の変更をいう。

　土地の区画形質の変更とは，造成（盛土，切土等）などのことだ。要するに，「建物等を建てるための土地の『ガタガタ直し』」だ。

2 特定工作物

(1) **第一種特定工作物**
周辺の環境悪化をもたらすおそれのある工作物
例：コンクリートプラント・アスファルトプラント等

(2) **第二種特定工作物**
① ゴルフコース
② **1 ha（10,000m²）以上の野球場**・庭球場・動物園その他の**運動・レジャー施設**や墓園等の大規模な工作物

〈開発行為とは〉

とらの巻 12 重要度 A

1 開発行為とは

開発行為とは，主として**建築物の建築**又は**特定工作物の建設**の用に供する目的で行う**土地の区画形質の変更**をいう。

2 特定工作物とは

第一種特定工作物	コンクリートプラント・アスファルトプラントなど
第二種特定工作物	①ゴルフコース ②**1 ha（10,000m²）以上の野球場**・庭球場・動物園・墓園など

ウォーク問③　問9…(3)　問11…(1)　問12…(1)　問17…(2)　問18…(1)

3 開発許可不要の例外

1 公益上必要な建築物

　公益上必要な建築物（駅舎・図書館・公民館・変電所等）は，みんなのためになる建築物なので，これらを建築するための開発行為は**許可不要**だ。

従来は，学校，医療施設，社会福祉施設等も，公益上必要な建築物として開発許可が不要とされていたが，平成18年の法改正により，これらの建築物については，原則として開発許可が必要となった。

2　都市計画事業の施行として行うもの等

都市計画事業・土地区画整理事業・市街地再開発事業・住宅街区整備事業・防災街区整備事業の施行として行う場合は許可不要だ。「○○事業の施行として」と出題されたら許可不要と思えばよい。

そのほか，非常災害のため必要な応急措置，通常の管理行為・仮設建築物の建築等の軽易な行為なども許可不要である。

3　小規模開発

市街化区域では，1,000m²未満の開発行為であれば原則許可不要だ。同じく，非線引き都市計画区域・準都市計画区域は3,000m²未満，都市計画区域及び準都市計画区域外は1ha（10,000m²）未満の開発行為は原則許可不要だ。

これに対し，市街化調整区域は市街化を抑制するところなので小規模開発の例外はなく，たとえ面積が小さくても，ほかの例外にあたらない限り許可が必要である。

4　農林漁業用建築物・農林漁業者の住宅

原則として，農林漁業用建築物（畜舎・温室・サイロなど）や農林漁業者の住宅を建築するための開発行為は許可不要だ。しかし，市街化区域だけは，原則として許可が必要である。市街化区域は，農林漁業よりも，住宅を建てたり商業・工業を行ったりしていきたい場所だからだ。ただし，前述のように，市街化区域であっても，1,000m²未満の開発行為であれば許可は不要である。

なお，農産物の貯蔵に必要な建築物（収穫したりんごを貯蔵しておくための倉庫など），農産物の加工に必要な建築物（みかんの缶詰工場など）は農林漁業用建築物には該当しない。

〈考え方の順序〉

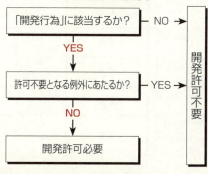

とらの巻 13

重要度

〈開発許可が不要となる例外〉

	小規模開発	農林漁業用建築物 ※1	公益上必要な建築物 ※2	都市計画事業等の施行としてのもの※3・その他※4
市街化区域	1,000m²※5未満は不要	不要	不要	不要
市街化調整区域	必要			
非線引き都市計画区域	3,000m²未満は不要			
準都市計画区域	3,000m²未満は不要			
都市計画区域及び準都市計画区域外の区域	1ha未満（10,000m²未満）は不要			

※1　農林漁業用建築物とは，たとえば，畜舎，温室，サイロなどをいう。また，農林漁業者の居住の用に供する建築物なども許可が不要な場合に含まれる。
※2　公益上必要な建築物：駅舎・図書館・公民館・変電所等
※3　都市計画事業の他，土地区画整理事業，市街地再開発事業，住宅街区整備事業などが該当する。
※4　その他の場合として，非常災害のため必要な応急措置，通常の管理行為，仮設建築物の建築等の軽易な行為などがある。
※5　三大都市圏の既成市街地等では，500m²未満であれば許可不要となる。また，都道府県は，条例で，区域を限り，300m²以上1,000m²未満の範囲内で，その規模を別に定めることができる。

ウォーク問③　問9…(1)(2)(4)　問10…(1)(2)(4)　問11…(2)(3)(4)
　　　　　　　問12…(2)　問13　問14…(イ)(ウ)　問15　問18…(1)(2)
　　　　　　　問20…(4)　問187…(3)(4)

〈開発許可の要否〉

土地の区画形質の変更の目的	開発許可の要否	開発許可不要の理由
1haの青空駐車場の用に供する目的	不要	開発行為ではないから
市街化区域で3,000m²の市街地開発事業の施行	不要	都市計画事業等の施行として行うものだから
市街化調整区域で5,000m²の庭球場の建設の用に供する目的	不要	開発行為ではないから
市街化調整区域でゴルフコースの建設の用に供する目的	必要	—
都市計画区域及び準都市計画区域外で5,000m²の住宅団地の建設の用に供する目的	不要	小規模開発の例外に該当するから

1-10 都市計画法（開発許可の手続き）

ここがポイント 開発許可の手続きを押さえよう。

1 開発行為の許可手続

1 事前の手続き

　許可を申請するには，あらかじめ，**開発行為に関係がある公共施設の管理者**と協議し，その**同意**を得，かつ**将来開発行為により設置される公共施設**を管理することとなる者等との**協議**を経なければならない。

　さらに，開発行為をしようとする**土地等の権利者の相当数の同意**を得ることが必要である。関係者と意見調整をすることによって，後でトラブルが起こるのを避ける趣旨だ。

☆　開発行為に**関係がある**公共施設（＝今ある公共施設）
　⇒　（現在の）管理者との協議及び管理者の**同意**

☆　将来**設置される**公共施設（＝今はまだない公共施設）
　⇒　（将来の）管理者との**協議**

2 許可申請

　必ず**書面**で申請する。申請書には，開発区域・**予定建築物等の用途**・開発行為に関する**設計・工事施行者**等を記載する。予定建築物の構造，設備，予定建築価額の記載は不要である。添付書類として前述の**同意書**や**協議の経過を示す書面**も必要だ。

3 許可・不許可の審査

　市街化調整区域は審査基準が厳しく，市街化調整区域以外はゆるい。市街化調整区域以外（市街化区域等）は，**33条に規定する許可基準に適合**し，かつ**申請手続が適法**であれば，知事は**許可しなければならない**。ところが，**市街化調整区域**は，それにプラスして**34条の許可基準のどれか1つに該当しなければ許可してはならない**。市街化調整区域はなるべく開発行為を行ってほし

くない区域なので、ちょっとやそっとでは許可が下りないようになっているのだ。

4 許可処分

許可処分は文書でなされる。

知事は、用途地域外で開発許可をする場合、建蔽率・高さ・壁面の位置・その他建築物の敷地・構造・設備に関する制限を定めることができる。制限に違反する建築物は、知事の許可を受けなければ建築できない。開発許可をしたということは、いずれ建築物等が建つということ。用途地域外はもともと建築物等を建てることを想定していないところなので、開発許可と抱き合わせで規制してしまおう、という趣旨だ。

許可をしたら、知事は一定の事項を開発登録簿に登録しなければならない。開発登録簿は知事が保管し、誰でも閲覧でき、写しの交付も請求できる。

土地の「ガタガタ直し」の工事が完了したら知事に届け出て、検査を受ける。検査に通れば、知事は検査済証を交付し、最後に工事完了の公告を行う。建物が建てられるのは原則この公告の後だ。

5 不許可処分

知事は、不許可処分をするときは、不許可の旨と不許可の理由を文書で通知しなければならない。

6 開発審査会に対する審査請求

処分に不服がある者は、開発審査会に審査請求ができる。この審査請求に対する開発審査会の裁決を経ていなくても、裁判所への処分取消しの訴えを提起できる。

1-10 都市計画法（開発許可の手続き）

とらの巻 14　重要度 A

〈開発許可の手続き〉

事前手続
① 開発行為に**関係がある**公共施設の管理者との**協議**及びその**同意**
② 将来**設置される**公共施設を管理することとなる者等との**協議**
③ 土地等の権利者の**相当数の同意**

許可申請
必ず**書面**で行う
（上記の同意書・協議の経過を示す書面を添付）

都道府県知事が

許可※
- **開発登録簿**に登録
- 施　行
- 工事完了した旨の**届出**
- 工事完了後の**検査**
- **検査済証**の交付
- 工事完了の**公告**

不許可
- **文書**による理由の通知
- **開発審査会**に審査請求可能

※　知事は，**用途地域の定められていない土地の区域**における開発行為について**開発許可**をする場合，必要があると認めるときは，当該開発区域内の土地について，建築物の**建蔽率，建築物の高さ，壁面の位置**その他建築物の敷地・構造及び設備に関**する制限**を定めることができる。

ウォーク問③　問12…(3)　問17…(4)　問19…(2)　問20…(1)　問21…(2)
　　　　　　　問24…(3)　問25…(4)　問26…(1)

法令上の制限

2 開発許可を受けた後の手続き

　さまざまな理由で，開発許可を受けたときと事情が変わってしまった場合，どのような手続きをとればよいのだろうか。

　開発許可を受けた者が，開発区域や予定建築物など，**開発行為の内容を変更**しようとする場合には，原則として**知事の許可**を受けなければならない。しかし，工事着手予定年月日の変更などのような**軽微(けいび)な変更**の場合には，遅滞なく**知事に届出**をすればよく，許可を受ける必要はない。また，予定建築物を小学校から図書館に変更する場合のように，開発許可を要しない開発行為への変更の場合は手続きをとる必要はない。

　開発行為に関する**工事を廃止**した場合は，遅滞なく**知事に届け出**なければならない。ガタガタ直しの途中で工事をやめているのだから，開いた穴ボコに人が落ちないとも限らず，危険だからだ。

　開発許可を受けた者から，開発区域内の土地の所有権その他開発行為に関する工事を施行する**権原を取得**した者は，**知事の承認**を受けて，開発許可に基づく地位を承継できる（**特定承継**）。開発行為をする人が代わるだけであり，開発行為の内容自体は変わらないので，許可までは必要ないのである。これに対し，開発行為を受けた者が死亡した場合，その相続人（**一般承継人**）は何ら**手続きを経ることなく**，開発許可に基づく地位を承継できる。

とらの巻 15　重要度 A

〈開発許可後の手続き〉

	許可後に起こったこと	手続き
①	内容の**変更**	知事の**許可**
②	**軽微な変更**	知事へ**届出**
③	許可不要な開発行為への変更	手続き不要
④	**工事廃止**	知事へ**届出**
⑤	**一般承継**（相続等）	手続き不要
⑥	**特定承継**（地位の譲渡等）	知事の**承認**

ウォーク問③　問16…(3)　問17…(3)　問22…(1)　問25…(1)(3)
　　　　　　問26…(4)

1-11 都市計画法（開発許可に関連する建築規制）

ここがポイント
開発許可に関連する建築規制にはどのようなものがあるのだろうか？

1 開発許可を受けた開発区域内における建築規制

1 **工事完了の公告前**
　開発許可を受けた開発区域内では，**工事完了の公告**があるまでは，土地のガタガタ直しの工事の真っ最中だったり，工事完了後の検査を受けていなかったりするため，**3つの例外**を除き，建築物を**建築**することはできない。

2 **工事完了の公告後**
　工事完了の公告があった後は，いよいよ建築物を建築することができる。建築できるのは，原則として，開発許可申請書に記載した**予定建築物**だけだ。しかし，予定建築物以外の建築物を建築できる**2つの例外**がある。

とらの巻 16　　　　　　　　　　　　　　　　　　重要度 **A**

＜開発許可を受けた開発区域内における建築規制＞

| 開発許可 | 公告前 | 工事完了の公告 | 公告後 | 完成 |

公告前
原則：建築不可
　（土地の分譲はできる）
例外的に建築できる場合：
　①**工事のための仮設建築物**を建築するとき
　②**知事が支障がないと認めた**とき
　③開発行為に**不同意の土地所有者**等が建築するとき

公告後
原則：予定建築物以外は建築不可
例外的に予定建築物以外を建築できる場合：
　①**知事が許可**したとき※
　②**用途地域**等が定められているとき（建築基準法の用途規制等が及ぶ）

※ **国又は都道府県等**が行う建築行為については，当該国の機関又は都道府県等と都道府県知事との協議が成立することをもって，許可があったものとみなされる。

ウォーク問③　問16…(4)　問18…(4)　問19…(3)　問21…(1)
　　　　　　　問22…(2)(3)　問23…(1)(2)　問24…(1)(2)

2 開発許可を受けた開発区域以外の区域内における建築規制

「ガタガタ直し」をする必要のないキレイな土地は，開発行為をしないため，開発許可を受けない。このような場所を「開発許可を受けた開発区域以外の区域」という。ここにいきなり建物を建ててよいのだろうか。

〈開発許可を受けた開発区域以外の区域〉

1 市街化調整区域

そこが市街化調整区域であれば，いきなり建ててはいけない。市街化調整区域は市街化を抑制すべき区域なので，開発許可の審査基準のハードルを高くしてあまり開発許可をしないようにし，建築を阻止している。しかし，開発行為をしない場合には，「建築そのもの」を，水際で阻止する必要がある。したがって，市街化調整区域のうち，開発許可を受けた開発区域以外の区域で建築する場合，原則として，知事の許可が必要なのだ。

しかし，農林漁業用建築物など，そもそも開発許可不要の建築物については，ここでの建築の許可も不要である。

従来，国・都道府県等が行う建築等については知事の許可が不要だったが，平成18年の法改正により，原則として許可が必要となった。この場合，国の機関又は都道府県等と知事の協議が成立することをもって，許可があったものとみなされる。

2 市街化調整区域以外

そこが市街化調整区域以外であれば，建築の許可は不要である。ただし，建築基準法上の用途規制などは及ぶ。

1-11 都市計画法（開発許可に関連する建築規制）

とらの巻 17　重要度 A

〈開発許可を受けた開発区域以外の区域内における建築規制〉

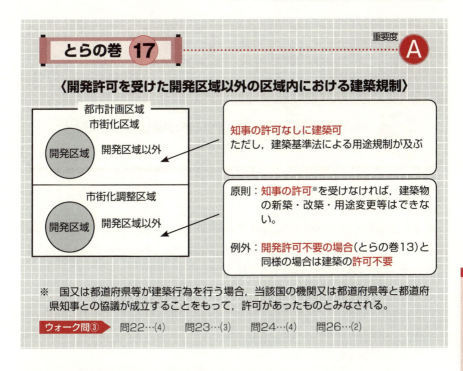

※　国又は都道府県等が建築行為を行う場合，当該国の機関又は都道府県等と都道府県知事との協議が成立することをもって，許可があったものとみなされる。

ウォーク問③　問22…(4)　問23…(3)　問24…(4)　問26…(2)

3　田園住居地域内の農地の区域内における建築等の規制

　都市農地について，宅地の供給源としての位置付けから都市にあるべきものへと，その位置付けを変えた。そこで，田園住居地域内の農地の区域内における営農環境の悪化を防止するために，建築等の規制をかける。現況が農地である区域内において，土地の形質の変更，建築物の建築その他工作物の建設又は土石・廃棄物・リサイクルのための再生資源の堆積を行おうとする者は，原則として，市町村長の許可を受ける必要があるのだ。駐車場とするための造成や資材置き場とするための造成も規制の対象となる。

1-12 都市計画法（都市計画事業制限）

都市計画施設等の区域内における建築の制限とは，どのような制限だろうか？

1 都市計画事業とは

都市計画事業とは，「**都市計画施設**※1の整備に関する事業」及び「**市街地開発事業**※2」の２つをひっくるめた呼び方だ。都市計画法は，都市計画事業を円滑に行えるよう，事業の妨げとなる行為を制限している。

※１ 都市計画施設：都市計画で定められた都市施設のこと。

※２ 市街地開発事業：**市街化区域・非線引き都市計画区域**内で，一体的に開発・整備する必要のある地域に定める都市計画。**土地区画整理事業・市街地再開発事業**など，７種類ある。

2 小規模な都市計画事業

道路のような都市施設を作ることが決まった場所を，「**都市計画施設の区域**」（市街地開発事業の場合は「**市街地開発事業の施行区域**」）という。そこに勝手に建物を建てられると道路が作れなくなるので規制をかける。しかし，まだ実際に工事が始まるわけではないので規制はゆるい（許可が必要な行為は１つだけ）。次に「都市計画事業の**認可・承認**の告示」がされると，いよいよ工事が始まるので規制が厳しくなり（許可が必要な行為は３つ），呼び名も「**事業地**」に変わる。

3 大規模な都市計画事業

工業団地の造成など大規模な都市計画事業をする場合は，早い段階で適地を「**市街地開発事業等予定区域**」とし，建物が建っていかないように中ぐらいの規制をかける（許可が必要な行為は２つ）。

「都市施設・市街地開発事業の**決定**の告示」がされても，引き続き，中くらいの規制がかけられる（呼び名も「**予定区域**」のまま）。

次に，「都市計画事業の**認可・承認**の告示」がされるといよいよ工事が始まるので厳しい規制となり，呼び名も「**事業地**」に変わる（許可が必要な行為は３つ）。

●1-12　都市計画法（都市計画事業制限）

〈小規模な都市計画事業〉　〈大規模な都市計画事業〉

市街地開発事業等予定区域の決定の告示
（「まずは場所取り」）

場所取りのため中くらいの規制

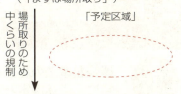
「予定区域」

都市計画施設・市街地開発事業の決定の告示
（「ここに道路を作るぞ！」）

まだ青写真なのでゆるい規制

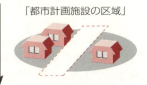
「都市計画施設の区域」

予定区域に係る都市施設・市街地開発事業の決定の告示
（「工業団地を作るぞ！」）

引き続き中くらいの規制

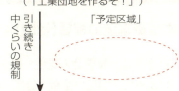
「予定区域」

都市計画事業の認可・承認の告示
（「いよいよ工事にかかるぞ！」）

工事中なので厳しい規制

「事業地」

都市計画事業の認可・承認の告示
（「いよいよ工事にかかるぞ！」）

工事中なので厳しい規制

「事業地」

都市計画事業の完了（完成）　都市計画事業の完了（完成）

法令上の制限

とらの巻 18　重要度 B

	都市計画施設の区域 市街地開発事業の施行区域 （ゆるい規制）	市街地開発事業等 予定区域 （中くらいの規制）	事業地 （厳しい規制）
建築物の建築	○	○	○※2
土地の形質の変更	×※1	○	○※2
物件の設置・堆積	×	×	○
非常災害のため 必要な応急措置	×	×	○※3

○＝都道府県知事（市の区域内にあっては当該市の長）の許可必要　×＝許可不要
※1　施行予定者が定められている場合は許可必要。
※2　都市計画事業の施行の障害となるおそれがあるものに限る。
※3　事業地内においては非常災害の応急措置として行うものであっても，都市計画事業の施行の障害となるおそれがあれば許可必要。

ウォーク問③　問27…(1)　問28…(1)(2)　問29…(ｱ)(ｳ)　問30…(3)
　　　　　　 問31…(4)　問32…(3)　問114…(3)

2-1 建築基準法（総論）

ここがポイント　建築基準法の趣旨と全体構造を把握しておこう！
特に，単体規定と集団規定との違いに注意！

1 建築基準法の趣旨（目的）

建築基準法は，建築物の敷地，構造，設備及び用途に関する最低基準を定めることによって，国民の生命，健康，財産を保護することを目的としている。

2 建築基準法の内容

1 単体規定と集団規定

(1) 単体規定は，個々の建物に対する規制（「居室には窓が必要」など）で，まちから山奥まで，日本全国どこでも適用される。

(2) まちの中に天まで届く高い建物を建てたりしたら，隣の建物が日影になって迷惑だ。そこで，まちの中（原則として都市計画区域及び準都市計画区域内）にのみ適用される集団規定が設けられている。

この集団規定は，①道路との関係で制限を加える道路規制，②建物の用途を限定する用途規制，③形態規制である建蔽率・容積率・高さ制限，④その他の規制の4つに分けられる。

なお，都市計画区域及び準都市計画区域外であっても，知事が指定する区域内には，地方公共団体の条例で，敷地の接道，容積率，建蔽率，建築物の高さ等に関して，必要な制限を定めることができる。

2 建築確認

単体規定，集団規定に違反する建築がされないように，設計書の段階で事前チェックするシステムだ。

3 建築協定

地域住民の申し合わせにより，建築物の敷地や用途等に関し，建築基準法より厳しい基準を定めることができる。

とらの巻 19　重要度 B

1　単体規定と集団規定の適用範囲

単体規定		全国
集団規定	原則	都市計画区域及び準都市計画区域内
	例外	都市計画区域及び準都市計画区域外であっても，都道府県知事が関係市町村の意見を聴いて指定する区域内においては，地方公共団体の条例で，敷地の接道，容積率，建蔽率，建築物の高さ等に関して，必要な制限を定めることができる。

2
文化財保護法の規定によって，国宝，重要文化財等として指定され，又は仮指定された建築物には，建築基準法の規定は適用されない。

ウォーク問③　問55…(4)

法令上の制限

Tea Time

LEC専任講師からの学習アドバイス
＜試験編　正解番号のバランスは？＞

　宅建士試験は4肢択一の問題が50問出題されます。それぞれの問題について正解肢は1つだけです。また，特に正解肢の数について決まりもありません。したがって，50問すべての問題の正解肢が「1」でもかまわないことになりますが，さすがに非常識でしょう。実際に宅建士試験でも，平成以降の32年間の正解肢の数を平均すると，「1」が12個，「2」が12個，「3」が13個，「4」が13個と，大体同じ数になります。例外として，たとえば平成17年（2005年）には，「2」が5個である一方で，「3」が19個でした。このように正解肢の数がアンバランスな年もありますが極めて稀です。そこで，手も足も出ない難問があり，どれにマークしても結局は100％の勘に頼るのであれば，正解肢の数が12個〜13個になるようにマークしてみましょう。適当にマークするよりは当たる可能性が上がるでしょう。

2-2 建築基準法（用途規制）

ここがポイント　各用途地域には，それぞれどのような建築規制があるのだろうか？

とらの巻 20

重要度 A

用途地域 建築物の種類	○…自由に建築可 ×…建築には特定行政庁[※1]の許可必要	住居系							商業系		工業系		
		第一種低層住専	第二種低層住専	田園住居	第一種中高層住専	第二種中高層住専	第一種住居	第二種住居	準住居	近隣商業	商業	準工業	工業	工業専用
寺院・教会・神社 巡査派出所・公衆電話所 診療所・公衆浴場・保育所 幼保連携型認定こども園		○	○	○	○	○	○	○	○	○	○	○	○	○
住宅・共同住宅・寄宿舎・下宿		○	○	○	○	○	○	○	○	○	○	○	○	×
住宅に付属する店舗・事務所等		○	○	○	○	○	○	○	○	○	○	○	○	×
老人ホーム・福祉ホーム		○	○	○	○	○	○	○	○	○	○	○	○	×
図書館・博物館・美術館		○	○	○	○	○	○	○	○	○	○	○	○	×
学校Ⅰ（小・中・高等学校）		○	○	○	○	○	○	○	○	○	○	○	×	×
店舗・飲食店Ⅰ（2階以下かつ150m²以内）		×	○	○	○	○	○	○	○	○	○	○	○	×
店舗・飲食店Ⅱ（2階以下かつ500m²以内）[※2]		×	×	○	○	○	○	○	○	○	○	○	○	×
自動車車庫Ⅰ（2階以下かつ300m²以内）		×	×	×	○	○	○	○	○	○	○	○	○	○
病院		×	×	×	○	○	○	○	○	○	○	○	×	×
学校Ⅱ（大学・高専・専修・各種学校）		×	×	×	○	○	○	○	○	○	○	○	×	×
事務所		×	×	×	×	×	○	○	○	○	○	○	○	○
店舗・飲食店Ⅲ（1,500m²以内）		×	×	×	×	○	○	○	○	○	○	○	○	×
自動車教習所		×	×	×	×	×	○	○	○	○	○	○	○	○
工場Ⅰ（原動機を使用し，50m²以内）		×	×	×	×	×	×	×	×	○	○	○	○	○

2-2 建築基準法（用途規制）

用途地域 建築物の種類	○…自由に建築可 ×…建築には特定行政庁※1の許可必要	住居系 第一種低層住専	第二種低層住専	田園住居	第一種中高層住専	第二種中高層住専	第一種住居	第二種住居	準住居	商業系 近隣商業	商業	工業系 準工業	工業	工業専用
店舗・飲食店Ⅳ（3,000m²以内）		×	×	×	×	×	○	○	○	○	○	○	○	×
ボーリング場・スケート場・水泳場		×	×	×	×	×	○	○	○	○	○	○	○	×
ホテル・旅館		×	×	×	×	×	○	○	○	○	○	○	×	×
カラオケボックス		×	×	×	×	×	×	○	○	○	○	○	○	○
マージャン屋・ぱちんこ屋		×	×	×	×	×	×	○	○	○	○	○	○	×
店舗・飲食店Ⅴ（3階以上又は10,000m²以内）		×	×	×	×	×	×	×	×	○	○	○	○	×
倉庫業を営む倉庫		×	×	×	×	×	×	×	○	○	○	○	○	○
自動車車庫Ⅱ（3階以上又は300m²超）		×	×	×	×	×	×	×	○	○	○	○	○	○
自動車修理工場（150m²以内）		×	×	×	×	×	×	×	○	○	○	○	○	○
工場Ⅱ（原動機を使用し、150m²以内）		×	×	×	×	×	×	×	×	○	○	○	○	○
劇場・映画館Ⅰ（客席200m²未満）		×	×	×	×	×	×	×	○	○	○	○	×	×
劇場・映画館Ⅱ（客席200m²以上）		×	×	×	×	×	×	×	×	○	○	○	×	×
店舗・飲食店Ⅵ（10,000m²超）		×	×	×	×	×	×	×	×	○	○	○	×	×
料理店・キャバレー		×	×	×	×	×	×	×	×	×	○	○	×	×
個室付浴場		×	×	×	×	×	×	×	×	×	○	×	×	×
特殊（卸売市場・火葬場・汚物処理場）	都市計画で位置が決定しているものでなければ建築できない。													

※1 特定行政庁：都道府県知事又は建築主事を置く市町村などの長
※2 田園住居地域では農業の利便増進に必要な店舗・飲食店等（農産物直売所，農家レストラン等）の建築ができる。

☆ **用途地域の指定のない区域（市街化調整区域を除く）**においては，**10,000m²超の店舗，飲食店，劇場・映画館**等は原則として**建築できない**。

☆ 敷地が複数の用途地域にまたがる場合，敷地の**過半の属する地域（広いほう）**の用途規制に従えばよい。

ウォーク問③ 問33　問34　問35　問36…(1)(2)(4)　問61…(1)(2)
問62…(2)　問64…(1)　問66…(4)　問67…(1)　問70…(1)
問73…(2)

法令上の制限

〈すべての用途地域で建築できるもの〉

終 **電** **走る** **先** **進** **保育**
宗教施設　公衆電話所　派出所　銭湯　診療所　保育所

〈客席200m²未満の劇場・映画館〉

小劇場ではじゅん　　じゅんに座る
　　　　　準住居地域から　　準工業地域まで可

2-3 建築基準法（建蔽率）

 建蔽率とは何だろうか？ 緩和措置にはどのようなものがあるのだろうか？

1 建蔽率とは

建蔽率とは，建築物の建築面積（建築物の水平投影面積。1階部分の床面積とほぼ同じ）の敷地面積に対する割合のことだ。敷地内に空地を設けることにより，日照・採光・通風の確保及び延焼防止を図るのが目的だ。

商業地域の建蔽率は10分の8，その他の地域の建蔽率はとらの巻21の表の数値の中から都市計画で決定される。

$$建蔽率 = \frac{建築面積}{敷地面積}$$

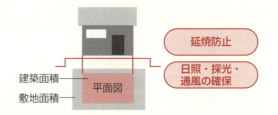

2 建蔽率制限の緩和

角地は，両隣に家が建っている土地に比べて延焼の危険が少ない。防火地域に耐火建築物等を建てる場合も同様である。そこで，特定行政庁が指定する角地内にある建築物，準防火地域内にある耐火建築物等（耐火建築物又は耐火建築物と同等以上の延焼防止性能を有する建築物）・準耐火建築物等（準耐火建築物又は準耐火建築物と同等以上の延焼防止性能を有する建築物）と，防火地域内にある耐火建築物等に対しては，原則の建蔽率制限の数値に10分の1が加算される。

しかし，商業地域など，原則の建蔽率制限の数値が10分の8とされている地域内で，かつ，防火地域内にある耐火建築物等には10分の2が加算され，10分の10となる(つまり，建蔽率の制限なし)。

　建築物の敷地が防火地域の内外にわたる場合には，建築物の全部が耐火建築物等であれば，その敷地の全部が防火地域内にあるものと扱われて，建蔽率の制限の緩和又は制限なしとなる。また，建築物の敷地が準防火地域と防火地域及び準防火地域以外の区域の内外にわたる場合も，建築物の全部が耐火建築物等又は準耐火建築物等であれば，その敷地の全部が準防火地域内にあるものと扱われて，建蔽率の制限が緩和される。

3 建蔽率制限の適用除外

　①巡査派出所・公衆便所・公共用歩廊その他これらに類するもの，②公園・広場・道路等の内にある建築物で特定行政庁が安全上，防火上及び衛生上支障がないと認めて許可したものは，建蔽率の制限を受けない。

4 建蔽率の最高限度

とらの巻 21　　重要度 **A**

〈建蔽率〉

用途地域	建蔽率の最高限度 原則	緩和 ①特定行政庁が指定する角地	②準防火地域内で耐火建築物等・準耐火建築物等	③防火地域内で耐火建築物等	①②の両方又は①③の両方に該当する場合
第一種低層住居専用地域 第二種低層住居専用地域 田園住居地域 第一種中高層住居専用地域 第二種中高層住居専用地域 工業専用地域	$\frac{3\cdot4\cdot5\cdot6}{10}$	$+\frac{1}{10}$	$+\frac{1}{10}$	$+\frac{1}{10}$	$+\frac{2}{10}$
工業地域	$\frac{5\cdot6}{10}$	$+\frac{1}{10}$	$+\frac{1}{10}$	$+\frac{1}{10}$	$+\frac{2}{10}$
第一種住居地域 第二種住居地域 準住居地域 準工業地域	$\frac{5\cdot6\cdot8}{10}$	$+\frac{1}{10}$	$+\frac{1}{10}$	$+\frac{1}{10}$ $\frac{8}{10}$と定められた地域内は規制なし	$+\frac{2}{10}$ $\frac{8}{10}$と定められた地域内は規制なし
近隣商業地域	$\frac{6\cdot8}{10}$	$+\frac{1}{10}$	$+\frac{1}{10}$	規制なし	規制なし
商業地域	$\frac{8}{10}$	$+\frac{1}{10}$	$+\frac{1}{10}$	規制なし	規制なし
用途地域の指定のない区域	$\frac{3\cdot4\cdot5\cdot6\cdot7}{10}$※	$+\frac{1}{10}$	$+\frac{1}{10}$	$+\frac{1}{10}$	$+\frac{2}{10}$

（左の数値の中から都市計画で定める）

※ この数値の中から特定行政庁が土地利用の状況等を考慮し当該区域を区分して都道府県都市計画審議会の議を経て定める。

ウォーク問③　問37…(4)　問38…(1)　問39…(1)(2)(4)　問61…(3)
　　　　　　　問66…(2)　問67…(4)　問71…(1)　問73…(1)
　　　　　　　問189…(1)

5 敷地が建蔽率制限の異なる地域にわたる場合の取扱い

とらの巻 22　重要度 B

建物の敷地が，**建蔽率の規制数値の異なる複数の地域にわたる**場合には，**それぞれの地域の建蔽率の最高限度の数値にその地域に係る敷地の敷地全体に占める割合を乗じた数値の合計**が，その敷地全体の建蔽率の最高限度になる。

ウォーク問③　問39…(4)　問72…(2)

次の図のような準住居地域と近隣商業地域（各々，都市計画で定められた建蔽率は10分の6と10分の8である）にまたがる敷地に耐火建築物等を建築する場合，建蔽率の最高限度はいくらか。なお，当該敷地は防火地域内にあり，かつ，特定行政庁が指定する角地ではないものとする。

① まず，**各地域ごとの建蔽率**を問題文から読み取る。
防火地域内に**耐火建築物等**を建築する場合であるため，建蔽率の制限が緩和される。
準住居地域の部分……
　　　　　　6／10→7／10
近隣商業地域の部分……
　　　　　　8／10→10／10

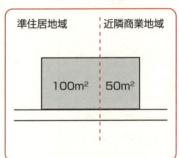

② **地域ごとに敷地面積と建蔽率を掛け算**し，それを**合計**する。
100m²×7／10＋50m²×10／10＝120m²
この数値が，建築面積の最高限度になる。

③ **建築面積の最高限度**を敷地面積で割ると，**建蔽率の最高限度**が求められる。
120÷150　＝　12／15　＝　8／10　＝　80％

● 2-4　建築基準法（容積率）

2-4 建築基準法（容積率）

 容積率とは何だろうか？　どういう場合に規制が厳しくなるのだろうか？

1 容積率とは

容積率とは，建築物の**延べ面積**（＝各階の床面積の合計）**の敷地面積に対する割合**のことだ。延べ面積が大きい建物は収容人数も多いため，面している道路（前面道路）が，やってくる人と帰る人により，混雑する。

容積率の規制の主な目的は，延べ面積を抑えることにより，「前面道路の混雑を防止」することだ。

$$容積率 = \frac{延べ面積}{敷地面積}$$

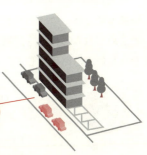

前面道路の混雑防止

2 容積率制限の緩和

(1) **共同住宅**（アパート・マンション等）及び**老人ホーム等の共用の廊下・階段**の床面積は，**延べ面積に算入しない**。

(2) 建物の**地階**（天井が地盤面から1m以下）にある**住宅部分**の床面積は，その建物の住宅部分の床面積の**1／3**までは**延べ面積に算入しない**。この特例は，店舗付き住宅のように，住宅以外の用途に供する部分を有する建築物にも適用される。

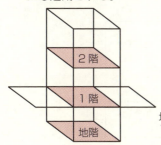

2階の床面積	30m²
1階の床面積	40m²
地下1階の床面積	50m²
計	120m²

地階50m²のうち，
120m²×**1／3**＝40m²までは，**延べ面積に算入しない**。
延べ面積＝30＋40＋(50－40)＝80m²

老人ホーム等も，住宅と同様に**地下室**の容積率特例の対象だ。高齢者等の増加に対応した良質な老人ホーム等の供給を促進するためである。

(3) エレベーターの昇降路

建物用途を限定せず，**エレベーターの昇降路（シャフト）**の部分の床面積は，**延べ面積に算入しない**。エレベーターの昇降路部分全体を容積率不算入とすることで，バリアフリーの観点からエレベーターの設置等の促進を図るためだ。

3 前面道路による容積率の規制

容積率の規制は前面道路の混雑を防止するためのものなので，前面道路が狭ければ，規制はより厳しくなる。

前面道路の幅員が**12m未満**であれば，まず，幅員の数値(m)に①**住居系の用途地域は4／10**，②**それ以外の地域は6／10**を掛ける。算出された数値と**都市計画で定められた数値と**を比較して，**小さいほう**が容積率の最高限度となるのだ。なお，複数の道路に接している場合，**広いほう**の道路の幅員を基準とする。

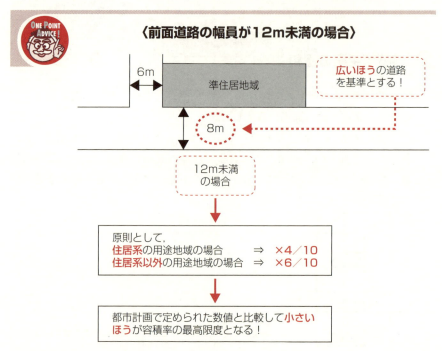

4 各用途地域における容積率の規制

とらの巻 23

重要度

〈容積率〉

用途地域	(a)と(b)を比較して小さいほうが容積率の最高限度となる	
^	(a)用途地域ごとに都市計画で定められる数値	(b)前面道路の幅員が12m未満の場合は前面道路の幅員に下記数値を乗じて算出される数値[※2]
第一種低層住居専用地域 第二種低層住居専用地域 田園住居地域	$\frac{5\cdot6\cdot8\cdot10\cdot15\cdot20}{10}$	前面道路の幅員×$\frac{4}{10}$
第一種中高層住居専用地域 第二種中高層住居専用地域 第一種住居地域 第二種住居地域 準住居地域	$\frac{10\cdot15\cdot20\cdot30\cdot40\cdot50}{10}$	前面道路の幅員×$\frac{4}{10}$ 特定行政庁が都道府県都市計画審議会の議を経て指定する区域内では6/10
近隣商業地域 準工業地域	$\frac{10\cdot15\cdot20\cdot30\cdot40\cdot50}{10}$	前面道路の幅員×$\frac{6}{10}$ 特定行政庁が都道府県都市計画審議会の議を経て指定する区域内では4/10又は8/10
工業地域 工業専用地域	$\frac{10\cdot15\cdot20\cdot30\cdot40}{10}$	^
商業地域	$\frac{20\cdot30\cdot40\cdot50\cdot60\cdot70}{10}$ $\frac{80\cdot90\cdot100\cdot110\cdot120\cdot130}{10}$	^
用途地域無指定区域	$\frac{5\cdot8\cdot10\cdot20\cdot30\cdot40}{10}$[※1]	^

(中央欄)左の数値の中から都市計画で定める

※1 この数値の中から特定行政庁が土地利用の状況等を考慮し当該区域を区分して都道府県都市計画審議会の議を経て定める。
※2 複数の道路に接している場合、広いほうの道路の幅員を基準とする。

ウォーク問③ 問39…(1)(3)　問67…(3)　問73…(4)

5 敷地が容積率制限の異なる地域にわたる場合の取扱い

とらの巻 24　重要度 B

建物の敷地が，**容積率の規制数値の異なる複数の地域にわたる場合には，それぞれの地域の容積率の最高限度の数値にその地域に係る敷地の敷地全体に占める割合を乗じた数値の合計**が，その敷地全体の容積率の最高限度になる。

ウォーク問③　問39…(3)　問64…(3)

次の図のような**準住居地域と近隣商業地域にまたがる敷地**に建築する建築物の容積率の最高限度はいくらだろうか。なお，特定行政庁の指定などはないものとする。

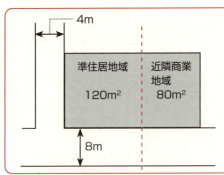

① **地域ごとに，前面道路による規制の数値と都市計画に定められた数値とを比較し，小さいほうを選ぶ。**

　　準住居地域の部分　　前面道路による規制　⇒
　　　　　　　　　　　　　　　　　　　　　　　$8 \times 4/10 = 32/10$
　　　　　　　　　　　都市計画の数値　　　⇒　$40/10$
　　　　　　　　　　　小さいもの　　　　⇒　**$32/10$**
　　近隣商業地域の部分　前面道路による規制　⇒
　　　　　　　　　　　　　　　　　　　　　　　$8 \times 6/10 = 48/10$
　　　　　　　　　　　都市計画の数値　　　⇒　$40/10$
　　　　　　　　　　　小さいもの　　　　⇒　**$40/10$**

② 地域ごとに，①の数値と面積を掛け算し，それを合計する。

$120m^2 \times 32/10 + 80m^2 \times 40/10 = 704m^2$

この数値が，延べ面積の最高限度になる。

③ 延べ面積の最高限度を敷地面積で割ると，容積率の最高限度が求められる。

$704m^2 \div 200m^2 = 352/100 = 352\%$

6 敷地面積の最低限度

狭い敷地に建物を建てると，地震に弱いヒョロヒョロした建物となり，危ない。これを防止するために，用途地域に関する都市計画で，敷地面積の最低限度を定めることができる。たとえば，最低限度を100m²と定めた場合，100m²未満の敷地には建物が建てられなくなり，地震に強い町並みができあがるというわけだ。

しかし，最低限度の面積が広すぎる(たとえば500m²)と，誰も建物を建てられなくなってしまう。そこで，敷地面積の最低限度を定めるときは，200m²を超えない範囲(＝200m²以下)で定めなければならない。

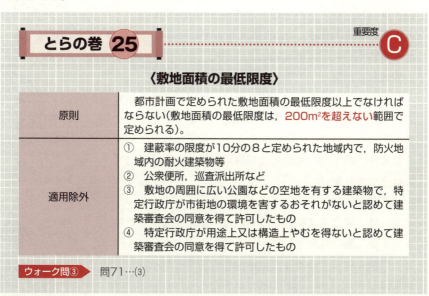

とらの巻 25　重要度 C

〈敷地面積の最低限度〉

原則	都市計画で定められた敷地面積の最低限度以上でなければならない(敷地面積の最低限度は，200m²を超えない範囲で定められる)。
適用除外	① 建蔽率の限度が10分の8と定められた地域内で，防火地域内の耐火建築物等 ② 公衆便所，巡査派出所など ③ 敷地の周囲に広い公園などの空地を有する建築物で，特定行政庁が市街地の環境を害するおそれがないと認めて建築審査会の同意を得て許可したもの ④ 特定行政庁が用途上又は構造上やむを得ないと認めて建築審査会の同意を得て許可したもの

ウォーク問③　問71…(3)

2-5 建築基準法（高さ制限）

ここがポイント 斜線制限と日影規制について押さえよう。

1 斜線制限

　斜線制限とは，地面から一定の基準で引いた斜線の内側におさまるように建物を建てなければならない，という規制である。以下の3つがある。

1 道路斜線制限

　敷地の前面道路の反対側の境界線から，敷地の上空に向かって一定の勾配で斜線を引き，その斜線の内側におさまるように建物を建てなければならない。こうすることで，道路の日照・通風を確保することができる。道路斜線制限は，都市計画区域と準都市計画区域内の**すべての地域に適用される**。道路が暗くなってしまうと困るのは，どこの地域であっても同じだからだ。

2 隣地斜線制限

　隣地斜線制限は隣地の日照・通風を確保するためのもの。対象建築物は高さが31m又は20mを超える建築物である。したがって，建築物の高さが10m又は12mに制限される**第一種・第二種低層住居専用地域，田園住居地域には適用されない**。

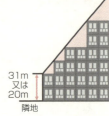

3 北側斜線制限

　第一種・第二種低層住居専用地域，田園住居地域と第一種・第二種中高層住居専用地域は，いずれも良好な住居の環境を保護する地域だ。洗濯物も布団もしっかり乾いてほしいし，リビングには日が当たってほしいし，花壇の草花もうまく育てたい。そこで，北隣の建物の南側に日が当たるよう，5m又は10mを超える建築物が対象となる，特別厳しい北側斜線がかけられるのだ。

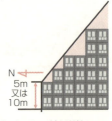

●2-5 建築基準法（高さ制限）

なお、さらに厳しい高さ制限として、後述する日影規制がある。**第一種・第二種中高層住居専用地域で日影規制を受ける場合は、北側斜線制限の適用はない。**

とらの巻 26　重要度 B

〈斜線制限〉

都市計画区域および 準都市計画区域内	道路斜線制限	隣地斜線制限	北側斜線制限
第一種低層住居専用地域	○	×	○
第二種低層住居専用地域			
田園住居地域			
第一種中高層住居専用地域	○	○	○ （日影規制の適用区域は除く）
第二種中高層住居専用地域			
第一種住居地域	○	○	×
第二種住居地域			
準住居地域			
近隣商業地域			
商業地域			
準工業地域			
工業地域			
工業専用地域			
用途地域の指定のない区域			

○：適用される　　×：適用されない
☆　建築物が斜線制限の異なる2以上の区域にわたる場合、建築物は**各区域の部分ごとに**斜線制限の適用を受ける。

ウォーク問③　問36…(3)　問40…(1)(2)(3)　問42…(1)(2)　問64…(2)
　　　　　　　問66…(3)　問70…(4)

2　日影による中高層建築物の高さの制限（日影規制）

1　日影規制とは？

文字どおり、日影を作らないようにしろ、という規制だ。といっても全く作らないのは無理なので、一定時間内に抑えるようにしろ、ということである。

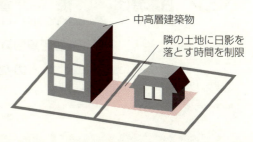

都市が過密になると、間接的に日照を保護する斜線制限ぐらいでは追いつかなくなる。そこで、住宅地の中高層建築物について、直接的に「日影そのもの」を規制する日影規制が設けられている。

2 対象区域と対象建築物

とらの巻 27　重要度 B

〈日影規制〉

対象区域		制限を受ける建築物
第一種低層住居専用地域 第二種低層住居専用地域 田園住居地域	左の地域のうち条例で指定する区域	①軒の高さ7m超 　又は ②地階を除く階数が3階以上
第一種中高層住居専用地域 第二種中高層住居専用地域 第一種住居地域 第二種住居地域 準住居地域 近隣商業地域 準工業地域		③高さ10m超
用途地域の指定のない区域		①②③から地方公共団体が条例で指定する

※ **商業地域・工業地域・工業専用地域においては、日影規制の対象区域として指定することができない。**
※ 上記対象区域外にある建築物であっても、高さが10mを超え、冬至日に対象区域内に日影を生じさせる建築物には、日影規制が適用される。
※ 同一の敷地内に2つ以上の建築物がある場合には、全部を1つの建築物とみなして日影規制が適用される。

ウォーク問③　問40…(4)　問41…(1)(2)(3)　問42…(4)　問63…(3)

〈日影規制の対象とならない区域〉

日影者は　　焼　　香　　せん
日影規制　　（商業地域）（工業地域）（工業専用地域）はダメ

〈日影規制の対象建築物〉

港　　　　　　　の女にゃ，影がある
3階以上，7m超，10m超　　　　　日影規制

2-6 建築基準法 (低層住居専用地域等内に特有の規制)

ここがポイント
第一種・第二種低層住居専用地域及び田園住居地域内においてのみ適用される建築制限には、どのようなものがあるのだろうか？

第一種・第二種低層住居専用地域及び田園住居地域は、**居住環境の保護が特に強く求められる用途地域**なので、特別の規制が設けられている。

とらの巻 28　重要度 B

〈第一種・第二種低層住居専用地域及び田園住居地域内に特有の規制〉

1　高さ制限

原則	**10m又は12m**のうち、都市計画で定められた高さの限度を超えてはならない。
例外	①敷地の周囲に広い公園・広場・道路等の空地があり、低層住宅に係る良好な住居の環境を害するおそれがないと認めて**特定行政庁が許可**した建築物 ②学校等、その用途からみてやむを得ないと認めて**特定行政庁が許可**した建築物

2　外壁の後退距離の限度

第一種・第二種低層住居専用地域及び田園住居地域に関する都市計画には、必要があれば外壁の後退距離(**1.5m又は1m**)を定めることが**できる**。外壁の後退距離の限度が都市計画で定められた場合には、都市計画で定められた限度以上、外壁等を敷地境界線から後退させなければならない。

ウォーク問③　問62…(1)　問70…(2)(3)　問71…(2)

2-7 建築基準法（道路規制）

ここがポイント
道路との関係で，建物の敷地にはどのような規制が加えられるのだろうか？

1 接道義務（建築物の敷地と道路との関係）

建物の敷地は，原則として**幅員4m以上**の道路に**2m以上**接しなければならない。火事のときの消火活動と避難のためだ。だから，敷地の周囲に広い空地がある場合などで**特定行政庁**が建築審査会の同意を得て**許可**した場合は，**2m未満**しか接していなくてもかまわない。

また，**特殊建築物**，3階建て以上の建築物，**敷地が袋路状道路にのみ接する延べ面積が150㎡を超える建築物（一戸建ての住宅を除く）**等の一定の建築物については，**地方公共団体**が**条例**で接道義務の要件を**付加**（＝厳しく）することができるが，**緩和**（＝ゆるく）することはできない。

ONE POINT ADVICE!
条例で付加 ⇒ OK！
条例で緩和 ⇒ NG！

2 道路とは

1　建築基準法の「道路」とは
　建築基準法上の「道路」とは，**幅員4m以上**の道路法による道路や私道などのことをいう。

2　2項道路
　古い町には幅員4m未満の道も多数存在する。だからといって「接道義務を満たさないから建物を取り壊せ」などというのは現実的ではない。そこで，**幅員4m未**

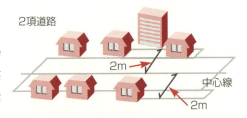

満の道であっても、①建築基準法の集団規定が適用されるに至った際、現に存在し、②すでに建物が立ち並んでいるもののうち、③**特定行政庁が指定**したものについては、例外的に建築基準法42条2項の規定により「**道路**」とみなすのだ（**2項道路**）。

2項道路の**境界線**は、道路の**中心線から2m後退した線**（一方ががけ等なら境界から4m後退した線）だ。建替え等をするときにはその**線よりも下がって建てなければならない（セットバック）**。建替えが進めば、結果的に4mの幅員が確保されるわけだ。

3 自動車専用道路

敷地が**自動車専用道路**や一定の特定高架道路等に接していても、**接道義務を満たしたことにはならない**。これらの道路は、消防車が自由に降りることができないし、避難する際も使いにくいからだ。

4 私道

私道は私有地なので、所有者は私道をどう変更しようが廃止しようが自由なはずだ。しかし、それにより接道義務を満たさなくなる敷地ができると、火災に対する安全対策上支障がある。そこで、道路が私道の場合、**特定行政庁は、接道義務の要件を欠くに至るような私道の変更や廃止を禁止し、又は制限することができる**。

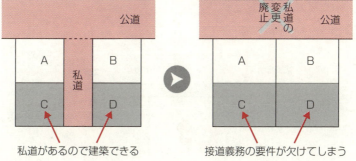

〈私道の変更・廃止の禁止・制限〉

とらの巻 29　重要度 A

1　都市計画区域及び準都市計画区域内においては，建築物の敷地は，原則として幅員4m以上の道路に2m以上接していなければならない（接道義務）。

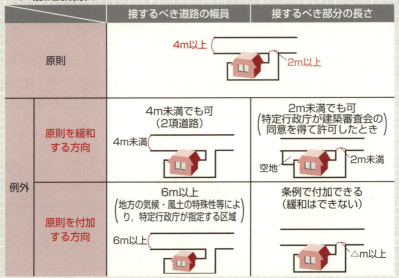

※ 道路：一定の私道を含む。自動車専用道路等は接道義務にいう道路に含まれない。

2　セットバック

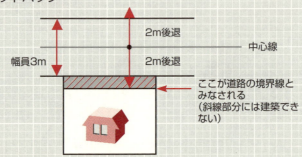

3　特定行政庁は，接道義務の要件を欠くに至るような私道の変更・廃止を禁止し，又は制限することができる。

ウォーク問③　問43…(1)(2)(4)　問44…(1)(2)(3)　問45…(1)(3)(4)
　　　　　　問62…(3)　問66…(1)　問67…(2)　問73…(3)

3 道路内の建築制限

道路内に建物を建ててはいけない。邪魔になるからだ。もちろん，**自動車専用道路**や一定の特定高架道路等においても建築不可だ。

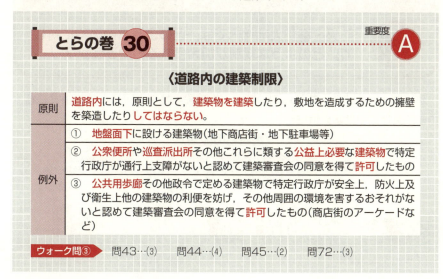

とらの巻 30 重要度 A

〈道路内の建築制限〉

原則	**道路内**には，原則として，**建築物を建築**したり，敷地を造成するための擁壁を築造したり**してはならない**。
例外	① **地盤面下**に設ける建築物（地下商店街・地下駐車場等） ② **公衆便所**や**巡査派出所**その他これらに類する**公益上必要**な建築物で特定行政庁が通行上支障がないと認めて建築審査会の同意を得て**許可**したもの ③ **公共用歩廊**その他政令で定める建築物で特定行政庁が安全上，防火上及び衛生上他の建築物の利便を妨げ，その他周囲の環境を害するおそれがないと認めて建築審査会の同意を得て**許可**したもの（商店街のアーケードなど）

ウォーク問③　問43…(3)　問44…(4)　問45…(2)　問72…(3)

4 壁面線による建築制限

特定行政庁は，**壁面線の指定**をすることができる。壁面線が指定されると，**建築物の壁**等は，**壁面線を越えて建築**できなくなる。これにより，道路の境界線と建築物との間に空地ができ，**街区の環境をより向上**させることができるのだ。

Tea Time

合格者からの一言メッセージ

ちょっと、一息。

- 『諦めない。講師の言うことを信じて，実行。早めに知識を固める。迷ったり，悩んだりしたら，基本に戻る。又は，講師に相談。とにかくウォーク問を解く。』……これが私の勉強法です。
- 講義の予習は一切せず，1度目の講義で全体を理解。家に帰ってすぐテキストで復習しウォーク問で知識確認。1週間以内に行われる同じ講義をもう1度受け，知識を確実なものにしています。　　　　　　　（20代　女性）

2-8 建築基準法
（防火・準防火地域内の建築規制）

ここがポイント 防火・準防火地域内では，どのような建築物に対して，どのような規制が加えられるのだろうか？

建築物が密集する市街地において，火災の際の延焼を防ぐために指定されるのが**防火地域**や**準防火地域**だ。

〈建築物の種類〉

普通の木造など　　準耐火建築物・準延焼防止建築物　　耐火建築物・延焼防止建築物
　　　　　　　　（鉄骨造，準耐火構造の木造など）　（鉄筋コンクリート造など）

燃えやすい ←――――――――――――――――――→ 燃えにくい

とらの巻 31　　　　　　　　　　　　　　　　　　重要度 A

1　防火地域の建築規制
(1) 原則

地階を含む階数		延べ面積	
		100m²以下	100m²超
	3階以上	耐火等	耐火等
	2階以下	耐火等又は準耐火等	耐火等

（注）表中，耐火等とは耐火建築物に限らず，耐火建築物と同等以上の延焼防止性能を有する一定の建築物（延焼防止建築物）でもよいこと，準耐火等とは準耐火建築物に限らず，準耐火建築物と同等以上の延焼防止性能を有する一定の建築物（準延焼防止建築物）でもよいことを表す。

(2) 例外
　　次のものは耐火建築物等又は準耐火建築物等にしなくてもよい。
　①高さ2m以下の門又は塀
　②高さ2mを超える門又は塀で，建築物に附属するもの(延焼防止上支障のない構造に限る)
(3) その他の規定
　　看板，広告塔，装飾塔その他これに類する工作物で，建築物の屋上に設けるもの，又は高さが3mを超えるものは，その主要な部分を不燃材料で造り，又は覆わなければならない。

2　準防火地域の建築規制
(1) 原則

地階を除く階数 \ 延べ面積	500m²以下	500m²超 1,500m²以下	1,500m²超
4階以上	耐火等	耐火等	耐火等
3階	耐火等又は準耐火等	耐火等又は準耐火等	耐火等
2階以下	—	耐火等又は準耐火等	耐火等

(注)表中，耐火等とは耐火建築物に限らず，耐火建築物と同等以上の延焼防止性能を有する一定の建築物(延焼防止建築物)でもよいこと，準耐火等とは準耐火建築物に限らず，準耐火建築物と同等以上の延焼防止性能を有する一定の建築物(準延焼防止建築物)でもよいことを表す。

(2) その他(地階を除く階数が2以下で延べ面積が500m²以下)
　　木造建築物等の場合は，その外壁及び軒裏で延焼のおそれのある部分を防火構造とし，延焼のおそれのある部分の外壁開口部に片面防火設備を設けた建築物又はそれと同等以上の延焼防止性能を有する建築物としなければならない。
　　非木造建築物の場合は，延焼のおそれのある部分の外壁開口部に片面防火設備を設けた建築物又はそれと同等以上の延焼防止性能を有する建築物としなければならない。

3 防火地域・準防火地域に共通した建築規制

屋根	建築物の屋根の構造は，一定の技術的基準等に適合するものでなければならない
開口部	建築物は，その外壁の開口部で延焼のおそれのある部分に，防火戸その他の防火設備を設けなければならない
外壁	外壁が耐火構造の建築物は，その外壁を隣地境界線に接して設けることができる

4 複数の区域にまたがる場合

建築物が，防火地域・準防火地域・これら以外の区域のうち，複数の区域にまたがる場合には，最も厳しい地域の規制が適用される。

ただし，建築物が防火地域及び準防火地域にわたる場合において，建築物が防火地域外において防火壁で区画されている場合においては，その防火壁外の部分については，準防火地域内の建築物に関する規定が適用される。

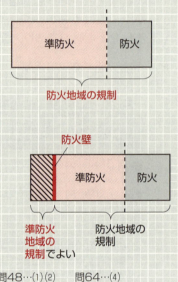

▶ウォーク問③　問46…(1)(2)(3)　問47　問48…(1)(2)　問64…(4)
　　　　　　　問65…(1)　問68…(4)　問188…(3)

〈耐火建築物等としなければならない建築物の規模〉

坊（防火地域）　**さん**（3階以上）　**モモ(百)**（100m²）　**ちょう**（超）　**だい**（耐火建築物等）

じゅん子は（準防火地域）　**よい子**（4階以上）　**1個**（1,500m²）　**ちょう**（超）　**だい**（耐火建築物等）

2-9 建築基準法（単体規定）

単体規定には，どのようなものがあるのだろうか？

1 建築物の敷地の衛生・安全

建築物の敷地は，次の条件を満たすものでなければならない。
(1) 建築物の敷地は，原則として，これに接する道の境界よりも高くなければならず，建築物の地盤面は，原則として，これに接する周囲の土地より高くなければならない。
(2) 湿潤な土地，出水のおそれの多い土地又はごみその他これに類するもので埋め立てられた土地に建築物を建築する場合には，盛土，地盤の改良その他衛生上又は安全上必要な措置を講じなければならない。
(3) 建築物の敷地には，雨水及び汚水を排出し，又は処理するための適当な下水管，下水溝，又はためますその他これらに類する施設をしなければならない。
(4) 建築物が崖崩れ等による被害を受けるおそれのある場合には，擁壁の設置その他安全上適当な措置を講じなければならない。

2 建築物の構造

1 安全な構造の確保

建築物は，自重（建物そのものの重さ），積載荷重（建物の中の人や家具などの重さ），積雪荷重（建物に積もる雪の重さ），風圧（建物に当たる風の力），土圧（建物の地下部分にかかる土の力），水圧（建物の地下部分にかかる地下水の力），さらに地震などの震動や衝撃に対して安全な構造のものとしなければならない。

安全な構造であるために，建築物の安全上必要な構造方法に関する技術的基準に適合する必要がある。また，次の大規模な建築物については，構造計算によって確かめられる安全性が必要とされる。平成18年の法改正により，構造計算の基準が，建物の規模により細かく場合分けされた。

(1) 高さ60m超の建築物
(2) 高さ60m以下の建築物のうち、
 ・木造で、高さ13m超、軒の高さ9m超のいずれかを満たす建築物
 ・鉄骨造で、地階を除く階数4以上の建築物、鉄筋コンクリート造又は鉄骨鉄筋コンクリート造で、高さ20m超の建築物、その他これらに準ずる一定の建築物
(3) 高さ60m以下の建築物のうち、(2)の建築物を除き、
 ・木造で、階数3以上、延べ面積500m²超のいずれかを満たす建築物
 ・木造以外で、階数2以上、延べ面積200m²超のいずれかを満たす建築物
 ・主要構造部の一定部分を石造、れんが造、コンクリートブロック造等の構造とした建築物で、高さ13m超、軒の高さ9m超のいずれかを満たす建築物

〈構造計算が必要な建築物〉

構造	高さ	軒の高さ	階数	延べ面積
木造	13m超	9m超	3階以上	500m²超
組積造	13m超	9m超	2階以上	200m²超
(鉄骨)鉄筋コンクリート造	20m超	−	2階以上	200m²超
鉄骨造	60m超	−	2階以上	200m²超

2 防火上の安全性の確保
(1) 防火・準防火地域以外の規制
　　防火地域・準防火地域内においては、建築物の防火上の性能について特別な制限がされている。
　　それ以外の区域内についても、特定行政庁が防火地域及び準防火地域以外の市街地について指定する区域内にある建築物は、特別の制限がされている。
　① 屋根の構造
　　　原則として、通常の火災を想定した火の粉による建築物の火災の発生を防止するために屋根に必要とされる性能に関する技術的基準に適合するものなどとしなければならない。
　② 木造建築物等の外壁の防火
　　　木造建築物等は、その外壁で延焼のおそれのある部分の構造を、準防火性能に関する技術的基準に適合する土塗壁などとしなければならない。
(2) 大規模の建築物の主要構造部等
　　木造建築物等で、延べ面積3,000m²超、高さ16m超、地階を除く階数4以上のいずれかを満たす建築物は、原則としてその主要構造部を通常火災

時間が経過するまで倒壊及び延焼を防止する技術的基準に適合するものとしなければならない。
 (3) 防火壁等による区画
　　延べ面積が**1,000m²を超える**建築物は，**耐火建築物，準耐火建築物などを除き**，原則として，防火上有効な構造の**防火壁又は防火床**によって**有効に区画**し，かつ，各区画の床面積の合計をそれぞれ**1,000m²以内**としなければならない。

3　その他の構造上の制限
 (1) 地階における住宅等の居室
　　住宅の**居室**，学校の教室，病院の病室などで**地階**に設けるものは，壁・床の防湿の措置など**衛生上**必要な技術的基準に適合するものとしなければならない。地階であっても，原則として，居室などを設けることはできる。
 (2) 居室の採光・換気
　　住宅，学校，病院などの一定の居室には，原則として，一定の面積以上の**採光**のための窓その他の**開口部**を設けなければならない。住宅にあっては，開口部の面積は居室の床面積に対して**7分の1以上**とする。
　　居室には，原則として，居室の床面積に対して**20分の1以上**の面積の**換気**のための窓その他の**開口部**を設けなければならない。
 (3) 長屋・共同住宅の各戸の界壁
　　長屋又は共同住宅の各戸の界壁は，天井の構造が隣接住戸から生ずる音について一定の基準に適合する場合を除いて，小屋裏又は天井裏に達するものとするほか，その構造が隣接する住戸からの日常生活に伴い生ずる音を衛生上支障がないように低減するために界壁に必要とされる性能に関する技術的基準に適合するものとしなければならない。
 (4) 仮設建築物
　　特定行政庁は**仮設店舗等の仮設建築物**について安全上，防火上及び衛生上支障がないと認める場合には，**1年以内の期間を定めて**その建築を許可することができる。
　　また，特定行政庁は，国際的な規模の会議又は競技会の用に供することその他の理由により**1年を超えて使用する特別の必要がある仮設興行場等**について，安全上，防火上及び衛生上支障がなく，かつ，公益上やむを得ないと認める場合，建築審査会の同意を得て，使用上必要と認める期間を定めてその建築を許可することができる。

3 建築設備

1 便所

下水道処理区域内においては，便所は，一定の水洗便所とし，汚物を公共下水道以外に放流しようとする場合は，汚物処理性能に関する技術的基準に適合する屎尿浄化槽を設けなければならない。

2 換気設備

建築物の自然換気設備は，次のような構造でなければならない。

(1) 給気口は，居室の天井の高さの2分の1以下の高さの位置に設け，常時外気に開放された構造とする。

(2) 排気口は，給気口より高い位置に設け，常時開放された構造とし，排気筒（いわゆる煙突など）の立ちあがり部分に直結する。

(3) 給気口・排気口には，雨水，ネズミ，虫，ホコリなど衛生上有害なものを防ぐための設備をする。

3 避雷設備

高さ**20mを超える**建築物には，原則として，有効に**避雷設備**を設けなければならない。

4 昇降機

高さ**31mを超える**建築物には，原則として，**非常用の昇降機**を設けなければならない。

5 石綿その他の物質の飛散又は発散に対する衛生上の措置

建築物は，石綿等の物質の建築材料からの飛散又は発散による衛生上の支障がないよう，次の基準に適合するものとしなければならない。

(1) 建築材料に**石綿**等を添加しないこと

(2) 原則として，**石綿**をあらかじめ添加した建築材料を使用しないこと

(3) 居室を有する建築物では，(1)(2)に加えて，建築材料に**クロルピリホス**を添加・使用しないこと。**ホルムアルデヒド**の発散による衛生上の支障がないよう建築材料及び換気設備について一定の技術的基準に適合すること

4 地方公共団体による制限の付加・緩和

単体規定は全国一律に適用されるが，各地方の気候などにより，制限を強めたり弱めたりする必要がある場合がある。そこで，地方公共団体により，個別的な規制ができるようになっている。

1　災害危険区域内の規制

地方公共団体は，条例で，津波，高潮，出水等による危険の著しい区域を災害危険区域として指定し，その区域内の住居用の建築物の建築の禁止などの制限で災害防止上必要なものを条例で定める。

2　地方公共団体の条例による制限の付加

地方公共団体は，その地方の気候・風土の特殊性，又は特殊建築物の用途・規模により，条例で，建築物の敷地，構造，又は建築設備に関して安全上，防火上又は衛生上必要な制限を付加することができる。

3　市町村の条例による制限の緩和

都道府県知事が指定する区域等以外の区域では，市町村は，土地の状況により必要と認める場合，国土交通大臣の承認を得て，条例で，区域を限り，一定の制限を緩和することができる。

2-10 建築基準法（建築確認）

ここがポイント　建築確認とは，何のためのシステムだろうか？　どのような場合に，申請が必要となるのだろうか？

1 建築確認の趣旨

　違反建築物が建ってしまった後で手直しするのは大変である。そのため，あらかじめ建築計画が法律の規定に適合しているかどうか，設計書の段階でチェックすることが大切になる。この**事前チェックのシステム**が建築確認だ。

2 建築確認の要否

　日本全国すべての建築物について建築確認をするわけではない。事前にチェックする必要性が高いものだけだ。

〈建築確認が必要なもの〉
1. 「特殊建築物・大規模建築物」　⇒　原則として，確認必要
   （「類似の用途相互間での用途変更」は確認不要）
2. 「都市計画区域・準都市計画区域・準景観地区」＋「新築」
   　　　　　　　　　　　　　　　　　　　　　⇒　確認必要
3. 「防火・準防火地域」＋「増改築・移転」　⇒　確認必要

〈建築確認が必要なもの（地域別）〉

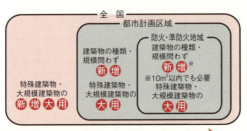

●2-10 建築基準法（建築確認）

とらの巻 32

重要度 A

〈建築確認が必要な場合〉

区域	建築物の種類・規模		行　為		
			新築	10m²超の増改築・移転※1	大規模修繕・大規模模様替
全国	大規模建築物	特殊建築物※3（200m²超）	○	○	○
		木造（3階以上・500m²超・高さ13m超・軒高9m超のいずれかに該当するもの）	○	○	○
		木造以外（2階以上・200m²超のいずれかに該当するもの）	○	○	○
都市計画区域・準都市計画区域・準景観地区※2	特殊建築物・大規模建築物以外の建築物		○	○（防火・準防火地域は10m²以内でも○）	ー

○…建築確認が必要

※1　増築後に階数，面積，高さなどの要件を満たす場合，建築確認必要。
※2　都市計画区域・準都市計画区域のうち都道府県知事が指定する区域を除き，準景観地区のうち市町村長が指定する区域を除く。
※3　特殊建築物とは，劇場，映画館，病院，診療所，ホテル，旅館，下宿，共同住宅，学校，百貨店，マーケット，展示場，倉庫，自動車車庫などをいう。

〈用途変更と建築確認〉

用途を変更して200m²超の特殊建築物とする場合にも建築確認が必要である。ただし，「下宿⇔寄宿舎」など，類似の用途相互間での用途変更には建築確認は不要である。

ウォーク問③　問53　問54　問55…(1)(2)(3)　問56　問57…(1)(4)
　　　　　　問58…(1)　問59…(4)　問60…(1)　問65…(2)　問68…(2)
　　　　　　問69…(2)

法令上の制限

3 建築確認の手続き

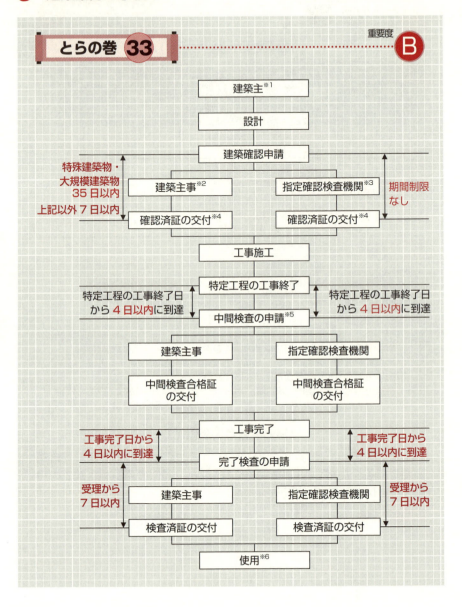

※1　建築主：建築物に関する請負契約の注文者又は請負契約によらないで自らその工事をする者。
※2　建築主事：建築確認や工事完了後の検査を行う権限を有する公務員。人口25万人以上の市には設置しなければならない。
※3　指定確認検査機関：建築確認・完了検査を行うことができる一定の民間機関。
※4　**建築主事**又は**指定確認検査機関**は、建築確認をする場合、その確認する建築物の工事施工地又は所在地を管轄する**消防長**又は**消防署長**の**同意**を得なければならない。
※5　建築主は、工事に**特定工程**が含まれる場合、特定工程にかかる工事を終えたときは、その都度、**中間検査**を申請しなければならない。**3階建て以上の共同住宅**に対して、**床及びはりに鉄筋を配置する工事の工程**のうち一定の工程について、**中間検査が義務付けられている**。
※6　**200m²超の特殊建築物・大規模建築物**は、**検査済証の交付を受けるまでは原則使用不可**。
　　　ただし、次の場合には、検査済証の交付を受ける前でも仮使用できる。
　　　①　特定行政庁、建築主事又は**指定確認検査機関**が、安全上、防火上及び避難上**支障がないと認めたとき**
　　　②　完了検査の申請が受理された日から**7日経過**したとき
　　　200m²超の特殊建築物・大規模建築物**以外**の建築物は、検査済証の交付を受ける前でも使用可。

ウォーク問③　問57…(3)　問58…(3)(4)　問59…(1)　問188…(4)

〈大規模建築物〉

特　　　**売**　　　**200**　　　**円**
特殊建築物　　　　　　200m²超

木久蔵　　**最**　　　**後**　　　**の倒産**　　**苦**
木造建築物　　3階以上　500m²超　　13m超　　9m超

木久蔵以外は　　**ニ**　　　**ッコ**　　**ニコ**
木造以外の建築物　　2階以上　　　　　　200m²超

4　統計のための届出

　10m²を超える建築物を**建築**しようとする場合は建築主が、**除却**しようとする場合は工事施工者が、その旨を**都道府県知事に届け出**なければならない。都道府県知事が建築統計を作成するための届出である。

2-11 建築基準法（建築協定）

ここがポイント 地域住民の自主的な取り決めである建築協定について見ていこう。

建築協定とは，「塀ではなく生垣で囲いをしよう」，「壁に原色は使わないようにしよう」というように，地域住民（土地所有者，借地権者）全員で決めた独自のルールのことである。高級住宅地で定められるケースが多い。ルールができた後で新たに土地所有者や借地権者となった者に対しても効力が及ぶ。

とらの巻 34

重要度 C

〈建築協定〉

建築協定とは	地域住民の申合せによる，建築物の敷地，位置，構造，用途，形態，意匠，建築設備に関する基準。 → 認可の公告後に土地所有者・借地権者になった者に対しても効力が及ぶ。
建築協定を締結できる区域	市町村が条例で定めた一定の区域
協定の主体	土地所有者・借地権者
手続き	締結：全員の合意 変更：全員の合意　｝→申請→特定行政庁の認可→公告 廃止：過半数の合意
1人協定	土地の所有者が1人の場合でも建築協定を定めることができる。ただし，効力の発生時期は，認可の日から3年以内に，協定区域内の土地に2以上の土地所有者・借地権者が存することとなった時である。

ウォーク問③　問52　問63…(2)　問71…(4)

3-1 国土利用計画法（総論）

国土利用計画法（国土法）の目的は何か？　地価の上昇を抑制するために，どのような制度があるのか？

1　国土利用計画法の趣旨（目的）

　もともと1m²あたり10万円だった土地が，ある人にとってたまたま利用価値が高かったため12万円で取引されたとしよう。そうすると，まわりの似たような土地も13万円程度で取引されるようになっていく。結果として国全体の地価がどんどん値上がりしていくのだ。事実，田中角栄元首相の「日本列島改造論」の後，地価が爆発的に値上がりした時代があった。そこで，**地価の上昇を抑え，限られた国土を計画的に利用**するため，昭和49年，国土利用計画法が作られた。一定面積以上の土地取引の際に，「何のために，いくらで取引するのか」についての届出をさせるのだ。

2　事後届出制（原則）

　地価の上昇を抑えるのが国土利用計画法の目的……とはいうものの，令和4年現在の日本において，抑えなければならないほど地価が上昇している区域はあまりない。

したがって，**取引をした後で届出**をする事後届出制が原則となっている。事後届出制においては，「対価の額」については審査されない。「利用目的」を把握するのが，事後届出制の主な目的なのだ。

3 事前届出制（注視区域）

　注視区域とは，地価が相当な程度を超えて上昇し，又は上昇するおそれがある区域である。地価の上昇を抑えなければならないので，取引の前に届出をさせ，「利用目的」はもちろん，「予定対価の額」についてもチェックする。

　なお，平成10年9月1日に注視区域が創設されて以来，注視区域の指定がなされたことは一度もない。

4 事前届出制（監視区域）

　監視区域とは，地価が急激に上昇し，又は上昇するおそれがある区域なので，地価の上昇を抑えるため，取引の前に届出をさせ，「利用目的」と「予定対価の額」をチェックする。注視区域よりも狭い面積の土地取引であっても届出が必要である。

　ピーク時の平成5年11月1日には1,212市町村が監視区域に指定されていたが，令和4年4月1日現在では，東京都小笠原村の都市計画区域（父島・母島の本島）のみとなっている（届出対象面積500m²以上）。

5 許可制（規制区域）

　規制区域とは，投機的土地取引により地価が急激に上昇し，又は上昇するおそれがある区域である。ここでは，許可を受けなければ土地取引をしてはならない。

　しかし，規制が厳しすぎるので，国土利用計画法が制定されて以来，規制区域が指定されたことは一度もない。

Tea Time

合格者からの一言メッセージ

　働きながら勉強をしていると，平日，仕事が終わってから自習室に行って勉強するにしても2～3時間ぐらいが限度。なので「今日は宅建業法の1～15までを解く」「明日は都市計画法をやる」など，時間と勉強範囲を決めてやるほうがダラダラ流れ作業で勉強するよりも効率はアップします。　　　　（30代　女性）

3-2 国土利用計画法（事後届出制）

 事後届出制とは，どのようなものか？ また，どのような場合に届出が必要となるのであろうか？

1 事後届出制

　転売目的での土地取引が繰り返されると，地価は上昇する。そこで，広い土地を買った者（**権利取得者**）に「何のためにいくらで買ったのか」を届け出させることによって，地価の上昇を抑制している。これを**事後届出**という。

　なお，売買以外でも，「土地の**所有権・地上権・賃借権**（これらの権利の取得を目的とする権利を含む）を，**対価を得て，移転・設定する契約・予約**」は地価が上昇する可能性があるため，届出が必要である。地上権・賃借権の設定の対価とは，地代や賃料ではなく，権利金などのことをいう。

　売買予約については**予約の段階で届出が必要**であり，「予約した土地を引き渡せ」という意思表示（予約完結権の行使）の段階では届出は不要である。一方，予約完結権を対価を得て他人に譲渡した場合は，土地を譲渡したも同然なので，届出が必要である。

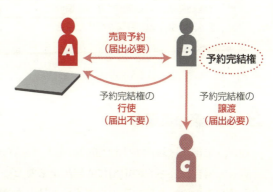

2 例外的に届出不要の場合

　国や**地方公共団体**などの公的機関がからむ取引の場合，地価が上昇するおそれが少ないので，**届出は不要**である。また，**農地法3条1項の許可**を受けた場合（農地を農地のまま売る場合など。詳しくは「4　農地法」で学習する）も**届出は不要**である。宅地化して売るなら地価が上昇する可能性があるが，農地のまま売っても地価は上昇しないと考えられるからだ。

とらの巻 35

重要度

1 「届出が必要な土地取引」に該当するもの

届出対象面積 (権利取得者を 基準に判断)	市街化区域	2,000m²以上
	市街化調整区域・非線引き都市計画区域	5,000m²以上
	都市計画区域外(準都市計画区域を含む)	10,000m²以上
届出が必要な 土地取引	売買(予約を含む),交換,譲渡担保,代物弁済予約,設定の対価のある賃借権設定,設定の対価のある地上権設定,形成権(所有権移転請求権・予約完結権・買戻権等)の譲渡	

2 「届出が必要な土地取引」に該当しないもの

	理　由
抵当権設定	所有権・地上権・賃借権ではないから
贈与,信託	対価がないから
相続・遺産分割,法人の合併,時効取得,形成権(所有権移転請求権・予約完結権・買戻権等)の行使	契約ではないから

3 例外的に届出が不要なもの

①	当事者の一方又は双方が国・地方公共団体である場合
②	民事調停法による調停に基づく場合
③	農地法3条1項の許可を受けた場合

ウォーク問③　問74…(3)(4)　問75…(3)　問77…(1)(3)(4)　問79…(3)(4)
　　　　　　問80…(3)(4)　問81…(1)(3)(4)　問82…(1)(2)(3)
　　　　　　問115…(2)　問193…(4)

3 買い集める場合

Cが,市街化区域内の土地1,000m²をAから買い,次に隣の土地1,000m²をBから買った場合,どちらの取引にも届出が必要となる。①隣り合っていて,②初めからそれらの土地全部の取引をするつもりがある場合は,それらの土地はひとまとまり(一団)とされ,合計面積が届出対象面積以上なら届出が必要なのだ。

4 売り分ける場合

Aが,市街化区域に所有する2,000m²の土地のうち,まず1,000m²をBに売り,残りの1,000m²をCに売った場合,どちらの取引も届出は不要である。届出義務者である買主(B・C)が届出対象面積を満たしていないからだ。

5 事後届出の手続き

買主等の権利取得者が届出をする。対価の額は届け出るものの，審査の対象とはなっていない。

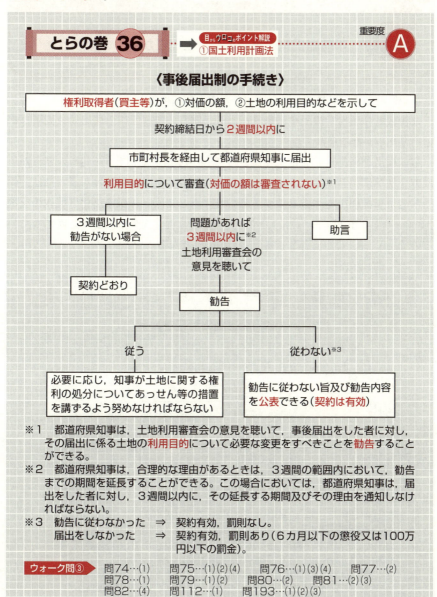

※1 都道府県知事は，土地利用審査会の意見を聴いて，事後届出をした者に対し，その届出に係る土地の利用目的について必要な変更をすべきことを勧告することができる。
※2 都道府県知事は，合理的な理由があるときは，3週間の範囲内において，勧告までの期間を延長することができる。この場合においては，都道府県知事は，届出をした者に対し，3週間以内に，その延長する期間及びその理由を通知しなければならない。
※3 勧告に従わなかった ⇒ 契約有効，罰則なし。
　　届出をしなかった ⇒ 契約有効，罰則あり（6カ月以下の懲役又は100万円以下の罰金）。

ウォーク問③ 問74…(1)　問75…(1)(2)(4)　問76…(1)(3)(4)　問77…(2)
問78…(1)　問79…(1)(2)　問80…(2)　問81…(2)(3)
問82…(4)　問112…(1)　問193…(1)(2)(3)

3-3 国土利用計画法（事前届出制）

ここがポイント　事前届出制は事後届出制とどこが違うのだろうか？

注視区域と監視区域では事前届出制がとられている。

注視区域の届出対象面積は事後届出制と同じ、**監視区域**の届出対象面積は**都道府県知事**が**都道府県の規則**で定める。

事前届出の届出義務者は**当事者双方（売主・買主）**なので、「一団」かどうかも**双方を基準に判断**する。つまり、当事者のどちらかが面積要件を満たせば、両当事者が事前届出をする必要があるのだ。たとえば、Aが市街化区域内の土地2,000m²をBに1,000m²、Cに1,000m²売る場合、売主Aが面積要件を満たしているので、A、B、Cの三者とも事前届出が必要となる。

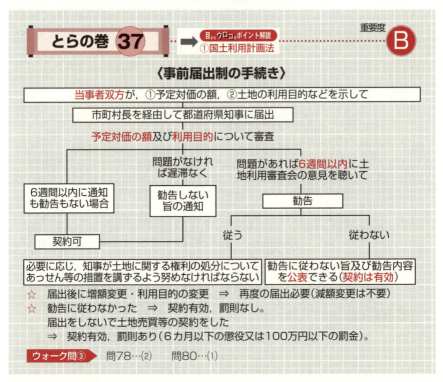

ウォーク問③　問78…(2)　問80…(1)

〈各区域のまとめ〉

	右2区域以外の地域 （事後届出制）	注視区域 （事前届出制）	監視区域 （事前届出制）
区域指定要件	なし （右2区域以外の地域）	①地価の社会的・経済的に相当な程度を超えた上昇又はそのおそれ ②適正かつ合理的な土地利用の確保に支障を生ずるおそれ	①地価の急激な上昇又はそのおそれ ②適正かつ合理的な土地利用の確保が困難となるおそれ
届出対象面積	市街化区域 その他の都市計画区域 都市計画区域外	2,000m²以上 5,000m²以上 10,000m²以上	都道府県知事が左記面積未満で規則で定める面積以上
届出時期	契約締結日から 2週間以内	契約締結前	
審査対象	利用目的のみ	価格及び利用目的	
問題がある場合	勧告		

〈違反した場合のまとめ〉

	違反行為	契約の効力	罰則	その他
事後届出制	契約締結日から2週間以内に届出をしない場合	有効	6カ月以下の懲役又は100万円以下の罰金	
事後届出制	勧告に従わなかった場合	有効	なし	勧告に従わない旨及び勧告内容を公表できる
事前届出制	届出をしないで契約を締結した場合	有効	6カ月以下の懲役又は100万円以下の罰金	
事前届出制	届出はしたが6週間待たずに契約した場合	有効	50万円以下の罰金	
事前届出制	勧告に従わずに契約を締結した場合	有効	なし	勧告に従わない旨及び勧告内容を公表できる

Tea Time

合格者からの一言メッセージ

　直前までLECと講師の先生を信じ，講義や模試を受け続けました。試験前1カ月前には当初の目標の問題集反復3回を終了し，試験前の演習や講義は知識の確認にあてることができました。　　　　　（40代　女性）

4 農地法

ここがポイント 農地法の目的は何か？ 目的を達成するために，具体的にどのようなことを規定しているのだろうか？

1 農地法の目的

農地法の目的は農地を守ることだ。米も野菜も農地で作られる。農地がどんどん宅地にされたり，農業をしそうにもないサラリーマンに売られたりすると，お米や野菜がとれなくなって困るからだ。

2 農地・採草放牧地

農地とは，田や畑など農地として使われている土地のことだ。登記簿上の地目とは関係なく事実状態で判断されるため，登記簿上の地目が「山林」や「宅地」であっても，現況が農地なら農地だ。休耕地も原則として農地だが，家庭菜園は農地ではない。

なお，農地法は農地以外に採草放牧地（牧場など）も保護しているが，より重視しているのは農地である。なぜなら，お米や野菜は農地で作られるからだ。

《農地や採草放牧地の賃借人の保護》

農地法は，①〜③などにより農地や採草放牧地の賃借人が安定して農業をできるようにしている。
① 賃貸借契約の内容を書面で明らかにする
② 引渡しが賃借権の対抗要件となる
③ 賃貸借契約を解除するには都道府県知事の許可が必要となる

3 3条規制(権利移動)

権利移動とは「使う人」が変わることだ。所有権移転や,地上権・永小作権・質権・賃借権・使用借権などの設定や移転のこと。

これに対し,抵当権設定は,使う人が変わらないので3条1項の許可は不要だ。

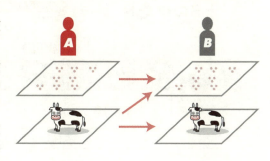

4 4条規制(転用)

転用とは農地の「使い方」を変え,農地以外の土地にすることだ。

採草放牧地は農地ほど重要視されていないため,転用する場合でも規制はかからない。

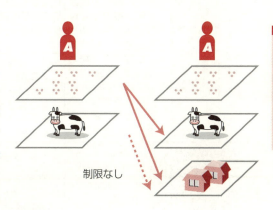

制限なし

5 5条規制(転用目的権利移動)

転用目的権利移動とは,住宅を建設するために農地の所有権を取得する場合のように,「使う人」も「使い方」も変わることで,右の3パターンがある。

一時的に農地を借りて資材置場にするような場合でも,5条1項の許可が必要である。

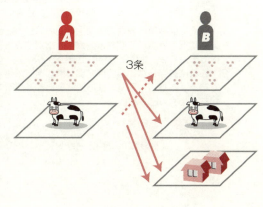

とらの巻 38 〈農地法〉

重要度 A

		権利移動 （3条規制）	転用 （4条規制）	転用目的権利移動 （5条規制）
許可主体		農業委員会	都道府県知事等※1 （農業委員会経由）	
条件		条件をつけることができる		
例外（許可不要）	共通	①土地収用法により収用（転用）される場合 ②農林水産省令で定める場合		
	非共通	・国又は都道府県が権利を取得する場合 ・遺産分割・相続により取得する場合（農業委員会への届出は必要） ・民事調停法による農事調停による取得	国又は都道府県等が道路，農業用用排水施設等の地域振興上又は農業振興上の必要性が高いと認められる施設の用に供するために転用（取得）する場合※2 ・採草放牧地を転用する場合 ・農家が2アール未満の農地を農業用施設用地に転用する場合	採草放牧地を農地にするために取得する場合（3条規制の対象）
市街化区域内の特則		なし （原則どおり許可必要）	あらかじめ農業委員会に届け出れば許可不要	
許可・届出がない場合		契約の効力は生じない	—	契約の効力は生じない
		—	工事停止命令，原状回復命令等ができる	
罰則		3年以下の懲役又は300万円以下の罰金 （4条・5条規制違反の法人に対しては1億円以下の罰金）		

※1 農地又は採草放牧地の農業上の効率的かつ総合的な利用の確保に関する施策の実施状況を考慮して農林水産大臣が指定する市町村（「指定市町村」という）の区域内にあっては，指定市町村の長をいう。
※2 これに該当しない場合は，国又は都道府県等であっても4条・5条許可が必要である。ただし，国又は都道府県等と都道府県知事等との協議成立をもって許可があったものとみなされる。

ウォーク問③ 問83…(3)(4)　問84　問85…(2)(3)　問86…(2)(3)(4)
問87…(1)(2)(3)　問88　問89…(2)(3)(4)　問90…(1)(3)(4)
問91　問92…(2)(3)(4)　問93…(1)(3)　問192

●5-1 土地区画整理法(総論)

5-1 土地区画整理法（総論）

ここがポイント 土地区画整理事業は，どのような手法で行われるのだろうか？

1 土地区画整理事業とは

　土地区画整理事業は，都市計画区域内の土地になされる。密集した市街地で，道路の幅を広くしたり，宅地の形を整えたり，広場や公園などの公共施設を造ったり，駅前商店街を一新したりして，整然とした町並みを作る事業のことを**土地区画整理事業**という。

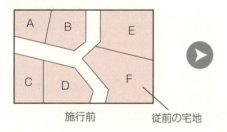

施行前　　　従前の宅地　　　　　施行後　　　換地

2 土地区画整理事業の手法

　土地区画整理事業の施行前と施行後で，施行地区全体の面積は変わらない。では，道路や公園用地はどこから生まれるのだろうか。実は，施行地区内の宅地所有者に一定割合で無償提供させ（**減歩**），提供された土地を集めて道路や公園用地にするのだ。少し狭くなった各宅地はキレイに整形され，土地区画整理事業の終了後，各所有者に交付される。この宅地を**換地**という。そして，換地を法律的にも施行前の宅地（**従前の宅地**）とみなすことを**換地処分**という。

3 土地区画整理事業の施行者

	施行者	内容
民間施行	①個人	宅地の所有者・借地権者又はこれらの者から同意を得た者
	②土地区画整理組合	宅地の所有者・借地権者の**7人以上**が共同で設立※
	③区画整理会社	地権者と民間事業者が共同で設立する株式会社
公的施行	①地方公共団体	都道府県・市町村
	②国土交通大臣	―
	③機構等	独立行政法人都市再生機構・地方住宅供給公社

※ 都道府県知事により設立が認可されると、施行地区内の宅地所有者と借地権者(未登記の借地権者は、申告又は届出した者に限る)の全員が、その土地区画整理組合の組合員となる。

4 土地区画整理事業の手続きの流れ

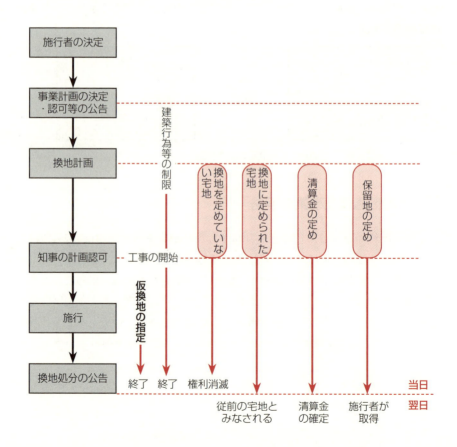

5 換地計画

　換地計画とは，最終的にどんな町並みになるのか，という具体的プランのことだ。換地計画には，①換地設計（誰にどんな換地を与えるか），②清算金（不公平を調整するためのお金），③保留地（換地にせず，売って施行費用などにあてる土地）を定めなければならない。

　そして，換地を定める場合においては，換地及び従前の宅地の位置，地積，土質，水利，利用状況，環境等が照応するように定めなければならない（換地照応の原則）。

6 保留地

　保留地とは，換地にせず，売ってお金に変える土地だ。

　民間施行（個人，組合又は区画整理会社）の場合は，事業の施行の費用にあてるため，又は規約・定款等で定める目的のために保留地を定めることができる。

　これに対し，地方公共団体，国土交通大臣，機構等の公的施行の場合は，事業の施行の費用にあてるためだけにしか定めることができない。しかも，施行後の宅地の総額が施行前の宅地の総額を上回る範囲においてしか保留地にはできない。みんなが無償提供した，血の出るような土地を，お上の好き勝手にはできないのだ。

〈保留地の定めの可否〉

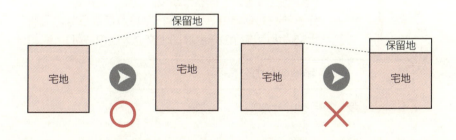

5-2 土地区画整理法（建築行為等の規制）

ここがポイント 土地区画整理事業の施行に伴い，どのような制限が課されるのだろうか？

　土地区画整理事業が始まると，工事のじゃまになる建築物の建築などが勝手に行われないように，建築行為等が規制される。事業の施行の障害となるおそれのある土地の工事や建築物の建築などをしようとする者は，**国土交通大臣施行**の場合は**国土交通大臣**，**その他**の場合は**都道府県知事**（市の区域内において個人施行者，土地区画整理組合，区画整理会社が施行し，又は市が施行する土地区画整理事業のときは，当該市の長）の許可を受けなければならないのだ。

とらの巻 39　　　　　　　　　　　　　　重要度 B

〈建築行為等の規制〉

土地区画整理事業についての各認可等の公告

　↓

事業の施行の障害となるおそれのある
- **土地の形質の変更**
- 建築物その他の工作物の新築，改築，増築等

都道府県知事等の許可を受けなければならない（国土交通大臣施行の場合は国土交通大臣の許可）

換地処分の公告

ウォーク問③　問95…(4)　問96…(4)　問97…(1)　問191…(3)

原則：知事等の許可！
例外：大臣施行の場合だけ大臣の許可！

5-3 土地区画整理法（仮換地）

ここがポイント 仮換地が指定されると，どのような効果が生じるのか？

1 仮換地の指定

工事をしようとする土地に誰かが住んでいる場合，そのままでは工事ができないので，とりあえずどこか別の場所に仮住まいしてもらわなければならない。仮住まいする土地を**仮換地**という。

仮換地の指定は，仮換地所有者と従前の宅地の所有者等に「**仮換地指定の効力発生日**」などを**通知**することによってなされる。

2 仮換地指定の効果

A所有の甲地（従前の宅地）で工事が始まるため，B所有の乙地が仮換地に指定されたとしよう。「仮換地指定の効力発生日」においてAは**甲地を引き払わなければならず**，同日において**仮換地である乙地に引っ越すことができる**。ただし，前述の**建築規制はかかる**ため，乙地で建築等をする場合には許可が必要である。Aのいなくなった甲地は，換地処分の公告がある日まで**施行者が管理**し，必要があれば建築物等を移転したり除却したりする。また，乙地にはAが引っ越してくるわけだから，**Bも乙地を引き払わなければならない**。

しかし，AもBも自分の土地の所有権を失うわけではないため，Aは甲地を売ったり抵当権を設定したりすることができるし，Bも乙地を売ったり抵当権を設定したりすることができる。甲地を購入したCは，登記は甲地についてするが，甲地を使うことはできず，乙地を使うことになる。

とらの巻 ㊵

重要度 A

〈仮換地指定の効果〉

例：Aが所有する甲地（従前の宅地）につき，Bが所有する乙地が仮換地に指定された。

	甲地（従前の宅地）		乙地（仮換地）	
	所有者A		所有者B	
	使用・収益権者	処分権者※	使用・収益権者	処分権者※
仮換地指定の効力発生日前	A	A	B	B
仮換地指定の効力発生日後	~~A~~ なし（施行者が管理）	A	~~B~~ A	B

※処分とは，宅地の売却や抵当権設定等を指す。

ウォーク問③ 問95…(2) 問97…(2)(3)(4) 問98…(3)(4) 問99…(4) 問103…(2)

なお，仮換地に使用・収益の障害となる物件があるなど特別の事情があるときは，「仮換地の使用収益開始日」が，少し遅れて定められることがある。この場合，「仮換地指定の効力発生日」から「仮換地の使用収益開始日」までは，従前の宅地の所有者が**使える土地はない**ということになる。ただし，損失補償はされる。

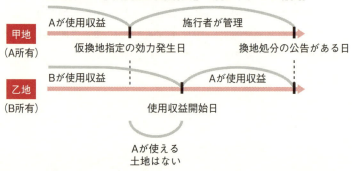

〈「仮換地の使用収益開始日」を別に定めた場合〉

5-4 土地区画整理法（換地処分）

ここがポイント
換地処分が行われると，どのような効果が生じるのか？　また，権利変動について登記を申請するのは誰か？

1 換地処分とは

　工事が終わると，施行者は，土地区画整理事業の総仕上げとして**換地処分**を行う。換地処分とは，換地を法律上従前の宅地とみなすことをいう。

　換地処分は，**原則**として換地処分に係る区域の**全部**について土地区画整理事業の**工事が完了**した後に遅滞なく行うことになっているが，最初の取り決め（規準・規約・定款・施行規程）に定めておけば，全部の**工事が完了する前でも行う**ことができる。

2 換地処分の効果

　換地処分は，関係権利者（従前の宅地についての登記のある権利者や，未登記権利者のうち権利の申告をした者）に，換地計画において定められた事項を**通知**することをもって行われる。その後，国土交通大臣又は都道府県知事は，換地処分があった旨を**公告**しなければならない。

　換地計画において定められた**換地**は，換地処分に係る**公告の日の翌日**から，**従前の宅地とみなされる**。つまり，従前の宅地に存在した所有権・地上権・抵当権等の権利は，公告の日の翌日に換地に移行するのだ。

　しかし，従前の宅地に存した**地役権**（詳しくは権利関係27章参照）は**換地に移行せず**，公告の日の翌日以後もなお**従前の宅地の上に存在**する。ただし，事業の施行により**行使する利益がなくなった地役権**は，換地処分の公告の日の終了時において**消滅**する。たとえば，通行地役権を設定していた場合に，区画整理後にその通行地役権が必要なくなったのであれば**消え**，まだ必要なのであればもともとあった場所に**残る**ということだ。

とらの巻 41

重要度 A

1 施行者は，原則として，換地計画に係る区域の全部について，土地区画整理事業の工事が完了した後において，遅滞なく，換地処分を行わなければならない。

2 換地処分は，関係権利者に換地計画において定められた事項を通知して行う。その後，国土交通大臣又は都道府県知事は，換地処分があった旨を公告しなければならない。

3 換地処分の効果（公告の日の終了時に起こることと翌日に起こること）

換地処分に係る公告の日の終了時	換地処分に係る公告の日の翌日
・仮換地の指定の効力が消滅する ・建築行為等の制限が消滅する ・換地を定めなかった従前の宅地に存する権利が消滅する ・事業の施行により行使の利益がなくなった地役権が消滅する	・換地が従前の宅地とみなされる ・清算金が確定する ・施行者が保留地を取得する（例外なし） ・事業の施行により設置された公共施設が，原則としてその所在する市町村の管理に属する

ウォーク問③　問100…(2)(3)(4)　問101…(4)　問102…(1)(2)　問103…(4)
　　　　　　問104…(3)(4)

〈換地処分と地役権〉

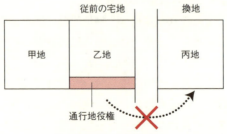

行使の利益がある地役権　　　　：もとの場所に残る
行使の利益がなくなった地役権：消滅する
※地役権は換地には移行しない。

3 換地処分に伴う登記等

とらの巻 42　重要度 B

1　**施行者**は，換地処分の公告があった場合には，直ちに，その旨を管轄登記所に**通知**しなければならない。

2　**施行者**は，事業の施行により，施行地区内の土地・建物について変動があったときは，遅滞なく，**変動に係る登記を申請**（又は嘱託）しなければならない。

3　2の**変動に係る登記がされるまで**は，**原則**として，施行地区内の土地・建物につき，**他の登記をすることができない**。ただし，登記の申請人が確定日付のある書類により，公告前に登記原因が生じたことを証明した場合には，登記をすることができる。

ウォーク問③　問101…(3)

法令上の制限

Tea Time

合格者からの一言メッセージ

　スランプを感じたときは，とにかく得意な分野，解ける問題を繰り返します。苦手な分野は放っておきます。そうすることで自信がつき，いつのまにかスランプを脱出していると思います。　　　　　　　　　　（50代　女性）

6 宅地造成等規制法

 許可制とは，どのようなものか？ また，どのような場合に許可が必要なのだろうか。

1 宅地造成等規制法の目的

　宅地造成等規制法は，宅地造成に伴う崖崩れや土砂の流出による災害を防止するための法律だ。

　崖崩れや土砂の流出が起こりやすそうな危険なところを「宅地造成工事規制区域」に指定し，その中で宅地造成工事を行う者に許可や届出を求めたり，宅地の所有者等に保全義務を課したりすることで，宅地造成に伴う災害を防止しているのだ。

　また，宅地造成工事規制区域に指定されていない既存宅地でも，大地震により崩落の危険のあるところを造成宅地防災区域として指定し，宅地の所有者等に対し，災害防止のための措置を義務付けている。

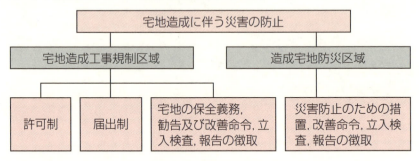

2 宅地造成工事規制区域の指定

　宅地造成工事規制区域は，都道府県知事が，宅地造成に伴い災害が生ずるおそれが大きい市街地又は市街地となろうとする土地の区域であって，宅地造成に関する工事について規制を行う必要があるものについて指定する。都市計画区域及び準都市計画区域外にも指定することができる。

3 許可制

宅地造成工事規制区域内で，宅地造成工事を行う場合，造成主は都道府県知事の許可を受ける必要がある。ただし，都市計画法による開発許可を受けて行われる宅地造成工事については，許可は不要とされている。

宅地造成工事を業者に請け負わせる場合は注文者が造成主，請負契約をせず自分で工事をする場合はその者が造成主だ。

次のとらの巻で，宅地とは何か，宅地造成とは何かについて押さえよう。

とらの巻 43　重要度 A

1 許可制
宅地造成工事規制区域内で宅地造成に関する工事を行う場合，原則として，造成主は，工事着手前に都道府県知事の許可を受けなければならない。ただし，都市計画法の開発許可を受けて行われる，当該許可の内容に適合した宅地造成工事については，許可不要である。

2 宅地とは
宅地とは，「農地」，「採草放牧地」，「森林」，「公共施設用地（道路・公園・河川等）」以外の土地をいう。

3 宅地造成とは
「目的」と「規模」，両方の要件を満たすものを「宅地造成」という。

目的	宅地以外の土地を宅地にするため，又は宅地において行う土地の形質の変更（宅地を宅地以外の土地にするために行うものは除く） 宅地以外→宅地　○　　宅地　　→宅地以外　× 宅地　　→宅地　○　　宅地以外→宅地以外　×
規模	A　切土　：切土部分に2mを超える崖を生ずるもの B　盛土　：盛土部分に1mを超える崖を生ずるもの C　切土と盛土：盛土部分に1m以下の崖を生じ，かつ切土と盛土を合わせて2mを超える崖を生ずるもの D　面積　：A～C以外で，切土又は盛土の面積が500m²を超えるもの

ウォーク問③　問107…(1)(3)(4)　問108…(2)(3)　問109…(2)(3)
　　　　　　問111…(2)問113…(1)　問114…(2)　問190…(1)

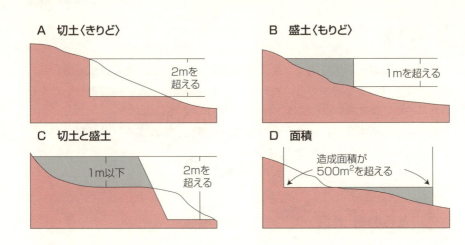

〈宅地とは〉

コウ　**モリと**　**サイ**　　　**の**
公共施設用地　森林　採草放牧地　　農地

胃が痛く
以外　宅(地)

〈宅地造成の規模〉

に　**ぎり**　**ひと**　**盛り**
2m超　切土　1m超　盛土

盛りきり　**2**　**丁で**　**500円**
盛土＆切土　2m　超　500m²超

4 許可後の手続き

　工事を完了したら都道府県知事の検査を受けなければならない。OKであれば，検査済証が交付される。また，計画を変更する場合は，原則として許可受け直しとなる。ただし，軽微な変更(＝造成主・設計者・工事施行者の変更，工事の着手予定年月日又は工事の完了予定年月日の変更)の場合は届出でよい。

5 届出制

宅地造成工事規制区域内において一定の行為を行おうとするときは、都道府県知事へ**届け出**なければならない。

とらの巻 44　重要度 B

〈届出制〉

	届出が必要な場合	届出期間
①	宅地造成工事規制区域**指定の際、すでに工事**が行われている場合	指定があった日から**21日以内**
②	高さが2mを超える**擁壁**又は排水施設等の**除却**工事※	工事に着手する日の**14日前まで**
③	宅地以外の土地を宅地に**転用**した場合※	転用した日から**14日以内**

※ 許可が必要な場合を除く。

ウォーク問③　問105…(3)(4)　問106…(3)　問114…(2)

6 宅地※の保全義務等

		対象者	内容
保全義務	宅地造成工事規制区域内の	宅地の**所有者・管理者・占有者**	宅地造成に伴う災害が生じないよう、その**宅地を常時安全な状態に維持するように努めなければならない**。
勧告		宅地の**所有者・管理者・占有者・造成主・工事施行者**	都道府県知事から、擁壁等の設置又は改造その他宅地造成に伴う災害の防止のため必要な措置をとることを**勧告**されることがある。
改善命令		宅地・擁壁等の**所有者・管理者・占有者**	都道府県知事から、擁壁等の設置・改造又は地形・盛土の改良のための工事を行うことを**命じられる**ことがある。
報告の徴取		宅地の**所有者・管理者・占有者**	都道府県知事から、宅地又は宅地において行われている工事の状況について**報告**を求められることがある。

※宅地造成工事規制区域の指定前に宅地造成が行われた宅地を含む。

7 造成宅地防災区域

　大地震の場合，宅地造成工事規制区域以外のすでに造成された宅地でも，地すべり等の災害が生じるおそれがある。そこで，平成18年の法改正により，都道府県知事は，**宅地造成工事規制区域以外**の区域で，相当数の居住者等に危害を生ずる災害発生のおそれが大きい一団の造成宅地を，**造成宅地防災区域**に指定することができることとされた。

　この指定により，造成宅地防災区域内の造成宅地の**所有者・管理者・占有者**は，災害が生じないよう，必要な措置を構ずるように努力する義務が課せられる。また，都道府県知事は，造成宅地防災区域内の造成宅地の**所有者・管理者・占有者**に対し，勧告及び改善命令をすることができる。

	対象者	内容
保全義務	造成宅地防災区域内の	造成宅地の**所有者・管理者・占有者**	宅地造成に伴う災害が生じないよう，擁壁等の設置又は改造その他宅地造成に伴う災害の防止のため**必要な措置を講ずるように努めなければならない。**
勧告		造成宅地の**所有者・管理者・占有者**	都道府県知事から，擁壁等の設置又は改造その他宅地造成に伴う災害の防止のため必要な措置をとることを**勧告**されることがある。
改善命令		造成宅地・擁壁等の**所有者・管理者・占有者**	都道府県知事から，擁壁等の設置・改造又は地形・盛土の改良のための工事を行うことを**命じられる**ことがある。

〈届出制〉
- **高さが2mを超える擁壁又は排水施設の除却（じょきゃく）工事**
  工事に着手する日の14日前までに届出
- **宅地以外の土地を宅地に転用**
  転用した日から14日以内に届出

7 その他の法令による制限

ここがポイント　その他の法令による制限については，最小限度のポイントを整理しておけば十分である。

その他の法令による制限は，「△△法によれば，□□を行おうとする者は，○○の許可を受けなければならない。正しいか（又は誤りか）。」というように出題されることが多い。○○の部分，つまり誰の許可が必要なのかを押さえよう。

〈「知事の許可」ではないもの〉

過　　去　の北海　道　の　管理者いわく，
河川法　港湾法　海岸法　道路法　　管理者の許可

　　　　国立公園は　　寒冷の地，
　　　自然公園法の国立公園　環境大臣の許可

生　　死は　　　五分　　　五分。
生産緑地法　市町村長の許可　文化財保護法　文化庁長官の許可

Tea Time

合格者からの一言メッセージ

　ウォーク問は，繰り返しやりましたが，1肢ごとの正誤を，明確な根拠をあげてメモ用紙に書きながら解きました。時間がかかりますが，書くことは覚えるのには力になりました。　　　　　　　　　　（10代　男性）

とらの巻 45

重要度 B

〈その他の法令による制限〉

法律	届出・許可権者	手続き
公有地の拡大の推進に関する法律[※1]	都道府県知事等	届出
急傾斜地の崩壊による災害の防止に関する法律	都道府県知事	許可
土砂災害警戒区域等における土砂災害防止対策の推進に関する法律		
地すべり等防止法		
土地収用法		
森林法		
大都市地域における住宅及び住宅地の供給の促進に関する特別措置法[※2]	都道府県知事等[※2][※3][※4]	
都市再開発法[※3]		
都市緑地法[※4]		
自然公園法	都道府県知事(国定公園)	
	環境大臣(国立公園)	
文化財保護法	文化庁長官	
道路法	道路管理者	
河川法	河川管理者	
海岸法	海岸管理者	
港湾法	港湾管理者	
生産緑地法	市町村長	

※1 当該土地が町村の区域内に所在する場合には，当該町村の長を経由して都道府県知事に届出，市の区域内に所在する場合には，当該市の長に届出
※2 都府県知事(市の区域内にあっては，当該市の長)の許可
※3 (例)市街地再開発促進区域の場合，都道府県知事(市の区域内にあっては，当該市の長)の許可
※4 特別緑地保全地区⇒都道府県知事(市の区域内にあっては，当該市の長)の許可
緑地保全地域⇒都道府県知事(市の区域内にあっては，当該市の長)に届出

ウォーク問③　問111…(1)(3)(4)　問112…(2)(3)(4)　問113…(2)(3)
　　　　　　　　問114…(1)(4)　問115…(4)

MEMO

目からウロコのポイント解説

国土利用計画法では，事後届出制と事前届出制の相違点の把握が重要です。両者の目的の違いから考えていくと，理解が容易になるでしょう。

ポイント解説

①国土利用計画法

　事後届出制の目的は，限りある土地の有効かつ計画的な利用の確保にあります。このような目的からは，国土の利用に影響を及ぼすような規模の土地取引を捉えておけば足りるため，「一団の土地」かどうかは，買主のみを基準に判断します。すなわち，分譲の場合にはそれぞれの分譲面積を見ます。

　これに対し，事前届出制は，土地の利用方法よりも，むしろ地価の抑制に主眼があります。そのため，できるだけ多くの土地取引を捉える必要があります。そこで，「一団の土地」かどうかは，当事者双方を基準に判断され，分譲の場合には合計面積を見ます。

　他にも，「対価の額」が，審査・勧告の対象となるかどうかなど，さまざまな点が，同様の観点で説明できます。一通り読み終えたら，このような観点で復習してみてください。国土法が得意分野に変わってくるはずです。

事後届出制	➡	土地の有効利用の確保
事前届出制	➡	地価の抑制 ＋ 土地の有効利用の確保

小山 淳 LEC専任講師

●ウルトラ速習35時間完成講座　本書「どこでも宅建士 とらの巻」をメインテキストとして使用。長年の宅建合格ノウハウを集約した短期学習の決定版です。
●ウルトラ速習35時間完成講座（権利関係）の第1回目が無料でご覧いただけます。無料視聴はこちら（6月中旬公開予定）⇒ www.lec-jp.com/takken/

LEC東京リーガルマインド　2022年版 どこでも宅建士 とらの巻

農地法はひっかけ問題にさえひっかからなければ得点しやすい分野です。それでは，ひっかけ問題の対処法を見ていきましょう（とらの巻38）。

②農地法

ポイント解説

(1)「権利移動」とは，「使う人が変わること」と覚えましょう

農業機械を購入するために農協から融資を受けるにあたって，農地に抵当権を設定したとします。抵当権を設定しても農地を使う人は変わりませんので，3条の許可は不要です。

(2) 土地収用事業の用に供するための農地の「取得」については，5条の許可が必要か

土地収用事業だからといって，必ず強制収用が行われるとは限りません。土地の所有者との合意のもとに任意に売買契約が結ばれることもあります。強制収用は最後の手段なのです。ですから，土地収用法に基づく事業であっても，農地の「取得」の場合には，原則どおり5条の許可が必要です。5条の許可が不要となるのは，土地収用事業の用に供するため，農地を「収用」する場合と覚えましょう。

(3) 転用目的権利移動の場合の許可主体について

3haの農地と2haの採草放牧地（合わせて5ha）を転用目的で権利移動するとします。この場合，許可主体は都道府県知事等です。農地の面積が4haを超えていても都道府県知事等の許可が必要と覚えましょう。

(4) 市街化区域内の特則について

市街化区域内の4haを超える農地を転用目的で取得する場合でも，届出先は，農業委員会です。市街化区域内の特則は，面積に関係なく農業委員会への届出と覚えましょう。

加藤 光久 LEC専任講師

●出た順必勝総まとめ講座　直前期は無駄のない効率的な学習が不可欠。だからこそ本講座で重要な過去問題から潰していきましょう。

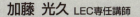

目からウロコのポイント解説

土地区画整理法は難しい出題が多く得点しにくい分野です。そこで，比較的出題が多い「仮換地の指定」と「換地処分とその効果」に的を絞って勉強をするのがポイントです。ここでは，「仮換地の指定」について見ていきましょう。

ポイント解説

③土地区画整理法

下の図を見てください。Aさんの土地（これを従前の宅地といいます）は，いよいよ工事が始まります。そこで，その工事の間Bさんの土地（これを仮換地といいます）を使わせてもらうことになりました。

したがって，従前の宅地はAさんのものですが使うことができません。他方，仮換地はBさんのものですが，この土地を使うことができるのはAさんということになります。この理屈がわかれば，仮換地のところは得点源とすることができます。

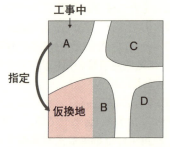

なお，問題では，Aさんのことを「従前の宅地の所有者（ときには，「従前の宅地について権原に基づき使用収益することができる者」）」，Bさんのことを「仮換地の所有者（ときには，「仮換地について権原に基づき使用収益することができる者」）」と表現します。名称が長いだけであって，内容的には難しくありません。演習を繰り返して早めに慣れましょう。

水野 健 LEC専任講師

- ●**2022 宅建本試験 100日前の大作戦会議** 7月2日（土）19：00～21：30,
新宿エルタワー本校，梅田駅前本校にて，改正と新傾向の内容について，熱く語ります！
- ●**2022 実力診断模試** 6月8日（水）から6月19日（日）までLEC各本校で実施！
詳細はLECホームページにて！

LEC東京リーガルマインド　2022年版 どこでも宅建士 とらの巻

「その他の法令上の制限」の分野の問題を解くには，とあるコツがあります。

ポイント解説

④その他の法令

「その他の法令」のうち，出題頻度の高い法令は決まっています。

道路　　⎫
港湾　　⎬　管理者
河川　　⎪
海岸　　⎭

国立公園　⇒　環境大臣
生産緑地法　⇒　市町村長

このキーワードの組み合わせは完璧にしましょう。それぞれ「許可」です。これら以外の法令に関しては，「都道府県知事等の許可」がほとんどです。

また，「都市計画法」には注意が必要です。その他の法令からの出題の中に「都市計画法の地区計画」があった場合には，都市計画法の学習内容である「行為の着手30日前までに市町村長に届出」を思い出しましょう。「知事の許可」ではありません。ご注意を。

さらに，「宅地造成等規制法」が選択肢の1つとして出題される場合には，単純に「都道府県知事の許可が必要」という知識のみならず，「規制区域は知事が指定する。」「造成主が許可を受けなければならない。」「転用等の場合は届出が必要。」といった知識が出題されることが多いことも知っておくと便利です。

小野 明彦 LEC専任講師

- ●**改正集中特訓講座**　宅建士本試験では，直近数年の改正点が毎年数問出題されます。だから，改正点＝頻出分野。改正点対策は宅建指導のプロにお任せください。
- ●**ファイナル模試**　宅建学習の最後の総仕上げ。予想問題を通じて最後の総まとめをしましょう。全日本宅建公開模試とあわせて受験すればさらに効果的！

MEMO

税・価格の評定

1 不動産取得税
2 固定資産税
3 所得税(譲渡所得)
4 印紙税
5 登録免許税
6 贈与税
7 地価公示法
8 不動産鑑定評価基準

[税・価格の評定]とは

[税・価格の評定]はこんな科目

【税について】

不動産の売買契約に関連する税金には，売買契約書に貼付が必要な「印紙税」，登記をする際に必要な「登録免許税」，売主のもうけにかかる「所得税（譲渡所得）」，不動産を取得した買主が納める「不動産取得税」，買主が不動産という資産を保有する限り毎年納めなければならない「固定資産税」等がある。これらの中から2問出題される。

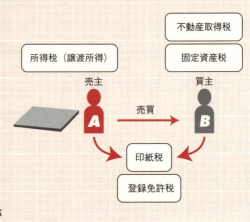

【税のしくみ】

100円の筆記具にかかる消費税相当額は100円×10％＝10円である。この「100円」のように，税額を計算するもとになる金額を「課税標準」という。課税標準に税率を掛けて税額を計算する。

税金が安くなる特例としては，課税標準を下げる「課税標準の特例」，税率を下げる「軽減税率」，税額から一定額を控除する「税額控除」がある。

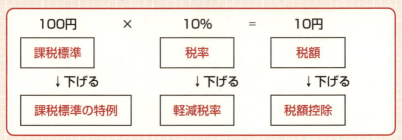

【価格の評定】

「地価公示法」，「不動産鑑定評価基準」の2つを総称して「価格の評定」という。どちらかから1問出題される。

標準的ないくつかの土地の正常な価格を公示することにより，適正な地価を形成しようとするのが，地価公示の目的である。「地価公示法」は，その公示価格を決める手続きを規定したものである。
　「不動産鑑定評価基準」は，不動産鑑定士が行う不動産の鑑定評価の基準を定めたものである。

［税・価格の評定］の学び方

　2問出題される「税」は，専門用語が多くなじみにくいことから，つい後回しにしがちである。しかし，本試験では基本的な問題が多く出題されているので，基本事項についてはしっかり押さえておく必要がある。
　1問出題される「価格の評定」のうち，「地価公示法」は学習する分量が少なく，また，基本的な問題が出題されることから，得点源となる科目である。これに対し「不動産鑑定評価基準」は難しい問題が多く，点を取りにくい科目といえる。

過去10年間の出題傾向

			12	13	14	15	16	17	18	19	20(10月)	20(12月)	21(10月)	21(12月)
税	1	不動産取得税	★		★		★		★		★	★		
	2	固定資産税		★		★		★		★		★		★
	3	所得税(譲渡所得)	★					★	★				★	
	4	印紙税		★			★				★			
	5	登録免許税			★				★				★	★
	6	贈与税				★								
価格の評定	7	地価公示法		★	★	★			★	★				★
	8	不動産鑑定評価基準	★			★		★		★		★		

★：正解肢として出題

1 不動産取得税

ここがポイント 不動産取得税の基本的な枠組み，特例措置について押さえよう。

1 不動産取得税とは

不動産取得税とは，文字どおり，不動産(土地及び家屋)を取得した人が納める税金だ。登記をしていなくても，現実に所有権を取得したと認められれば課税される。

2 不動産取得税の基本的枠組み

1 どこが課税するのか(課税主体)
　不動産取得税の課税主体は，**不動産が所在する都道府県**だ。納税義務者が住んでいる都道府県ではない。

2 何に課税されるのか(課税客体)
　不動産取得税は不動産の取得に対して課税されるが，具体的には以下のとおりだ。

とらの巻 1　重要度 A

〈不動産取得税の課税客体〉

売買	交換	贈与	新築	改築	増築	包括遺贈	相続	合併
○	○	○	○	○	○	×	×	×

○＝課税(改築については，価格が増加した場合に限る)　×＝非課税

ウォーク問③　問116…(2)(3)　問117…(4)　問118…(3)　問119…(4)

3 納税義務者

不動産取得税の納税義務者は不動産を取得した者だ。個人・法人を問わない。

4 課税標準

不動産取得税の課税標準は不動産の価格となる。なお、ここにいう不動産の価格とは、実際に支払った金額ではなく、**固定資産課税台帳に登録されている価格**だ。土地・家屋の課税標準となる価格については据置制度が設けられ、原則として基準年度(評価替えが行われる年度)の価格を翌々年度まで**3年度**間据え置くこととされている。

5 税率

不動産取得税の標準税率は、**土地**の場合は**3％**であり、家屋の場合、**住宅は3％**、**住宅以外の家屋(店舗・事務所等)は4％**である。

とらの巻 2　重要度 A

〈不動産取得税の税率〉

不動産の種類		標準税率
土地		100分の3(3％)
家屋	住宅	100分の3(3％)
	住宅以外の家屋(店舗,事務所等)	100分の4(4％)

ウォーク問③　問117…(3)　問118…(1)　問121…(1)

6 納付方法

不動産取得税の納付方法は、送られてきた納税通知書を持って、金融機関に納付しに行く「**普通徴収**」だ。

7 免税点

課税標準が下記金額未満なら不動産取得税は課税されない。これっぽっちの課税標準に対して課税していたら、納税通知書を作成・交付する費用のほうが高くつくからだ。

区分		課税標準
土地		10万円
家屋	建築に係るもの	23万円(1戸)
	その他に係るもの	12万円(1戸)

〈不動産取得税の免税点〉
不動産取得だ！

イチ, ニッ, サン,　イチ, ニッ！
10万円　23万円　　　12万円

3 不動産取得税の特例

	課税標準	税率	税額
住宅	住宅の**課税標準の特例** （とらの巻3参照）	―	―
宅地等	**登録価格×1／2** （とらの巻4参照）	―	一定の要件を満たす住宅用地の税額控除

1 課税標準の特例
 (1) 住宅を取得した場合の課税標準の特例
　　新築住宅や既存住宅を取得した場合，適用要件を満たせば，課税標準から一定額が控除される。

とらの巻 3　　　重要度 A

〈住宅[※1]を取得した場合の課税標準の特例〉

	新築住宅	既存住宅
控除額	**1,200万円** （マンション・アパートは各独立部分ごとに1,200万円）	新築時期に応じ控除額が異なる（平成9年4月1日以後に新築されている場合は1,200万円）
特例適用住宅	床面積**50m²以上240m²以下** （賃貸マンション・アパートは40m²以上240m²以下）	①床面積50m²以上240m²以下 ②個人が自己の居住用として取得 ③耐震基準に適合 　・昭和57年1月1日以後に新築 　・一定の耐震基準に適合[※2]
取得者	個人・法人	個人のみ
用途	制限なし（賃貸してもよい）	自己居住用

※1 別荘は対象外。
※2 建築年数を問わない。

ウォーク問③　問117…(2)　問120…(2)　問121…(4)

(2) 宅地等を取得した場合の課税標準の特例

〈宅地評価土地※の課税標準〉

固定資産課税台帳登録価格×**2分の1**

※　宅地評価土地：宅地及び宅地比準土地。宅地比準土地とは，宅地以外の土地だが評価をするうえで宅地と類似している土地のこと。

ウォーク問③　問119…(2)　問120…(3)　問121…(2)

2　住宅用地の税額控除

特例適用住宅の用地を取得し，かつ適用要件を満たしている場合には，その特例適用住宅の用地に対して課する不動産取得税は，納付する不動産取得税の額から一定額が減額される。

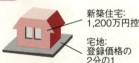
新築住宅：
1,200万円控除
宅地：
登録価格の
2分の1

〈不動産取得税の特例〉
不動産取得だ！

イチ，ニッ，　サン，　イチ，ニッ！
1,200万円控除　税率3％　宅地1／2

税・価格の評定

とらの巻 5　　　　　　　　　　　　　　　重要度

〈不動産取得税のまとめ〉

課税主体	不動産が所在する**都道府県**（地方税）
課税客体	不動産の取得（×相続・包括遺贈・合併）
納税義務者	不動産を取得した者
課税標準	固定資産課税台帳の登録価格　※　特例あり
標準税率	**住宅・土地：3％　住宅以外の家屋：4％**
税額	特例あり
納付方法	普通徴収
納付期日	納税通知書に記載してある期限（地方公共団体により異なる）
非課税（免税点）	土地　　　　　　　　　　　　10万円 家屋　建築に係るもの　　　　23万円 　　　その他に係るもの　　　12万円

ウォーク問③　　問116…(2)(3)　問117…(1)(3)(4)　問118…(1)　問119…(1)
　　　　　　　問120…(1)　問121…(1)(3)　問195…(3)

Tea Time

法律用語④　「法律」と「法令」

　「法令」とは、「法律」と「命令」をひっくるめた呼び方だ。
　「法律」は**国会**が定める決まりで、「民法」、「宅建業法」、「都市計画法」等が、これにあたる。
　「命令」は**行政機関**が定める決まりである。**内閣**が定める「**政令**」、内閣府が定める「**内閣府令**」、各省が定める「**省令**」（国土交通省令、環境省令等）がある。
　土地・建物に関しては法律による制限だけではなく、政令や省令による制限があるので、「法律上の制限」ではなく、「法令上の制限」というのである。

2 固定資産税

ここがポイント　固定資産税の基本的な枠組み，特例措置について押さえよう。

1 固定資産税とは

　固定資産税は「固定資産を持っていること」に対してかかる税金だ。固定資産とは，土地・家屋・償却資産(事業用機械など)のこと。取得した翌年度から，所有している限り毎年度課税される。

2 固定資産税の基本的枠組み

1　どこが課税するのか(課税主体)
　固定資産税の課税主体は，固定資産が所在する市町村だ。納税義務者が住んでいる市町村ではない。
2　何に課税されるのか(課税客体)
　固定資産税は，固定資産の保有に対して課税される。
3　納税義務者
　1月1日現在の固定資産の所有者(登記簿又は土地補充課税台帳・家屋補充課税台帳に所有者として登記又は登録されている者)が，1年度分の固定資産税を納税する義務を負う。年度の途中で所有者が変わったとしても同様である(ただし，実務上は，特約で売主と買主の所有日数に応じた日割計算にすることが多い)。
　所有者として登記又は登録されている者が死亡している場合は現に所有している者，所在不明である場合は使用者が納税義務を負う。
　なお，質権のついている土地，100年より永い存続期間を定めた地上権がついている土地は，所有者には納税義務はなく，質権者・地上権者が納税義務者となる。
4　課税標準
　固定資産税の課税標準は，1月1日現在，固定資産課税台帳に登録されて

いる価格だ。

5 税率

固定資産税の標準税率は**100分の1.4**（1.4％）だ。これを標準として，市町村ごとに条例で定める。

6 納付方法

固定資産税の納付方法は，送られてきた納税通知書を持って，金融機関に納付しに行く「**普通徴収**」である。

7 免税点

1人当たりの課税標準が下記金額未満なら，市町村は，原則として，固定資産税を課することができない。

区分	課税標準
土地	30万円
家屋	20万円

3 固定資産税の特例

	課税標準	税率	税額
住宅	―	―	×1/2（床面積のうち，120m²までの部分に限る）（とらの巻7参照）
宅地等	小規模住宅用地×1/6 一般住宅用地×1/3 （とらの巻6参照）	―	―

1 住宅用地に対する課税標準の特例

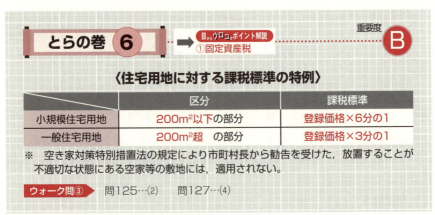

とらの巻 6 → 目からウロコのポイント解説 ①固定資産税　重要度 B

〈住宅用地に対する課税標準の特例〉

区分	課税標準
小規模住宅用地	200m²以下の部分	登録価格×6分の1
一般住宅用地	200m²超　の部分	登録価格×3分の1

※ 空き家対策特別措置法の規定により市町村長から勧告を受けた，放置することが不適切な状態にある空家等の敷地には，適用されない。

ウォーク問③　問125…(2)　問127…(4)

2 新築住宅に対する税額控除

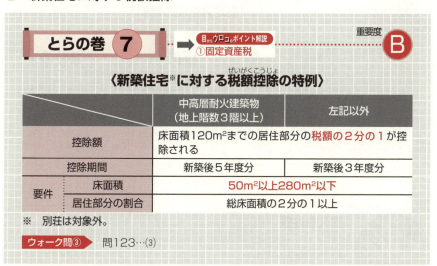

〈新築住宅※に対する税額控除の特例〉

		中高層耐火建築物 （地上階数3階以上）	左記以外
控除額		床面積120m²までの居住部分の税額の2分の1が控除される	
控除期間		新築後5年度分	新築後3年度分
要件	床面積	50m²以上280m²以下	
	居住部分の割合	総床面積の2分の1以上	

※ 別荘は対象外。

ウォーク問③　問123…(3)

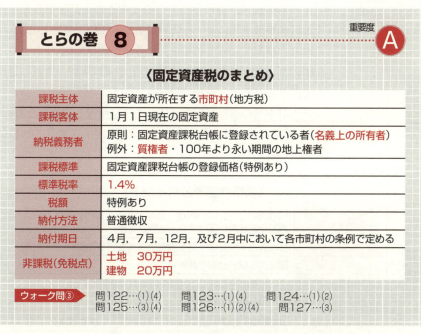

〈固定資産税のまとめ〉

課税主体	固定資産が所在する市町村（地方税）
課税客体	1月1日現在の固定資産
納税義務者	原則：固定資産課税台帳に登録されている者（名義上の所有者） 例外：質権者・100年より永い期間の地上権者
課税標準	固定資産課税台帳の登録価格（特例あり）
標準税率	1.4%
税額	特例あり
納付方法	普通徴収
納付期日	4月，7月，12月，及び2月中において各市町村の条例で定める
非課税（免税点）	土地　30万円 建物　20万円

ウォーク問③　問122…(1)(4)　問123…(1)(4)　問124…(1)(2)
　　　　　　　問125…(3)(4)　問126…(1)(2)(4)　問127…(3)

〈固定資産税の特例〉

固定資産,
無　　　残に　　　2分の1
宅地6分の1　　3分の1　　新築住宅税額2分の1

新築住宅：
税額2分の1

宅地：
200m²以下の部分　　課税標準6分の1
200m²超の部分　　　課税標準3分の1

深入り注意！

都市計画税について

都市計画税は，都市整備を目的とする都市計画事業又は土地区画整理事業に要する費用にあてるため，原則として，これらの事業によって利益を受ける市街化区域内（法令上の制限の都市計画法を参照のこと）の土地又は家屋の所有に対して課せられる地方税（市町村税）である。

都市計画税の課税客体などは，固定資産税と同様なため，原則として固定資産税とあわせて納付（徴収）することになっている。

〈都市計画税のポイント〉

課税客体	賦課期日（1月1日）現在，原則として，都市計画区域のうち市街化区域内に所在する土地及び家屋	
課税主体	都市計画事業又は土地区画整理事業を行う市町村（市町村税）	
課税標準	固定資産課税台帳登録価格	
制限税率	0.3％を上限として，市町村の条例で決められる	
納税義務者	土地及び家屋の所有者	
住宅用地に係る課税標準の特例	小規模住宅用地（200m²以下の部分）	課税標準×1/3
	一般住宅用地　（200m²超の部分）	課税標準×2/3

3 所得税（譲渡所得）

ここがポイント　譲渡所得のしくみ，譲渡所得の特例，特例相互の適用関係，住宅ローン控除について押さえよう。

1 所得税（譲渡所得）とは

　所得税は「個人の所得」に対して課せられる税金だ。給与所得や事業所得，雑所得など10種類があるが，宅建士試験に主に出題されているのは不動産を譲渡した場合に生じる<u>譲渡所得</u>だ。

　収入金額（譲渡価額）から，取得費・譲渡費用・特別控除額を差し引いて，利益として残った部分（課税譲渡所得金額）が譲渡所得の税額を算出するもとになる金額（課税標準）となる。

〈譲渡所得の計算方法〉

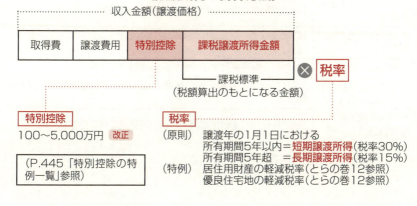

特別控除
100～5,000万円　改正

（P.445「特別控除の特例一覧」参照）

税率
（原則）　譲渡年の1月1日における
　　　　所有期間5年以内＝**短期譲渡所得**（税率30%）
　　　　所有期間5年超　＝**長期譲渡所得**（税率15%）
（特例）　居住用財産の軽減税率（とらの巻12参照）
　　　　優良住宅地の軽減税率（とらの巻12参照）

2 譲渡所得の特例

〈譲渡所得の特例一覧〉

	課税標準	税率	税額
所有期間 不問	① 3,000万円控除 ② 5,000万円控除 ③ 課税の繰延べ	短期税率	住宅ローン控除
所有期間 5年超	―	① 長期税率 ② 優良住宅地の軽減税率	
所有期間 10年超	特定の買換え特例	居住用財産の軽減税率	

　上の表では特例を略称で表示しているが，宅建士試験では正式名称で出題されることが多いので，押さえておこう。

	略称	試験に出る名称
①	3,000万円控除	「居住用財産の譲渡所得の3,000万円特別控除」 「居住用財産の譲渡所得の特別控除」
②	5,000万円控除	「収用交換等の場合の5,000万円特別控除」
③	特定の買換え特例	「特定の居住用財産の買換えの場合の長期譲渡所得の課税の特例」
④	課税の繰延べ	「収用等に伴い代替資産を取得した場合の課税の特例（課税の繰延べ）」
⑤	居住用財産の軽減税率	「居住用財産を譲渡した場合の軽減税率の特例」
⑥	優良住宅地の軽減税率	「優良住宅地の造成等のために土地等を譲渡した場合の軽減税率の特例」
⑦	住宅ローン控除	「住宅借入金等を有する場合の所得税額の特別控除」
⑧	買換え等の譲渡損失の損益通算	「居住用財産の買換え等の場合の譲渡損失の損益通算及び繰越控除」
⑨	特定の譲渡損失の損益通算	「特定居住用財産の譲渡損失の損益通算及び繰越控除」

3 特別控除の特例一覧

課税標準から一定額を控除するのが，特別控除の特例だ。①と②がよく出題されている。

	特別控除の特例	
①	収用交換等の場合	5,000万円
②	居住用財産を譲渡した場合(とらの巻10参照)	3,000万円
③	特定土地区画整理事業等のために土地等を譲渡した場合	2,000万円
④	特定住宅地造成事業等のために土地等を譲渡した場合	1,500万円
⑤	農地保有の合理化等のために農地等を譲渡した場合	800万円
⑥	低未利用土地等を譲渡した場合	100万円 改正

とらの巻 ❾　重要度

5,000万円特別控除の特例，3,000万円特別控除の特例は，長期譲渡所得・短期譲渡所得の区別にかかわらず（所有期間に関係なく），適用される。

ウォーク問③　問128…(1)　問131…(3)

Tea Time

LEC専任講師からの学習アドバイス
<税法対策>

　税法は，2問出題されます。よく出題されるものは，不動産取得税，固定資産税，所得税，印紙税などです。そのほかにも，登録免許税や贈与税なども問われることがあります。

　税法は，範囲が広いわりに，2問しか出題がありません。しかしながら，税率などの数値が問われますので，正確に覚えていないと正解が出せない分野でもあります。

　そうすると，税法対策は，勉強する範囲を思いっきり絞り，その範囲のものについては，とにかく正確に覚えるというのが，妥当な勉強方法です。

　合格テキストで強調しているところは，空で言えるようにしておくのがよいでしょう。

4 居住用財産を譲渡した場合の3,000万円特別控除

個人が，一定の居住用財産を譲渡した場合，その居住用財産の譲渡益から3,000万円の特別控除額を控除することができる。

この3,000万円特別控除の特例の適用要件は下記のとおりである。

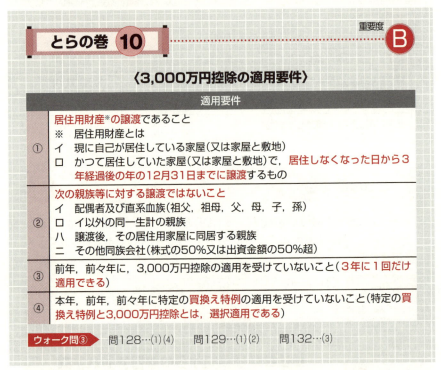

とらの巻 10 重要度 B

〈3,000万円控除の適用要件〉

	適用要件
①	**居住用財産※の譲渡**であること ※ 居住用財産とは イ 現に自己が居住している家屋(又は家屋と敷地) ロ かつて居住していた家屋(又は家屋と敷地)で，**居住しなくなった日から3年経過後の年の12月31日までに譲渡**するもの
②	**次の親族等に対する譲渡ではないこと** イ 配偶者及び直系血族(祖父，祖母，父，母，子，孫) ロ イ以外の同一生計の親族 ハ 譲渡後，その居住用家屋に同居する親族 ニ その他同族会社(株式の50%又は出資金額の50%超)
③	前年，前々年に，3,000万円控除の適用を受けていないこと(**3年に1回だけ適用できる**)
④	本年，前年，前々年に特定の**買換え特例**の適用を受けていないこと(特定の**買換え特例**と3,000万円控除とは，**選択適用である**)

ウォーク問③　問128…(1)(4)　問129…(1)(2)　問132…(3)

平成28年改正により，被相続人の死亡によって**空き家**となった居住用家屋やその家屋の**取壊し後の敷地**を**相続人**が譲渡して得た譲渡益から**3,000万円を控除**することができるようになった(空き家にかかる譲渡所得の特別控除)。空き家の発生を抑制し，地域住民の生活環境への悪影響を未然に防ぐためだ。

この空き家にかかる譲渡所得の特別控除の適用要件は次ページの表のとおりである。

	適用要件
①	居住用家屋（又は家屋と敷地）を譲渡した場合 　① 相続時から譲渡時まで**空き家**になったまま 　② 譲渡の時において耐震基準に適合 　③ 昭和56年5月31日以前に建築 　④ **区分所有建物ではない** 　⑤ 相続開始直前に**被相続人以外に居住者がいない** 居住用家屋の取壊し等の後に敷地を譲渡した場合 　① 居住用家屋が相続時から取壊し等の時まで**空き家**のまま 　② 敷地が相続時から譲渡時まで事業，貸付け又は居住の用に供されていない 　③ **取壊し等の時から譲渡の時まで空き地**のまま
②	平成28年4月1日から令和5年12月31日までに譲渡
③	相続開始の日から3年を経過する日以後の12月31日までに譲渡
④	譲渡対価の額**1億円以下**

5 特定の居住用財産の買換えの場合の長期譲渡所得の課税の特例（特定の買換え特例）

　今まで住んでいた家を売って買い換える場合，もうけが出ても新しい家の購入費に消えるのだから，通常どおり課税するのは酷だ。そこで，今までの家を売ったお金でそれよりも安い家を買う場合，差額部分をもうけとして課税する。売ったお金をもとにそれよりも高い家を買う場合，もうけはなかったことにして課税しないことになっている。これが特定の買換え特例だ。

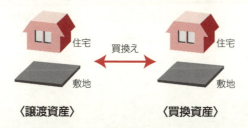

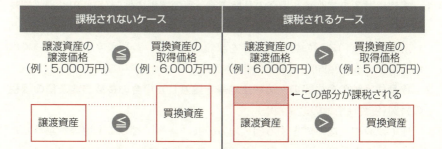

とらの巻 11

重要度

〈特定の買換え特例の適用要件〉

譲渡資産	① **居住用財産**であること(とらの巻10参照) ② 配偶者，直系血族，生計を一にする親族，内縁の妻又は夫等，特別な関係にある者への譲渡ではないこと ③ 譲渡に係る対価の額が**1億円以下**であること(平成26年1月1日以降の譲渡から適用) ④ 所有期間**10年超**であること ⑤ 居住期間**10年以上**であること
買換資産	① 家屋の床面積**50m²以上**(敷地の面積500m²以下)であること ② 譲渡資産を譲渡した日の属する年の前年1月1日から当該譲渡の日の属する年の翌年12月31日までの間に取得されること ③ 取得の日から譲渡資産を譲渡した日の属する年の翌年12月31日までの間に居住の用に供されること ④ 既存住宅である中高層耐火建築物の場合は取得の日以前25年以内に建築されたものであること※

※ 一定の耐震基準を満たす住宅の場合には，建築年数を問わない。

ウォーク問③ 問130

6 課税の繰(く)延(の)べ

買換え特例とよく似た特例として「課税の繰延べ」がある。収用によってもらった補償金でそれよりも安い資産を買う場合は差額部分に課税し，高い資産を買う場合は課税しないというものだ。つまり，買換え特例の収用バージョンだと思えばよい。

7 軽減税率

1 居住用財産を譲渡した場合の長期譲渡所得の課税の特例(**居住用財産の軽減税率**)

　所有期間が10年超の居住用財産を譲渡した場合，長期税率よりも低い税率が適用される。3,000万円控除と併用できる。

2 優良住宅地の造成等のために土地等を譲渡した場合の長期譲渡所得の課税の特例(**優良住宅地の軽減税率**)

　住宅建設や宅地造成をする国・地方公共団体等に対して土地等を譲渡した場合，軽減税率の適用がある。住宅環境の整備に貢献したといえるからだ。

とらの巻 12

重要度 A

〈居住用財産・優良住宅地の軽減税率〉

譲渡資産	譲渡益	軽減税率
居住用財産 (所有期間) **10年超**	6,000万円以下の部分	10%
	6,000万円超の部分	15%
優良住宅地 (所有期間) **5年超**	2,000万円以下の部分	10%
	2,000万円超の部分	15%

ウォーク問③　問129…(3)(4)　問131…(1)

8 住宅借入金等を有する場合の所得税額の特別控除（住宅ローン控除）

住宅を購入するときに頼りになるのが金融機関から購入資金を借り入れる住宅ローンだ。毎月の収入から住宅ローン返済額を差し引くと，生活費等で使えるお金が少なくなる。しかし，支払う所得税の税額が少なくなれば，税金の減額分を生活費等に回せるので，住宅を購入しやすくなる。

この住宅ローン控除は，個人が10年以上の住宅ローンにより住宅を取得し，又は新築や増改築を行った場合に，一定の要件を満たすときは，その居住年から一定期間住宅ローンの年末残高を基礎として計算した金額を，各年の所得税額から控除できる制度だ。

〈居住年と最大控除額等〉

居住開始年	控除対象 借入限度額	控除率	控除期間
令和4年1月 〜令和5年12月	（一般住宅）3,000万円 （認定住宅）5,000万円 改正	0.7% 改正	13年間 改正

※　認定住宅とは，長期優良住宅及び低炭素住宅をいう。

とらの巻 13

重要度

〈住宅ローン控除の適用要件〉

居住開始年	令和4年1月1日～令和5年12月31日
控除期間	居住の用に供した日の属する年以後**13年間** 改正
控除対象額	⇒一般住宅**3,000万円**（長期優良住宅，低炭素住宅は**5,000万円**） 改正
控除率	**0.7%** 改正
床面積要件	**40㎡以上** （50㎡未満の場合，合計所得金額1,000万円超の年は適用なし）
所得要件	**2,000万円以下であること** 改正
既存住宅の取得の場合	・控除期間は10年間 ・控除対象額は2,000万円 ・**新耐震基準に適合している住宅用家屋**※ 改正
その他	**居住用財産の買換え等の場合の譲渡損失の損益通算・繰越控除**との併用適用は認められる。

※ 登記簿上の建築日付が昭和57年1月1日以降の家屋については，新耐震基準に適合している住宅の用に供する家屋とみなされる。

　個人が三世代同居に対応した住宅の増改築等をした場合に，住宅ローン控除の特例を5年間使うことができる。ローン控除の特例の替わりに所得税額控除の特例を使うこともできる。これらの特例の適用を受けるためには，令和4年1月1日から令和5年12月31日までの間に居住の用に供されることが必要だ。

　対象となる工事は，キッチン・浴室・トイレ・玄関のうち少なくとも1つの増設である。改修後は，これらのうちいずれか2つ以上が複数箇所となる。多世帯同居となるからだ。対象工事の費用が50万円超となる場合が対象となる。

9 居住用財産の譲渡損失の損益通算及び繰越控除（譲渡損失の損益通算）

　マイホームを売る際に，買った値段よりも安くしか売れなかったら，譲渡損失が出る。**譲渡損失の損益通算**とは，所有期間が5年を超えるマイホームの**譲渡損失**を他の所得と通算し，なおも控除しきれない損失があるときは，翌年以降の**3年間**，給与などの**他の所得から差し引く**ことができる特例だ。「買換え型」と「売り切り型」の2種類がある。

「買換え型」はマイホームをローンで買い換えることが適用要件だが、売った家のローンは残っていなくてもよい。

これに対し「売り切り型」は、賃貸マンションに引っ越す場合など、買換えをしない場合でも適用できるが、売った家のローンが残っていることが適用要件である。

なお、正式名称は、「買換え型」が「居住用財産の買換え等の場合の譲渡損失の損益通算及び繰越控除」、「売り切り型」が「特定居住用財産の譲渡損失の損益通算及び繰越控除」である。

10 特例相互の適用関係

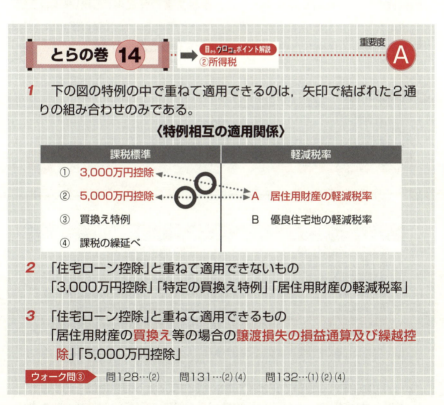

4 印紙税

 印紙税の課税文書・課税標準・過怠税・非課税について押さえよう。

1 印紙税とは

印紙税とは，契約書や領収書といった**課税文書の作成者**に国が課す税金だ。収入印紙を**貼付**して**消印**すると，納税したことになる。売買契約書のように2人以上で共同して作成した場合には，**連帯**して納税義務を負う。

2 課税文書

とらの巻 15　重要度 B

1　印紙税の課税対象となる契約書とは，**契約の成立を証明する目的で作成された文書**をいう。

課税文書※	非課税文書
・**土地**の賃貸借契約書 ・地上権の設定・譲渡に関する契約書 ・売買・交換契約書 ・贈与契約書 ・予約契約書 ・**金銭の受取書（受取金額5万円以上）** （例：敷金の領収証）	・**建物**の賃貸借契約書 ・委任状又は委任に関する契約書 　（例：不動産の仲介（媒介）契約書） ・永小作権，地役権，質権，抵当権の設定又は譲渡の契約書 ・使用貸借の契約書（土地・建物ともに） ・**営業に関しない金銭の受取書**

※　契約参加者（不動産売買契約における**仲介人**等）に交付する契約書も課税文書となる。

2　1つの契約について正本，副本，謄本等のように2通以上の文書が作成された場合，それぞれ契約の成立を証明する目的で作成されたものであれば，すべて印紙税の課税対象となる。

ウォーク問③　問134…(1)(3)　問135…(2)　問136…(4)　問137…(1)
　　　　　　　問138…(1)(2)(3)　問140…(4)

3 課税標準

1 課税標準

印紙税の課税標準は文書の記載金額だ。具体的には以下のとおりである。

とらの巻 16　重要度 B

〈記載金額〉

区分	記載金額
売買契約書	売買金額
交換契約書	双方の金額が記載 ⇒ 高いほう 交換差金のみ記載 ⇒ 交換差金
贈与契約書	記載金額のない契約書として扱われ，印紙税額は一律200円
・土地の賃貸借契約書 ・地上権の設定・譲渡に関する契約書	契約に際し貸主に交付し，後日返還することが予定されていない金額（権利金・礼金・更新料）[※1]
契約金額を増加させる契約書[※2]	増加金額
契約金額を減少させる契約書[※2]	記載金額のない契約書として扱われ，印紙税額は一律200円

※1　賃料・地代・敷金・保証金は記載金額にあたらない。
※2　変更前の契約金額を記載した契約書が作成されていることが明らかな場合に限る。

ウォーク問③　問136…(2)(3)　問137…(3)　問138…(3)(4)　問139…(1)(2)
　　　　　　　問140…(2)(3)

2 課税標準に関するその他の問題点

① 不動産の譲渡契約書において，契約の成立を直接証明するものではない「手付金」や「内入金」は記載金額にはあたらない。ただし，実質的に契約金額又は契約金額の一部と認められれば記載金額として取り扱われる。
② 契約書に記載されている単価・数量・記号などにより契約金額が計算できるときは，計算で算出した金額を記載金額とする。

4 印紙税の納付方法

課税文書に所定の額の印紙を貼り，印鑑や署名で消印すると納付したことになる。代理人や使用人の印鑑・署名で消印してもかまわない。

5 過怠税

1 印紙を貼っていなかった場合
　印紙税額の**実質3倍**の過怠税を徴収される（未納分とその2倍の合計額なので，実質3倍）。
2 消印をしなかった場合
　消印をしていない印紙の**額面金額分**の過怠税を徴収される。

6 非課税

国・地方公共団体等が作成する文書には印紙税は課税されない。
国等と私人（一般の会社など）が契約した場合，**私人が保存**する契約書は国等が作成したとみなされ**非課税**となる。これに対して，**国等が保存**する契約書は私人が作成したとみなされ**課税**される。

〈印紙税のまとめ〉

課税主体	国（国税）
課税客体	課税文書
納税義務者	課税文書の作成者
課税標準	課税文書の記載金額
納付方法	印紙を貼り付けて消印する
過怠税	印紙を貼っていない場合＝実質的に3倍 消印のない場合＝消印していない印紙の額面金額
非課税	国，地方公共団体などが作成する文書

5 登録免許税

> **ここがポイント** 登録免許税の課税標準，税率・軽減税率を押さえよう。

1 登録免許税とは

登録免許税とは，不動産の登記を受けるときなどに課される税だ。ただし，表示に関する登記（分筆・合筆による登記事項の変更の登記を除く）をする場合には課税されない。

2 登録免許税の全体構造

課税主体	国（国税）
課税客体	不動産の登記など
納税義務者	登記を受ける者
課税標準	固定資産課税台帳の登録価額（ない場合は認定価額）
税率	次ページの表参照（特例あり）
納付方法	現金納付（3万円以下のときは印紙納付も可能）
非課税	国，地方公共団体，表示に関する登記

3 納税義務者

登録免許税の納税義務者は登記を受ける者だ。個人・法人を問わず登記を受けるのであれば納税義務者となる。たとえば，売買による所有権の移転の登記の場合，売主と買主が連帯して納付する義務を負う。

4 課税標準

> **とらの巻 17**　　　重要度 **B**
>
> **1** 登録免許税の課税標準
>   ① 原則：固定資産課税台帳登録価格
>   ② 例外：登録されていなければ，類似不動産の登録価格をもとに登記官が認定した価格
>
> **2** 登記する不動産の上に，所有権以外の権利その他の処分の制限（地上権など）があるときは，それらがないものとした場合の価格である。
>
> **3** 抵当権設定登記の課税標準は，債権金額である。
>
> **4** 課税標準の金額を計算したとき，その全額が1,000円未満ならば，課税標準は1,000円となる。
>
> **ウォーク問③** ▶ 問141…(2)　問142…(1)　問143…(3)

5 税率

登録免許税の税率は，登記原因によって異なっている。また，住宅政策の一環から，住宅に関する登記については軽減税率の特例が設けられている。

		課税標準	税率	軽減税率 （とらの巻18参照）
所有権保存登記		不動産の価額	4／1,000	1.5／1,000
所有権移転登記	相続※1・法人の合併	不動産の価額	4／1,000	—
	贈与・遺贈など		20／1,000	—
	売買など※2		20／1,000	3／1,000
抵当権設定登記		債権金額	4／1,000	1／1,000
地上権・賃借権設定登記※3		不動産の価額	10／1,000	—
仮登記	所有権移転など※4		10／1,000	—

※1 相続人に対する遺贈を含む。
※2 売買による所有権移転登記については，原則として1,000分の20であるが，売買による土地の所有権移転登記については，1,000分の15とされる。
※3 地上権，永小作権，賃借権等の登記がされている土地又は賃借権の設定の登記がされている建物について，その土地又は建物に係るこれらの権利の登記名義人がその土地又は建物の取得に伴いその所有権の移転の登記を受ける場合，通常の税率から100分の50を乗じた割合とする。
※4 所有権移転登記の仮登記に基づき，その後，その所有権移転登記の本登記を受けるときは，通常の税率から一定の割合を控除した割合とする。

 重要度

〈住宅用家屋に係る軽減税率の特例の適用要件〉

所有権保存登記	所有権移転登記※1	抵当権設定登記※2
・家屋の床面積が50m²以上であること ・自己の居住用に供すること ・新築(取得)後1年以内に登記を受けること		
新築住宅のみ適用	新耐震基準に適合している住宅に適用※3 改正	

※1 売買又は競落による所有権移転登記に限られる。
※2 住宅取得資金の貸付け等に係るその住宅用家屋を目的とする抵当権の設定登記である。
※3 登記簿上の建築日付が昭和57年1月1日以降の家屋は，新耐震基準に適合している住宅とみなす。

ウォーク問③　問143…(1)(2)(4)　　問144…(1)(2)(4)　　問145…(1)

6 納付期限と納付方法

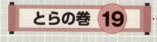 重要度 Ⓑ

〈納付期限と納付方法〉

納付方法	原則：現金納付 例外：税額が3万円以下のときは，印紙納付も認められている。
納付期限	登記を受ける時
納税地	登記を受ける登記所の所在地

ウォーク問③　問141…(3)　　問142…(4)

6 贈与税

ここがポイント 贈与税の構造と相続時精算課税制度について押さえよう。

贈与税は、個人が個人から財産をもらった場合に課される税だ。贈与財産の合計額から**基礎控除額110万円**を引き、その額に応じた税率を掛けて計算される(**暦年課税**)。

親から贈与を受けた場合、「**相続時精算課税**」を選択してもよい。「相続時精算課税」とは、2,500万円を超える財産について一律20％の贈与税を納め、2,500万円までの財産に対する贈与税の課税は相続発生時まで繰り延べる方法である。

18歳以上の直系卑属が直系尊属(年齢不問)から住宅取得資金の贈与を受けた場合に適用される贈与税の非課税措置は、**500万円**である(ただし、**受贈者の年間合計所得が2,000万円以下の場合に限る**)。改正

500万円の非課税措置は、暦年課税(基礎控除110万円)又は相続時精算課税(特別控除2,500万円)と併用可能である。

＜暦年課税と相続時精算課税制度＞

	暦年課税		相続時精算課税	
	原則	住宅取得資金の贈与※1,2	原則	住宅取得資金の贈与※1
非課税額	基礎控除110万円	基礎控除 110万円 住宅非課税500万円※3	特別控除2,500万円	特別控除 2,500万円
合計非課税額	110万円	併用：610万円	2,500万円	非課税措置と併用：3,000万円
贈与者	制限なし	父母・祖父母などの直系尊属(年齢不問)	父母・祖父母(60歳以上)※4	父母・祖父母(年齢不問)
受贈者	制限なし	18歳以上の直系卑属(子・孫など)	18歳以上の子・孫	18歳以上の子・孫※4
所得要件	制限なし	2,000万円以下	制限なし	制限なし

※1 取得する家屋の要件は、①床面積：40m²以上(増改築の場合は工事後の床面積が40m²以上)、②用途：床面積の2分の1以上が自己の居住用、③新耐震基準に適合(登記簿上の建築日付が昭和57年1月1日以降の家屋は、新耐震基準に適合とみなす。)、④取得期限：贈与を受けた年の翌年3月15日までに全額を取得等の対価にあてて、その日までに居住すること、又は同日後遅滞なく居住することが確実であること、⑤増改築の場合の工事費用：100万円以上となっている。改正
※2 合計所得金額1,000万円超の場合50m²以上
※3 ①：40m²以上240m²以下(東日本大震災の被災者を除く)、かつ、②：質の高い住宅(認定低炭素住宅、耐震性を満たす住宅又はバリアフリー住宅)は1,000万円。改正
※4 平成27年1月1日以降に受ける贈与。

7 地価公示法

 地価公示の「手続き」・「正常な価格」・「標準地」の意味，地価公示の効力を押さえよう。

1 地価公示法の目的

土地をいくらで買うかは売主と買主の合意で決まるが，土地の適正な価格を判断するのはなかなか難しい。そこで，地価公示法は，価格を決める際のめやす（指標）にしてもらうため，土地の価格を判定して公示することとしている。なお，公共事業を行う者が事業用地の取得価格を定める際などには，公示された価格を規準としなければならない。公示価格を規準とするとは，対象土地の価格を求めるに際して，対象土地とこれに類似する利用価値を有すると認められる標準地との比較を行い，その結果に基づき，当該標準地の公示価格と対象土地の価格との間に均衡を保たせることをいう。

このように，地価公示は，一般の土地の取引価格に対して指標を与え，及び公共の利益となる事業の用に供する土地に対する適正な補償金の額の算定等に資することを目的としている。

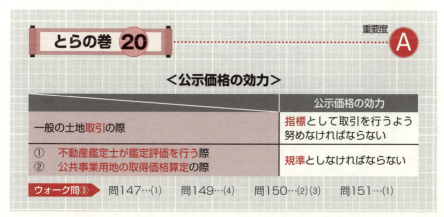

2 地価公示の流れ

とらの巻 ㉑ → 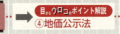 重要度

〈地価公示の流れ〉

主体		実施内容
国土交通大臣		土地鑑定委員の任命・公示区域※1の指定
土地鑑定委員会	標準地の選定	①公示区域内の土地の中から ②自然的及び社会的条件からみて類似の利用価値を有すると認められる地域において，土地の利用状況，環境等が通常と認められる一団の土地について選定
	正常な価格の判定	2人以上の不動産鑑定士が標準地の価格を鑑定評価し※2，その結果を土地鑑定委員会が審査，調整して，1月1日現在の標準地の単位面積当たりの「正常な価格」を判定 正常な価格…自由な取引が行われた場合に通常成立すると認められる価格(建築物等や地上権等の権利がある場合は，ないものとして算定)
	公示	すみやかに，公示価格を官報で公示 (主な公示すべき事項) 1. 所在する市町村・地番(住居表示を含む) 2. 単位面積当たりの価格・その価格判定基準日 3. 地積・形状 4. 土地利用の現況(周辺・前面道路を含む)
	送付	関係市町村の長に対し，その市町村が所在する都道府県の標準地の公示価格を記載してある書面と図面を送付
関係市町村長		上記の書面と図面を市町村の事務所において一般の閲覧に供する

※1 公示区域は都市計画区域以外にも指定できる。
※2 不動産鑑定士は，標準地の鑑定評価を行うにあたっては，近傍類地の取引価格から算定される推定の価格，近傍類地の地代等から算定される推定の価格及び同等の効用を有する土地の造成に要する推定の費用の額を勘案して行わなければならない。

ウォーク問③ 問147…(2)(3)(4) 問148 問149…(1)(2)(3)
問150…(1)(4) 問151…(2)(3)(4) 問152…(2)(4)
問153…(1)(3)(4)

●8 不動産鑑定評価基準

8 不動産鑑定評価基準

ここが
ポイント
不動産鑑定評価基準の全体像，価格の種類，鑑定評価の方式について押さえよう。

1 不動産鑑定評価の流れ

鑑定評価の依頼

対象不動産の確定

どこにあるのか，鑑定評価をする対象不動産は何か
（例：マンション全体か，一部分か）。
⇒「物的確定」

権利態様の確定

どのような権利を評価するのか（例：底地の価格なのか，借地権の価格なのか）。
⇒「権利の確定」

価格時点，価格又は
賃料の種類の確定

いつの価格を評価するのか。
⇒「価格時点」
どのような価格・賃料の種類で評価するのか。

地域分析・個別分析
（地域要因）（個別的要因）

対象不動産が所在している地域はどういう地域か。
⇒「地域分析」
どのような画地か。
（例：南面の画地，隣に団地の汚物処理場がある等）
⇒「個別分析」

最有効使用の原則

対象不動産は，どのような使用方法が最も使用価値があるのか。

鑑定評価の手法の適用

価格を求める鑑定評価の手法（原価法，取引事例比較法及び収益還元法に大別される。）の適用にあたっては，複数の鑑定評価の手法を適用すべきものとされている。

税・価格の評定

2 最有効使用の原則

　AとBが同じ土地を買いたいと考えている場合，その土地の価格は，AとBのうち，その土地から最大の利潤を上げられるほうの提示する価格によって決まる。つまり，不動産の価格は，その不動産の効用が最高度に発揮される可能性に最も富む使用を前提として把握される価格を標準として形成される。これを最有効使用の原則という。

3 不動産の鑑定評価によって求める価格の種類

1　正常価格

　正常価格とは，市場性を有する不動産について，現実の社会経済情勢の下で合理的と考えられる条件を満たす市場で形成されるであろう市場価値を表示する適正な価格をいう。

　売り急ぎ，買い進み等がない普通の取引で成立する価格のことだ。

2　限定価格

　限定価格とは，市場性を有する不動産について，不動産と取得する他の不動産との併合又は不動産の一部を取得する際の分割等に基づき正常価格と同一の市場概念の下において形成されるであろう市場価値と乖離することにより，市場が相対的に限定される場合における取得部分の当該市場限定に基づく市場価値を適正に表示する価格をいう。

　たとえば，借地権者が底地の併合を目的として土地を買う場合のように，限定された場面においてのみ合理性を持つ価格のことだ。

3　特定価格

　特定価格とは，市場性を有する不動産について，法令等による社会的要請を背景とする鑑定評価目的の下で，正常価格の前提となる諸条件を満たさないことにより正常価格と同一の市場概念の下において形成されるであろう市場価値と乖離することとなる場合における不動産の経済価値を適正に表示する価格をいう。

　法令等により，通常とは異なる評価が必要とされる場合に求められる価格のことだ。たとえば，民事再生法に基づく鑑定評価目的の下で，所有している土地を早期に売却したい場合の価格などだ。

4　特殊価格

　特殊価格とは，文化財等の一般的に市場性を有しない不動産について，そ

の利用現況等を前提とした不動産の経済価値を適正に表示する価格をいう。
　たとえば，宗教建築物について，その保存等に主眼をおいた鑑定評価を行う場合の価格だ。

とらの巻 22　〈価格の種類〉　重要度 B

		キーワード
正常価格	市場性を有する	条件を満たす
限定価格	市場性を有する	市場が相対的に限定
特定価格	市場性を有する	正常価格の前提となる諸条件を満たさない
特殊価格	市場性を有しない	—

ウォーク問③　問154…(1)　問155…(4)

4　鑑定評価の手法

　不動産の価格を求める鑑定評価の基本的な手法は，原価法・取引事例比較法・収益還元法に大別される。鑑定評価の手法の適用にあたっては，**複数の鑑定評価の手法**を適用すべきである。

1　原価法

　原価法は，**価格時点**における対象不動産の**再調達原価**を求め，この再調達原価について**減価修正**を行って対象不動産の試算価格(**積算価格**)を求める手法である。たとえば，築10年の建物の鑑定評価をする場合，現在においてもう一度建築したらいくらかかるかを求め，そこから10年経過したことにより価値が減った分を差し引くやり方である。
　対象不動産が建物又は建物及びその敷地である場合に再調達原価の把握及び減価修正を適切に行うことができるときに有効であり，対象不動産が土地のみである場合においても再調達原価を適切に求めることができるときは，この手法を適用することができる。

2　取引事例比較法

　取引事例比較法とは，まず，多数の**取引事例を収集**して適切な事例の選択を行い，これらに係る取引価格に必要に応じて**事情補正**及び**時点修正**を行い，かつ地域要因の比較及び個別的要因の比較を行って求められた価格を比較考量し，これによって対象不動産の試算価格(**比準価格**)を求める手法である。

つまり、似たような他の不動産の取引価格から、対象不動産の価格を求める手法である。

取引事例は、原則として、**近隣地域又は同一需給圏内の類似地域**に存する不動産に係るもののうちから選択するが、必要やむを得ない場合には**近隣地域の周辺の地域**に存する不動産に係るもののうちからも選択できる。

3 収益還元法

収益還元法は、対象不動産が将来生み出すであろうと期待される**純収益**の現在価値の総和を求めることにより対象不動産の試算価格（**収益価格**）を求める手法である。つまり、貸したらいくらもうかるか、という観点から計算するやり方である。

この収益還元法は、賃貸用不動産又は賃貸以外の事業用不動産の価格を求める際に特に有効であるが、**文化財の指定を受けた建造物等の一般的に市場性を有しない不動産以外のものにはすべて適用すべきであり**、**自用の不動産といえども賃貸を想定することにより適用される**ものである。

また、**市場における不動産の取引価格の上昇が著しいとき**は、その価格と収益価格との乖離が増大するので、先走りがちな取引価格に対する有力な験証手段として、**収益還元法が活用されるべき**である。

とらの巻 23 　重要度 **B**

〈鑑定評価の手法〉

	キーワード
原価法	再調達原価＋減価修正
取引事例比較法	取引事例を収集＋事情補正＋時点修正
収益還元法	純収益

複数の鑑定評価の手法を適用すべきである。

ウォーク問③　問155…(3)　問156…(3)　問157…(1)(2)

MEMO

目からウロコのポイント解説

税法は敬遠されがちですが，ポイントを絞れば追い込みをかけやすい分野です。ここでは，「固定資産税の出題ポイント」について説明します。

ポイント解説

①固定資産税

固定資産税の出題ポイントは，①基本事項（標準税率など），②特例措置の2点です。

ここで，①の基本事項については，「不動産取得税の基本事項と比較する」という点がポイントです。この2つの制度は内容が似ているので，出題者側からすればその違いを理解できているかどうか試したくなるからです。

次に，②の特例措置については，「2分の1,3分の1,6分の1といった数字の位置付けをしっかりと押さえる」という点がポイントです。テキストにはさまざまな数字が並んでいて混乱しがちですが，たとえば，新築住宅とくれば税額が2分の1というように，まずは基本的な数字を確実に押さえておけば，試験での正答率は確実にアップします。

なお，本試験では，時々，固定資産課税台帳に関する問題が出題されることがありますが，この辺の細かな知識については，せいぜい過去問や模擬試験で出題されたものを，本試験前に目を通しておくぐらいで十分です。

【固定資産税の特例】

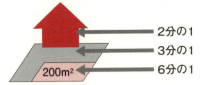

加藤 光久 LEC専任講師

● 究極のポイント300 攻略講座

受験生の多くが，直前期は瑣末な知識に目を奪われてしまいます。合否に影響しない細かな知識をいくら詰め込んでも合格は難しい。直前期だからこそ過去に繰り返し出題されている重要項目を本講座でチェックしましょう。

LEC東京リーガルマインド　2022年版 どこでも宅建士 とらの巻

所得税の分野は学習範囲が広く，また，時々難しい問題が出題されることもあります。

ポイント解説

②所得税

「所得税の勉強をする→眠気に襲われる→後回しにする→そのまま本試験に突入する」という悪循環に陥ってしまう受験者が大勢います（!?）。

しかし，これではいけません。確かに，所得税の分野については，どのテキストにも載っていないような細かな知識を問う問題が出題されることがあります。しかし，基本的な問題も多く出題されています。したがって，いくら所得税とはいえ，「基本的な問題なら確実に1点稼ぐ」という貪欲な姿勢で臨まなければ，合格を勝ち取ることは不可能です。

そこで，まず，「特例相互の適用関係」をしっかりと学習してください。特例相互の適用関係は本試験でよく出題されていますし，また，問い方も，
「～の適用を受けるときでも，……の適用を受けることができる。」
「～の適用を受けるときは，……の適用を受けることができない。」
といったワンパターンな形式のものが中心ですので，短期間でマスターすることが可能です。また，特例相互の適用関係をしっかりと学習することで代表的な特例措置のアウトラインがつかめますので，買換え特例や3,000万円特別控除の適用要件なども学習しやすくなります。

小野 明彦 LEC専任講師

●試験に出るトコ大予想会
2022年度の宅建士本試験に「出るトコ」を予想する講座です。50問の予想問題の中から，講師が指定した問題を解いていただき，図表を多用したオリジナル解説集を用いて，予想問題の解説とともに，周辺知識の総まとめを行います。

目からウロコのポイント解説

税金分野をすべて捨ててしまう受験生も多い中、登録免許税までなかなか手がまわらないのが実情でしょう。しかし、勉強する事項を絞り、軽く目を通す程度で楽に1点取れる場合も多いです。

ポイント解説

③ 登録免許税

　誰が納付するのか、特例措置の適用要件等、覚えられそうなところを試験会場に持っていって見てください。

　たとえば、納税義務者ですが、形式的には、「登記を受ける者」です。しかし、宅建士試験ではこの形式的な知識を、ただ丸暗記しているだけでは解答できません。重要なのは、「(売買による場合、買主と売主が)連帯する」という点です。「連帯」という用語は、民法で学習する重要用語です。その知識を素直に当てはめましょう。「連帯」という用語の持つ意味は、「債権者は連帯債務者の全員に対して、同時に、全額の請求ができる」ことを内容としていました。そのイメージをここでも当てはめればよいのです。つまり、登録免許税は、「売主と買主の両者が全額負担する」というイメージです。

　覚えるのは「連帯」という2文字だけです。そして、この「連帯」という用語のイメージから簡単に答えが出る選択肢もあります。

　税金だから難しいと考えずに、身につけた知識をフル活用しましょう。

水野 健 LEC専任講師

●ウルトラ演習解きまくり講座　宅建士試験に合格するためには、合格に必要な知識の習得のみならず、その知識を使って問題を解くテクニックを身につけることが不可欠です。本講座は、過去問とオリジナル予想問題を素材に、知識を整理し、解法テクニックを習得することで、即戦力となる知識の獲得を目指します。「ウルトラ速習35時間完成講座」と組み合わせれば効果的！

地価公示法の分野からは，過去10年間で7回出題されています。この地価公示法は，出題ポイントが少なく，基本的な内容が出題されることもあり，得点源にしていただきたい分野です。

④地価公示法 〔ポイント解説〕

(1)「誰が」，「何をするのか」を理解する
①国土交通大臣 ……土地鑑定委員の任命，公示区域の指定，他
②土地鑑定委員会……正常な価格の判定，他
③市町村長 ……公示価格の公開

(2)「公示価格」の公示
①「取引」 ……「指標」 一般の土地の取引価格の目安
②「取引以外」 ……「規準」 公用地等の算定

(3) 目からウロコの必殺技

法令上の制限の学習をされたときに，たびたび登場した都道府県知事は，地価公示法では登場しないので注意してください。

さらに，余裕があれば，「権利・建物はないものとする。」「公示区域は都市計画区域外でも定めることが可能」という知識も身につけておきましょう。

地価公示法からの出題も，選択肢を丁寧に分析すれば，細かい知識を問う選択肢は結構多くあることに気づきます。しかし，正解肢は上記のポイントに集中しています。細かく難解な選択肢に惑わされることなく，基本的知識を確実にしましょう。

寺西 知彦 LEC専任講師

●2022 宅建カーニバル 9月23日（金・祝）13：00〜17：00，新宿エルタワー本校及び梅田駅前本校にLEC宅建課講師が大集結！LEC講師陣の長年の実績と経験に基づいて本試験大予想会を行うとともに，本試験前に知りたい情報，直前期の過ごし方などを熱く語ります。各地で同時中継を開催。全国の宅建受験生の皆さん，熱く盛り上がりましょう！

５問免除対象科目

1 住宅金融支援機構法
2 不動産の需給・統計
3 不当景品類及び不当表示防止法
4 土地
5 建物

※ ５問免除対象科目の分野では，住宅金融支援機構法，統計，不当景品類及び不当表示防止法（景品表示法ともよばれる。），土地，建物などに関する問題が出題されている。なお，５問免除対象科目とは，実務経験を有し，所定の講習（登録講習）を修了した人が，講習修了日から３年以内に実施される試験について免除される科目をいう。

［5問免除対象科目］とは

［5問免除対象科目は］こんな科目

　宅建業者の従業者が受講できる登録講習を修了すると，5問が免除される。その5問とは，「住宅金融支援機構法」，「不動産の需給・統計」，「不当景品類及び不当表示防止法」，「土地」，「建物」である。

　「住宅金融支援機構」は民間の金融機関が長期・固定金利の住宅ローンを供給できるように支援する業務を行っている。

　「不動産の需給・統計」は，地価公示に関する統計や，建築統計などの不動産に関する統計から出題される。

　宅建業者などがする広告の内容については，「不当景品類及び不当表示防止法」で規制されている。宅建士試験では，具体的な広告内容を見て，不当な広告にあたるかどうかを判断させる問題が出題されている。

　「土地」，「建物」では，どういう土地であれば宅地として安全か，また，どういう建物が地震に強いかといった内容が出題されている。

［5問免除対象科目］の学び方

　合格者でも手薄な人が多い5問免除対象科目は，難しい問題と基本的な問題の差が激しい分野である。あまり時間をかけず，過去の本試験で出題された内容を中心に知識を整理するとよい。

過去10年間の出題傾向

		12	13	14	15	16	17	18	19	20(10月)	20(12月)	21(10月)	21(12月)
1	住宅金融支援機構法	★	★	★	★	★	★	★	★	★	★	★	★
2	不動産の需給・統計	★	★	★	★	★	★	★	★	★	★	★	★
3	不当景品類及び不当表示防止法	★	★	★	★	★	★	★	★	★	★	★	★
4	土地		★	★	★	★	★	★	★	★	★	★	★
5	建物		★	★	★	★	★	★	★	★	★	★	★

★：正解肢として出題

1 住宅金融支援機構法

 住宅金融支援機構の目的と業務について押さえよう。

1 住宅金融支援機構の目的

　もともと，住宅ローンのうち，長期固定の低金利の貸付けは住宅金融公庫が行ってきた。銀行等民間の金融機関が独力で行うことは難しいからだ。しかし，赤字が増加したことや，特殊法人改革の流れを受けたこともあって，住宅金融公庫は平成19年3月31日をもって廃止された。現在は，平成19年4月1日に設立された独立行政法人**住宅金融支援機構**が，銀行等による**住宅ローンを側面から支援**している。

　従来の住宅金融公庫は住宅ローンを直接融資していたが，現在の住宅金融支援機構が直接融資をするのは，災害関連などに限定されている。主要業務はあくまで，民間金融機関が長期固定金利の住宅ローンを提供できるよう支援すること。文字どおり，「金融」を「支援」する機構なのだ。

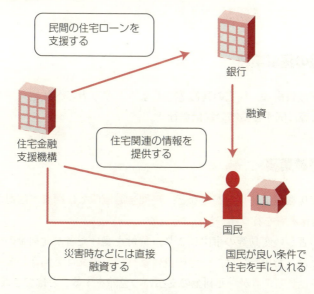

2 民間住宅ローンの支援業務

1 証券化支援業務（主要業務）

住宅ローンは額が大きいため，返済期間も長期間になるのが通常だ。お金を借りる側にとっては，その間，金利が固定されていたほうが返済計画がたてやすい。特に市場金利が上昇しつつあるときは固定金利が有利だ。しかし，金融機関にとって固定金利はリスクが高い。民間金融機関が安心して長期固定金利の住宅ローンを提供できるようにするためには，住宅ローン債権を証券化し投資家に投資してもらうとよい。住宅金融支援機構は，この住宅ローン債権の証券化を支援している。

(1) 買取型

民間金融機関の住宅ローン債権を住宅金融支援機構が買い取り，証券化して投資家に売却するというもの。すでに，民間金融機関と住宅金融公庫との提携により，平成15年10月からサービスが開始されており（「フラット35」），住宅金融支援機構がこれを引き継いだ。

(2) 保証型

民間金融機関が証券化した住宅ローン債権を，住宅金融支援機構が保証する。

2 融資保険業務

民間金融機関の住宅ローンが焦げ付いたとき，住宅金融支援機構が金融機関に保険金を支払う業務だ。

3 住情報の提供業務

住宅金融支援機構は，住宅の建設等をしようとする者等へ住宅ローンや住宅の建設・購入等に関する情報の提供を行う。

4 直接融資業務

住宅金融支援機構は，災害関連など，民間金融機関では融資が困難な分野に限定して，直接融資を行う。

経済事情の著しい変動等の事由により，貸付を受けた者が元利金の支払いが著しく困難となった場合には，一定の貸付条件の変更又は元利金の支払方法の変更をすることができるが，元利金の支払いの免除をすることはできない。

〈住宅金融支援機構が直接融資を行うもの〉

災害関連	①災害復興建築物(災害により滅失した住宅等に代わる住宅等)の建設・購入資金 ②被災建築物(災害により損傷した住宅等)の補修資金 ③阪神・淡路大震災又は東日本大震災により、居住用家屋等の用に供する土地に擁壁の損壊等の被害が生じた場合の、当該土地の補修資金
災害予防関連	①災害予防代替建築物(災害予防のため除却した住宅等に代わる住宅等)の建設・購入資金 ②災害予防移転建築物(災害予防のため移転が必要な住宅等)の移転資金 ③災害予防関連工事(災害予防のための擁壁・排水施設の設置等の工事)の資金 ④地震に対する安全性の向上を主たる目的とする住宅の改良資金
都市居住再生関連	①合理的土地利用建築物(市街地の土地の合理的な利用に寄与する建築物)の建設・購入資金(新築のみ) ②マンションの共用部分の改良資金
子ども・高齢者関連	①子どもを育成する家庭，高齢者の家庭に適した良好な居住性能及び居住環境を有する賃貸住宅等の建設・改良資金 ②高齢者向け登録賃貸住宅とするための既存住宅購入資金 ③高齢者の家庭に適した良好な居住性能及び居住環境を有する住宅への改良資金(高齢者が自ら居住する住宅に限る)
勤労者関連	事業主又は事業主団体等から住宅資金の貸付けを受けることができない勤労者等に対する財形住宅融資

5 住宅金融公庫の債権の管理・回収業務

平成19年3月31日に解散した住宅金融公庫の有していた一切の権利・義務は、国が承継する資産を除き、平成19年4月1日に住宅金融支援機構が承継した。したがって、住宅金融支援機構は、**住宅金融公庫が貸し付けた資金に係る債権**の回収が終了するまでの間、当該債権の管理・回収を行う。

6 業務の委託

住宅金融支援機構は、次の者に対し、住情報の提供業務以外の一定の業務を委託することができる。

	業務の委託先
①	一定の金融機関
②	一定の債権回収会社
③	地方公共団体その他政令で定める法人

住宅金融支援機構は、必要があると認めるときは、業務の委託を受けた者に対し、その委託を受けた業務について報告を求めることができる。また、住宅金融支援機構の役員もしくは職員に、必要な調査をさせることができる。

7 緊急の必要がある場合の主務大臣の要求

　主務大臣は，災害が発生したような場合には，住宅金融支援機構に対して，**業務に関し必要な措置**をとることを求めることができる。

　また，住宅金融支援機構は，主務大臣から上記の求めがあったときは，正当な理由がない限り，その求めに応じなければならない。

とらの巻 1　重要度 B

機構の目的	① 一般の金融機関による住宅の建設等に必要な**資金の融通の支援** ② 良質な住宅の建設等に必要な資金の調達等に関する**情報の提供** ③ 一般の金融機関による融通を補完するための災害復興建築物の建設等に必要な**資金の貸付け**
機構の主な業務	① 証券化支援業務（主要業務） ② 融資保険業務 ③ 住情報の提供業務 ④ 直接融資業務（一般の金融機関による融通が困難な分野） ⑤ 住宅金融公庫の債権の管理・回収業務
業務の委託先	① 一定の**金融機関** ② 一定の**債権回収会社** ③ **地方公共団体**その他政令で定める法人 ただし，住情報の提供業務は委託できない。

ウォーク問③　問158…(1)　問159…(2)　問160…(1)　問161…(4)

Tea Time

合格者からの一言メッセージ

　私は，日曜日のクラスに通学していました。平日の仕事上がりに通学することも十分可能だったでしょうが，上がりの時間を気にして仕事が疎かになったり，疲れて講義に集中できなかったりするよりは，思い切って休日に集中するのも1つの方法だと私は思います。　　　　　（30代　男性）

●2 不動産の需給・統計

2 不動産の需給・統計

ここがポイント 不動産の需給・統計は，出題範囲が限られているので，ツボを押さえた準備をしておこう。

「不動産に関する統計」が，ここ10年間のうち10回出題されている。

① 地価公示に関する統計
　　毎年1度，地価公示法に基づいて行われる標準地の正常価格の統計
② 建築統計
　　建築物の建築着工件数，着工建築物の床面積等に関する統計
③ 不動産業の特徴に関する統計
　　不動産業もしくは不動産業者の特徴や問題点に関する統計
④ 指定流通機構に関する統計
　　レインズへの登録件数など

※　LECホームページMyページを作成していただくと，「最新インフォメーション」から『2022年統計情報』を入手できます(詳しくは巻頭ページ)。

Tea Time

合格者からの一言メッセージ

　参考書等はLECのテキスト，過去問(ウォーク問)以外は一切使いませんでしたし，ノートを取ることもしませんでした。せいぜい講義で必要と思ったことをテキストに書き込むぐらいでした。講義で先生が何度も「テキストと過去問だけで十分合格できる」と言ったことは決して間違いではなかったので，安心してテキストと過去問だけを何度も勉強したらよいと思います。

(20代　男性)

5問免除対象科目

LEC東京リーガルマインド　2022年版　どこでも宅建士　とらの巻　477

3 不当景品類及び不当表示防止法

ここがポイント 景品規約・表示規約について,常識で判断できない点を中心に押さえよう。

1 不当な景品類の制限・禁止

とらの巻 ②　　　　　　　　　　　　　重要度 **B**

1. 公正取引委員会は,不当な景品類の提供を制限したり,禁止したりすることができる(一般的な規制)。

2. 宅地・建物の取引に際して,宅建業者は,下記の額を超えない景品類であれば提供することができる。

懸賞により提供する景品類	取引価額の20倍又は10万円のいずれか低い額 (景品類の総額が当該懸賞に係る取引予定総額の100分の2以内の場合に限る)
懸賞によらないで提供する景品類	取引価額の10分の1又は100万円のいずれか低い額

抽選で　　　　**20名様に**　　**10万円プレゼント**
懸賞により提供する景品類　20倍　　　　10万円

もれなく　　　　**トイチの**　　**100万円**
懸賞によらないで提供する景品類　10分の1　　100万円

2 不当な表示の防止

とらの巻 ③ 重要度

〈宅建業者がしてはならないこと〉

1 割賦販売又は不動産ローンの条件について，**実際のものよりも有利であると誤認されるおそれのある表示**（アドオン利率のみの表示等）をしてはならない。

2 建物の建築経過年数又は建築年月について，実際のものよりも経過年数が短い又は建築年月が新しいと誤認されるおそれのある表示をしてはならない。

3 **おとり広告の禁止**
(1) 実際には**存在しない**不動産について，取引できると誤認されるおそれのある表示をしてはならない。
(2) 実際には**取引の対象となり得ない**不動産について，取引できると誤認されるおそれのある表示をしてはならない。
(3) 実際には**取引する意思がない**と認められる不動産について，取引できると誤認されるおそれのある表示をしてはならない。

4 建物の保温・断熱性・遮音性，健康・安全性その他の居住性能について，実際のものよりも優良であると誤認されるおそれのある表示をしてはならない。

5 **比較広告**をする場合において，次に掲げる表示をしてはならない。
(1) 実証されていない，又は実証することができない事項をあげて比較するもの
(2) 一般消費者の**物件等の選択にとって重要でない事項**を重要であるかのように強調して比較するもの及び比較する物件等を**恣意的に選び出す**など不公正な基準によって比較するもの
(3) 一般消費者に対する具体的な情報でなく，単に競争事業者又はその物件を**誹謗し又は中傷するもの**

6 事業者は，表示内容を裏付ける合理的な根拠を示す資料を現に有している場合を除き，物件の形質その他の内容又は役務の内容につ

いて，「完全」，「完ぺき」，「絶対」，「万全」等，全く欠けるところがないこと又は全く落ち度がないことを意味する用語を使用してはならない。

ウォーク問③ 問167…(2)　問169…(3)

とらの巻 ❹

重要度

〈宅建業者がしなければならないこと〉

1 採光及び換気のための窓その他の開口部の面積の当該室の床面積に対する割合が建築基準法28条の規定に適合していないため，同法において居室と認められない納戸その他の部分については，その旨を「納戸」等と表示すること。

2 土地取引において，当該土地上に古家，廃屋等が存在するときは，その旨を明示すること。

3 土地の全部又は一部が高圧電線路下にあるときは，その旨及びそのおおむねの面積を表示すること。この場合において，建物その他の工作物の建築が禁止されているときは，その旨もあわせて明示すること。

4 市街化調整区域に所在する土地については，「市街化調整区域。宅地の造成及び建物の建築はできません。」と16ポイント以上の文字で明示すること。

5 土地の有効な利用が阻害される著しい不整形画地，区画の地盤面が2段以上に分かれている等の著しく特異な地勢の土地については，その旨を明示すること。

6 道路法18条1項の規定により道路区域が決定され又は都市計画法20条1項の告示が行われた都市計画道路等の区域にかかる土地についてはその旨を明示すること。

7 建築基準法42条に規定する道路に2メートル以上接していない土地及び同法40条の規定に基づく地方公共団体の条例により付加さ

れた敷地の形態に対する制限に適合しない土地については、「再建築不可」又は「建築不可」と明示すること。

8 建築基準法42条2項の規定により道路とみなされる部分（セットバックを要する部分）を含む土地については、その旨を表示し、セットバックを要する部分の面積がおおむね10パーセント以上である場合は、その面積も明示すること。

9 宅地又は建物の写真は、原則として取引するものの写真を用いて表示すること。ただし、取引しようとする建物が建築工事の完了前である等その建物の写真を用いることができない場合においては、次に掲げるものに限り、他の建物の写真を用いることができる。この場合においては、当該写真が他の建物のものである旨を写真に接する位置に明示すること。
(1) 取引しようとする建物と規模、形質及び外観が同一の他の建物の外観写真。この場合において、門塀、植栽、庭等が異なる場合にはその旨を明示すること。
(2) 建物の内部写真であって、写真に写される部分の規模、形質等が同一のもの。

10 自動車による所要時間は、道路距離を明示して、走行に通常要する時間を表示すること。この場合において、有料道路（橋を含む）を通行する場合はその旨を明示すること。ただし、その道路が高速自動車国道であって、周知のものであるときは、有料である旨の表示を省略することができる。

ウォーク問③ 問163…(1)　問164…(2)　問165…(4)　問167…(4)
問169…(1)　問170…(2)

とらの巻 5

重要度

〈表示するために，条件がついているもの〉

1 土地の価格については，1区画当たりの価格を表示すること。ただし，1区画当たりの土地面積を明らかにし，これを基礎として算出する場合に限り，1平方メートル当たりの価格で表示することができる。

この場合において，すべての区画の価格を表示することが困難であるときは，分譲宅地の価格については，1区画当たりの最低価格，最高価格及び最多価格帯ならびにその価格帯に属する販売区画数を表示すること。この場合において，販売区画数が10未満であるときは，最多価格帯の表示を省略することができる。

建物の価格についても同様である。

賃貸住宅（マンション又はアパートにあっては住戸）の賃料については，1カ月当たりの賃料を表示すること。ただし，新築賃貸マンション又は新築賃貸アパートの賃料について，すべての住戸の賃料を表示することが困難である場合は，1住戸当たりの最低賃料及び最高賃料を表示すること。

マンションの管理費や修繕積立金については，1戸当たりの月額を表示すること。ただし，住戸により管理費や修繕積立金の額が異なる場合において，そのすべての住戸の管理費や修繕積立金を示すことが困難であるときは，最低額及び最高額のみで表示することができる。

2 傾斜地を含む土地で，次のいずれかにあたるものについては，傾斜地を含む旨及び傾斜地の割合又は面積を明示すること。
(1) 傾斜地の割合がおおむね30パーセント以上の場合（マンション及び別荘地等を除く）。
(2) 傾斜地を含むことにより，土地の有効な利用が著しく阻害される場合（マンションを除く）。

3 土地が擁壁によっておおわれないがけの上又はがけの下にあるときは，その旨を明示すること。

4 地下鉄の線路を敷設する場合等において，土地の全部又は一部の地下の範囲を定めた地上権が設定されているときは，その旨を表示

すること。この場合において，地上権の行使のために土地の利用に制限が加えられているときは，その旨も明示すること。

5 新設予定の鉄道，都市モノレールの駅もしくは路面電車の停留場又はバスの停留所は，当該路線の運行主体が公表したものに限り，その新設予定時期を明示して表示することができる。

6 「新築」という用語を用いて表示するときは，建築後1年未満であって，居住の用に供されたことがないものであるという意味で用いること。

7 「新発売」という用語を用いて表示するときは，新たに造成された宅地又は新築の住宅（造成工事又は建築工事完了前のものを含む）について，一般消費者に対し，初めて購入の申込みの勧誘を行うこと（一団の宅地又は建物を数期に区分して販売する場合は，期ごとの勧誘）をいい，その申込みを受けるに際して一定の期間を設ける場合においては，その期間内における勧誘をいう。

8 建物をリフォーム又は改築（以下「リフォーム等」という）したことを表示する場合は，そのリフォーム等の内容及び時期を明示すること。

9 徒歩による所要時間は，道路距離80メートルにつき1分間を要するものとして算出した数値を表示すること。この場合において，1分未満の端数が生じたときは1分として算出すること。

10 団地（一団の住宅又は建物をいう）と駅その他の施設との間の距離又は所要時間は，それぞれの施設ごとにその施設から最も近い当該団地内の地点を起点又は着点として算出した数値を表示すること。ただし，当該団地を数区に区分して取引するときは，各区分ごとに距離又は所要時間を算出すること。

11 デパート，スーパーマーケット，商店等の商業施設は，現に利用できるものを物件までの道路距離を明らかにして表示すること。ただし，工事中である等その施設が将来確実に利用できると認められるものにあっては，その整備予定時期を明らかにして表示することができる。

☆ なお，宅建業者は，広告代理業者などに委託して広告チラシを作

成させた場合であっても，その広告の表示が不当なものであれば，**景品表示法上の規制を受ける**。

ウォーク問③ 問163…(2)　問165…(2)(3)　問166…(3)(4)　問167…(3)
問168…(1)(3)(4)　問170…(3)　問171…(2)(3)
問198…(2)

3　違反の効果

　消費者庁長官は，不当景品類の提供や不当表示がなされた場合には，それらの違反行為を行った事業者に対し，違反行為の差止めなどの**措置命令**をすることができる。また，都道府県知事が行うこととすることもできる。

　なお，この措置命令は，**違反行為がすでになくなっている場合でもすることができる**。

　消費者庁長官は，措置命令をしようとするときは，命令の対象となる事業者に対し，原則として弁明の機会を付与しなければならない。

　従来は，公正取引委員会が排除命令をしていたが，消費者庁が新設されたことに伴い，改正された。

　平成28年4月1日から不当な表示を行った事業者に対して**課徴金**を課することができるようになった。不当な表示による顧客の誘引を防止するためだ。

Tea Time

LEC専任講師からの学習アドバイス
＜5問免除＞

　例年50点中35点前後が合格ラインです。1点が合否を分ける厳しい試験です。さて，ここでおいしい話です。実は，一部の方には，5点を優遇する制度があります。いわゆる「5問免除」といわれるものです。

　「5問免除」とは，「登録講習修了者」に，試験の一部（5問）免除を認めるものです。登録講習修了者は，問46〜問50までの5問について，解答する必要がありません。その5問について，最初から5点が加算されます。

　1点を争う試験で，この5点は大きなアドバンテージになります。登録講習を受講する資格のある方は，登録講習を受講されることをお勧めします。

　登録講習は「宅地建物取引業に従事している方」が対象となっています。「宅地建物取引業従業者証明書」をお持ちの方は，基本的に受講の対象になります。LECでも，登録講習を実施しています。ぜひお問合せください。

4 土地

 宅地としての適否を中心に，基本的知識を整理しよう。

1 山地

山地の中でも，傾斜が緩やかで地層が安定している場所は，宅地に適している。一方，傾斜が急なところは，宅地には適さない。傾斜角が25度を超えると急激に崩壊の危険性が高まる。なお，等高線の密度が高い(間隔が狭い)所は傾斜が急で，密度が低い(間隔が広い)所は傾斜が緩やかである。

雨や風化などの影響で落下した岩などが堆積した谷の出口付近の傾斜の緩い円錐形の地形を崖錐というが，岩がルーズに堆積しているため透水性が高く，基盤との境付近が水の通り道となって，そこをすべり面とした地すべりが生じやすい。

地すべり地や崩落跡地は安定していても，盛土や切土などをするとバランスを崩し崩れやすくなるため，宅地には適さない。

地層がある面を境にして上下又は水平方向にくい違っているものを断層といい，その周辺の地層は著しく弱くなっている。

2 丘陵地・台地

丘陵地・台地は，一般に水はけも良く，地耐力があり，洪水や地震に対する安全性も高い。しかし，縁辺部ほど傾斜が急になり，豪雨などにより崩落による被害を受けることが多い。

また，丘陵地・台地内の小さな谷間は，軟弱地盤であることが多く，これを埋土して造成された宅地では，地盤沈下や排水不良を生じることが多い。

3 低地

低地は，一般に洪水や地震に対して弱く，防災上の見地から宅地には適さない。また，地表がほとんど平坦で，近くの河，湖，海などの水面との高低差が極めて小さく，古い集落や街道がないような地形は，軟弱地盤であることが多い。

以前川であった旧河道は地盤が軟弱で，地震や洪水の被害を受けることがある。特に，堆積物の上部が厚い粘土層であるときには排水不良のことが多く，一般に宅地には適さない。ただし，天井川(川底が周辺の土地より高い

川)の廃川敷は宅地として利用可能である。

自然堤防は主に砂や礫(砂利よりも小さな小石)からなり、排水性がよく地盤の支持力もあるため、一般に宅地として良好な土地である。しかし、自然堤防に囲まれた低地(後背低地、後背湿地)は洪水にも地震にも弱く、主に粘性土からなり地盤は軟弱であることが多く、宅地には適さない。

扇状地は、谷の出口などに広がった微高地で、一般に砂礫層からなり、水はけがよく、必ずしも堅固な地盤ではないが、構造物の基礎について十分な支持力を得られ、宅地に適する。

干拓地は一般に海面以下であることが多く、洪水のおそれが高く、地盤が軟弱で宅地には適さない。埋立地は一般に数メートルの比高を持つため、護岸など十分な工事がなされていれば、宅地としての利用も可能である。しかし、高潮などの頻発する地域では災害発生の危険があり、また、地震の場合には液状化現象が起こることがある。

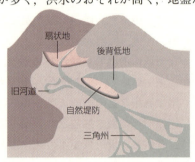

とらの巻 ⑥

重要度 B

〈宅地としての適否〉

場所		適否
山地		○
	急傾斜地	×
	崖錐・谷の出口	×
	地すべり地・崩落跡地	×
	断層	×
丘陵地 台地		○
	縁辺部	×
	台地上の浅い谷	×
	段丘	○

場所		適否
低地		×
	旧河道	×
	天井川の廃川敷	○
	自然堤防	○
	後背低地・後背湿地	×
	扇状地	○
	干拓地	×
	埋立地	○※

※ 十分な工事がされているものに限る。

ウォーク問③ 問172 問175…(1)(3)(4) 問176…(3)(4) 問177…(1)
問178…(1)(4)

5 建物

 建物の分野は専門的で，かつ範囲が広い。建物の構造の基本的なところをまず押さえよう。

1 構造計算が必要な建築物

とらの巻 7　重要度 B

次の一定の建築物については，構造計算によって確かめられる安全性が必要とされる。

構造	高さ	軒の高さ	階数	延べ面積
木造	13m超	9m超	3階以上	500m²超
組積造	13m超	9m超	2階以上	200m²超
（鉄骨）鉄筋コンクリート造	20m超	−	2階以上	200m²超
鉄骨造	60m超	−	2階以上	200m²超

ウォーク問③　問50…(1)　問51…(2)

2 建築物の構造

建築物の構造には，主に木造，組積造（そせきぞう），鉄骨造，鉄筋コンクリート造がある。以下，それぞれの主な特徴について見ていこう。

3 木造（軸組（じくぐみ））

1 特性

木造は，木材でその骨組みを造った建築物をいう。加工や組み立てが容易であり，日本では伝統的に多くの建築物に使われてきた。

木材は，軽いわりに，**圧縮**に対しては，コンクリートに匹敵する**強度**があ

る。繊維に直角方向よりも，繊維方向のほうが強度が大きい。

また，木材は乾燥すると強くなる性質を持つ。水分を吸収すると，変形し，腐りやすく，シロアリにおかされやすくなる。

2 主要構造部

① 壁

壁を構成する骨組みを，軸組という。

軸組は，基礎の上に土台を置き，その上に柱を立て，その柱をけたやはりなどでつなぎ，さらにこれらの間に間柱や貫を加える方式である。

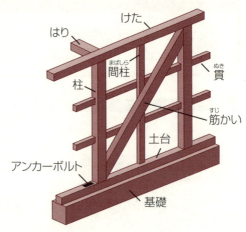

② 屋根

屋根を構成する骨組みを小屋組という。

軽い材料を用い，下地に緊結すれば耐震性に優れたものとなり，重い材料を用い，形を単純にすれば，耐風性に優れたものとなる。どちらを重視するかは，建築する土地の気候風土などを考慮して決める。

4 木造（枠組壁工法）

木造であっても，軸組を使わず，木材で組まれた枠組みに構造用合板などをくぎ打ちした壁や床を，組み上げる構造法を枠組壁工法（ツーバイフォー工法）という。

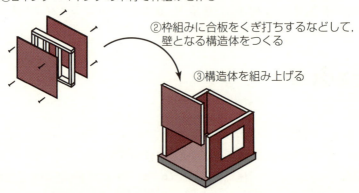

枠組みを耐力壁として使うため、軸組によるよりも、地震などの外力に耐える力が強い。

〈木造建築物の構造〉

構造部分	安全性を高めるために必要な構造方法等	
屋根	耐震上	軽い材料を使用し、下地に緊結する。
	耐風上	重い材料を使用し、形を単純にする。
結合部分	金物で緊結する。	
柱	・1階と2階は通し柱にする。※1 ・3階建てにおける1階の構造耐力上主要な部分の柱の小径は原則として、13.5cm以上とする。※2	
壁	骨組みの要所に筋かい(斜めに入れる材)を均等に設ける。※3・4	
基礎	コンクリート造の布基礎を使用する。※5	
土台	・防腐・シロアリ防除措置を講ずる。 ・アンカーボルトで基礎に緊結する。※6	

※1 枠組壁工法(ツーバイフォー工法＝2インチ×4インチの規格断面の角材で壁枠を作り、構造用合板などの面材をくぎ打ちして一体化し、その壁を組み立てて構造体とする木造建築の工法をいう)の場合、箱を積み重ねるように2階を組み立てるので、通し柱でなくてもよい。この枠組壁工法は、床・壁・天井・屋根などがパネル化していて、壁全体で建物を支えるため構造強度が強い(特に耐震性に優れている)からである。また、この工法は、内壁・天井に石こうボードを張るため、自家発生の火災にも強いという特徴を有する。
※2 柱の仕口に補強金物を適切に利用し、かつ構造計算により安全性を確認した建築物であれば、その柱の小径は13.5cmを下回ってもよい。
※3 筋かい…変形防止のために壁に入れる斜材をいう。
※4 真壁造…壁を柱の間に納め、柱が外部から見えるようにしたもの。大壁造…柱の外面を壁でおおうもの。
※5 布基礎…外枠に連続した基礎をいう。
※6 アンカーボルト…コンクリートの基礎と土台とを緊結するボルト。U型に曲がった下部をコンクリートに埋め込み、ボルト部分を土台の穴に通し座金をあて、ナットを締めて固定する。

5 木造以外の構造

1 組積造

組積造は、さまざまなブロックを積み上げて壁を作る方式である。れんが造、石造、コンクリートブロック造などがある。ブロック同士の間は、コンクリートなどの目地を使う。

2 鉄骨造

骨組みに鉄の鋼材を使って組み立てた構造を鉄骨造という。鋼構造ともいう。

〈鉄骨造建築物の構造〉

構造部分	安全性を高めるために必要な構造方法等
柱の脚部	基礎にアンカーボルトで緊結する。
柱	モルタルその他の断熱材で被覆する。
壁	スリット入り鉄筋コンクリート耐力壁などを用いる。

3 鉄筋コンクリート造

引っ張りに弱いコンクリートの内部に，引っ張りに強い鉄筋を配置した構造が，鉄筋コンクリート造である。

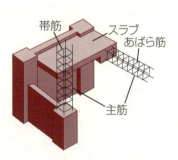

〈鉄筋コンクリート造建築物の構造〉

構造部分	安全性を高めるために必要な構造方法等
コンクリートの材料	① 骨材，水及び混和材料は，鉄骨をさびさせ，又はコンクリートの凝結及び硬化を妨げるような酸，塩，有機物又は泥土を含まないこと。 ② 骨材は，鉄筋相互間及び鉄筋とせき板との間を容易に通る大きさであること。 ③ 骨材は，適切な粒度及び粒形のもので，かつ，当該コンクリートに必要な強度，耐久性及び耐火性が得られるものであること。
鉄筋の継手及び定着	鉄筋の末端は，かぎ状に折り曲げて，コンクリートから抜け出ないように定着しなければならない。
柱	① 鉄筋コンクリート造の柱については，主筋は4本以上とし，主筋と帯筋は緊結しなければならない。 ② 鉄筋コンクリート造における柱の帯筋やはりのあばら筋は，地震力に対するせん断補強のほか，内部のコンクリートを拘束したり，柱主筋の座屈を防止する効果がある。
コンクリートの養生	コンクリート打込み中及び打込み後5日間は，コンクリートの温度が2度を下らないようにし，かつ，乾燥，震動等によってコンクリートの凝結及び硬化が妨げられないように養生しなければならない。

とらの巻 ❽ 重要度 B

1 建築物の構造による強度の違い

内容	木造	組積造	鉄骨造	鉄筋コンクリート造
耐震力	△	△	○	○
耐火	×	○	△	○

○＝強い　△＝中程度　×＝弱い

2 **木造建築物の基礎**は，一般的に，鉄筋コンクリート造，又は無筋コンクリート造の**布基礎**である。

3 **枠組壁工法**は，木材で組まれた枠組みに構造用合板などをくぎ打ちした壁や床を組み上げる構造法をいい，**耐震性に優れる**。

4 **軸組**には，耐震性を向上させるために**筋かい**を入れる。

ウォーク問③　問180…(3)　問183…(4)　問185…(4)

Tea Time

合格者からの一言メッセージ

●私の勉強法は，時間がない場合でも少しだけでも毎日やること。講義の日は帰宅後必ず復習します。その日習ったことを少しでも固めるためにはその日にするのが一番効果的です。時間がないときは，寝る前でもいいのでテキストに目を通しておくことを心がけました。

●復習は必ずすること。特に，「宅建業法」「法令上の制限」に重点をおくとよいと思います。この２つは，俗に言う鉄板というやつで，試験に問われる範囲がある程度決まっているため，過去問に似た問題が繰り返し出されていて過去問をやっていれば点につながるからです。

●勉強法は人それぞれですが，見つからない場合はＬＥＣの講師に相談すればよいアドバイスがもらえます。皆さんも試してみてはいかがでしょうか？

（40代　男性）

重要項目総合索引

ア行

悪意	5
アドオン利率	479
案内所等についての届出	206
遺言(いごん)	56
意思表示	4
一団(国土利用計画法)	402
一部他人物売買	48
一括競売	88
一般住宅用地(固定資産税)	440
一般承継(都市計画法)	358
一般媒介	240
委任	156
委任者	156
威迫行為等の禁止(いはくこういとう)	266
違約金	36,277
遺留分(いりゅうぶん)	57
遺留分侵害額請求(いりゅうぶんしんがいがくせいきゅう)	58
印紙税	452
請負	154
請負人	154
請負人の契約不適合責任	155
受取証書	46
埋立地(土地)	486
売主の担保責任	47
営業保証金	223
営業保証金の額	223
営業保証金の還付	228
営業保証金の供託	223
営業保証金の供託の届出	224
営業保証金の取戻し	230
営業保証金の保管換え等	226
乙区	68
おとり広告	248,479

カ行

買換資産(譲渡所得)	447
海岸法	424
解除	37
崖錐(がいすい)	485
開発許可	351
開発許可を受けた開発区域以外の区域内における建築規制	360
開発許可を受けた開発区域内における建築規制	359
開発行為(都市計画法)	351
開発行為に関する工事が完了した旨の公告	356
開発行為に関する工事が完了した旨の届出	356

開発行為に関する工事の廃止・358
開発行為に関する処分に対する
　審査請求 356
開発行為の許可手続 355
開発行為の内容の変更 358
開発審査会(都市計画法) 356
開発登録簿(都市計画法) 356
価格時点
　(不動産鑑定評価基準) 461
確定期限 18,35
瑕疵担保責任 51
課税客体 434
課税事業者 301,304
課税主体 434
課税の繰延べ(所得税) 448
課税標準 432
河川法 424
過怠税(印紙税) 454
割賦販売契約 278
仮換地(土地区画整理法) 413
仮換地指定の効力発生日 413
仮登記 75
監視区域(国土利用計画法) ... 400
干拓地(土地) 486
換地(土地区画整理法) 409
換地照応の原則 411
換地処分(土地区画整理法) ... 415
監督処分 309,314
還付 228,234,289
還付充当金 234

管理組合 113
議決権 110,115
期限 18
期限の定めのない債務 21,35
危険負担 42
規準(地価公示法) 459
規制区域(国土利用計画法) ... 400
北側斜線制限(建築基準法) ... 378
規約(建物区分所有法) 116
規約共用部分 109
急傾斜地の崩壊による災害の防
　止に関する法律 424
業 180
供託所等に関する説明 259
共同申請主義 71
強迫 4
業務処理状況の報告義務 241
業務停止処分 309,311
業務に関する禁止事項 262
共有 105
共用部分 109
虚偽表示 7
居住用財産を譲渡した場合の
　軽減税率の特例 448
居住用財産を譲渡した場合の
　3,000万円特別控除 446
金銭債務 36
近隣商業地域(都市計画法) ... 339
クーリング・オフ 267
景観地区(都市計画法) 342

493

継続的に業務を行うことができる施設を有する場所 ･･･ 184,205	合意更新 ････････････ 124
軽微変更(建物区分所有法) ･･･ 110	更改 ･･･････････ 100,103
軽微変更(都市計画法) ･･････ 358	交換 ･･･････････ 179,300
契約締結時期の制限 ･･･････ 249	交換差金 ･･･････ 258,453
契約の重要な部分の錯誤 ･････ 9	工業専用地域(都市計画法) ･･････ 339
契約不適合責任 ･･･････････ 47	工業地域(都市計画法) ･･････ 339
契約不適合責任についての特約の制限 ･･･････････ 280	甲区 ･･･････････････ 68
	広告開始時期の制限 ･･･････ 249
減価修正（不動産鑑定評価基準） ･････ 463	公序良俗に反する契約 ･･････ 12
原価法(不動産鑑定評価基準) ･ 463	高層住居誘導地区（都市計画法） ･････････ 341
検索の抗弁権 ････････････ 97	高度地区(都市計画法) ･････ 342
原状回復義務 ････････････ 37	高度利用地区(都市計画法) ･･･ 342
建築確認(建築基準法) ･･････ 394	公有地の拡大の推進に関する法律 424
建築確認の手続き ･･･････ 396	港湾法 ･･･････････････ 424
建築主事(建築基準法) ･･････ 397	誇大広告等の禁止 ･･･････ 248
建築主(建築基準法) ･･･････ 397	固定資産課税台帳 ･････････ 435,438,441,455
建築面積(建築基準法) ･･････ 369	固定資産税の税率(標準税率) ･ 440
限定価格（不動産鑑定評価基準） ･････ 462	固定資産税の免税点 ･･･････ 440
限定承認 ･････････････ 55	混同 ･････････････ 100,103
けんにん検認 ･･･････････････ 56	
けんぺいりつ建蔽率(建築基準法) ･･･････ 369	**サ行**
げんぶ減歩(土地区画整理法) ･･････ 409	
けんめい顕名 ･････････････････ 24	債権証書 ････････････ 46
権利移動(農地法) ･･･････ 407	催告 ･･･････ 16,22,31,35
権利に関する契約不適合 ････ 48	催告の抗弁権 ････････････ 97
権利部 ･･････････････ 68	採草放牧地(農地法) ･･････ 406
合意解除 ････････････ 134	

●重要項目総合索引

再調達原価
　（不動産鑑定評価基準）・・・・・・ 463
裁判上の請求 ・・・・・・・・・・・・・・ 22
債務の承認 ・・・・・・・・・・・・・ 22,103
債務不履行 ・・・・・・・・・・・・・・・・ 34
詐欺・・・・・・・・・・・・・・・・・・・・・・ 4
錯誤・・・・・・・・・・・・・・・・・・・・・・ 9
37条書面 ・・・・・・・・・・・・・・・・ 257
37条書面の記載事項 ・・・・・・・ 258
37条書面の交付方法 ・・・・・・・ 257
市街化区域 ・・・・・・・・・・・・・・ 336
市街化調整区域・・・・・・・・・・・・ 336
市街地開発事業等予定区域
　（都市計画法）・・・・・・・・・・・ 362

敷金・・・・・・・・・・・・・・・・・・・・ 128
敷地利用権 ・・・・・・・・・・・・・・ 111
事業地（都市計画法）・・・・・・・・ 362
事業用定期借地権・・・・・・・・・・ 148
時効・・・・・・・・・・・・・・・・・・・・・ 19
時効完成後の第三者・・・・・・・・・ 65
時効完成前の第三者・・・・・・・・・ 65
時効の援用 ・・・・・・・・・・・・・・・ 23
時効の完成猶予・・・・・・・・・・・・・ 22
時効の更新 ・・・・・・・・・・・・・・・ 22
事後届出制（国土利用計画法）・ 401
自己の所有に属しない物件の
　売買契約締結の制限・・・・・・ 275
指示処分 ・・・・・・・・・・・ 310,314
事情補正
　（不動産鑑定評価基準）・・・・・・ 463

地すべり等防止法・・・・・・・・・・ 424
自然公園法 ・・・・・・・・・・・・・・ 424
事前届出制（国土利用計画法）・ 404
指定流通機構 ・・・・・・・・・・・・ 245
支店・・・・・・・・・・・・・・・・・・・・ 184
時点修正
　（不動産鑑定評価基準）・・・・・・ 463
私道・・・・・・・・・・・・・・・・・・・・ 383
　　　じどうさいけん
自働債権・・・・・・・・・・・・・・・・ 160
自動車専用道路（建築基準法）・ 383
指標（地価公示法）・・・・・・・・・・ 459
死亡等の届出 ・・・・・・・・・・・・ 218
事務禁止処分 ・・・・・・・・・・・・ 314
事務所・・・・・・・・・・・・・・・・・・ 184
事務所以外の場所 ・・・・・・・・・ 205
借地契約の更新請求 ・・・・・・・ 141
借地権・・・・・・・・・・・・・・・・・・ 140
借地権者 ・・・・・・・・・・・・・・・・ 140
借地権設定者 ・・・・・・・・・・・・ 140
借地権の譲渡 ・・・・・・・・・・・・ 146
借地権の存続期間・・・・・・・・・・ 140
借地権の対抗要件・・・・・・・・・・ 144
借地上の建物の滅失と再築 ・・・ 142
借賃の増額・減額請求権 ・・・・ 136
斜線制限（建築基準法）・・・・・・ 378
借家契約の終了・更新 ・・・・・・ 130
借家契約の存続期間・・・・・・・・ 130
借家権の対抗力・・・・・・・・・・・・ 133
収益還元法
　（不動産鑑定評価基準）・・・・・・ 464

495

集会	114	準耐火建築物(建築基準法)	386
従業者証明書	188	準都市計画区域	334
従業者名簿	186	準防火地域	342,387
重大な過失	9	小規模住宅用地(固定資産税)	440
重大変更	110	商業地域(都市計画法)	339
住宅瑕疵担保履行法	285	証券化支援業務	474
住宅金融支援機構	473	譲渡資産(譲渡所得)	447
住宅の品質確保の促進等に関する法律	51,155,282,285	譲渡所得	443
		承認	22,103
住宅用地の課税標準の特例(固定資産税)	440	消費税	307
		消滅会社の代表役員	204
住宅用地の課税標準の特例(不動産取得税)	437	消滅時効	21
		職権による登記	72
住宅ローン控除	449	所得税	443
集団規定(建築基準法)	365	所有権留保等の禁止	279
収用交換等の場合の5,000万円特別控除(所得税)	445	信義誠実の原則	261
		親権者	14
重要事項の説明	251	申請主義	71
主たる債務者	95	信託会社・信託銀行	182
主たる事務所	184,223	新築(景表法)	483
受働債権	160	新築住宅(品確法・住宅瑕疵担保履行法)	50,285
取得時効	19		
受任者	156	新築住宅に対する税額控除(固定資産税)	441
守秘義務	261		
受領権者としての外観を有する者	46	信用失墜行為の禁止	265
		信用の供与	262
種類・品質に関する不適合	47	心裡留保	11
準工業地域(都市計画法)	339	森林法	424
純収益(不動産鑑定評価基準)	464	数量に関する不適合	47
準住居地域(都市計画法)	339	筋かい(建物)	489

●重要項目総合索引

制限行為能力者・・・・・・・・・・・・・ 13	相対効・・・・・・・・・・・・ 97,100,103
清算金（土地区画整理法） 411	双方代理・・・・・・・・・・・・・・・・・・ 27
生産緑地法・・・・・・・・・・・・・・ 424	贈与税・・・・・・・・・・・・・・・・・・ 458
正常価格	措置命令（景表法）・・・・・・・・ 484
（不動産鑑定評価基準）・・・・・・ 462	損害賠償・・・・・・・・・・・・・・・・・ 34
正当事由・・・・・・・・・・・・・・・・ 130	損害賠償額の予定・・・・・・・・・・ 36
成年後見人・・・・・・・・・・・・・・・ 14	損害賠償額の予定等の制限・・・ 277
成年者である専任の宅地建物取引士の設置義務・・・・・・・・・・・・・・・・ 186	
成年被後見人・・・・・・・・・・・・・ 13	**タ行**
政令で定める使用人・・・・・・・・ 193	
絶対効・・・・・・・・・・・ 97,100,103	第一種住居地域（都市計画法）・339
接道義務（建築基準法）・・・・・・ 382	第一種中高層住居専用地域
セットバック（建築基準法）・・・ 383	（都市計画法）・・・・・・・・・・・ 339
善意・・・・・・・・・・・・・・・・・・・・・ 4	第一種低層住居専用地域
善管注意義務・・・・・・・・・・・・ 157	（都市計画法）・・・・・・・・・・・ 338
扇状地（土地）・・・・・・・・・・・・ 486	第一種特定工作物
専属専任媒介・・・・・・・・・・・・ 240	（都市計画法）・・・・・・・・・・・ 352
専任の宅地建物取引士・・・ 186,200	耐火建築物（建築基準法）・・・・・ 386
専任媒介・・・・・・・・・・・・・・・ 240	第三者の詐欺・強迫・・・・・・・・・・ 5
線引き（都市計画法）・・・・・・・・ 336	第三者の弁済・・・・・・・・・・・・・ 45
全部他人物売買・・・・・・・・・・・ 49	第三取得者・・・・・・・・・23,44,83
前面道路（建築基準法）・・・・・・ 373	胎児・・・・・・・・・・・・・・・・・・・ 52
専有部分・・・・・・・・・・・・・・・ 109	代襲相続・・・・・・・・・・・・・・・ 52
相殺・・・・・・・・・・・・・・・・・・ 160	大都市地域における住宅及び住宅地の供給の促進に関する特別措置法・424
造作買取請求権・・・・・・・・・・・ 132	
相続・・・・・・・・・・・・・・・・・・・ 52	第二種住居地域（都市計画法）・339
相続欠格・・・・・・・・・・・・・・・ 53	第二種中高層住居専用地域
相続人・・・・・・・・・・・・・・・・・ 52	（都市計画法）・・・・・・・・・・・ 339
相続の承認・放棄・・・・・・・・・・ 55	

497

第二種低層住居専用地域（都市計画法）・・・・・・・・・・・ 338	建物買取請求権・・・・・・・・・・・・ 143
第二種特定工作物（都市計画法）・・・・・・・・・・・ 352	建物区分所有法・・・・・・・・・・・・ 108
	建物譲渡特約付き借地権・・・・・ 148
	短期譲渡所得 ・・・・・・・・・・・・・ 443
代理 ・・・・・・・ 24,179,240,300,303	単純承認 ・・・・・・・・・・・・・・・・・ 55
代理権 ・・・・・・・・・・・・・・・・・・・ 24	単体規定(建築基準法)・・・ 364,389
代理権の消滅 ・・・・・・・・・・・・・ 29	地域地区(都市計画法)・・・・・・ 338
高さ制限(建築基準法)・・・・・・・ 378	地域分析 ・・・・・・・・・・・・・・・・・ 461
宅地(宅地造成等規制法)・・・・ 419	地区計画(都市計画法)・・・・・・ 346
宅地(宅建業法)・・・・・・・・・・・・ 178	嫡出子 ・・・・・・・・・・・・・・・・・・・ 52
宅地造成 ・・・・・・・・・・・・・・・・・ 419	嫡出でない子 ・・・・・・・・・・・・・ 52
宅地建物取引業者名簿 ・・・・・・ 199	注視区域(国土利用計画法)・・・ 400
宅地建物取引業の意味 ・・・・・・ 178	注文者 ・・・・・・・・・・・・・・・・・・・ 154
宅地建物取引業保証協会 ・・・・ 237	長期譲渡所得 ・・・・・・・・・・・・・ 443
宅地建物取引士・・・・・・・・・・・・ 209	帳簿 ・・・・・・・・・・・・・・・・・・・・ 186
宅地建物取引士資格登録 ・・・・ 214	聴聞 ・・・・・・・・・・・・・・・・ 309,314
宅地建物取引士資格登録簿 ・・・ 217	直系尊属 ・・・・・・・・・・・・・・・・・ 52
宅地建物取引士証・・・・・・・・・・ 220	賃借権の譲渡 ・・・・・・・・・・・・・ 126
宅地建物取引士証の書換え交付・・ 222	賃貸借契約の解約申入れ ・・・・・ 124
宅地建物取引士証の交付 ・・・・・ 220	賃貸借の終了・更新 ・・・・・・・・・ 124
宅地建物取引士証の提示義務・ 221	賃貸借の終了と転貸借 ・・・・・・・ 134
宅地建物取引士証の提出義務・ 221	賃貸借の存続期間・・・・・・・・・・ 124
宅地建物取引士証の返納義務・ 221	追認 ・・・・・・・・・・・・・・・・・ 14,30
宅地建物取引士証の有効期間・ 220	追認の拒絶 ・・・・・・・・・・・・・・・ 30
宅地建物取引士の記名押印・252,257	ツーバイフォー工法(建物)・・・ 489
宅地建物取引士の事務 ・・・・・・ 209	通謀虚偽表示 ・・・・・・・・・・・・・ 7
宅地建物取引士の設置 ・・・ 186,206	定期借地権 ・・・・・・・・・・・・・・・ 148
宅建業に係る契約締結権限を有する使用人・・・・・・・・・・・ 184	定期建物賃貸借・・・・・・・・・・・・ 138
	低層住居専用地域等内に特有の規制・ 381
建替え ・・・・・・・・・・・・・・・・・・・ 120	抵当権 ・・・・・・・・・・・・・・・・・・・ 79

抵当権消滅請求‥‥‥‥‥‥‥ 83	特定の居住用財産の買換えの場合の 　長期譲渡所得の課税の特例‥ 447
手付‥‥‥‥‥‥‥‥‥‥‥‥ 40	
手付金等の保全措置‥‥‥‥‥ 271	特定用途制限地域(都市計画法)‥‥ 342
手付貸与等の禁止‥‥‥‥‥‥ 262	特別用途地区(都市計画法)‥‥ 341
手付の額の制限‥‥‥‥‥‥‥ 273	特例容積率適用地区‥‥‥‥‥ 342
田園住居地域(都市計画法)‥‥ 338	都市計画区域‥‥‥‥‥‥‥‥ 332
転借人‥‥‥‥‥‥‥‥‥‥‥ 126	都市計画事業制限 　(都市計画法)‥‥‥‥‥‥‥ 362
転貸‥‥‥‥‥‥‥‥‥‥‥‥ 126	
転貸人‥‥‥‥‥‥‥‥‥‥‥ 126	都市計画施設(都市計画法)‥‥ 362
転得者‥‥‥‥‥‥‥‥‥‥‥ 7	都市計画施設の区域‥‥‥‥‥ 362
転用(農地法)‥‥‥‥‥‥‥‥ 407	都市計画の決定権者‥‥‥‥‥ 348
転用目的権利移動(農地法)‥‥ 407	都市計画の決定手続‥‥‥‥‥ 349
動機の錯誤‥‥‥‥‥‥‥‥‥ 10	都市再開発法‥‥‥‥‥‥‥‥ 424
道路規制(建築基準法)‥‥‥‥ 382	都市施設(都市計画法)‥‥‥‥ 345
登録‥‥‥‥‥‥‥‥‥‥‥‥ 211	土砂災害警戒区域等における土砂災害 　防止対策の推進に関する法律‥‥ 424
登録実務講習‥‥‥‥‥‥‥‥ 214	
登録消除処分‥‥‥‥‥‥‥‥ 315	都市緑地法‥‥‥‥‥‥‥‥‥ 424
登録の移転‥‥‥‥‥‥‥‥‥ 215	土地鑑定委員会(地価公示法)‥‥ 460
登録免許税‥‥‥‥‥‥‥‥‥ 455	土地区画整理組合 　(土地区画整理法)‥‥‥‥‥ 410
道路斜線制限(建築基準法)‥‥ 378	
道路内の建築制限‥‥‥‥‥‥ 385	土地収用法‥‥‥‥‥‥‥‥‥ 424
道路法‥‥‥‥‥‥‥‥‥‥‥ 424	取消し‥‥‥‥‥‥‥‥‥‥‥ 4
特殊価格 　(不動産鑑定評価基準)‥‥‥ 462	取壊し予定建物の期限付き 　賃貸借‥‥‥‥‥‥‥‥‥‥ 139
特定街区(都市計画法)‥‥‥‥ 342	取引‥‥‥‥‥‥‥‥‥‥‥‥ 179
特定価格 　(不動産鑑定評価基準)‥‥‥ 462	取引事例比較法 　(不動産鑑定評価基準)‥‥‥ 463
特定住宅瑕疵担保責任の履 　行の確保等に関する法律‥‥ 285	取引態様の明示‥‥‥‥‥‥‥ 247
特定承継(都市計画法)‥‥‥‥ 358	

ナ行

2項道路(建築基準法)・・・・・・・ 382
日影による中高層建築物の高さの
　制限(日影規制)(建築基準法)・・ 379
任意代理・・・・・・・・・・・・・・・・・・ 28
認証・・・・・・・・・・・・・・・・・・・・ 234
根抵当権・・・・・・・・・・・・・・・・・・ 89
根保証・・・・・・・・・・・・・・・・・・・・ 98
農業委員会(農地法)・・・・・・・・ 408
農地(農地法)・・・・・・・・・・・・・ 406
農地法・・・・・・・・・・・・・・・・・・ 406
延べ面積(建築基準法)・・・・・・・ 373

ハ行

媒介・・・・・・・・ 179,240,299,303
媒介契約書面・・・・・・・・・・・・・ 242
媒介契約の有効期間・・・・・・・・ 241
廃業等の届出・・・・・・・・・・・・・ 203
配偶者居住権・・・・・・・・・・・・・・ 59
配偶者短期居住権・・・・・・・・・・ 59
廃除・・・・・・・・・・・・・・・・・・・・・ 53
背信的悪意者・・・・・・・・・・・・・・ 62
破産管財人・・・・・・・・・・・・・・・ 204
破産手続開始の決定を受けて
　復権を得ない者・・・・・・ 189,211
罰則・・・・・・・・・・・・・・・・・・・・ 316
必要費・・・・・・・・・・・・・・・・・・ 123

被保佐人・・・・・・・・・・・・・・・・・・ 13
被補助人・・・・・・・・・・・・・・・・・・ 13
表見代理・・・・・・・・・・・・・・・・・・ 32
標識・・・・・・・・・・・・・・・・ 185,205
標準地(地価公示法)・・・・・・・・ 459
標準媒介契約約款・・・・・・・・・ 242
表題部・・・・・・・・・・・・・・・・・・・ 68
品確法・・・・・・・ 51,155,282,285
風致地区(都市計画法)・・・・・・ 342
不確定期限・・・・・・・・・・・・ 18,35
復代理・・・・・・・・・・・・・・・・・・・ 28
負担部分・・・・・・・・・・・・・・・・ 101
普通徴収・・・・・・・・・・・・ 435,440
復旧・・・・・・・・・・・・・・・・・・・・ 120
物権変動・・・・・・・・・・・・・・・・・ 61
物上代位・・・・・・・・・・・・・・・・・ 81
物上保証人・・・・・・・・・・ 23,45,79
不動産取得税・・・・・・・・・・・・・ 434
不動産取得税の税率(標準税率)・ 435
不動産取得税の免税点・・・・・・ 435
不動産登記記録・・・・・・・・・・・・ 68
不当に高額な報酬の要求の禁止・ 262
不法占拠者・・・・・・・・・・・・・・・ 62
文化財保護法・・・・・・・・・・・・・ 424
分別の利益・・・・・・・・・・・・・・・ 98
壁面線による建築制限・・・・・・ 385
変更行為・・・・・・・・・・・・ 106,110
変更の登録・・・・・・・・・・・・・・・ 217
弁済・・・・・・・・・・・・・・・・・・・・・ 44
弁済義務保証金・・・・・・・・・・・ 231

●重要項目総合索引

弁済業務保証金の還付	234
弁済業務保証金の供託	231
弁済業務保証金の取戻し	236
弁済業務保証金分担金	232
防火地域	342,386
包括遺贈(不動産取得税)	434
報酬	298
報酬額の掲示	185
報酬額の制限	298
法定共用部分	109
法定講習	220
法定代理人	14
法定地上権	86
法律行為の基礎とした事情の錯誤	10
保佐人	14
保証	95
保証契約	95
保証人	95
補助的地域地区(都市計画法)	341
補助人	14
保存行為	106,111
保留地(土地区画整理法)	411
本体価額	307
本店	184
本登記	75

マ行

未完成物件	271,276
自ら売主制限	266
未成年者	13
無過失責任	153
無権代理	30
無権代理と相続	33
無効	7
明認方法	144
免許	196
免許換え	201
免許証	197
免許取消処分	312
免許の基準	189
免許の更新	198
免許の失効	203
免税事業者	301,304
持分（もちぶん）	105,109

ヤ行

役員	191,192,193,211
有益費	123
融資保険業務	474
要式主義	72
容積率(建築基準法)	373
用途規制(建築基準法)	366
用途地域	338

ラ行

隣地斜線制限(建築基準法) ⋯ 378
連帯債務 ⋯⋯⋯⋯⋯⋯⋯⋯ 101
連帯保証 ⋯⋯⋯⋯⋯⋯⋯⋯ 99

2022年版 どこでも宅建士 とらの巻

2001年7月10日　第1版　第1刷発行
2022年5月25日　第22版　第1刷発行

編著者●株式会社　東京リーガルマインド
　　　　LEC総合研究所　宅建士試験部

発行所●株式会社　東京リーガルマインド
　　　　〒164-0001　東京都中野区中野4-11-10
　　　　　　　　　　アーバンネット中野ビル
　　　　LECコールセンター　☎0570-064-464
　　　　　　　受付時間　平日9:30〜20:00／土・祝10:00〜19:00／日10:00〜18:00
　　　　　　　※このナビダイヤルは通話料お客様ご負担となります。
　　　　書店様専用受注センター　TEL 048-999-7581／FAX 048-999-7591
　　　　　　　受付時間　平日9:00〜17:00／土・日・祝休み
　　　　www.lec-jp.com/

本文デザイン●グレート・ローク・アソシエイツ
印刷・製本●倉敷印刷株式会社

©2022 TOKYO LEGAL MIND K.K., Printed in Japan　　ISBN978-4-8449-9727-6
複製・頒布を禁じます。

本書の全部または一部を無断で複製・転載等することは、法律で認められた場合を除き、著作者及び出版者の権利侵害になりますので、その場合はあらかじめ弊社あてに許諾をお求めください。
なお、本書は個人の方々の学習目的で使用していただくために販売するものです。弊社と競合する営利目的での使用等は固くお断りいたしております。
落丁・乱丁本は、送料弊社負担にてお取替えいたします。出版部(TEL03-5913-6336)までご連絡ください。

宅建士 LEC渾身の書籍ラインナップ

インプット&アウトプットの"リンク学習"で効率的に合格しよう

ゼロから一気に合格したい！
宅建士 合格の トリセツ
テキストはオールカラー&イラスト図解&やさしい文章でスラスラ学べる

基本テキスト

基本問題集

頻出 一問一答式 過去問題集＋ 最新過去問2回分

購入特典 基本テキストには ★無料講義動画20本 ★スマホ対応一問一答

自信満々に合格したい！
出る順 宅建士 シリーズ
試験範囲を全網羅！詳しい解説で難問にも打ち勝つ合格力を身につける

合格テキスト 全3巻

第①巻：権利関係
第②巻：宅建業法
第③巻：法令上の制限・税・その他

ウォーク問 過去問題集 全3巻

購入特典 ウォーク問過去問題集には 2021年度12月試験問題&解説 ダウンロード

試験日	例年10月第3日曜日	受験申込期間：例年7月上旬～下旬

※最新情報は試験指定機関HPをご確認ください。

直前期！本試験形式の演習で試験対策を万全に！

過去30年
良問厳選
問題集
模試型6回分＆
最新過去問2回分

当たる！
直前予想模試
（2022年6月発刊予定）

 当たる！直前予想模試には
WEB無料解説動画4回分＆無料採点サービス
順位や平均点・偏差値が一目瞭然

短期学習に特化したテキスト

アプリ＆読み上げ音声で効率学習

ウォーク問
過去問題集
リンク

どこでも宅建士
とらの巻

 試験当日まで使える
別冊暗記集「とらの子」

リンク　合格テキスト

一問一答　赤シート付き
○×1000肢問題集

購入特典　1000肢全問収録
スマホで学べるアプリ

リンク　・合格テキスト
・とらの巻

逆解き式！　赤シート付き
最重要ポイント555

 購入特典　読み上げ音声ダウンロード

※特典の名称や書籍のタイトル・表紙・デザイン・内容・発刊予定等は、実際と異なる場合がございます。予めご了承ください。

「とら」＋「模試」が効く！
5月～8月に始める方のための
短期集中講座ラインナップ

合格まで全力疾走できる短期合格目標コース
ウルトラ合格フルコース ＜全48回＞

- ウルトラ速習 35時間完成講座（15回×2.5h）
- 出た順必勝 総まとめ講座（12回×2.5h）
- とにかく6点アップ！ 直前かけこみ講座（2回×2h）
- 短期合格を目指す 宅建スタートダッシュ講座（3回×2.5h）
- 究極のポイント 300攻略講座（3回×2h）
- 全日本宅建公開模試（実戦編3回）
- ウルトラ演習 解きまくり講座（6回×2.5h）
- 試験に出るトコ 大予想会（3回×2h）
- ファイナル模試（1回）

＜講座内容＞

5月以降に学習を始めて今年の宅建士試験に合格するためには、めったに出題されない論点や他の受験生が得点できない論点を思い切って切り捨てることが必要です。LECは、過去の出題傾向・正解率データをもとに、膨大な論点をダウンサイジングし、「合格に必要な知識」に絞り込みました。この「合格に必要な知識」を何度も繰り返し学習することで、「引っ掛け問題」や「受験生心理を揺さぶる問題」にも対応できる「合格力」が身につきます。合格まで一気に駆け抜けましょう。

- ①短期合格を目指す宅建スタートダッシュ講座⇒しっかり入門！
- ②ウルトラ速習35時間完成講座⇒短期学習の決定版！
- ③ウルトラ演習解きまくり講座⇒習得した知識を"使える"知識へ
- ④出た順必勝総まとめ講座⇒出た順で知識を総まとめ
- ⑤全日本宅建公開模試⇒自分の弱点を発見・克服する
- ⑥究極のポイント300攻略講座⇒○×チェック
- ⑦試験に出るトコ大予想会⇒本試験予想
- ⑧とにかく6点アップ！かけこみ講座⇒超直前！
- ⑨ファイナル模試⇒最後の予想模試

詳細はLEC宅建ホームページまたはコールセンターまで

＜別売テキスト（税込）＞

2022どこでも宅建士とらの巻		定価2,420円
2022ウォーク問過去問題集 ❶権利関係		定価1,760円
❷宅建業法		定価1,760円
❸法令上の制限・税・その他	定価1,980円	合計4冊／7,920円

＜受講料＞

受講形態	一般価格（税込）
通信・Web動画＋スマホ＋音声DL	110,000円
通学・フォロー（Web動画＋スマホ＋音声DL）付	121,000円

※通信DVDもございます。また、通学・提携校通学の詳細はLEC宅建サイトをご覧ください。
※上記の内容は発行日現在のものであり、事前の予告なく変更する場合がございます。あらかじめご了承ください。

詳細はLEC宅建サイトをご覧ください ⇒ https://www.lec-jp.com/takken/

○×チェックでスピーディーにまとめる!
究極のポイント300攻略講座 全3回 ＜通学/通信＞

内容 合格のためには、知識を確実に身につけなければなりません。試験直前期には、その知識をより確実なものにする必要があります。この講座では、「合格に必要な知識」をさらに精錬した究極の300のポイントを示し、知識の再確認をします。

こんな人にオススメです
・合格に必要な知識を確実にし、合格を不動のものにしたい方
・直前期の勉強法に悩んでいる方

使用教材
究極のポイント300攻略講座
オリジナルテキスト（受講料込）

受講料

受講形態	一般価格(税込)	講座コード
通信・Web動画＋スマホ＋音声DL	14,300円	TB22571

※通学・通信DVDなどその他受講形態もございます。詳しくはLEC宅建ホームページをご覧ください。

今年も当てます!本試験!!
試験に出るトコ大予想会 全3回 ＜通学/通信＞

内容 過去問の徹底分析に基づき、LEC宅建講師陣が総力をあげて2022年度の宅建士試験に「出るトコ」を予想する講座です。復習必要度の高い重要論点ばかりで問題が構成されています。2022年度の宅建士試験合格を、より確実なものにできます。

こんな人にオススメです
・今年の宅建本試験に何がなんでも合格したい方
・一発逆転を狙う方
・2021年度宅建本試験にあと一歩だった方

使用教材
試験に出るトコ大予想会
オリジナルテキスト（受講料込）

受講料

受講形態	一般価格(税込)	講座コード
通信・Web動画＋スマホ＋音声DL	14,300円	TB22576

※通学・通信DVDなどその他受講形態もございます。詳しくはLEC宅建ホームページをご覧ください。

本試験前日の超直前講座!
とにかく6点アップ!直前かけこみ講座 全2回 ＜通学/通信＞

内容 2022年度宅建士試験は10月16日(日)に実施されます(予定)。本講座は、その前日、10月15日(土)に行います。本試験前日ともなると、なかなか勉強が手につかないもの。やり残した細かい所が気になってしまうのも受験生の心理でしょう。そんなときこそ、当たり前のことを落ち着いて勉強することが重要です。本講座で重要ポイントをチェックして、本試験に臨んでください。

こんな人にオススメです
・本試験に向けて最後の総まとめをしたい方
・最後の最後に合格を確実にしたい方

使用教材
とにかく6点アップ！直前かけこみ講座
オリジナルテキスト（受講料込）

受講料

受講形態	一般価格(税込)	講座コード
通信・Web動画＋スマホ＋音声DL	7,150円	TB22565

※通学・通信DVDなどその他受講形態もございます。詳しくはLEC宅建ホームページをご覧ください。

※上記の内容は発行日現在のものであり、事前の予告なく変更する場合がございます。あらかじめご了承ください。

■お電話での講座に関するお問い合わせ(平日9:30～20:00　土・祝10:00～19:00　日10:00～18:00)
LECコールセンター ☎0570-064-464
※このナビダイヤルは通話料お客様ご負担となります。
※固定電話・携帯電話共通（一部のPHS・IP電話からもご利用可能）

全国のライバルと真剣勝負！

2022 全日本宅建公開模試 全5回

多くの受験者数を誇るLECの全日本宅建公開模試。個人成績表で全国順位や偏差値、その時点での合格可能性が分かります。問題ごとに全受験生の正解率が出ますので、弱点を発見でき、その後の学習に活かせます。

基礎編(2回)　試験時間 2時間(50問)

内容 本試験の時期に近づけば近づくほど瑣末な知識に目が奪われがちなもの。そのような時期だからこそ、過去に繰り返し出題されている重要論点の再確認を意識的に行うことが大切になります。「基礎編」では、合格するために不可欠な重要論点の知識の穴を発見できるとともに、直前1ヶ月の学習の優先順位を教えてくれます。

対象者 全宅建受験生

実戦編(3回)　試験時間 2時間(50問)

内容 本試験と同じ2時間で50問解くことで、今まで培ってきた知識とテクニックが、確実に習得できているかどうかを最終チェックします。「実戦編」は可能な限り知識が重ならないように作られています。ですから、1回の公開模試につき200の知識(4肢×50問)、3回全て受けると600の知識の確認ができます。各問題の正解率データを駆使して効率的な復習をし、自分の弱点を効率よく克服しましょう。

対象者 全宅建受験生

● 実施スケジュール(一例)

			会場受験		
			水曜クラス	土曜クラス	日曜クラス
実施日	基礎編	第1回	7/20(水)	7/23(土)	7/24(日)
		第2回	8/ 3(水)	8/ 6(土)	8/ 7(日)
	実戦編	第1回	8/24(水)	8/27(土)	8/28(日)
		第2回	8/31(水)	9/ 3(土)	9/ 4(日)
		第3回	9/ 7(水)	9/10(土)	9/11(日)

※成績発表は、「Score Online(Web個人成績表)」にて行います。成績表の送付をご希望の方は、別途、成績表送付オプションをお申込みください。

● 実施校(予定)

新宿エルタワー・渋谷駅前・池袋・水道橋・立川・町田・横浜・千葉・大宮・新潟・水戸見川・梅田駅前・京都駅前・神戸・難波駅前・福井南・和歌山駅前・札幌・仙台・静岡・名古屋駅前・富山・岡山・広島・山口・高松・福岡・那覇・金沢・松江殿町・長崎駅前

※現時点で実施が予定されているものです。実施校については変更の可能性がございます。
※実施曜日、実施時間については学校によって異なります。お申込み前に必ずお問合せください。

● 出題例

公開模試　実戦編　第3回　問3

【問 3】　Aの子BがAの代理人と偽って、Aの所有地についてCと売買契約を締結した場合に関する次の記述のうち、民法の規定及び判例によれば、誤っているものはどれか。
1　Cは、Bが代理権を有しないことを知っていた場合でも、Aに対し、追認するか否か催告することができる。
2　BがCとの間で売買契約を締結した後に、Bの死亡によりAが単独でBを相続した場合、Cは甲土地の所有権を当然に取得する。
3　AがBの無権代理行為を追認するまでの間は、Cは、Bが代理権を有しないことについて知らなかったのであれば、過失があっても、当該契約を取り消すことができる。
4　Aが追認も追認拒絶もしないまま死亡して、Bが単独でAを相続した場合、BはCに対し土地を引き渡さなければならない。

解答　2

■お電話での講座に関するお問い合わせ(平日9:30～20:00　土・祝10:00～19:00　日10:00～18:00)

LECコールセンター　0570-064-464　※このナビダイヤルは通話料お客様ご負担となります。
※固定電話・携帯電話共通(一部のPHS・IP電話からもご利用可能)。

本試験対策の最終確認！

2022 ファイナル模試 1回

本試験の約3週間前に実施するファイナル模試。受験者が最も多く、しかもハイレベルな受験生が数多く参加します。学習の完成度を最終確認するとともに、合格のイメージトレーニングをしましょう。

内容 本試験直前に、毎年高い的中率を誇るLECの模試で、本試験対策の総まとめができる最後のチャンスです！例年、本試験直前期のファイナル模試は特に受験者も多く、しかもハイレベルな受験生が数多く結集します。実力者の中で今年の予想問題を解くことで、ご自身の本試験対策の完成度を最終確認し、合格をより確実なものにしましょう。

試験時間 2時間(50問)
対象者 全宅建受験生

● 実施スケジュール(一例)

	会場受験		
	水曜クラス	土曜クラス	日曜クラス
実施日	9/21(水)	9/24(土)	9/25(日)

※成績発表は、「ScoreOnline(Web個人成績表)」にて行います。成績表の送付をご希望の方は、別途、成績表送付オプションをお申込みください。
※自宅受験(Web解説)の場合、問題冊子・解説冊子・マークシート等の発送は一切ございません。Webページからご自身でプリントアウトした問題を見ながら、「Score Online」に解答入力をしてください。成績確認も「Score Online」になります。

● 実施校(予定)

新宿エルタワー・渋谷駅前・池袋・水道橋・立川・町田・横浜・千葉・大宮・新潟・水戸見川・梅田駅前・京都駅前・神戸・難波駅前・福井南・和歌山駅前・札幌・仙台・静岡・名古屋駅前・富山・岡山・広島・山口・高松・福岡・那覇・金沢・松江殿町・長崎駅前

※現時点で実施が予定されているものです。実施校については変更の可能性がございます。
※実施曜日、実施時間については学校によって異なります。お申込み前に必ずお問合せください。

● 出題例

【問 19】 建築基準法(以下この問において「法」という。)に関する次のアからエまでの記述のうち、誤っているものの組合せはどれか。

ア 建築物が防火地域及び準防火地域にわたる場合においては、原則として、その全部について防火地域内の建築物に関する規定を適用する。

イ 公衆便所、巡査派出所その他これらに類する公益上必要な建築物は、特定行政庁の許可を受けずに道路内に建築することができる。

ウ 容積率を算定する上では、共同住宅の共用の廊下及び階段部分は、当該共同住宅の延べ面積の3分の1を限度として、当該共同住宅の延べ面積に算入しない。

エ 商業地域内にある建築物については、法第56条の2第1項の規定による日影規制は、適用されない。ただし、冬至日において日影規制の対象区域内の土地に日影を生じさせる、高さ10mを超える建築物については、この限りでない。

1 ア、イ
2 ア、エ
3 イ、ウ
4 ウ、エ

解答 3

■お電話での講座に関するお問い合わせ (平日9:30〜20:00　土・祝10:00〜19:00　日10:00〜18:00)
LECコールセンター 0570-064-464
※このナビダイヤルは通話料お客様ご負担となります。
※固定電話・携帯電話共通(一部のPHS・IP電話からもご利用可能)。

夏以降の学習の指針に！

2022 宅建実力診断模試 1回

高い的中率を誇るLECの「宅建実力診断模試」を、お試し価格でご提供します。まだ学習の進んでいないこの時期の模試は、たくさん間違うことが目的。弱点を知り、夏以降の学習の指針にしてください。

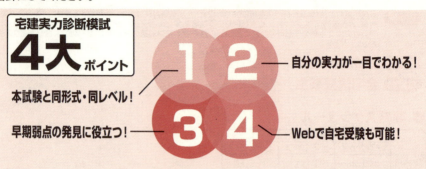

宅建実力診断模試 4大ポイント
1 — 本試験と同形式・同レベル！
2 — 自分の実力が一目でわかる！
3 — 早期弱点の発見に役立つ！
4 — Webで自宅受験も可能！

● **ねらい** 本試験で自分の力を十分に発揮するためには、本試験の雰囲気や時間配分に慣れる必要があります。LECの実力診断模試は、本試験と全く同じ形式で行われるだけでなく、その内容も本試験レベルのものとなっています。早い時期に本試験レベルの問題に触れることで弱点を発見し、自分の弱点を効率よく克服しましょう。

● **試験時間 2時間（50問）**
本試験と同様に50問の問題を2時間で解いていただきます。試験終了後、詳細な解説冊子をお配り致します（Web解説の方はWeb上での閲覧のみとなります）。また、ご自宅でWeb解説（1時間）をご覧いただけます。

● **対象者 2022年宅建士試験受験予定の全ての方**
早期に力試しをしたい方

● **実施スケジュール**
6/8(水)〜6/19(日)

スケジュール・受講料・実施校など
詳細はLEC宅建ホームページをご覧下さい。

[LEC宅建 検索]

● **実施校（予定）**
新宿エルタワー・渋谷駅前・池袋・水道橋・立川・町田・横浜・千葉・大宮・水戸見川・梅田駅前・京都駅前・神戸・難波駅前・福井南・札幌・仙台・静岡・名古屋駅前・富山・金沢・岡山・広島・福岡・長崎駅前・那覇
※現時点で実施が予定されているものです。実施校については変更の可能性がございます。
※実施曜日、実施時間については学校によって異なります。お申込み前に必ずお問合せください。

● **出題例**

実力診断模試　問31

【問 31】　宅地建物取引業者Aが、Bの所有する宅地の売却の媒介の依頼を受け、Bと専属専任媒介契約（以下この問において「媒介契約」という。）を締結した場合に関する次の特約のうち、宅地建物取引業法の規定によれば、無効となるものはいくつあるか。
ア　媒介契約の有効期間を6週間とする旨の特約
イ　Aがその業務の処理状況を毎月定時に報告する旨の特約
ウ　媒介契約の有効期間が満了した場合、Bの更新拒絶の申出がなければ、媒介契約は自動的に更新したものとみなされるとする旨の特約
エ　当該宅地を国土交通大臣が指定する流通機構に登録しないこととする旨の特約
1　一つ
2　二つ
3　三つ
4　四つ

解答　2　（ア：有効、イ：有効、ウ：無効、エ：無効）

あなたの実力・弱点が明確にわかる!

公開模試・ファイナル模試成績表

ご希望の方のみ模試の成績表を送付します(有料)。

LECの成績表はココがすごい!

その① 正解率データが一目で分かる「総合成績表」で効率的に復習できる!
その② 自己分析ツールとしての「個人成績表」で弱点の発見ができる!
その③ 復習重要度が一目で分かる「個人成績表」で重要問題を重点的に復習できる!

■総合成績表

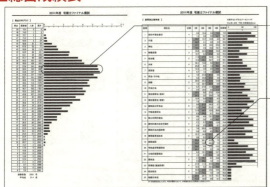

宅建士試験は競争試験です。
最も人数が多く分布している点数のおよそ2~3点上が合格ラインとなります。
復習必要度aランクの肢はもちろん、合否を分けるbランクの肢も確実にしましょう。

ひっかけの肢である選択肢3を正解と判断した人が半数近くもいます。
ひっかけは正解肢よりも前にあることが多いです。早合点に注意しましょう。

■個人成績表

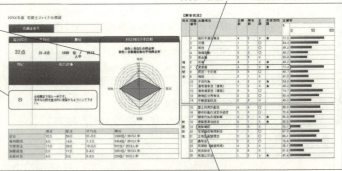

分野別の得点率が一目でわかるようにレーダーチャートになっています。

現時点での評価と、それを踏まえての今後の学習指針が示されます。

全受験生の6割以上が正解している肢です。
合否に影響するので復習が必要です。

全受験生のほとんどが間違った肢です。
合否には直接影響しません。深入りは禁物です。

講座及び受講料に関するお問い合わせは下記フリーダイヤルへ

LECコールセンター
0570-064-464 (平日9:30~20:00 土・祝10:00~19:00 日10:00~18:00)

※このナビダイヤルは通話料お客様ご負担となります。
※固定電話・携帯電話共通(一部のPHS・IP電話からもご利用可能)。

基礎から万全!「合格のトレーニングメニュー」を完全網羅!

プレミアム合格フルコース 全78回

スーパー合格講座 (34回×2.5h)	出た順必勝 総まとめ講座 (12回×2.5h)	とにかく6点アップ! 直前かけこみ講座 (2回×2h)
分野別! コレだけ演習 総まとめ講座 (3回×3.5h)	究極のポイント300 攻略講座 (3回×2h)	全日本宅建公開模試 基礎編(2回) 実戦編(3回)
マスター演習講座 (15回×2.5h)	試験に出るトコ 大予想会 (3回×2h)	ファイナル模試 (1回)

※講座名称は変更となる場合がございます。予めご了承ください。

受講形態

通学クラス

通信クラス

● 各受講スタイルのメリット

通学 各本校での生講義が受講できます。講師に直接質問したい方、勉強にリズムを作りたい方にオススメ!

通信 Web通信動画はPC以外にもスマートフォンやタブレットでも視聴可能。シーンに応じた使い分けで学習効率UP。

内容

「スーパー合格講座」では合格に必要な重要必須知識を理解・定着させることを目標とします。講師が、難しい専門用語を極力使わず、具体例をもって分かりやすく説明します。「分野別!これだけ演習総まとめ講座」ではスーパー合格講座の分野終了時に演習を行いながら総まとめをします。WebまたはDVDでの提供となりますので進捗にあわせていつでもご覧いただけます。「マスター演習講座」では、スーパー合格講座で学んだ内容を、○×式の演習課題を実際に解きながら問題の解き方をマスターし、重要知識の定着をさらに進めていきます。「出た順必勝総まとめ講座」は、過去の本試験問題のうち、合格者の正答率の高い問題を題材にして、落としてはならない論点を実際に解きながら総復習します。最後に、「全日本公開模試・ファイナル模試」で本試験さながらの演習トレーニングを受けて、その後の直前講座で実力の総仕上げをします。

対象者
- 初めて宅建の学習を始める方
- 何を勉強すればよいか分からず不安な方

● 受講料

受講形態	一般価格(税込)
通信・Web動画＋スマホ＋音声DL	154,000円
通信・DVD	170,500円
通学・フォロー(Web動画＋スマホ＋音声DL)付	181,500円

詳細はLEC宅建サイトをご覧ください
⇒ https://www.lec-jp.com/takken/

圧倒的な演習量を誇るリベンジ講座に徹底復習のための基礎講座をプラスアルファ！

再チャレンジ合格フルコース
＋スーパー合格講座　全73回

学習経験者専用コース

スーパー合格講座 （34回×2.5h）	総合実戦答練 （3回×4h）	全日本宅建公開模試 基礎編（2回） 実戦編（3回）
ハイレベル合格講座 （18回×3h）	直前バックアップ 総まとめ講座 （3回×3h）	ファイナル模試 （1回）
分野別ベーシック答練 （6回×3h）	過去問対策 ナビゲート講座 （2回×3h）	ラスト1週間の 重要ポイント見直し講座 （1回×3h）

※講座名称は変更となる場合がございます。予めご了承ください。

受講形態

通学クラス　　　　　　　　通信クラス

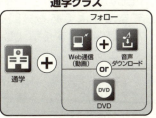

● **各受講スタイルのメリット**

通学 各本校での生講義が受講できます。講師に直接質問したい方、勉強にリズムを作りたい方にオススメ！

通信 Web通信動画はPC以外にもスマートフォンやタブレットでも視聴可能。シーンに応じた使い分けで学習効率UP。

内容
「スーパー合格講座」で徹底的に基礎知識を復習し、あやふやな部分を取り除きましょう。「ハイレベル合格講座」と2種類の答練を並行学習することで最新の出題パターンと解法テクニックを習得します。さらに4肢択一600問（模試6回＋答練9回）という業界トップクラスの演習量があなたを合格に導きます。

対象者
・基礎から学びなおしてリベンジしたい方
・テキストの内容は覚えたのに過去問が解けない方

● **受講料**

受講形態	一般価格（税込）
通信・Web動画＋スマホ＋音声ＤＬ	148,500円
通信・DVD	165,000円
通学・フォロー（Web動画＋スマホ＋音声ＤＬ）付	176,000円

詳細はLEC宅建サイトをご覧ください
⇒ https://www.lec-jp.com/takken/

LEC Webサイト ▷▷▷ www.lec-jp.com/

情報盛りだくさん！

資格を選ぶときも、
講座を選ぶときも、
最新情報でサポートします！

≫最新情報
各試験の試験日程や法改正情報、対策講座、模擬試験の最新情報を日々更新しています。

≫資料請求
講座案内など無料でお届けいたします。

≫受講・受験相談
メールでのご質問を随時受付けております。

≫よくある質問
LECのシステムから、資格試験についてまで、よくある質問をまとめました。疑問を今すぐ解決したいなら、まずチェック！

≫書籍・問題集（LEC書籍部）
LECが出版している書籍・問題集・レジュメをこちらで紹介しています。

充実の動画コンテンツ！

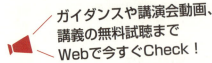

ガイダンスや講演会動画、
講義の無料試聴まで
Webで今すぐCheck！

≫動画視聴OK
パンフレットやWebサイトを見てもわかりづらいところを動画で説明。いつでもすぐに問題解決！

≫Web無料試聴
講座の第1回目を動画で無料試聴！気になる講義内容をすぐに確認できます。

スマートフォン・タブレットからはQRコードでのアクセスが便利です。▷▷▷

自慢のメールマガジン配信中！（登録無料）

LEC講師陣が毎週配信！ 最新情報やワンポイントアドバイス、改正ポイントなど合格に必要な知識をメールにて毎週配信。

www.lec-jp.com/mailmaga/

LEC E学習センター

新しい学習メディアの導入や、Web学習の新機軸を発信し続けています。また、LECで販売している講座・書籍などのご注文も、いつでも可能です。

online.lec-jp.com/

LEC 電子書籍シリーズ

LECの書籍が電子書籍に！ お使いのスマートフォンやタブレットで、いつでもどこでも学習できます。
※動作環境・機能につきましては、各電子書籍ストアにてご確認ください。

www.lec-jp.com/ebook/

LEC書籍・問題集・レジュメの紹介サイト **LEC書籍部** www.lec-jp.com/system/book/

- LECが出版している書籍・問題集・レジュメをご紹介
- 当サイトから書籍などの直接購入が可能(*)
- 書籍の内容を確認できる「チラ読み」サービス
- 発行後に判明した誤字等の訂正情報を公開

＊商品をご購入いただく際は、事前に会員登録（無料）が必要です。
＊購入金額の合計・発送する地域によって、別途送料がかかる場合がございます。

※資格試験によっては実施していないサービスがありますので、ご了承ください。

LEC全国学校案内

＊講座のお問合せ、受講相談は最寄りのLEC各校へ

LEC本校

■北海道・東北

札　幌本校　☎011(210)5002
〒060-0004 北海道札幌市中央区北4条西5-1　アスティ45ビル

仙　台本校　☎022(380)7001
〒980-0022 宮城県仙台市青葉区五橋1-1-10　第二河北ビル

■関東

渋谷駅前本校　☎03(3464)5001
〒150-0043 東京都渋谷区道玄坂2-6-17　渋東シネタワー

池　袋本校　☎03(3984)5001
〒171-0022 東京都豊島区南池袋1-25-11　第15野萩ビル

水道橋本校　☎03(3265)5001
〒101-0061 東京都千代田区神田三崎町2-2-15　Daiwa三崎町ビル

新宿エルタワー本校　☎03(5325)6001
〒163-1518 東京都新宿区西新宿1-6-1　新宿エルタワー

早稲田本校　☎03(5155)5501
〒162-0045 東京都新宿区馬場下町62　三朝庵ビル

中　野本校　☎03(5913)6005
〒164-0001 東京都中野区中野4-11-10　アーバンネット中野ビル

立　川本校　☎042(524)5001
〒190-0012 東京都立川市曙町1-14-13　立川MKビル

町　田本校　☎042(709)0581
〒194-0013 東京都町田市原町田4-5-8　町田イーストビル

横　浜本校　☎045(311)5001
〒220-0004 神奈川県横浜市西区北幸2-4-3　北幸GM21ビル

千　葉本校　☎043(222)5009
〒260-0015 千葉県千葉市中央区富士見2-3-1　塚本大千葉ビル

大　宮本校　☎048(740)5501
〒330-0802 埼玉県さいたま市大宮区宮町1-24　大宮GSビル

■東海

名古屋駅前本校　☎052(586)5001
〒450-0002 愛知県名古屋市中村区名駅4-6-23　第三堀内ビル

静　岡本校　☎054(255)5001
〒420-0857 静岡県静岡市葵区御幸町3-21　ペガサート

■北陸

富　山本校　☎076(443)5810
〒930-0002 富山県富山市新富町2-4-25　カーニープレイス富山

■関西

梅田駅前本校　☎06(6374)5001
〒530-0013 大阪府大阪市北区茶屋町1-27　ABC-MART梅田ビル

難波駅前本校　☎06(6646)6911
〒542-0076 大阪府大阪市中央区難波4-7-14　難波フロントビル

京都駅前本校　☎075(353)9531
〒600-8216 京都府京都市下京区東洞院通七条下ル2丁目東塩小路町680-2　木村食品ビル

京　都本校　☎075(353)2531
〒600-8413 京都府京都市下京区烏丸通仏光寺下ル大政所町680-1　第八長谷ビル

神　戸本校　☎078(325)0511
〒650-0021 兵庫県神戸市中央区三宮町1-1-2　三宮セントラルビル

■中国・四国

岡　山本校　☎086(227)5001
〒700-0901 岡山県岡山市北区本町10-22　本町ビル

広　島本校　☎082(511)7001
〒730-0011 広島県広島市中区基町11-13　合人社広島紙屋町アネクス

山　口本校　☎083(921)8911
〒753-0814 山口県山口市吉敷下東 3-4-7　リアライズⅢ

高　松本校　☎087(851)3411
〒760-0023 香川県高松市寿町2-4-20　高松センタービル

松　山本校　☎089(961)1333
〒790-0003 愛媛県松山市三番町7-13-13　ミツネビルディング

■九州・沖縄

福　岡本校　☎092(715)5001
〒810-0001 福岡県福岡市中央区天神4-4-11　天神ショッパーズ福岡

那　覇本校　☎098(867)5001
〒902-0067 沖縄県那覇市安里2-9-10　丸姫産業第2ビル

■EYE関西

EYE 大阪本校　☎06(7222)3655
〒530-0013 大阪府大阪市北区茶屋町1-27　ABC-MART梅田ビル

EYE 京都本校　☎075(353)2531
〒600-8413 京都府京都市下京区烏丸通仏光寺下ル大政所町680-1　第八長谷ビル

【LEC公式サイト】www.lec-jp.com/

QRコードから かんたんアクセス！

LEC提携校

*提携校はLECとは別の経営母体が運営をしております。
*提携校は実施講座およびサービスにおいてLECと異なる部分がございます。

■ 北海道・東北

北見駅前校【提携校】 ☎0157(22)6666
〒090-0041 北海道北見市北1条西1-8-1 一燈ビル 志学会内

八戸中央校【提携校】 ☎0178(47)5011
〒031-0035 青森県八戸市寺横町13 第1朋友ビル 新教育センター内

弘前校【提携校】 ☎0172(55)8831
〒036-8093 青森県弘前市城東中央1-5-2 まなびの森 弘前城東予備校内

秋田校【提携校】 ☎018(863)9341
〒010-0964 秋田県秋田市八橋鯲沼町1-60 株式会社アキタシステムマネジメント内

■ 関東

水戸見川校【提携校】 ☎029(297)6611
〒310-0912 茨城県水戸市見川2-3092-3

所沢校【提携校】 ☎050(6865)6996
〒359-0037 埼玉県所沢市くすのき台3-18-4 所沢K・Sビル 合同会社LPエデュケーション内

東京駅八重洲口校【提携校】 ☎03(3527)9304
〒103-0027 東京都中央区日本橋3-7-7 日本橋アーバンビル グランデスク内

日本橋校【提携校】 ☎03(6661)1188
〒103-0025 東京都中央区日本橋茅場町2-5-6 日本橋大江戸ビル 株式会社大江戸コンサルタント内

新宿三丁目駅前校【提携校】 ☎03(3527)9304
〒160-0022 東京都新宿区新宿2-6-4 KNビル グランデスク内

■ 東海

沼津校【提携校】 ☎055(928)4621
〒410-0048 静岡県沼津市新宿町3-15 萩原ビル M-netパソコンスクール沼津校内

■ 北陸

新潟校【提携校】 ☎025(240)7781
〒950-0901 新潟県新潟市中央区弁天3-2-20 弁天501ビル 株式会社大江戸コンサルタント内

金沢校【提携校】 ☎076(237)3925
〒920-8217 石川県金沢市近岡町845-1 株式会社アイ・アイ・ピー金沢内

福井南校【提携校】 ☎0776(35)8230
〒918-8114 福井県福井市羽水2-701 株式会社ヒューマン・デザイン内

■ 関西

和歌山駅前校【提携校】 ☎073(402)2888
〒640-8342 和歌山県和歌山市友田町2-145 KEG教育センタービル 株式会社KEGキャリア・アカデミー内

■ 中国・四国

松江殿町校【提携校】 ☎0852(31)1661
〒690-0887 島根県松江市殿町517 アルファステイツ殿町 山路イングリッシュスクール内

岩国駅前校【提携校】 ☎0827(23)7424
〒740-0018 山口県岩国市麻里布町1-3-3 岡村ビル 英光学院内

新居浜駅前校【提携校】 ☎0897(32)5356
〒792-0812 愛媛県新居浜市坂井町2-3-8 パルティフジ新居浜駅前店内

■ 九州・沖縄

佐世保駅前校【提携校】 ☎0956(22)8623
〒857-0862 長崎県佐世保市白南風町5-15 智翔館内

日野校【提携校】 ☎0956(48)2239
〒858-0925 長崎県佐世保市椎木町336-1 智翔館日野校内

長崎駅前校【提携校】 ☎095(895)5917
〒850-0057 長崎県長崎市大黒町10-10 KoKoRoビル minatoコワーキングスペース内

沖縄プラザハウス校【提携校】 ☎098(989)5909
〒904-0023 沖縄県沖縄市久保田3-1-11 プラザハウス フェアモール 有限会社スキップヒューマンワーク内

※上記は2022年4月1日現在のものです。

書籍の訂正情報の確認方法とお問合せ方法のご案内

このたびは、弊社発行書籍をご購入いただき、誠にありがとうございます。
万が一誤りと思われる箇所がございましたら、以下の方法にてご確認ください。

1 訂正情報の確認方法

発行後に判明した訂正情報を順次掲載しております。
下記サイトよりご確認ください。

www.lec-jp.com/system/correct/

2 お問合せ方法

上記サイトに掲載がない場合は、下記サイトの入力フォームより
お問合せください。

http://lec.jp/system/soudan/web.html

フォームのご入力にあたりましては、「Web教材・サービスのご利用について」の
最下部の「ご質問内容」に下記事項をご記載ください。

- ・対象書籍名(○○年版、第○版の記載がある書籍は併せてご記載ください)
- ・ご指摘箇所(具体的にページ数の記載をお願いします)

お問合せ期限は、次の改訂版の発行日までとさせていただきます。
また、改訂版を発行しない書籍は、販売終了日までとさせていただきます。

※インターネットをご利用になれない場合は、下記①〜⑤を記載の上、ご郵送にてお問合せください。
①書籍名、②発行年月日、③お名前、④お客様のご連絡先(郵便番号、ご住所、電話番号、FAX番号)、⑤ご指摘箇所
送付先:〒164-0001 東京都中野区中野4-11-10 アーバンネット中野ビル
東京リーガルマインド出版部 訂正情報係

- ・正誤のお問合せ以外の書籍の内容に関する質問は受け付けておりません。
また、書籍の内容に関する解説、受験指導等は一切行っておりませんので、あらかじめご了承ください。
- ・お電話でのお問合せは受け付けておりません。

講座・資料のお問合せ・お申込み

LECコールセンター ☎ 0570-064-464

受付時間:平日9:30〜20:00/土・祝10:00〜19:00/日10:00〜18:00
※このナビダイヤルの通話料はお客様のご負担となります。
※このナビダイヤルは講座のお申込みや資料のご請求に関するお問合せ専用ですので、書籍の正誤に関する
ご質問をいただいた場合、上記「②正誤のお問合せ方法」のフォームをご案内させていただきます。

別冊付録

どこでも宅建士 とらの子

この色紙は残したまま、ゆっくりと冊子を引っぱり、本体から取り外してください。
※取り外しの際の損傷等によるお取替えはご遠慮願います。